内蒙古自治区生态环境常用法规、政策丛书

大气领域

法律法规、政策汇编

内蒙古自治区生态环境督察技术支持中心　编

中国环境出版集团·北京

图书在版编目（CIP）数据

大气领域法律法规、政策汇编 / 内蒙古自治区生态环境督察技术支持中心编. -- 北京 : 中国环境出版集团, 2025.5. --(内蒙古自治区生态环境常用法规、政策丛书). -- ISBN 978-7-5111-6242-7

Ⅰ. D927.260.268.9

中国国家版本馆 CIP 数据核字第 202592FW04 号

责任编辑 易 萌
封面设计 彭 杉

出版发行 中国环境出版集团
（100062 北京市东城区广渠门内大街 16 号）
网 址：http：//www.cesp.com.cn
电子邮箱：bjgl@cesp.com.cn
联系电话：010-67112765（编辑管理部）
发行热线：010-67125803，010-67113405（传真）

印 刷 北京建宏印刷有限公司
经 销 各地新华书店
版 次 2025 年 5 月第 1 版
印 次 2025 年 5 月第 1 次印刷
开 本 787×1092 1/16
印 张 30
字 数 600 千字
定 价 120.00 元

编 委 会

主　　编：陈　宇　王良建　朱志成

副 主 编：张永强　李　博　于　婷　兰劲青　王海瑞

参编人员：赵月婉　戚海平　乔　慧　付净瑶　白宇婷　田雅婷

薛慧敏　雷昊晶　赵　斌　高　婧　都达古拉

张　莉　杜　慧

前　言

法律是治国之重器，法治是国家治理体系和治理能力的重要依托。生态文明制度体系是中国特色社会主义制度和国家治理体系中的重要组成部分。习近平总书记指出：“保护生态环境必须依靠制度、依靠法治。”只有实行最严格的制度、最严密的法治，才能为生态文明建设提供可靠保障。把生态文明建设纳入制度化、法治化轨道，才能不断推进生态环境治理体系和治理能力现代化。

本书以生态优先、节约集约、绿色低碳发展为视角，聚焦协同推进降碳、减污、扩绿、增长，旨在贯彻新发展理念、构建新发展格局、推动高质量发展。本书收集大气领域国家现行相关法律法规和政策文件，并结合内蒙古工作实际，收集自治区相关条例和政策文件，梳理汇总为两篇：一是大气污染防治篇，包括空气质量改善、多污染物协同治理等方面内容，共收录法律法规 4 部，常用政策文件 17 部；二是高质量发展、能耗双控篇，包括节能减排、碳排放双控、产业准入等方面内容，共收录法律法规 2 部，常用政策文件 23 部。

本书是深入学习贯彻习近平生态文明思想的具体实践。通过学习宣传法律法规政策内容，引导广大干部群众牢固树立绿水青山就是金山银山理念。由于篇幅所限，我们并未追求全口径收录，而是立足生态环境保护工作实际，选取实务工作中常用的法律法规和政策文件。书中难免存在不足之处，敬请各位读者批评指正。

目 录

大气污染防治篇

高质量发展、能耗双控篇

大气污染防治篇

第一章　法律法规

第一节 国家相关法律法规

中华人民共和国环境保护法

（1989 年 12 月 26 日第七届全国人民代表大会常务委员会第十一次会议通过
2014 年 4 月 24 日第十二届全国人民代表大会常务委员会第八次会议修订）

第一章 总 则

第一条 为保护和改善环境，防治污染和其他公害，保障公众健康，推进生态文明建设，促进经济社会可持续发展，制定本法。

第二条 本法所称环境，是指影响人类生存和发展的各种天然的和经过人工改造的自然因素的总体，包括大气、水、海洋、土地、矿藏、森林、草原、湿地、野生生物、自然遗迹、人文遗迹、自然保护区、风景名胜区、城市和乡村等。

第三条 本法适用于中华人民共和国领域和中华人民共和国管辖的其他海域。

第四条 保护环境是国家的基本国策。

国家采取有利于节约和循环利用资源、保护和改善环境、促进人与自然和谐的经济、技术政策和措施，使经济社会发展与环境保护相协调。

第五条 环境保护坚持保护优先、预防为主、综合治理、公众参与、损害担责的原则。

第六条 一切单位和个人都有保护环境的义务。

地方各级人民政府应当对本行政区域的环境质量负责。

企业事业单位和其他生产经营者应当防止、减少环境污染和生态破坏，对所造成的损害依法承担责任。

公民应当增强环境保护意识，采取低碳、节俭的生活方式，自觉履行环境保护义务。

第七条 国家支持环境保护科学技术研究、开发和应用，鼓励环境保护产业发展，促进环境保护信息化建设，提高环境保护科学技术水平。

第八条 各级人民政府应当加大保护和改善环境、防治污染和其他公害的财政投入，提高财政资金的使用效益。

第九条 各级人民政府应当加强环境保护宣传和普及工作，鼓励基层群众性自治组织、社会组织、环境保护志愿者开展环境保护法律法规和环境保护知识的宣传，营造保护环境的良好风气。

教育行政部门、学校应当将环境保护知识纳入学校教育内容，培养学生的环境保护意识。

新闻媒体应当开展环境保护法律法规和环境保护知识的宣传，对环境违法行为进行舆论监督。

第十条 国务院环境保护主管部门，对全国环境保护工作实施统一监督管理；县级以上地方人民政府环境保护主管部门，对本行政区域环境保护工作实施统一监督管理。

县级以上人民政府有关部门和军队环境保护部门，依照有关法律的规定对资源保护和污染防治等环境保护工作实施监督管理。

第十一条 对保护和改善环境有显著成绩的单位和个人，由人民政府给予奖励。

第十二条 每年6月5日为环境日。

第二章 监督管理

第十三条 县级以上人民政府应当将环境保护工作纳入国民经济和社会发展规划。

国务院环境保护主管部门会同有关部门，根据国民经济和社会发展规划编制国家环境保护规划，报国务院批准并公布实施。

县级以上地方人民政府环境保护主管部门会同有关部门，根据国家环境保护规划的要求，编制本行政区域的环境保护规划，报同级人民政府批准并公布实施。

环境保护规划的内容应当包括生态保护和污染防治的目标、任务、保障措施等，并与主体功能区规划、土地利用总体规划和城乡规划等相衔接。

第十四条 国务院有关部门和省、自治区、直辖市人民政府组织制定经济、技术政策，应当充分考虑对环境的影响，听取有关方面和专家的意见。

第十五条 国务院环境保护主管部门制定国家环境质量标准。

省、自治区、直辖市人民政府对国家环境质量标准中未作规定的项目，可以制定地方环境质量标准；对国家环境质量标准中已作规定的项目，可以制定严于国家环境质量标准的地方环境质量标准。地方环境质量标准应当报国务院环境保护主管部门备案。

国家鼓励开展环境基准研究。

第十六条 国务院环境保护主管部门根据国家环境质量标准和国家经济、技术条件，制定国家污染物排放标准。

省、自治区、直辖市人民政府对国家污染物排放标准中未作规定的项目，可以制定地方污染物排放标准；对国家污染物排放标准中已作规定的项目，可以制定严于国家污染物排放标准的地方污染物排放标准。地方污染物排放标准应当报国务院环境保护主管部门备案。

第十七条 国家建立、健全环境监测制度。国务院环境保护主管部门制定监测规范，会同有关部门组织监测网络，统一规划国家环境质量监测站（点）的设置，建立监测数据共享机制，加强对环境监测的管理。

有关行业、专业等各类环境质量监测站（点）的设置应当符合法律法规规定和监测规范的要求。

监测机构应当使用符合国家标准的监测设备，遵守监测规范。监测机构及其负责人对监测数据的真实性和准确性负责。

第十八条 省级以上人民政府应当组织有关部门或者委托专业机构，对环境状况进行调查、评价，建立环境资源承载能力监测预警机制。

第十九条 编制有关开发利用规划，建设对环境有影响的项目，应当依法进行环境影响评价。

未依法进行环境影响评价的开发利用规划，不得组织实施；未依法进行环境影响评价的建设项目，不得开工建设。

第二十条 国家建立跨行政区域的重点区域、流域环境污染和生态破坏联合防治协调机制，实行统一规划、统一标准、统一监测、统一的防治措施。

前款规定以外的跨行政区域的环境污染和生态破坏的防治，由上级人民政府协调解决，或者由有关地方人民政府协商解决。

第二十一条 国家采取财政、税收、价格、政府采购等方面的政策和措施，鼓励和支持环境保护技术装备、资源综合利用和环境服务等环境保护产业的发展。

第二十二条 企业事业单位和其他生产经营者，在污染物排放符合法定要求的基础上，进一步减少污染物排放的，人民政府应当依法采取财政、税收、价格、政府采购等方面的政策和措施予以鼓励和支持。

第二十三条 企业事业单位和其他生产经营者，为改善环境，依照有关规定转产、搬迁、关闭的，人民政府应当予以支持。

第二十四条 县级以上人民政府环境保护主管部门及其委托的环境监察机构和其他负有环境保护监督管理职责的部门，有权对排放污染物的企业事业单位和其他生产经营者进行现场检查。被检查者应当如实反映情况，提供必要的资料。实施现场检查的部门、机构及其工作人员应当为被检查者保守商业秘密。

第二十五条 企业事业单位和其他生产经营者违反法律法规规定排放污染物，造成或者可能造成严重污染的，县级以上人民政府环境保护主管部门和其他负有环境保护监督管理职责的部门，可以查封、扣押造成污染物排放的设施、设备。

第二十六条 国家实行环境保护目标责任制和考核评价制度。县级以上人民政府应当将环境保护目标完成情况纳入对本级人民政府负有环境保护监督管理职责的部门及其负责人和下级人民政府及其负责人的考核内容，作为对其考核评价的重要依据。考核结果应当向社会公开。

第二十七条 县级以上人民政府应当每年向本级人民代表大会或者人民代表大会常务委员会报告环境状况和环境保护目标完成情况，对发生的重大环境事件应当及时向本级人民代表大会常务委员会报告，依法接受监督。

第三章 保护和改善环境

第二十八条 地方各级人民政府应当根据环境保护目标和治理任务，采取有效措施，改善环境质量。

未达到国家环境质量标准的重点区域、流域的有关地方人民政府，应当制定限期达标规划，并采取措施按期达标。

第二十九条 国家在重点生态功能区、生态环境敏感区和脆弱区等区域划定生态保护红线，实行严格保护。

各级人民政府对具有代表性的各种类型的自然生态系统区域，珍稀、濒危的野生动植物自然分布区域，重要的水源涵养区域，具有重大科学文化价值的地质构造、著名溶洞和化石分布区、冰川、火山、温泉等自然遗迹，以及人文遗迹、古树名木，应当采取措施予以保护，严禁破坏。

第三十条 开发利用自然资源，应当合理开发，保护生物多样性，保障生态安全，依法制定有关生态保护和恢复治理方案并予以实施。

引进外来物种以及研究、开发和利用生物技术，应当采取措施，防止对生物多样性的破坏。

第三十一条 国家建立、健全生态保护补偿制度。

国家加大对生态保护地区的财政转移支付力度。有关地方人民政府应当落实生态保护补偿资金，确保其用于生态保护补偿。

国家指导受益地区和生态保护地区人民政府通过协商或者按照市场规则进行生态保护补偿。

第三十二条 国家加强对大气、水、土壤等的保护，建立和完善相应的调查、监测、评估和修复制度。

第三十三条 各级人民政府应当加强对农业环境的保护，促进农业环境保护新技术的使用，加强对农业污染源的监测预警，统筹有关部门采取措施，防治土壤污染和土地沙化、盐渍化、贫瘠化、石漠化、地面沉降以及防治植被破坏、水土流失、水体富营养化、水源枯竭、种源灭绝等生态失调现象，推广植物病虫害的综合防治。

县级、乡级人民政府应当提高农村环境保护公共服务水平，推动农村环境综合整治。

第三十四条 国务院和沿海地方各级人民政府应当加强对海洋环境的保护。向海洋排放污染物、倾倒废弃物，进行海岸工程和海洋工程建设，应当符合法律法规规定和有关标准，防止和减少对海洋环境的污染损害。

第三十五条 城乡建设应当结合当地自然环境的特点，保护植被、水域和自然景观，加强城市园林、绿地和风景名胜区的建设与管理。

第三十六条 国家鼓励和引导公民、法人和其他组织使用有利于保护环境的产品和再生产品，减少废弃物的产生。

国家机关和使用财政资金的其他组织应当优先采购和使用节能、节水、节材等有利于保护环境的产品、设备和设施。

第三十七条 地方各级人民政府应当采取措施，组织对生活废弃物的分类处置、回收利用。

第三十八条 公民应当遵守环境保护法律法规，配合实施环境保护措施，按照规定对生活废弃物进行分类放置，减少日常生活对环境造成的损害。

第三十九条 国家建立、健全环境与健康监测、调查和风险评估制度；鼓励和组织开展环境质量对公众健康影响的研究，采取措施预防和控制与环境污染有关的疾病。

第四章 防治污染和其他公害

第四十条 国家促进清洁生产和资源循环利用。

国务院有关部门和地方各级人民政府应当采取措施，推广清洁能源的生产和使用。

企业应当优先使用清洁能源，采用资源利用率高、污染物排放量少的工艺、设备以及废弃物综合利用技术和污染物无害化处理技术，减少污染物的产生。

第四十一条 建设项目中防治污染的设施，应当与主体工程同时设计、同时施工、同时投产使用。防治污染的设施应当符合经批准的环境影响评价文件的要求，不得擅自拆除或者闲置。

第四十二条 排放污染物的企业事业单位和其他生产经营者，应当采取措施，防治在生产建设或者其他活动中产生的废气、废水、废渣、医疗废物、粉尘、恶臭气体、放射性物质以及噪声、振动、光辐射、电磁辐射等对环境的污染和危害。

排放污染物的企业事业单位，应当建立环境保护责任制度，明确单位负责人和相关人员的责任。

重点排污单位应当按照国家有关规定和监测规范安装使用监测设备，保证监测设备正常运行，保存原始监测记录。

严禁通过暗管、渗井、渗坑、灌注或者篡改、伪造监测数据，或者不正常运行防治污染设施等逃避监管的方式违法排放污染物。

第四十三条 排放污染物的企业事业单位和其他生产经营者，应当按照国家有关规定缴纳排污费。排污费应当全部专项用于环境污染防治，任何单位和个人不得截留、挤占或者挪作他用。

依照法律规定征收环境保护税的，不再征收排污费。

第四十四条 国家实行重点污染物排放总量控制制度。重点污染物排放总量控制指标由国务院下达，省、自治区、直辖市人民政府分解落实。企业事业单位在执行国家和地方污染物排放标准的同时，应当遵守分解落实到本单位的重点污染物排放总量控制指标。

对超过国家重点污染物排放总量控制指标或者未完成国家确定的环境质量目标的地区，省级以上人民政府环境保护主管部门应当暂停审批其新增重点污染物排放总量的建设项目环境影响评价文件。

第四十五条 国家依照法律规定实行排污许可管理制度。

实行排污许可管理的企业事业单位和其他生产经营者应当按照排污许可证的要求排放污染物；未取得排污许可证的，不得排放污染物。

第四十六条 国家对严重污染环境的工艺、设备和产品实行淘汰制度。任何单位和个人不得生产、销售或者转移、使用严重污染环境的工艺、设备和产品。

禁止引进不符合我国环境保护规定的技术、设备、材料和产品。

第四十七条 各级人民政府及其有关部门和企业事业单位，应当依照《中华人民共和国突发事件应对法》的规定，做好突发环境事件的风险控制、应急准备、应急处置和事后恢复等工作。

县级以上人民政府应当建立环境污染公共监测预警机制，组织制定预警方案；环境受到污染，可能影响公众健康和环境安全时，依法及时公布预警信息，启动应急措施。

企业事业单位应当按照国家有关规定制定突发环境事件应急预案，报环境保护主管部门和有关部门备案。在发生或者可能发生突发环境事件时，企业事业单位应当立即采取措施处理，及时通报可能受到危害的单位和居民，并向环境保护主管部门和有关部门报告。

突发环境事件应急处置工作结束后，有关人民政府应当立即组织评估事件造成的环境影响和损失，并及时将评估结果向社会公布。

第四十八条 生产、储存、运输、销售、使用、处置化学物品和含有放射性物质的物品，应当遵守国家有关规定，防止污染环境。

第四十九条 各级人民政府及其农业等有关部门和机构应当指导农业生产经营者科学种植和养殖，科学合理施用农药、化肥等农业投入品，科学处置农用薄膜、农作物秸秆等农业废弃物，防止农业面源污染。

禁止将不符合农用标准和环境保护标准的固体废物、废水施入农田。施用农药、化肥等农业投入品及进行灌溉，应当采取措施，防止重金属和其他有毒有害物质污染环境。

畜禽养殖场、养殖小区、定点屠宰企业等的选址、建设和管理应当符合有关法律法规规定。从事畜禽养殖和屠宰的单位和个人应当采取措施，对畜禽粪便、尸体和污水等废弃物进行科学处置，防止污染环境。

县级人民政府负责组织农村生活废弃物的处置工作。

第五十条 各级人民政府应当在财政预算中安排资金，支持农村饮用水水源地保护、生活污水和其他废弃物处理、畜禽养殖和屠宰污染防治、土壤污染防治和农村工矿污染治理等环境保护工作。

第五十一条 各级人民政府应当统筹城乡建设污水处理设施及配套管网，固体废物的收集、运输和处置等环境卫生设施，危险废物集中处置设施、场所以及其他环境保护公共设施，并保障其正常运行。

第五十二条 国家鼓励投保环境污染责任保险。

第五章 信息公开和公众参与

第五十三条 公民、法人和其他组织依法享有获取环境信息、参与和监督环境保护的权利。

各级人民政府环境保护主管部门和其他负有环境保护监督管理职责的部门，应当依法公开环境信息、完善公众参与程序，为公民、法人和其他组织参与和监督环境保护提供便利。

第五十四条 国务院环境保护主管部门统一发布国家环境质量、重点污染源监测信息及其他重大环境信息。省级以上人民政府环境保护主管部门定期发布环境状况公报。

县级以上人民政府环境保护主管部门和其他负有环境保护监督管理职责的部门，应当依法公开环境质量、环境监测、突发环境事件以及环境行政许可、行政处罚、排污费的征收和使用情况等信息。

县级以上地方人民政府环境保护主管部门和其他负有环境保护监督管理职责的部门，应当将企业事业单位和其他生产经营者的环境违法信息记入社会诚信档案，及时向社会公布违法者名单。

第五十五条 重点排污单位应当如实向社会公开其主要污染物的名称、排放方式、排放浓度和总量、超标排放情况，以及防治污染设施的建设和运行情况，接受社会监督。

第五十六条 对依法应当编制环境影响报告书的建设项目，建设单位应当在编制时向可能受影响的公众说明情况，充分征求意见。

负责审批建设项目环境影响评价文件的部门在收到建设项目环境影响报告书后，除涉及国家秘密和商业秘密的事项外，应当全文公开；发现建设项目未充分征求公众意见的，应当责成建设单位征求公众意见。

第五十七条 公民、法人和其他组织发现任何单位和个人有污染环境和破坏生态行为的，有权向环境保护主管部门或者其他负有环境保护监督管理职责的部门举报。

公民、法人和其他组织发现地方各级人民政府、县级以上人民政府环境保护主管部门和其他负有环境保护监督管理职责的部门不依法履行职责的，有权向其上级机关或者监察机关举报。

接受举报的机关应当对举报人的相关信息予以保密，保护举报人的合法权益。

第五十八条 对污染环境、破坏生态，损害社会公共利益的行为，符合下列条件的社会组织可以向人民法院提起诉讼：

（一）依法在设区的市级以上人民政府民政部门登记；

（二）专门从事环境保护公益活动连续五年以上且无违法记录。

符合前款规定的社会组织向人民法院提起诉讼，人民法院应当依法受理。

提起诉讼的社会组织不得通过诉讼牟取经济利益。

第六章 法律责任

第五十九条 企业事业单位和其他生产经营者违法排放污染物，受到罚款处罚，被责令改正，拒不改正的，依法作出处罚决定的行政机关可以自责令改正之日的次日起，按照原处罚数额按日连续处罚。

前款规定的罚款处罚，依照有关法律法规按照防治污染设施的运行成本、违法行为造成的直接损失或者违法所得等因素确定的规定执行。

地方性法规可以根据环境保护的实际需要，增加第一款规定的按日连续处罚的违法行为的种类。

第六十条 企业事业单位和其他生产经营者超过污染物排放标准或者超过重点污染物排放总量控制指标排放污染物的，县级以上人民政府环境保护主管部门可以责令其采取限制生产、停产整治等措施；情节严重的，报经有批准权的人民政府批准，责令停业、关闭。

第六十一条 建设单位未依法提交建设项目环境影响评价文件或者环境影响评价文件未经批准，擅自开工建设的，由负有环境保护监督管理职责的部门责令停止建设，处以罚款，并可以责令恢复原状。

第六十二条 违反本法规定，重点排污单位不公开或者不如实公开环境信息的，由县级以上地方人民政府环境保护主管部门责令公开，处以罚款，并予以公告。

第六十三条 企业事业单位和其他生产经营者有下列行为之一，尚不构成犯罪的，除依照有关法律法规规定予以处罚外，由县级以上人民政府环境保护主管部门或者其他有关部门将案件移送公安机关，对其直接负责的主管人员和其他直接责任人员，处十日以上十五日以下拘留；情节较轻的，处五日以上十日以下拘留：

（一）建设项目未依法进行环境影响评价，被责令停止建设，拒不执行的；

（二）违反法律规定，未取得排污许可证排放污染物，被责令停止排污，拒不执行的；

（三）通过暗管、渗井、渗坑、灌注或者篡改、伪造监测数据，或者不正常运行防治污染设施等逃避监管的方式违法排放污染物的；

（四）生产、使用国家明令禁止生产、使用的农药，被责令改正，拒不改正的。

第六十四条 因污染环境和破坏生态造成损害的，应当依照《中华人民共和国侵权责任法》的有关规定承担侵权责任。

第六十五条 环境影响评价机构、环境监测机构以及从事环境监测设备和防治污染设施维护、运营的机构，在有关环境服务活动中弄虚作假，对造成的环境污染和生态破坏负有责任的，除依照有关法律法规规定予以处罚外，还应当与造成环境污染和生态破坏的其他责任者承担连带责任。

第六十六条 提起环境损害赔偿诉讼的时效期间为三年，从当事人知道或者应当知道其受到损害时起计算。

第六十七条 上级人民政府及其环境保护主管部门应当加强对下级人民政府及其有关部门环境保护工作的监督。发现有关工作人员有违法行为，依法应当给予处分的，应当向其任免机关或者监察机关提出处分建议。

依法应当给予行政处罚，而有关环境保护主管部门不给予行政处罚的，上级人民政府环境保护主管部门可以直接作出行政处罚的决定。

第六十八条 地方各级人民政府、县级以上人民政府环境保护主管部门和其他负有环境保护监督管理职责的部门有下列行为之一的，对直接负责的主管人员和其他直接责任人员给予记过、记大过或者降级处分；造成严重后果的，给予撤职或者开除处分，其主要负责人应当引咎辞职：

（一）不符合行政许可条件准予行政许可的；

（二）对环境违法行为进行包庇的；

（三）依法应当作出责令停业、关闭的决定而未作出的；

（四）对超标排放污染物、采用逃避监管的方式排放污染物、造成环境事故以及不落实生态保护措施造成生态破坏等行为，发现或者接到举报未及时查处的；

（五）违反本法规定，查封、扣押企业事业单位和其他生产经营者的设施、设备的；

（六）篡改、伪造或者指使篡改、伪造监测数据的；

（七）应当依法公开环境信息而未公开的；

（八）将征收的排污费截留、挤占或者挪作他用的；

（九）法律法规规定的其他违法行为。

第六十九条 违反本法规定，构成犯罪的，依法追究刑事责任。

第七章 附 则

第七十条 本法自 2015 年 1 月 1 日起施行。

中华人民共和国大气污染防治法

（1987年9月5日第六届全国人民代表大会常务委员会第二十二次会议通过　根据1995年8月29日第八届全国人民代表大会常务委员会第十五次会议《关于修改〈中华人民共和国大气污染防治法〉的决定》第一次修正　2000年4月29日第九届全国人民代表大会常务委员会第十五次会议第一次修订　2015年8月29日第十二届全国人民代表大会常务委员会第十六次会议第二次修订　根据2018年10月26日第十三届全国人民代表大会常务委员会第六次会议《关于修改〈中华人民共和国野生动物保护法〉等十五部法律的决定》第二次修正）

第一章　总　则

第一条　为保护和改善环境，防治大气污染，保障公众健康，推进生态文明建设，促进经济社会可持续发展，制定本法。

第二条　防治大气污染，应当以改善大气环境质量为目标，坚持源头治理，规划先行，转变经济发展方式，优化产业结构和布局，调整能源结构。

防治大气污染，应当加强对燃煤、工业、机动车船、扬尘、农业等大气污染的综合防治，推行区域大气污染联合防治，对颗粒物、二氧化硫、氮氧化物、挥发性有机物、氨等大气污染物和温室气体实施协同控制。

第三条　县级以上人民政府应当将大气污染防治工作纳入国民经济和社会发展规划，加大对大气污染防治的财政投入。

地方各级人民政府应当对本行政区域的大气环境质量负责，制定规划，采取措施，控制或者逐步削减大气污染物的排放量，使大气环境质量达到规定标准并逐步改善。

第四条　国务院生态环境主管部门会同国务院有关部门，按照国务院的规定，对省、自治区、直辖市大气环境质量改善目标、大气污染防治重点任务完成情况进行考核。省、自治区、直辖市人民政府制定考核办法，对本行政区域内地方大气环境质量改善目标、大气污染防治重点任务完成情况实施考核。考核结果应当向社会公开。

第五条　县级以上人民政府生态环境主管部门对大气污染防治实施统一监督管理。

县级以上人民政府其他有关部门在各自职责范围内对大气污染防治实施监督管理。

第六条　国家鼓励和支持大气污染防治科学技术研究，开展对大气污染来源及其变化趋势的分析，推广先进适用的大气污染防治技术和装备，促进科技成果转化，发挥科学技术在大气污染防治中的支撑作用。

第七条 企业事业单位和其他生产经营者应当采取有效措施，防止、减少大气污染，对所造成的损害依法承担责任。

公民应当增强大气环境保护意识，采取低碳、节俭的生活方式，自觉履行大气环境保护义务。

第二章 大气污染防治标准和限期达标规划

第八条 国务院生态环境主管部门或者省、自治区、直辖市人民政府制定大气环境质量标准，应当以保障公众健康和保护生态环境为宗旨，与经济社会发展相适应，做到科学合理。

第九条 国务院生态环境主管部门或者省、自治区、直辖市人民政府制定大气污染物排放标准，应当以大气环境质量标准和国家经济、技术条件为依据。

第十条 制定大气环境质量标准、大气污染物排放标准，应当组织专家进行审查和论证，并征求有关部门、行业协会、企业事业单位和公众等方面的意见。

第十一条 省级以上人民政府生态环境主管部门应当在其网站上公布大气环境质量标准、大气污染物排放标准，供公众免费查阅、下载。

第十二条 大气环境质量标准、大气污染物排放标准的执行情况应当定期进行评估，根据评估结果对标准适时进行修订。

第十三条 制定燃煤、石油焦、生物质燃料、涂料等含挥发性有机物的产品、烟花爆竹以及锅炉等产品的质量标准，应当明确大气环境保护要求。

制定燃油质量标准，应当符合国家大气污染物控制要求，并与国家机动车船、非道路移动机械大气污染物排放标准相互衔接，同步实施。

前款所称非道路移动机械，是指装配有发动机的移动机械和可运输工业设备。

第十四条 未达到国家大气环境质量标准城市的人民政府应当及时编制大气环境质量限期达标规划，采取措施，按照国务院或者省级人民政府规定的期限达到大气环境质量标准。

编制城市大气环境质量限期达标规划，应当征求有关行业协会、企业事业单位、专家和公众等方面的意见。

第十五条 城市大气环境质量限期达标规划应当向社会公开。直辖市和设区的市的大气环境质量限期达标规划应当报国务院生态环境主管部门备案。

第十六条 城市人民政府每年在向本级人民代表大会或者其常务委员会报告环境状况和环境保护目标完成情况时，应当报告大气环境质量限期达标规划执行情况，并向社会公开。

第十七条 城市大气环境质量限期达标规划应当根据大气污染防治的要求和经济、技术条件适时进行评估、修订。

第三章 大气污染防治的监督管理

第十八条 企业事业单位和其他生产经营者建设对大气环境有影响的项目，应当依法进行环境影响评价、公开环境影响评价文件；向大气排放污染物的，应当符合大气污染物排放标准，遵守重点大气污染物排放总量控制要求。

第十九条 排放工业废气或者本法第七十八条规定名录中所列有毒有害大气污染物的企业事业单位、集中供热设施的燃煤热源生产运营单位以及其他依法实行排污许可管理的单位，应当取得排污许可证。排污许可的具体办法和实施步骤由国务院规定。

第二十条 企业事业单位和其他生产经营者向大气排放污染物的，应当依照法律法规和国务院生态环境主管部门的规定设置大气污染物排放口。

禁止通过偷排、篡改或者伪造监测数据、以逃避现场检查为目的的临时停产、非紧急情况下开启应急排放通道、不正常运行大气污染防治设施等逃避监管的方式排放大气污染物。

第二十一条 国家对重点大气污染物排放实行总量控制。

重点大气污染物排放总量控制目标，由国务院生态环境主管部门在征求国务院有关部门和各省、自治区、直辖市人民政府意见后，会同国务院经济综合主管部门报国务院批准并下达实施。

省、自治区、直辖市人民政府应当按照国务院下达的总量控制目标，控制或者削减本行政区域的重点大气污染物排放总量。

确定总量控制目标和分解总量控制指标的具体办法，由国务院生态环境主管部门会同国务院有关部门规定。省、自治区、直辖市人民政府可以根据本行政区域大气污染防治的需要，对国家重点大气污染物之外的其他大气污染物排放实行总量控制。

国家逐步推行重点大气污染物排污权交易。

第二十二条 对超过国家重点大气污染物排放总量控制指标或者未完成国家下达的大气环境质量改善目标的地区，省级以上人民政府生态环境主管部门应当会同有关部门约谈该地区人民政府的主要负责人，并暂停审批该地区新增重点大气污染物排放总量的建设项目环境影响评价文件。约谈情况应当向社会公开。

第二十三条 国务院生态环境主管部门负责制定大气环境质量和大气污染源的监测和评价规范，组织建设与管理全国大气环境质量和大气污染源监测网，组织开展大气环境质量和大气污染源监测，统一发布全国大气环境质量状况信息。

县级以上地方人民政府生态环境主管部门负责组织建设与管理本行政区域大气环境

质量和大气污染源监测网，开展大气环境质量和大气污染源监测，统一发布本行政区域大气环境质量状况信息。

第二十四条 企业事业单位和其他生产经营者应当按照国家有关规定和监测规范，对其排放的工业废气和本法第七十八条规定名录中所列有毒有害大气污染物进行监测，并保存原始监测记录。其中，重点排污单位应当安装、使用大气污染物排放自动监测设备，与生态环境主管部门的监控设备联网，保证监测设备正常运行并依法公开排放信息。监测的具体办法和重点排污单位的条件由国务院生态环境主管部门规定。

重点排污单位名录由设区的市级以上地方人民政府生态环境主管部门按照国务院生态环境主管部门的规定，根据本行政区域的大气环境承载力、重点大气污染物排放总量控制指标的要求以及排污单位排放大气污染物的种类、数量和浓度等因素，商有关部门确定，并向社会公布。

第二十五条 重点排污单位应当对自动监测数据的真实性和准确性负责。生态环境主管部门发现重点排污单位的大气污染物排放自动监测设备传输数据异常，应当及时进行调查。

第二十六条 禁止侵占、损毁或者擅自移动、改变大气环境质量监测设施和大气污染物排放自动监测设备。

第二十七条 国家对严重污染大气环境的工艺、设备和产品实行淘汰制度。

国务院经济综合主管部门会同国务院有关部门确定严重污染大气环境的工艺、设备和产品淘汰期限，并纳入国家综合性产业政策目录。

生产者、进口者、销售者或者使用者应当在规定期限内停止生产、进口、销售或者使用列入前款规定目录中的设备和产品。工艺的采用者应当在规定期限内停止采用列入前款规定目录中的工艺。

被淘汰的设备和产品，不得转让给他人使用。

第二十八条 国务院生态环境主管部门会同有关部门，建立和完善大气污染损害评估制度。

第二十九条 生态环境主管部门及其环境执法机构和其他负有大气环境保护监督管理职责的部门，有权通过现场检查监测、自动监测、遥感监测、远红外摄像等方式，对排放大气污染物的企业事业单位和其他生产经营者进行监督检查。被检查者应当如实反映情况，提供必要的资料。实施检查的部门、机构及其工作人员应当为被检查者保守商业秘密。

第三十条 企业事业单位和其他生产经营者违反法律法规规定排放大气污染物，造成或者可能造成严重大气污染，或者有关证据可能灭失或者被隐匿的，县级以上人民政府生态环境主管部门和其他负有大气环境保护监督管理职责的部门，可以对有关设施、设备、物品采取查封、扣押等行政强制措施。

第三十一条 生态环境主管部门和其他负有大气环境保护监督管理职责的部门应当公布举报电话、电子邮箱等，方便公众举报。

生态环境主管部门和其他负有大气环境保护监督管理职责的部门接到举报的，应当及时处理并对举报人的相关信息予以保密；对实名举报的，应当反馈处理结果等情况，查证属实的，处理结果依法向社会公开，并对举报人给予奖励。

举报人举报所在单位的，该单位不得以解除、变更劳动合同或者其他方式对举报人进行打击报复。

第四章 大气污染防治措施

第一节 燃煤和其他能源污染防治

第三十二条 国务院有关部门和地方各级人民政府应当采取措施，调整能源结构，推广清洁能源的生产和使用；优化煤炭使用方式，推广煤炭清洁高效利用，逐步降低煤炭在一次能源消费中的比重，减少煤炭生产、使用、转化过程中的大气污染物排放。

第三十三条 国家推行煤炭洗选加工，降低煤炭的硫分和灰分，限制高硫分、高灰分煤炭的开采。新建煤矿应当同步建设配套的煤炭洗选设施，使煤炭的硫分、灰分含量达到规定标准；已建成的煤矿除所采煤炭属于低硫分、低灰分或者根据已达标排放的燃煤电厂要求不需要洗选的以外，应当限期建成配套的煤炭洗选设施。

禁止开采含放射性和砷等有毒有害物质超过规定标准的煤炭。

第三十四条 国家采取有利于煤炭清洁高效利用的经济、技术政策和措施，鼓励和支持洁净煤技术的开发和推广。

国家鼓励煤矿企业等采用合理、可行的技术措施，对煤层气进行开采利用，对煤矸石进行综合利用。从事煤层气开采利用的，煤层气排放应当符合有关标准规范。

第三十五条 国家禁止进口、销售和燃用不符合质量标准的煤炭，鼓励燃用优质煤炭。

单位存放煤炭、煤矸石、煤渣、煤灰等物料，应当采取防燃措施，防止大气污染。

第三十六条 地方各级人民政府应当采取措施，加强民用散煤的管理，禁止销售不符合民用散煤质量标准的煤炭，鼓励居民燃用优质煤炭和洁净型煤，推广节能环保型炉灶。

第三十七条 石油炼制企业应当按照燃油质量标准生产燃油。

禁止进口、销售和燃用不符合质量标准的石油焦。

第三十八条 城市人民政府可以划定并公布高污染燃料禁燃区，并根据大气环境质量改善要求，逐步扩大高污染燃料禁燃区范围。高污染燃料的目录由国务院生态环境主管部门确定。

在禁燃区内，禁止销售、燃用高污染燃料；禁止新建、扩建燃用高污染燃料的设施，已建成的，应当在城市人民政府规定的期限内改用天然气、页岩气、液化石油气、电或者其他清洁能源。

第三十九条 城市建设应当统筹规划，在燃煤供热地区，推进热电联产和集中供热。在集中供热管网覆盖地区，禁止新建、扩建分散燃煤供热锅炉；已建成的不能达标排放的燃煤供热锅炉，应当在城市人民政府规定的期限内拆除。

第四十条 县级以上人民政府市场监督管理部门应当会同生态环境主管部门对锅炉生产、进口、销售和使用环节执行环境保护标准或者要求的情况进行监督检查；不符合环境保护标准或者要求的，不得生产、进口、销售和使用。

第四十一条 燃煤电厂和其他燃煤单位应当采用清洁生产工艺，配套建设除尘、脱硫、脱硝等装置，或者采取技术改造等其他控制大气污染物排放的措施。

国家鼓励燃煤单位采用先进的除尘、脱硫、脱硝、脱汞等大气污染物协同控制的技术和装置，减少大气污染物的排放。

第四十二条 电力调度应当优先安排清洁能源发电上网。

第二节 工业污染防治

第四十三条 钢铁、建材、有色金属、石油、化工等企业生产过程中排放粉尘、硫化物和氮氧化物的，应当采用清洁生产工艺，配套建设除尘、脱硫、脱硝等装置，或者采取技术改造等其他控制大气污染物排放的措施。

第四十四条 生产、进口、销售和使用含挥发性有机物的原材料和产品的，其挥发性有机物含量应当符合质量标准或者要求。

国家鼓励生产、进口、销售和使用低毒、低挥发性有机溶剂。

第四十五条 产生含挥发性有机物废气的生产和服务活动，应当在密闭空间或者设备中进行，并按照规定安装、使用污染防治设施；无法密闭的，应当采取措施减少废气排放。

第四十六条 工业涂装企业应当使用低挥发性有机物含量的涂料，并建立台账，记录生产原料、辅料的使用量、废弃量、去向以及挥发性有机物含量。台账保存期限不得少于三年。

第四十七条 石油、化工以及其他生产和使用有机溶剂的企业，应当采取措施对管道、设备进行日常维护、维修，减少物料泄漏，对泄漏的物料应当及时收集处理。

储油储气库、加油加气站、原油成品油码头、原油成品油运输船舶和油罐车、气罐车等，应当按照国家有关规定安装油气回收装置并保持正常使用。

第四十八条 钢铁、建材、有色金属、石油、化工、制药、矿产开采等企业，应当加强精细化管理，采取集中收集处理等措施，严格控制粉尘和气态污染物的排放。

工业生产企业应当采取密闭、围挡、遮盖、清扫、洒水等措施，减少内部物料的堆存、传输、装卸等环节产生的粉尘和气态污染物的排放。

第四十九条 工业生产、垃圾填埋或者其他活动产生的可燃性气体应当回收利用，不具备回收利用条件的，应当进行污染防治处理。

可燃性气体回收利用装置不能正常作业的，应当及时修复或者更新。在回收利用装置不能正常作业期间确需排放可燃性气体的，应当将排放的可燃性气体充分燃烧或者采取其他控制大气污染物排放的措施，并向当地生态环境主管部门报告，按照要求限期修复或者更新。

第三节　机动车船等污染防治

第五十条 国家倡导低碳、环保出行，根据城市规划合理控制燃油机动车保有量，大力发展城市公共交通，提高公共交通出行比例。

国家采取财政、税收、政府采购等措施推广应用节能环保型和新能源机动车船、非道路移动机械，限制高油耗、高排放机动车船、非道路移动机械的发展，减少化石能源的消耗。

省、自治区、直辖市人民政府可以在条件具备的地区，提前执行国家机动车大气污染物排放标准中相应阶段排放限值，并报国务院生态环境主管部门备案。

城市人民政府应当加强并改善城市交通管理，优化道路设置，保障人行道和非机动车道的连续、畅通。

第五十一条 机动车船、非道路移动机械不得超过标准排放大气污染物。

禁止生产、进口或者销售大气污染物排放超过标准的机动车船、非道路移动机械。

第五十二条 机动车、非道路移动机械生产企业应当对新生产的机动车和非道路移动机械进行排放检验。经检验合格的，方可出厂销售。检验信息应当向社会公开。

省级以上人民政府生态环境主管部门可以通过现场检查、抽样检测等方式，加强对新生产、销售机动车和非道路移动机械大气污染物排放状况的监督检查。工业、市场监督管理等有关部门予以配合。

第五十三条 在用机动车应当按照国家或者地方的有关规定，由机动车排放检验机构定期对其进行排放检验。经检验合格的，方可上道路行驶。未经检验合格的，公安机关交通管理部门不得核发安全技术检验合格标志。

县级以上地方人民政府生态环境主管部门可以在机动车集中停放地、维修地对在用机动车的大气污染物排放状况进行监督抽测；在不影响正常通行的情况下，可以通过遥感监测等技术手段对在道路上行驶的机动车的大气污染物排放状况进行监督抽测，公安机关交通管理部门予以配合。

第五十四条 机动车排放检验机构应当依法通过计量认证，使用经依法检定合格的机动车排放检验设备，按照国务院生态环境主管部门制定的规范，对机动车进行排放检验，并与生态环境主管部门联网，实现检验数据实时共享。机动车排放检验机构及其负责人对检验数据的真实性和准确性负责。

生态环境主管部门和认证认可监督管理部门应当对机动车排放检验机构的排放检验情况进行监督检查。

第五十五条 机动车生产、进口企业应当向社会公布其生产、进口机动车车型的排放检验信息、污染控制技术信息和有关维修技术信息。

机动车维修单位应当按照防治大气污染的要求和国家有关技术规范对在用机动车进行维修，使其达到规定的排放标准。交通运输、生态环境主管部门应当依法加强监督管理。

禁止机动车所有人以临时更换机动车污染控制装置等弄虚作假的方式通过机动车排放检验。禁止机动车维修单位提供该类维修服务。禁止破坏机动车车载排放诊断系统。

第五十六条 生态环境主管部门应当会同交通运输、住房城乡建设、农业行政、水行政等有关部门对非道路移动机械的大气污染物排放状况进行监督检查，排放不合格的，不得使用。

第五十七条 国家倡导环保驾驶，鼓励燃油机动车驾驶人在不影响道路通行且需停车三分钟以上的情况下熄灭发动机，减少大气污染物的排放。

第五十八条 国家建立机动车和非道路移动机械环境保护召回制度。

生产、进口企业获知机动车、非道路移动机械排放大气污染物超过标准，属于设计、生产缺陷或者不符合规定的环境保护耐久性要求的，应当召回；未召回的，由国务院市场监督管理部门会同国务院生态环境主管部门责令其召回。

第五十九条 在用重型柴油车、非道路移动机械未安装污染控制装置或者污染控制装置不符合要求，不能达标排放的，应当加装或者更换符合要求的污染控制装置。

第六十条 在用机动车排放大气污染物超过标准的，应当进行维修；经维修或者采用污染控制技术后，大气污染物排放仍不符合国家在用机动车排放标准的，应当强制报废。其所有人应当将机动车交售给报废机动车回收拆解企业，由报废机动车回收拆解企业按照国家有关规定进行登记、拆解、销毁等处理。

国家鼓励和支持高排放机动车船、非道路移动机械提前报废。

第六十一条 城市人民政府可以根据大气环境质量状况，划定并公布禁止使用高排放非道路移动机械的区域。

第六十二条 船舶检验机构对船舶发动机及有关设备进行排放检验。经检验符合国家排放标准的，船舶方可运营。

第六十三条 内河和江海直达船舶应当使用符合标准的普通柴油。远洋船舶靠港后应当使用符合大气污染物控制要求的船舶用燃油。

新建码头应当规划、设计和建设岸基供电设施；已建成的码头应当逐步实施岸基供电设施改造。船舶靠港后应当优先使用岸电。

第六十四条 国务院交通运输主管部门可以在沿海海域划定船舶大气污染物排放控制区，进入排放控制区的船舶应当符合船舶相关排放要求。

第六十五条 禁止生产、进口、销售不符合标准的机动车船、非道路移动机械用燃料；禁止向汽车和摩托车销售普通柴油以及其他非机动车用燃料；禁止向非道路移动机械、内河和江海直达船舶销售渣油和重油。

第六十六条 发动机油、氮氧化物还原剂、燃料和润滑油添加剂以及其他添加剂的有害物质含量和其他大气环境保护指标，应当符合有关标准的要求，不得损害机动车船污染控制装置效果和耐久性，不得增加新的大气污染物排放。

第六十七条 国家积极推进民用航空器的大气污染防治，鼓励在设计、生产、使用过程中采取有效措施减少大气污染物排放。

民用航空器应当符合国家规定的适航标准中的有关发动机排出物要求。

第四节　扬尘污染防治

第六十八条 地方各级人民政府应当加强对建设施工和运输的管理，保持道路清洁，控制料堆和渣土堆放，扩大绿地、水面、湿地和地面铺装面积，防治扬尘污染。

住房城乡建设、市容环境卫生、交通运输、国土资源等有关部门，应当根据本级人民政府确定的职责，做好扬尘污染防治工作。

第六十九条 建设单位应当将防治扬尘污染的费用列入工程造价，并在施工承包合同中明确施工单位扬尘污染防治责任。施工单位应当制定具体的施工扬尘污染防治实施方案。

从事房屋建筑、市政基础设施建设、河道整治以及建筑物拆除等施工单位，应当向负责监督管理扬尘污染防治的主管部门备案。

施工单位应当在施工工地设置硬质围挡，并采取覆盖、分段作业、择时施工、洒水抑尘、冲洗地面和车辆等有效防尘降尘措施。建筑土方、工程渣土、建筑垃圾应当及时清运；在场地内堆存的，应当采用密闭式防尘网遮盖。工程渣土、建筑垃圾应当进行资源化处理。

施工单位应当在施工工地公示扬尘污染防治措施、负责人、扬尘监督管理主管部门等信息。

暂时不能开工的建设用地，建设单位应当对裸露地面进行覆盖；超过三个月的，应当进行绿化、铺装或者遮盖。

第七十条 运输煤炭、垃圾、渣土、砂石、土方、灰浆等散装、流体物料的车辆应当采取密闭或者其他措施防止物料遗撒造成扬尘污染，并按照规定路线行驶。

装卸物料应当采取密闭或者喷淋等方式防治扬尘污染。

城市人民政府应当加强道路、广场、停车场和其他公共场所的清扫保洁管理，推行清洁动力机械化清扫等低尘作业方式，防治扬尘污染。

第七十一条 市政河道以及河道沿线、公共用地的裸露地面以及其他城镇裸露地面，有关部门应当按照规划组织实施绿化或者透水铺装。

第七十二条 贮存煤炭、煤矸石、煤渣、煤灰、水泥、石灰、石膏、砂土等易产生扬尘的物料应当密闭；不能密闭的，应当设置不低于堆放物高度的严密围挡，并采取有效覆盖措施防治扬尘污染。

码头、矿山、填埋场和消纳场应当实施分区作业，并采取有效措施防治扬尘污染。

第五节　农业和其他污染防治

第七十三条 地方各级人民政府应当推动转变农业生产方式，发展农业循环经济，加大对废弃物综合处理的支持力度，加强对农业生产经营活动排放大气污染物的控制。

第七十四条 农业生产经营者应当改进施肥方式，科学合理施用化肥并按照国家有关规定使用农药，减少氨、挥发性有机物等大气污染物的排放。

禁止在人口集中地区对树木、花草喷洒剧毒、高毒农药。

第七十五条 畜禽养殖场、养殖小区应当及时对污水、畜禽粪便和尸体等进行收集、贮存、清运和无害化处理，防止排放恶臭气体。

第七十六条 各级人民政府及其农业行政等有关部门应当鼓励和支持采用先进适用技术，对秸秆、落叶等进行肥料化、饲料化、能源化、工业原料化、食用菌基料化等综合利用，加大对秸秆还田、收集一体化农业机械的财政补贴力度。

县级人民政府应当组织建立秸秆收集、贮存、运输和综合利用服务体系，采用财政补贴等措施支持农村集体经济组织、农民专业合作经济组织、企业等开展秸秆收集、贮存、运输和综合利用服务。

第七十七条 省、自治区、直辖市人民政府应当划定区域，禁止露天焚烧秸秆、落叶等产生烟尘污染的物质。

第七十八条 国务院生态环境主管部门应当会同国务院卫生行政部门，根据大气污染物对公众健康和生态环境的危害和影响程度，公布有毒有害大气污染物名录，实行风险管理。

排放前款规定名录中所列有毒有害大气污染物的企业事业单位，应当按照国家有关规定建设环境风险预警体系，对排放口和周边环境进行定期监测，评估环境风险，排查环境安全隐患，并采取有效措施防范环境风险。

第七十九条 向大气排放持久性有机污染物的企业事业单位和其他生产经营者以及废弃物焚烧设施的运营单位，应当按照国家有关规定，采取有利于减少持久性有机污染物排放的技术方法和工艺，配备有效的净化装置，实现达标排放。

第八十条 企业事业单位和其他生产经营者在生产经营活动中产生恶臭气体的，应当科学选址，设置合理的防护距离，并安装净化装置或者采取其他措施，防止排放恶臭气体。

第八十一条 排放油烟的餐饮服务业经营者应当安装油烟净化设施并保持正常使用，或者采取其他油烟净化措施，使油烟达标排放，并防止对附近居民的正常生活环境造成污染。

禁止在居民住宅楼、未配套设立专用烟道的商住综合楼以及商住综合楼内与居住层相邻的商业楼层内新建、改建、扩建产生油烟、异味、废气的餐饮服务项目。

任何单位和个人不得在当地人民政府禁止的区域内露天烧烤食品或者为露天烧烤食品提供场地。

第八十二条 禁止在人口集中地区和其他依法需要特殊保护的区域内焚烧沥青、油毡、橡胶、塑料、皮革、垃圾以及其他产生有毒有害烟尘和恶臭气体的物质。

禁止生产、销售和燃放不符合质量标准的烟花爆竹。任何单位和个人不得在城市人民政府禁止的时段和区域内燃放烟花爆竹。

第八十三条 国家鼓励和倡导文明、绿色祭祀。

火葬场应当设置除尘等污染防治设施并保持正常使用，防止影响周边环境。

第八十四条 从事服装干洗和机动车维修等服务活动的经营者，应当按照国家有关标准或者要求设置异味和废气处理装置等污染防治设施并保持正常使用，防止影响周边环境。

第八十五条 国家鼓励、支持消耗臭氧层物质替代品的生产和使用，逐步减少直至停止消耗臭氧层物质的生产和使用。

国家对消耗臭氧层物质的生产、使用、进出口实行总量控制和配额管理。具体办法由国务院规定。

第五章　重点区域大气污染联合防治

第八十六条　国家建立重点区域大气污染联防联控机制，统筹协调重点区域内大气污染防治工作。国务院生态环境主管部门根据主体功能区划、区域大气环境质量状况和大气污染传输扩散规律，划定国家大气污染防治重点区域，报国务院批准。

重点区域内有关省、自治区、直辖市人民政府应当确定牵头的地方人民政府，定期召开联席会议，按照统一规划、统一标准、统一监测、统一的防治措施的要求，开展大气污染联合防治，落实大气污染防治目标责任。国务院生态环境主管部门应当加强指导、督促。

省、自治区、直辖市可以参照第一款规定划定本行政区域的大气污染防治重点区域。

第八十七条　国务院生态环境主管部门会同国务院有关部门、国家大气污染防治重点区域内有关省、自治区、直辖市人民政府，根据重点区域经济社会发展和大气环境承载力，制定重点区域大气污染联合防治行动计划，明确控制目标，优化区域经济布局，统筹交通管理，发展清洁能源，提出重点防治任务和措施，促进重点区域大气环境质量改善。

第八十八条　国务院经济综合主管部门会同国务院生态环境主管部门，结合国家大气污染防治重点区域产业发展实际和大气环境质量状况，进一步提高环境保护、能耗、安全、质量等要求。

重点区域内有关省、自治区、直辖市人民政府应当实施更严格的机动车大气污染物排放标准，统一在用机动车检验方法和排放限值，并配套供应合格的车用燃油。

第八十九条　编制可能对国家大气污染防治重点区域的大气环境造成严重污染的有关工业园区、开发区、区域产业和发展等规划，应当依法进行环境影响评价。规划编制机关应当与重点区域内有关省、自治区、直辖市人民政府或者有关部门会商。

重点区域内有关省、自治区、直辖市建设可能对相邻省、自治区、直辖市大气环境质量产生重大影响的项目，应当及时通报有关信息，进行会商。

会商意见及其采纳情况作为环境影响评价文件审查或者审批的重要依据。

第九十条　国家大气污染防治重点区域内新建、改建、扩建用煤项目的，应当实行煤炭的等量或者减量替代。

第九十一条　国务院生态环境主管部门应当组织建立国家大气污染防治重点区域的大气环境质量监测、大气污染源监测等相关信息共享机制，利用监测、模拟以及卫星、航测、遥感等新技术分析重点区域内大气污染来源及其变化趋势，并向社会公开。

第九十二条　国务院生态环境主管部门和国家大气污染防治重点区域内有关省、自治区、直辖市人民政府可以组织有关部门开展联合执法、跨区域执法、交叉执法。

第六章　重污染天气应对

第九十三条　国家建立重污染天气监测预警体系。

国务院生态环境主管部门会同国务院气象主管机构等有关部门、国家大气污染防治重点区域内有关省、自治区、直辖市人民政府，建立重点区域重污染天气监测预警机制，统一预警分级标准。可能发生区域重污染天气的，应当及时向重点区域内有关省、自治区、直辖市人民政府通报。

省、自治区、直辖市、设区的市人民政府生态环境主管部门会同气象主管机构等有关部门建立本行政区域重污染天气监测预警机制。

第九十四条　县级以上地方人民政府应当将重污染天气应对纳入突发事件应急管理体系。

省、自治区、直辖市、设区的市人民政府以及可能发生重污染天气的县级人民政府，应当制定重污染天气应急预案，向上一级人民政府生态环境主管部门备案，并向社会公布。

第九十五条　省、自治区、直辖市、设区的市人民政府生态环境主管部门应当会同气象主管机构建立会商机制，进行大气环境质量预报。可能发生重污染天气的，应当及时向本级人民政府报告。省、自治区、直辖市、设区的市人民政府依据重污染天气预报信息，进行综合研判，确定预警等级并及时发出预警。预警等级根据情况变化及时调整。任何单位和个人不得擅自向社会发布重污染天气预报预警信息。

预警信息发布后，人民政府及其有关部门应当通过电视、广播、网络、短信等途径告知公众采取健康防护措施，指导公众出行和调整其他相关社会活动。

第九十六条　县级以上地方人民政府应当依据重污染天气的预警等级，及时启动应急预案，根据应急需要可以采取责令有关企业停产或者限产、限制部分机动车行驶、禁止燃放烟花爆竹、停止工地土石方作业和建筑物拆除施工、停止露天烧烤、停止幼儿园和学校组织的户外活动、组织开展人工影响天气作业等应急措施。

应急响应结束后，人民政府应当及时开展应急预案实施情况的评估，适时修改完善应急预案。

第九十七条　发生造成大气污染的突发环境事件，人民政府及其有关部门和相关企业事业单位，应当依照《中华人民共和国突发事件应对法》、《中华人民共和国环境保护法》的规定，做好应急处置工作。生态环境主管部门应当及时对突发环境事件产生的大气污染物进行监测，并向社会公布监测信息。

第七章 法律责任

第九十八条 违反本法规定，以拒绝进入现场等方式拒不接受生态环境主管部门及其环境执法机构或者其他负有大气环境保护监督管理职责的部门的监督检查，或者在接受监督检查时弄虚作假的，由县级以上人民政府生态环境主管部门或者其他负有大气环境保护监督管理职责的部门责令改正，处二万元以上二十万元以下的罚款；构成违反治安管理行为的，由公安机关依法予以处罚。

第九十九条 违反本法规定，有下列行为之一的，由县级以上人民政府生态环境主管部门责令改正或者限制生产、停产整治，并处十万元以上一百万元以下的罚款；情节严重的，报经有批准权的人民政府批准，责令停业、关闭：

（一）未依法取得排污许可证排放大气污染物的；

（二）超过大气污染物排放标准或者超过重点大气污染物排放总量控制指标排放大气污染物的；

（三）通过逃避监管的方式排放大气污染物的。

第一百条 违反本法规定，有下列行为之一的，由县级以上人民政府生态环境主管部门责令改正，处二万元以上二十万元以下的罚款；拒不改正的，责令停产整治：

（一）侵占、损毁或者擅自移动、改变大气环境质量监测设施或者大气污染物排放自动监测设备的；

（二）未按照规定对所排放的工业废气和有毒有害大气污染物进行监测并保存原始监测记录的；

（三）未按照规定安装、使用大气污染物排放自动监测设备或者未按照规定与生态环境主管部门的监控设备联网，并保证监测设备正常运行的；

（四）重点排污单位不公开或者不如实公开自动监测数据的；

（五）未按照规定设置大气污染物排放口的。

第一百零一条 违反本法规定，生产、进口、销售或者使用国家综合性产业政策目录中禁止的设备和产品，采用国家综合性产业政策目录中禁止的工艺，或者将淘汰的设备和产品转让给他人使用的，由县级以上人民政府经济综合主管部门、海关按照职责责令改正，没收违法所得，并处货值金额一倍以上三倍以下的罚款；拒不改正的，报经有批准权的人民政府批准，责令停业、关闭。进口行为构成走私的，由海关依法予以处罚。

第一百零二条 违反本法规定，煤矿未按照规定建设配套煤炭洗选设施的，由县级以上人民政府能源主管部门责令改正，处十万元以上一百万元以下的罚款；拒不改正的，报经有批准权的人民政府批准，责令停业、关闭。

违反本法规定，开采含放射性和砷等有毒有害物质超过规定标准的煤炭的，由县级以上人民政府按照国务院规定的权限责令停业、关闭。

第一百零三条 违反本法规定，有下列行为之一的，由县级以上地方人民政府市场监督管理部门责令改正，没收原材料、产品和违法所得，并处货值金额一倍以上三倍以下的罚款：

（一）销售不符合质量标准的煤炭、石油焦的；

（二）生产、销售挥发性有机物含量不符合质量标准或者要求的原材料和产品的；

（三）生产、销售不符合标准的机动车船和非道路移动机械用燃料、发动机油、氮氧化物还原剂、燃料和润滑油添加剂以及其他添加剂的；

（四）在禁燃区内销售高污染燃料的。

第一百零四条 违反本法规定，有下列行为之一的，由海关责令改正，没收原材料、产品和违法所得，并处货值金额一倍以上三倍以下的罚款；构成走私的，由海关依法予以处罚：

（一）进口不符合质量标准的煤炭、石油焦的；

（二）进口挥发性有机物含量不符合质量标准或者要求的原材料和产品的；

（三）进口不符合标准的机动车船和非道路移动机械用燃料、发动机油、氮氧化物还原剂、燃料和润滑油添加剂以及其他添加剂的。

第一百零五条 违反本法规定，单位燃用不符合质量标准的煤炭、石油焦的，由县级以上人民政府生态环境主管部门责令改正，处货值金额一倍以上三倍以下的罚款。

第一百零六条 违反本法规定，使用不符合标准或者要求的船舶用燃油的，由海事管理机构、渔业主管部门按照职责处一万元以上十万元以下的罚款。

第一百零七条 违反本法规定，在禁燃区内新建、扩建燃用高污染燃料的设施，或者未按照规定停止燃用高污染燃料，或者在城市集中供热管网覆盖地区新建、扩建分散燃煤供热锅炉，或者未按照规定拆除已建成的不能达标排放的燃煤供热锅炉的，由县级以上地方人民政府生态环境主管部门没收燃用高污染燃料的设施，组织拆除燃煤供热锅炉，并处二万元以上二十万元以下的罚款。

违反本法规定，生产、进口、销售或者使用不符合规定标准或者要求的锅炉，由县级以上人民政府市场监督管理、生态环境主管部门责令改正，没收违法所得，并处二万元以上二十万元以下的罚款。

第一百零八条 违反本法规定，有下列行为之一的，由县级以上人民政府生态环境主管部门责令改正，处二万元以上二十万元以下的罚款；拒不改正的，责令停产整治：

（一）产生含挥发性有机物废气的生产和服务活动，未在密闭空间或者设备中进行，未按照规定安装、使用污染防治设施，或者未采取减少废气排放措施的；

（二）工业涂装企业未使用低挥发性有机物含量涂料或者未建立、保存台账的；

（三）石油、化工以及其他生产和使用有机溶剂的企业，未采取措施对管道、设备进行日常维护、维修，减少物料泄漏或者对泄漏的物料未及时收集处理的；

（四）储油储气库、加油加气站和油罐车、气罐车等，未按照国家有关规定安装并正常使用油气回收装置的；

（五）钢铁、建材、有色金属、石油、化工、制药、矿产开采等企业，未采取集中收集处理、密闭、围挡、遮盖、清扫、洒水等措施，控制、减少粉尘和气态污染物排放的；

（六）工业生产、垃圾填埋或者其他活动中产生的可燃性气体未回收利用，不具备回收利用条件未进行防治污染处理，或者可燃性气体回收利用装置不能正常作业，未及时修复或者更新的。

第一百零九条 违反本法规定，生产超过污染物排放标准的机动车、非道路移动机械的，由省级以上人民政府生态环境主管部门责令改正，没收违法所得，并处货值金额一倍以上三倍以下的罚款，没收销毁无法达到污染物排放标准的机动车、非道路移动机械；拒不改正的，责令停产整治，并由国务院机动车生产主管部门责令停止生产该车型。

违反本法规定，机动车、非道路移动机械生产企业对发动机、污染控制装置弄虚作假、以次充好，冒充排放检验合格产品出厂销售的，由省级以上人民政府生态环境主管部门责令停产整治，没收违法所得，并处货值金额一倍以上三倍以下的罚款，没收销毁无法达到污染物排放标准的机动车、非道路移动机械，并由国务院机动车生产主管部门责令停止生产该车型。

第一百一十条 违反本法规定，进口、销售超过污染物排放标准的机动车、非道路移动机械的，由县级以上人民政府市场监督管理部门、海关按照职责没收违法所得，并处货值金额一倍以上三倍以下的罚款，没收销毁无法达到污染物排放标准的机动车、非道路移动机械；进口行为构成走私的，由海关依法予以处罚。

违反本法规定，销售的机动车、非道路移动机械不符合污染物排放标准的，销售者应当负责修理、更换、退货；给购买者造成损失的，销售者应当赔偿损失。

第一百一十一条 违反本法规定，机动车生产、进口企业未按照规定向社会公布其生产、进口机动车车型的排放检验信息或者污染控制技术信息的，由省级以上人民政府生态环境主管部门责令改正，处五万元以上五十万元以下的罚款。

违反本法规定，机动车生产、进口企业未按照规定向社会公布其生产、进口机动车车型的有关维修技术信息的，由省级以上人民政府交通运输主管部门责令改正，处五万元以上五十万元以下的罚款。

第一百一十二条 违反本法规定，伪造机动车、非道路移动机械排放检验结果或者出具虚假排放检验报告的，由县级以上人民政府生态环境主管部门没收违法所得，并处十万元以上五十万元以下的罚款；情节严重的，由负责资质认定的部门取消其检验资格。

违反本法规定，伪造船舶排放检验结果或者出具虚假排放检验报告的，由海事管理机构依法予以处罚。

违反本法规定，以临时更换机动车污染控制装置等弄虚作假的方式通过机动车排放检验或者破坏机动车车载排放诊断系统的，由县级以上人民政府生态环境主管部门责令改正，对机动车所有人处五千元的罚款；对机动车维修单位处每辆机动车五千元的罚款。

第一百一十三条 违反本法规定，机动车驾驶人驾驶排放检验不合格的机动车上道路行驶的，由公安机关交通管理部门依法予以处罚。

第一百一十四条 违反本法规定，使用排放不合格的非道路移动机械，或者在用重型柴油车、非道路移动机械未按照规定加装、更换污染控制装置的，由县级以上人民政府生态环境等主管部门按照职责责令改正，处五千元的罚款。

违反本法规定，在禁止使用高排放非道路移动机械的区域使用高排放非道路移动机械的，由城市人民政府生态环境等主管部门依法予以处罚。

第一百一十五条 违反本法规定，施工单位有下列行为之一的，由县级以上人民政府住房城乡建设等主管部门按照职责责令改正，处一万元以上十万元以下的罚款；拒不改正的，责令停工整治：

（一）施工工地未设置硬质围挡，或者未采取覆盖、分段作业、择时施工、洒水抑尘、冲洗地面和车辆等有效防尘降尘措施的；

（二）建筑土方、工程渣土、建筑垃圾未及时清运，或者未采用密闭式防尘网遮盖的。

违反本法规定，建设单位未对暂时不能开工的建设用地的裸露地面进行覆盖，或者未对超过三个月不能开工的建设用地的裸露地面进行绿化、铺装或者遮盖的，由县级以上人民政府住房城乡建设等主管部门依照前款规定予以处罚。

第一百一十六条 违反本法规定，运输煤炭、垃圾、渣土、砂石、土方、灰浆等散装、流体物料的车辆，未采取密闭或者其他措施防止物料遗撒的，由县级以上地方人民政府确定的监督管理部门责令改正，处二千元以上二万元以下的罚款；拒不改正的，车辆不得上道路行驶。

第一百一十七条 违反本法规定，有下列行为之一的，由县级以上人民政府生态环境等主管部门按照职责责令改正，处一万元以上十万元以下的罚款；拒不改正的，责令停工整治或者停业整治：

（一）未密闭煤炭、煤矸石、煤渣、煤灰、水泥、石灰、石膏、砂土等易产生扬尘的物料的；

（二）对不能密闭的易产生扬尘的物料，未设置不低于堆放物高度的严密围挡，或者未采取有效覆盖措施防治扬尘污染的；

（三）装卸物料未采取密闭或者喷淋等方式控制扬尘排放的；

（四）存放煤炭、煤矸石、煤渣、煤灰等物料，未采取防燃措施的；

（五）码头、矿山、填埋场和消纳场未采取有效措施防治扬尘污染的；

（六）排放有毒有害大气污染物名录中所列有毒有害大气污染物的企业事业单位，未按照规定建设环境风险预警体系或者对排放口和周边环境进行定期监测、排查环境安全隐患并采取有效措施防范环境风险的；

（七）向大气排放持久性有机污染物的企业事业单位和其他生产经营者以及废弃物焚烧设施的运营单位，未按照国家有关规定采取有利于减少持久性有机污染物排放的技术方法和工艺，配备净化装置的；

（八）未采取措施防止排放恶臭气体的。

第一百一十八条 违反本法规定，排放油烟的餐饮服务业经营者未安装油烟净化设施、不正常使用油烟净化设施或者未采取其他油烟净化措施，超过排放标准排放油烟的，由县级以上地方人民政府确定的监督管理部门责令改正，处五千元以上五万元以下的罚款；拒不改正的，责令停业整治。

违反本法规定，在居民住宅楼、未配套设立专用烟道的商住综合楼、商住综合楼内与居住层相邻的商业楼层内新建、改建、扩建产生油烟、异味、废气的餐饮服务项目的，由县级以上地方人民政府确定的监督管理部门责令改正；拒不改正的，予以关闭，并处一万元以上十万元以下的罚款。

违反本法规定，在当地人民政府禁止的时段和区域内露天烧烤食品或者为露天烧烤食品提供场地的，由县级以上地方人民政府确定的监督管理部门责令改正，没收烧烤工具和违法所得，并处五百元以上二万元以下的罚款。

第一百一十九条 违反本法规定，在人口集中地区对树木、花草喷洒剧毒、高毒农药，或者露天焚烧秸秆、落叶等产生烟尘污染的物质的，由县级以上地方人民政府确定的监督管理部门责令改正，并可以处五百元以上二千元以下的罚款。

违反本法规定，在人口集中地区和其他依法需要特殊保护的区域内，焚烧沥青、油毡、橡胶、塑料、皮革、垃圾以及其他产生有毒有害烟尘和恶臭气体的物质的，由县级人民政府确定的监督管理部门责令改正，对单位处一万元以上十万元以下的罚款，对个人处五百元以上二千元以下的罚款。

违反本法规定，在城市人民政府禁止的时段和区域内燃放烟花爆竹的，由县级以上地方人民政府确定的监督管理部门依法予以处罚。

第一百二十条 违反本法规定，从事服装干洗和机动车维修等服务活动，未设置异味和废气处理装置等污染防治设施并保持正常使用，影响周边环境的，由县级以上地方人民政府生态环境主管部门责令改正，处二千元以上二万元以下的罚款；拒不改正的，责令停业整治。

第一百二十一条 违反本法规定，擅自向社会发布重污染天气预报预警信息，构成违反治安管理行为的，由公安机关依法予以处罚。

违反本法规定，拒不执行停止工地土石方作业或者建筑物拆除施工等重污染天气应急措施的，由县级以上地方人民政府确定的监督管理部门处一万元以上十万元以下的罚款。

第一百二十二条 违反本法规定，造成大气污染事故的，由县级以上人民政府生态环境主管部门依照本条第二款的规定处以罚款；对直接负责的主管人员和其他直接责任人员可以处上一年度从本企业事业单位取得收入百分之五十以下的罚款。

对造成一般或者较大大气污染事故的，按照污染事故造成直接损失的一倍以上三倍以下计算罚款；对造成重大或者特大大气污染事故的，按照污染事故造成的直接损失的三倍以上五倍以下计算罚款。

第一百二十三条 违反本法规定，企业事业单位和其他生产经营者有下列行为之一，受到罚款处罚，被责令改正，拒不改正的，依法作出处罚决定的行政机关可以自责令改正之日的次日起，按照原处罚数额按日连续处罚：

（一）未依法取得排污许可证排放大气污染物的；

（二）超过大气污染物排放标准或者超过重点大气污染物排放总量控制指标排放大气污染物的；

（三）通过逃避监管的方式排放大气污染物的；

（四）建筑施工或者贮存易产生扬尘的物料未采取有效措施防治扬尘污染的。

第一百二十四条 违反本法规定，对举报人以解除、变更劳动合同或者其他方式打击报复的，应当依照有关法律的规定承担责任。

第一百二十五条 排放大气污染物造成损害的，应当依法承担侵权责任。

第一百二十六条 地方各级人民政府、县级以上人民政府生态环境主管部门和其他负有大气环境保护监督管理职责的部门及其工作人员滥用职权、玩忽职守、徇私舞弊、弄虚作假的，依法给予处分。

第一百二十七条 违反本法规定，构成犯罪的，依法追究刑事责任。

第八章 附 则

第一百二十八条 海洋工程的大气污染防治，依照《中华人民共和国海洋环境保护法》的有关规定执行。

第一百二十九条 本法自 2016 年 1 月 1 日起施行。

第二节 内蒙古自治区相关规定

内蒙古自治区大气污染防治条例

（2018 年 12 月 6 日内蒙古自治区第十三届人民代表大会常务委员会第十次会议通过）

第一章 总 则

第一条 为了保护和改善大气环境，防治大气污染，保障公众健康，推进生态文明建设，促进经济社会可持续发展，根据《中华人民共和国环境保护法》《中华人民共和国大气污染防治法》和国家有关法律、法规，结合自治区实际，制定本条例。

第二条 本条例适用于自治区行政区域内大气污染防治工作。上位法已经作出规定的，从其规定。

第三条 防治大气污染，应当以改善大气环境质量为目标，遵循规划先行、源头治理、预防为主、防治结合、政府主导、公众参与、损害担责的原则。

第四条 旗县级以上人民政府应当将大气污染防治工作纳入国民经济和社会发展规划，转变经济发展方式，调整优化产业结构、能源结构、运输结构、用地结构，改造提升传统产业，大力发展新兴产业，推动新旧动能转换。

第五条 自治区发展现代能源经济，坚持煤、电、油、气、风、光等多种能源综合利用，构建安全、绿色、集约、循环、高效的清洁能源供应体系，保护和改善大气环境。

第六条 旗县级以上人民政府应当加大对大气污染防治的财政投入，对开展技术改造、清洁能源替代的企业事业单位和其他生产经营者给予税费减免、资金补助和财政贴息等政策优惠。

第七条 实行重点大气污染物排放总量和大气环境质量控制制度。

自治区人民政府结合经济社会发展水平、环境质量状况、产业结构，将重点大气污染物排放总量控制指标和环境空气质量约束性目标，分解落实到盟行政公署、设区的市人民政府。

第八条 实行大气环境保护目标责任制和考核评价制度。

旗县级以上人民政府应当将本行政区域内大气环境质量改善目标、大气污染防治重点任务完成情况纳入政府绩效考核，考核结果应当向社会公开。

第九条 旗县级以上人民政府生态环境主管部门对大气污染防治实施统一监督管理，其他有关部门在各自职责范围内对大气污染防治实施监督管理。

第十条 自治区人民政府生态环境主管部门应当建立、完善环境信用管理数据库和环境守信激励、失信惩戒机制，并纳入统一的社会信用体系。

旗县级以上人民政府生态环境主管部门和其他负有大气污染防治监督管理职责的部门，应当依法公开大气环境质量、大气环境监测数据、突发大气环境事件以及大气环境行政许可、行政处罚情况等信息。

第十一条 开展空气质量中长期趋势预测工作，完善重污染天气的区域联合预警机制，及时发布重污染天气预报信息，实现预报信息全区共享、联网发布。

盟行政公署、设区的市人民政府统一发布大范围重污染天气预警信息，各相关城市按预警等级启动应急响应措施，根据应急需要可以采取责令有关企业停产或者限产、限制部分机动车行驶、停止工地土石方作业和建筑物拆除施工、停止幼儿园和学校组织的户外活动、组织开展人工影响天气作业等应急措施。

第十二条 自治区人民政府生态环境主管部门根据主体功能区划、区域大气环境质量状况和大气污染传输扩散规律，划定自治区的大气污染防治重点区域，统筹协调重点区域内的大气污染联防联控工作。

第十三条 任何单位和个人都有保护大气环境的权利和义务，有权对污染大气环境的行为和大气污染监督管理部门及其工作人员不依法履行职责的行为进行检举和控告。

第二章 工业污染防治

第十四条 加大区域产业布局调整，加快企业技术升级改造，推进工业污染源达标排放，大力发展循环经济。

推进城市建成区企业退出城区、进入工业园区。盟行政公署、设区的市人民政府应当制定计划，对位于城市建成区范围内的钢铁、石油、化工、有色金属、冶金、水泥、制药等高耗能、高排放企业限期完成搬迁或者改造。

第十五条 排污单位应当采用能源和原材料利用效率高、污染物排放量少的清洁生产技术、工艺和设备，减少大气污染物的产生和排放。

鼓励排污单位优先采用同行业先进技术，提高生产标准和要求，实现大气污染物超低标准排放。

第十六条 在生产过程中排放粉尘、硫化物和氮氧化物的排污单位，应当配套建设除尘、脱硫、脱硝等装置，或者采取技术改造等其他控制大气污染物排放的措施。

第十七条 排放工业废气或者有毒有害大气污染物的排污单位应当按照国家有关规定和监测规范自行或者委托有资质的监测机构监测大气污染物排放情况，记录、保存监测数据，确保监测数据真实、可靠，并通过网站或者其他便于公众知晓的方式向社会公开。监测数据的保存时间不得低于五年。

第十八条 向大气排放污染物的排污单位，应当按照国家规定，设置大气污染物排放口及其标志。

第十九条 旗县级以上人民政府应当严格控制新建、改建、扩建排放恶臭的工业类建设项目。已建化工、生物发酵等排放恶臭污染物的单位，应当在生态环境主管部门规定的期限内采用先进的技术、工艺和设备，减少恶臭污染物排放，达到国家标准。

第二十条 严格执行国家及自治区产业结构调整指导目录，生产经营者应当在规定期限内，淘汰列入目录的生产工艺、设备和产品。

生产者、进口者、销售者或者使用者应当在规定期限内停止生产、进口、销售或者使用列入前款规定目录中的设备和产品；工艺的采用者应当在规定期限内停止采用列入前款规定目录中的工艺。

被淘汰的设备和产品，不得转让给他人使用。

第二十一条 自治区人民政府应当对排放大气污染物中含有氟化物的重点排污单位实施氟化物排放总量、排放浓度限值双控制度。

第二十二条 旗县级以上人民政府应当公布本行政区域内重污染天气期间停产、限产、限排生产企业清单，企业应当将应急减排措施，落实到各工艺环节、具体生产线和责任人。

重污染天气预警期间，对钢铁、焦化、有色金属、煤炭和矿石等涉及大宗原材料及产品运输的重点用车企业，实施分时段运输。

第三章 燃煤污染防治

第二十三条 各级人民政府应当采取措施，优化煤炭使用方式，推动煤炭清洁生产和高效利用，逐步降低煤炭在一次能源消费中的比重，减少煤炭生产、运输、使用、转化过程中的大气污染物排放。

第二十四条 露天煤矿应当硬化运输道路，采掘作业应当采取雾炮洒水等防尘措施，对坑上、坑下传送皮带应当加设防尘罩，采取封闭措施破碎煤炭。

第二十五条 旗县级以上人民政府采取有利于煤炭清洁利用、能源转化的经济、技术措施，鼓励煤层气、煤矸石、粉煤灰、炉渣资源的综合利用。

旗县级以上人民政府应当加强煤矸石和煤田自燃治理，负责无主着火点灭火工作。

第二十六条 运输煤炭的车辆应当采取密闭或者其他措施防止物料遗撒造成煤尘污

染，并按照规定路线行驶。装卸煤炭应当采取密闭或者喷淋等方式防治煤尘污染。

第二十七条 贮存煤炭、煤矸石、煤渣、煤灰等易产生煤尘的物料应当密闭；不能密闭的，应当设置不低于堆放物高度的严密围挡，并采取有效覆盖措施防治煤尘污染。

第二十八条 燃煤单位应当采用清洁生产工艺，配套建设除尘、脱硫、脱硝等装置，或者采取技术改造等其他控制大气污染物排放的措施，实现达标排放。燃煤电厂应当实现超低排放。

第二十九条 旗县级以上人民政府可以划定并公布高污染燃料禁燃区，并根据大气环境质量改善要求，逐步扩大高污染燃料禁燃区范围。

在禁燃区内，禁止销售、燃用高污染燃料。禁止新建、扩建燃用高污染燃料的设施；已建成的，应当在旗县级以上人民政府规定的期限内改用天然气、液化石油气、电或者其他清洁能源。

第三十条 各级人民政府应当加强民用散煤管理，对煤炭销售和使用实行网格化管理，实施源头治理、动态监管、分类整治。

第三十一条 禁止销售不符合民用散煤质量标准的煤炭。

各级人民政府应当加强对煤炭销售网点和散煤运输的监督检查，依法取缔劣质煤炭销售网点，查处散煤违规运输和直送行为。

第四章 机动车污染防治

第三十二条 旗县级以上人民政府应当发展公共交通，提高公共交通出行分担率，加强城市步行和自行车交通系统建设，引导公众绿色、低碳出行。

第三十三条 自治区推广新能源机动车，加快充电站（桩）、加气站等基础设施建设，旗县级以上人民政府可以从财政、税收、政府采购等方面给予支持。

第三十四条 旗县级以上人民政府生态环境主管部门在不影响机动车正常通行的情况下，可以通过遥感监测等技术手段对在道路上行驶的机动车的大气污染物排放状况进行监督抽测，公安机关交通管理部门予以配合。

第三十五条 在用机动车排放的大气污染物应当符合所在地执行的排放标准。

在用机动车排放大气污染物超过标准的，应当进行维修；经过维修或者采用污染控制技术后，大气污染物排放仍然不符合国家在用机动车排放标准的，应当强制报废。

第三十六条 自治区人民政府应当制定货物运输结构调整专项规划，加快煤炭、火电、钢铁等重点企业铁路专用线建设，提高铁路运输比例。

第三十七条 旗县级以上人民政府应当对柴油货车超标准排放进行综合治理。

在用柴油车未安装污染控制装置或者污染控制装置不符合要求，不能达标排放的，应当加装或者更换符合要求的污染控制装置。

第五章 扬尘污染防治

第三十八条 建设单位与施工单位签订施工合同，应当明确施工单位扬尘污染防治责任，将扬尘污染防治费用列入工程预算。

从事房屋建筑、市政基础设施建设、建筑物拆除、河道整治等活动产生扬尘污染的，施工单位应当按照规定将作业时间、作业地点、排放扬尘污染物的种类及其防治措施等，向所在地负责监督管理扬尘污染防治的主管部门备案。

第三十九条 建筑工程施工应当遵守下列防尘规定：

（一）施工工地周围应当按照有关规定设置连续、密闭的围挡；

（二）施工工地地面、车行道路应当进行硬化等降尘处理；

（三）易产生扬尘的土方工程等施工时，应当采取洒水等抑尘措施；

（四）建筑垃圾、工程渣土等在四十八小时内未能清运的，应当在施工工地内设置临时堆放场并采取遮盖等防尘措施；

（五）运输车辆在除泥、冲洗干净后方可驶出施工工地；

（六）需使用混凝土的，应当使用预拌混凝土或者进行密闭搅拌并采取相应的扬尘防治措施，禁止现场露天搅拌；

（七）施工工地内堆放的粉状物料堆场采取封闭措施，其他工程材料、砂石、土方等易产生扬尘的物料，应当采取覆盖防尘网或者防尘布等措施。

第四十条 道路与管线施工，除遵守本条例第三十九条的规定外，还应当遵守下列防尘规定：

（一）施工机械在挖土、装土、堆土、路面切割、破碎等作业时，应当采取洒水等措施；

（二）对已回填后的沟槽，应当采取夯实、洒水、覆盖等措施；

（三）使用风钻挖掘地面或者清扫施工现场时，应当向地面洒水。

第四十一条 道路保洁作业应当遵守下列防尘规定：

（一）城市主要道路、广场、停车场和其他公共场所，推行清洁动力机械化清扫等低尘作业方式；

（二）采用人工方式清扫道路的，应当符合市容环境卫生作业规范；

（三）路面破损的，应当采取防尘措施，及时修复；

（四）下水管道的清疏污泥应当在当日清运，不得在道路上堆积。

第四十二条 城镇行道树施工和养护作业应当遵守下列防尘规定：

（一）行道树栽植时，所挖树穴不能及时栽植的，对树穴和栽种土应当采取覆盖等防尘措施；

（二）行道树栽植后，应当当天完成余土及其他物料清运；不能完成清运的，应当进行遮盖；

（三）行道树下的裸露泥土，应当进行绿化或者铺装透水材料；

（四）在大风、霾等扬尘污染天气预警期间，应当停止平整土地、换土、原土过筛等作业。

第六章　供热污染防治

第四十三条　旗县级以上人民政府应当统筹规划城市建设，优先发展以热电联产为主的集中供热，推进使用风能、太阳能、生物质能、天然气、地热等清洁能源替代分散燃煤供热。

第四十四条　旗县级以上人民政府应当推进城中村、棚户区改造，将应当淘汰的分散燃煤锅炉供热区域纳入集中供热管网覆盖范围，逐步提高集中供热比例。

第四十五条　在燃气管网和集中供热管网覆盖的区域，不得新建、改建、扩建分散燃烧煤炭、重油、渣油的集中供热设施；已建成的不能达标排放的集中供热设施应当在规定的期限内拆除。

第四十六条　在集中供热管网未覆盖的区域，推广使用新能源、清洁能源供热，或者使用高效节能环保型锅炉和对原有锅炉进行技术升级改造。

第四十七条　各级人民政府应当采取措施，推进城乡接合部、农村牧区清洁取暖工作，将农村牧区炊事、养殖、大棚用能与清洁取暖相结合，充分利用生物质、沼气、太阳能、罐装天然气、电等多种清洁能源供暖。加大煤改气、煤改电和生物质能源替代等项目建设的财政补贴力度，逐步减少煤炭的使用量，减少大气污染物的排放。

第四十八条　各级人民政府应当建立和完善洁净煤生产配送体系和营销网络，推广和使用优质煤炭、洁净型煤和节能环保型炉具，并保障供应。

第七章　秸秆焚烧污染防治

第四十九条　从事农业生产经营的组织和个人应当妥善处理农作物秸秆，禁止露天焚烧农作物秸秆。

第五十条　各级人民政府及其有关部门应当鼓励和支持采用先进适用技术，对秸秆进行肥料化、饲料化、能源化、工业原料化、食用菌基料化等综合利用，加大对秸秆还田、收集一体化农业机械的财政补贴力度。

第五十一条　旗县级人民政府应当组织建立秸秆收集、贮存、运输和综合利用服务体系，采用财政补贴等措施支持农村牧区集体经济组织、农民专业合作经济组织、企业等开展秸秆收集、贮存、运输和综合利用服务。

第五十二条 各级人民政府及其有关部门应当加强禁止露天焚烧农作物秸秆的宣传教育，广播、电视、报刊、网络等媒体应当发挥舆论引导和监督作用，组织开展禁止露天焚烧农作物秸秆的公益宣传活动。

第五十三条 旗县级人民政府应当在春耕和秋收阶段组织生态环境、农业等部门及乡镇人民政府，对禁止露天焚烧农作物秸秆工作进行检查，加强监督管理。

第五十四条 嘎查村民委员会应当建立监管责任制，将禁止露天焚烧农作物秸秆纳入村规民约，对嘎查村实行网格化管理，及时发现、报告和处置秸秆焚烧违法行为。

第八章 沙尘污染防治

第五十五条 各级人民政府应当推进山水林田湖草的生态保护和修复，加强植树种草，增加绿地和水域面积，预防和治理土地沙化，保护和改善大气环境质量。

第五十六条 各级人民政府应当落实禁牧休牧和草畜平衡制度，加快推进基本草原划定和保护工作，加大退牧还草力度，实行草原生态保护补助奖励政策。对已经退化、沙化的草原，应当限期治理。

第五十七条 治理沙化土地应当坚持政府、企业和个人共同参与原则，推进政府政策性支持、企业产业化投资、农牧民市场化参与、技术持续化创新的沙漠治理方式。

第五十八条 各级人民政府应当根据沙化土地所处的地理位置、土地类型、植被状况、气候和水资源状况、土地沙化程度等自然条件及其所发挥的生态、经济功能，对沙化土地实行分类保护、综合治理和合理利用。

第五十九条 治理沙化土地应当坚持生物措施与工程措施相结合，因地制宜地采取退耕还林、退牧还草、封沙育林育草、建设防护林、小流域综合治理以及合理调配生态用水等措施，恢复和增加植被。

第六十条 各级人民政府应当在有效治理沙化土地的基础上，大力发展沙区特色产业，调整沙区产业结构，发展太阳能、风能和沼气等生物质能源，减轻沙区生活对植被资源的依赖。

第九章 其他污染防治

第六十一条 实施绿色矿山建设。新设立矿山执行绿色矿山建设标准，已建生产矿山应当限期达到绿色矿山建设标准。

对开采过的露天矿山，应当根据矿山的实际情况，及时采取边坡修复、土壤改良、植物配植等措施，进行生态复绿工作。

第六十二条 加大农业源氨的排放控制力度，逐步减少化肥农药使用量，增加有机肥使用量。强化畜禽粪污无害化处理，综合利用。

第六十三条 禁止露天焚烧沥青、油毡、橡胶、塑料、皮革、垃圾以及其他产生有毒有害烟尘和恶臭气体的物质；确需焚烧处理的，应当采用专用焚烧装置。

第六十四条 排放油烟的餐饮服务业经营者应当安装油烟净化设施并保持正常使用，或者采取其他油烟净化措施，使油烟达标排放，并防止对附近居民的正常生活环境造成污染。

禁止在居民住宅楼、未配套设立专用烟道的商住综合楼以及商住综合楼内与居住层相邻的商业楼层内新建、改建、扩建产生油烟、异味、废气的餐饮服务项目。

第六十五条 任何单位和个人不得在当地人民政府禁止的区域内露天烧烤食品或者为露天烧烤食品提供场地。

第六十六条 禁止生产、销售和燃放不符合质量标准的烟花爆竹。任何单位和个人不得在当地人民政府禁止的时段和区域内燃放烟花爆竹。

第六十七条 鼓励和倡导文明、绿色、生态祭祀。

第十章 法律责任

第六十八条 违反本条例规定，未按规定设置大气污染物排放口标志的，由旗县级以上人民政府生态环境主管部门责令改正，并处5000元以上1万元以下的罚款。

第六十九条 违反本条例规定，已建化工、生物发酵等排放恶臭污染物的单位，在规定的期限内未达到国家标准的，由旗县级以上人民政府生态环境主管部门责令改正，并处1万元以上10万元以下的罚款；拒不改正的，责令停业整治或者关闭。

第七十条 违反本条例规定，氟化物超过排放总量和排放浓度限值控制指标排放大气污染物的，由旗县级以上人民政府生态环境主管部门责令改正或者限制生产、停产整治，并处10万元以上100万元以下的罚款；情节严重的，报经有批准权的人民政府批准，责令停业整治或者关闭。

第七十一条 违反本条例规定，企业拒不执行停产、限产、限排、分时段运输等重污染天气应急措施的，由旗县级以上人民政府确定的监督管理部门处1万元以上10万元以下的罚款。

第七十二条 违反本条例规定，建筑工程施工、道路与管线施工、城镇行道树施工和养护作业未采取相应防尘措施的，由旗县级人民政府住房和城乡建设主管部门或者其他主管部门责令限期改正，并处1万元罚款；情节较重的，并处5万元罚款；情节严重的，并处10万元罚款；逾期未改正的，责令停工整治。

第七十三条 各级人民政府、旗县级以上人民政府生态环境主管部门和其他负有大气环境保护监督管理职责的部门及其工作人员滥用职权、玩忽职守、徇私舞弊、弄虚作假的，依法给予处分；构成犯罪的，依法追究刑事责任。

第十一章 附 则

第七十四条 本条例自2019年3月1日起施行。

内蒙古自治区乌海市及周边地区大气污染防治条例

（2019 年 11 月 28 日内蒙古自治区第十三届人民代表大会常务委员会第十六次会议通过）

第一章 总 则

第一条 为了保护和改善乌海市及周边地区大气环境，防治大气污染，保障公众健康，推进生态文明建设，促进经济社会高质量发展，根据《中华人民共和国环境保护法》《中华人民共和国大气污染防治法》等国家有关法律、法规，结合区域实际，制定本条例。

第二条 本条例适用于自治区行政区域内乌海市及周边地区的矿区和工业大气污染的防治及其监督管理。其他污染源的大气污染按照有关法律法规的规定防治。

本条例所称乌海市及周边地区是指乌海市、鄂尔多斯市鄂托克旗棋盘井工业园区、鄂尔多斯市蒙西高新技术工业园区、阿拉善盟经济开发区和骆驼山矿区、棋盘井矿区、黑龙贵矿区。

第三条 自治区人民政府根据主体功能区划、区域大气环境质量状况和大气污染扩散规律，制定乌海市及周边地区大气污染防治规划计划。

第四条 自治区人民政府统一领导乌海市及周边地区大气污染防治工作，按照统一规划、统一标准、统一监测、统一监管、统一考核的原则，建立本地区大气污染联防联控联治协作机制，推进区域大气污染防治工作。

自治区人民政府生态环境主管部门对乌海市及周边地区大气污染防治实施统一监督管理。

乌海市及周边地区人民政府生态环境主管部门对本地区大气污染实施联防联控联治。

其他相关部门在各自职责范围内对大气污染防治实施监督管理。

第五条 乌海市及周边地区人民政府应当将大气污染防治工作纳入国民经济和社会发展规划，转变经济发展方式，调整优化产业结构、能源结构、运输结构、用地结构，推进绿色、低碳、循环发展。

第六条 乌海市及周边地区实行大气污染物排放总量减量控制制度。自治区人民政府应当对乌海市及周边地区单独下达大气污染物排放总量控制指标和分解指标，乌海市、鄂尔多斯市人民政府和阿拉善盟行政公署应当根据总量控制指标和分解指标制定年度计划并组织实施。

第七条 自治区人民政府应当加强与宁夏回族自治区人民政府的沟通协调，建立大气污染防治会商协作机制，推动跨区域大气污染治理合作。

第二章 矿区污染防治

第八条 新建矿山应当执行绿色矿山建设标准，已建生产矿山应当限期达到绿色矿山建设标准。

第九条 中小产能矿山开采企业集中的区域在编制矿区环境治理规划时，应当统筹部署矿山开采企业的排土场、临时排矸场和道路建设，实施矿区环境集中连片治理。

严格控制矿山企业产能和露天剥离施工规模。

第十条 采用露天剥离方式开采的矿山项目，应当按照要求配备并使用洒水车、高压雾炮等洒水抑尘设备。

第十一条 煤炭矿业权人应当实施矿权范围内着火点灭火工作，旗县级人民政府负责无主着火点灭火工作。

第十二条 矿山企业运输煤炭、砂土、石灰等车辆应当采取密闭或者严密加盖篷布、喷洒表面凝结剂等抑尘措施，禁止不符合装载要求的车辆驶出厂区。

鼓励采用集装箱运输。

第十三条 气象部门发布大风、沙尘暴、大雾、霾等气象灾害预警时，矿山企业应当及时启动应急预案，采取限产、停产等措施，防止大气环境污染事故发生。

第十四条 煤炭贮存场所应当全封闭，鼓励煤矿采用全过程密闭式运输。

第十五条 矿山企业应当硬化和养护进矿道路、厂区道路、工业广场，采取清扫、洒水、绿化等措施，防止扬尘污染。

第十六条 矿山企业进行爆破、土石方剥离、装卸车等作业时，应当采取洒水、喷淋等抑尘措施。

第十七条 矿山企业排土场应当按照批复的矿山开采设计及时固化或者覆土绿化。边坡治理应当采取工程、生态等措施，防止滑坡等地质灾害发生。

第三章 工业污染防治

第十八条 鼓励工业园区实施煤改气或者可再生能源替代化石能源，推进余热余压梯级利用，建设生产用热热源以及热网，推广集中供热和制冷，淘汰分散锅炉。

第十九条 乌海市及周边地区人民政府应当结合区域实际，确定本地区挥发性有机物控制重点企业，制定并组织实施挥发性有机物治理方案。

挥发性有机物排放重点行业的企业应当根据企业实际编制治理方案。

第二十条 有色金属冶炼（不含氧化铝）、钢铁、水泥、燃煤发电、平板玻璃、焦化、石化和化工等行业应当执行大气污染物特别排放限值，国家、自治区排放标准中未规定大气污染物特别排放限值的行业，执行现有排放标准。

第二十一条 工业炉窑应当采用封闭、密闭或者集气罩等有效措施控制无组织排放，物料落料点应当配备集气罩和除尘设施，或者采取喷雾等抑尘措施。

粉状物料应当采取密闭措施储存，采用密闭皮带、封闭通廊、真空罐车等方式输送。

块状物料应当采取入棚入仓或者建设防风抑尘网等方式储存及封闭输送等有效抑尘措施。

大宗物料应当通过铁路、管道或者管状带式输送机等清洁方式运输，确需汽车运输的应当封闭车厢或者遮盖严密。

第二十二条 水泥熟料窑应当配备低氮燃烧器，采用分级燃烧等技术，窑尾应当采用选择性催化还原、选择性非催化还原等成熟先进的脱硝技术。

鼓励利用工业固体废物生产水泥。

第二十三条 焦化企业化工物料罐、槽的排放气体应当返回系统或者收集处理，减少挥发性有机物无组织排放。焦化企业应当确保污水处理设施正常运转，熄焦废水未经处理、未达到排放标准的，禁止用于重复熄焦。

鼓励焦化企业进行干熄焦改造，实施焦炉煤气精脱硫，采用成熟先进的污染防治技术控制焦炉炉体无组织排放。

第二十四条 钢铁企业烧结烟气应当采用除尘、脱硫、脱硝措施，烧结、球团竖炉、炼钢、轧钢等主要生产车间、高炉出铁场、钢渣处理设施应当密闭，铁沟、渣沟应当加盖封闭。

鼓励实施烧结机头烟气循环。

第二十五条 冶金、石化和化工行业中有重大环境风险，建设地点敏感，且持续排放重金属或者持久性有机污染物的建设项目，在运行过程中产生不符合经审批的环境影响报告书情形的，应当在正式投入生产或者运营后三至五年内，开展环境影响后评价工作。

第四章　区域联防联控联治

第二十六条 乌海市及周边地区大气污染联防联控联治应当实行政府主导、区域联动、单位施治、全民参与、社会监督的工作机制和网格化监管机制。

第二十七条 自治区人民政府生态环境主管部门应当根据乌海市及周边地区空气质量状况和污染特征，牵头组织编制区域性生态保护红线、环境质量底线、资源利用上线、生态环境准入清单和大气污染联防联控联治规划，统筹考虑区域环境承载力、排污总量、社会经济发展现状、城市间或者开发区对城市相互影响等因素，科学确定区域环境质量改善目标、明确协同控制目标，优化区域经济布局，促进区域大气环境质量改善。

第二十八条 自治区人民政府生态环境主管部门应当推动乌海市及周边地区人民政府建立一体化的生态环境监测网络，提高区域空气质量监测能力，重点加强细颗粒物、臭氧等空气质量监测，并实现区域监测信息共享。大气环境质量信息应当每季度至少向社会公开一次。

矿山开采、煤炭洗选、电力、冶金、水泥、化工等企业易产生扬尘的物料堆场应当安装视频监控系统，并与生态环境部门联网运行。

第二十九条 自治区人民政府应当在乌海市及周边地区建立统一的环境执法联动监管体系，组织乌海市及周边地区人民政府实施区域大气污染专项整治，开展随机抽查、交叉互查等形式的联合执法，协调解决跨界大气污染纠纷。

第三十条 自治区人民政府应当建立乌海市及周边地区大气污染联防联控联治工作评估考核体系，定期对工作进展情况进行监督考核，考核结果向社会公开。

第三十一条 自治区人民政府应当完善乌海市及周边地区重度以上污染天气的区域联合预警机制，实现预报信息区域共享、统一发布，实施区域应急联动。

第五章 法律责任

第三十二条 违反本条例规定，矿山企业产能和露天剥离施工规模超过设计规模的，由乌海市及周边地区人民政府确定的监督管理部门责令改正，并处2万元以上20万元以下罚款；拒不改正的，责令停产整治。

第三十三条 违反本条例规定，煤炭矿业权人未实施矿权范围内着火点灭火工作的，由乌海市及周边地区人民政府确定的监督管理部门责令改正，并处1万元以上10万元以下罚款；拒不改正的，责令停产整治。

第三十四条 违反本条例规定，有下列行为之一的，由乌海市及周边地区人民政府确定的监督管理部门责令改正，并处1万元以上10万元以下的罚款；拒不改正的，责令停产整治：

（一）矿山企业在大风、沙尘暴、雾霾等气象灾害预警时，未采取限产、停产等措施的；

（二）矿山企业进矿道路、厂区道路、工业广场未硬化和养护的；

（三）矿山企业运输煤炭、砂土、石灰等车辆未采取抑尘措施的；

（四）矿山企业不符合装载要求的车辆驶出厂区的。

第三十五条 违反本条例规定，有下列行为之一的，由乌海市及周边地区人民政府确定的监督管理部门责令改正，并处1万元以上10万元以下的罚款；拒不改正的，责令停产整治：

（一）矿山企业进行爆破、土方剥离、装卸车等作业时未采取洒水、喷淋等抑尘措施的；

（二）矿山企业排土场未按要求及时固化或者覆土绿化的。

第三十六条 违反本条例规定，有色金属冶炼（不含氧化铝）、钢铁、水泥、燃煤发电、平板玻璃、焦化、石化和化工等行业超过大气污染物特别排放限值的，由乌海市及周边地区人民政府生态环境主管部门责令改正，并处20万元以上100万元以下的罚款；拒不改正的，责令停产整治。

第三十七条 违反本条例规定，有下列行为之一的，由乌海市及周边地区人民政府生态环境主管部门责令改正，并处5万元以上20万元以下的罚款；拒不改正的，责令停产整治：

（一）使用工业炉窑的企业未采用封闭、密闭或者集气罩等有效措施控制无组织排放的；

（二）粉状物料未采取密闭措施储存及输送的；

（三）块状物料未采取入棚入仓或者建设防风抑尘网等方式储存及封闭输送等有效抑尘措施的；

（四）矿山开采、煤炭洗选、电力、冶金、水泥、化工等企业易产生扬尘的物料堆场未安装视频监控系统，未与生态环境部门联网运行的。

第三十八条 违反本条例规定，有下列行为之一的，由乌海市及周边地区人民政府生态环境主管部门责令改正，并处10万元以上20万元以下的罚款；拒不改正的，责令停产整治：

（一）焦化企业化工物料罐、槽的排放气体未返回系统或者收集处理的，熄焦废水未经处理、未达到排放标准，用于熄焦的；

（二）钢铁企业烧结、球团竖炉、炼钢、轧钢等主要生产车间、高炉出铁场、钢渣处理设施未密闭的，铁沟、渣沟未加盖封闭的。

第三十九条 违反本条例规定，存在重大环境风险，建设地点敏感，且持续排放重金属或者持久性有机污染物的冶金、石化和化工建设项目，在运行过程中产生不符合经审批的环境影响报告书情形的，未在建设项目正式投入生产或者运营后三年至五年内开展环境影响后评价工作的，由乌海市及周边地区人民政府生态环境主管部门责令改正，并处2万元以上20万元以下罚款；拒不改正的，责令停产整治。

第四十条 乌海市及周边地区人民政府及其生态环境主管部门和其他负有大气环境保护监督管理职责的部门及其工作人员滥用职权、玩忽职守、徇私舞弊、弄虚作假的，依法给予处分；构成犯罪的，依法追究刑事责任。

第六章　附　则

第四十一条　本条例自2020年1月1日起施行。

第二章　政策文件

第一节　国家相关政策文件

国务院关于印发《空气质量持续改善行动计划》的通知

（国发〔2023〕24 号）

各省、自治区、直辖市人民政府，国务院各部委、各直属机构：

现将《空气质量持续改善行动计划》印发给你们，请认真贯彻执行。

国务院

2023 年 11 月 30 日

（本文有删减）

空气质量持续改善行动计划

为持续深入打好蓝天保卫战，切实保障人民群众身体健康，以空气质量持续改善推动经济高质量发展，制定本行动计划。

一、总体要求

（一）指导思想。以习近平新时代中国特色社会主义思想为指导，全面贯彻党的二十大精神，深入贯彻习近平生态文明思想，落实全国生态环境保护大会部署，坚持稳中求进工作总基调，协同推进降碳、减污、扩绿、增长，以改善空气质量为核心，以减少重污染天气和解决人民群众身边的突出大气环境问题为重点，以降低细颗粒物（$PM_{2.5}$）浓度为主线，大力推动氮氧化物和挥发性有机物（VOCs）减排；开展区域协同治理，突出精准、科学、依法治污，完善大气环境管理体系，提升污染防治能力；远近结合研究谋划大气污染防治路径，扎实推进产业、能源、交通绿色低碳转型，强化面源污染治理，加强源头防控，加快形成绿色低碳生产生活方式，实现环境效益、经济效益和社会效益多赢。

（二）重点区域。

京津冀及周边地区。包含北京市，天津市，河北省石家庄、唐山、秦皇岛、邯郸、邢台、保定、沧州、廊坊、衡水市以及雄安新区和辛集、定州市，山东省济南、淄博、枣庄、东营、潍坊、济宁、泰安、日照、临沂、德州、聊城、滨州、菏泽市，河南省郑州、开封、洛阳、平顶山、安阳、鹤壁、新乡、焦作、濮阳、许昌、漯河、三门峡、商丘、周口市以及济源市。

长三角地区。包含上海市，江苏省，浙江省杭州、宁波、嘉兴、湖州、绍兴、舟山市，安徽省合肥、芜湖、蚌埠、淮南、马鞍山、淮北、滁州、阜阳、宿州、六安、亳州市。

汾渭平原。包含山西省太原、阳泉、长治、晋城、晋中、运城、临汾、吕梁市，陕西省西安、铜川、宝鸡、咸阳、渭南市以及杨凌农业高新技术产业示范区、韩城市。

（三）目标指标。到 2025 年，全国地级及以上城市 $PM_{2.5}$ 浓度比 2020 年下降 10%，重度及以上污染天数比率控制在 1%以内；氮氧化物和 VOCs 排放总量比 2020 年分别下降 10%以上。京津冀及周边地区、汾渭平原 $PM_{2.5}$ 浓度分别下降 20%、15%，长三角地区 $PM_{2.5}$ 浓度总体达标，北京市控制在 32 微克/立方米以内。

二、优化产业结构，促进产业产品绿色升级

（四）坚决遏制高耗能、高排放、低水平项目盲目上马。新改扩建项目严格落实国家产业规划、产业政策、生态环境分区管控方案、规划环评、项目环评、节能审查、产能置换、重点污染物总量控制、污染物排放区域削减、碳排放达峰目标等相关要求，原则上采用清洁运输方式。涉及产能置换的项目，被置换产能及其配套设施关停后，新建项目方可投产。

严禁新增钢铁产能。推行钢铁、焦化、烧结一体化布局，大幅减少独立焦化、烧结、球团和热轧企业及工序，淘汰落后煤炭洗选产能；有序引导高炉—转炉长流程炼钢转型为电炉短流程炼钢。到 2025 年，短流程炼钢产量占比达 15%。京津冀及周边地区继续实施“以钢定焦”，炼焦产能与长流程炼钢产能比控制在 0.4 左右。

（五）加快退出重点行业落后产能。修订《产业结构调整指导目录》，研究将污染物或温室气体排放明显高出行业平均水平、能效和清洁生产水平低的工艺和装备纳入淘汰类和限制类名单。重点区域进一步提高落后产能能耗、环保、质量、安全、技术等要求，逐步退出限制类涉气行业工艺和装备；逐步淘汰步进式烧结机和球团竖炉以及半封闭式硅锰合金、镍铁、高碳铬铁、高碳锰铁电炉。引导重点区域钢铁、焦化、电解铝等产业有序调整优化。

（六）全面开展传统产业集群升级改造。中小型传统制造企业集中的城市要制定涉气产业集群发展规划，严格项目审批，严防污染下乡。针对现有产业集群制定专项整治方案，依法淘汰关停一批、搬迁入园一批、就地改造一批、做优做强一批。各地要结合产业集群特点，因地制宜建设集中供热中心、集中喷涂中心、有机溶剂集中回收处置中心、活性炭集中再生中心。

（七）优化含 VOCs 原辅材料和产品结构。严格控制生产和使用高 VOCs 含量涂料、油墨、胶粘剂、清洗剂等建设项目，提高低（无）VOCs 含量产品比重。实施源头替代工程，加大工业涂装、包装印刷和电子行业低（无）VOCs 含量原辅材料替代力度。室外构筑物防护和城市道路交通标志推广使用低（无）VOCs 含量涂料。在生产、销售、进口、使用等环节严格执行 VOCs 含量限值标准。

（八）推动绿色环保产业健康发展。加大政策支持力度，在低（无）VOCs 含量原辅材料生产和使用、VOCs 污染治理、超低排放、环境和大气成分监测等领域支持培育一批龙头企业。多措并举治理环保领域低价低质中标乱象，营造公平竞争环境，推动产业健康有序发展。

三、优化能源结构，加速能源清洁低碳高效发展

（九）大力发展新能源和清洁能源。到 2025 年，非化石能源消费比重达 20%左右，电能占终端能源消费比重达 30%左右。持续增加天然气生产供应，新增天然气优先保障居民生活和清洁取暖需求。

（十）严格合理控制煤炭消费总量。在保障能源安全供应的前提下，重点区域继续实施煤炭消费总量控制。到 2025 年，京津冀及周边地区、长三角地区煤炭消费量较 2020 年分别下降 10%和 5%左右，汾渭平原煤炭消费量实现负增长，重点削减非电力用煤。重点区域新改扩建用煤项目，依法实行煤炭等量或减量替代，替代方案不完善的不予审批；不得将使用石油焦、焦炭、兰炭等高污染燃料作为煤炭减量替代措施。完善重点区域煤炭消费减量替代管理办法，煤矸石、原料用煤不纳入煤炭消费总量考核。原则上不再新增自备燃煤机组，支持自备燃煤机组实施清洁能源替代。对支撑电力稳定供应、电网安全运行、清洁能源大规模并网消纳的煤电项目及其用煤量应予以合理保障。

（十一）积极开展燃煤锅炉关停整合。各地要将燃煤供热锅炉替代项目纳入城镇供热规划。县级及以上城市建成区原则上不再新建 35 蒸吨/小时及以下燃煤锅炉，重点区域原则上不再新建除集中供暖外的燃煤锅炉。加快热力管网建设，依托电厂、大型工业企业开展远距离供热示范，淘汰管网覆盖范围内的燃煤锅炉和散煤。到 2025 年，$PM_{2.5}$ 未达标城市基本淘汰 10 蒸吨/小时及以下燃煤锅炉；重点区域基本淘汰 35 蒸吨/小时及以下燃煤锅炉及茶水炉、经营性炉灶、储粮烘干设备、农产品加工等燃煤设施，充分发挥 30 万千瓦及以上热电联产电厂的供热能力，对其供热半径 30 公里范围内的燃煤锅炉和落后燃煤小热电机组（含自备电厂）进行关停或整合。

（十二）实施工业炉窑清洁能源替代。有序推进以电代煤，积极稳妥推进以气代煤。重点区域不再新增燃料类煤气发生炉，新改扩建加热炉、热处理炉、干燥炉、熔化炉原则上采用清洁低碳能源；安全稳妥推进使用高污染燃料的工业炉窑改用工业余热、电能、天然气等；燃料类煤气发生炉实行清洁能源替代，或因地制宜采取园区（集群）集中供气、分散使用方式；逐步淘汰固定床间歇式煤气发生炉。

（十三）持续推进北方地区清洁取暖。因地制宜成片推进北方地区清洁取暖，确保群众温暖过冬。加大民用、农用散煤替代力度，重点区域平原地区散煤基本清零，逐步推进山区散煤清洁能源替代。纳入中央财政支持北方地区清洁取暖范围的城市，保质保量完成改造任务，其中“煤改气”要落实气源、以供定改。全面提升建筑能效水平，加快既有农房节能改造。各地依法将整体完成清洁取暖改造的地区划定为高污染燃料禁燃区，防止散煤复烧。对暂未实施清洁取暖的地区，强化商品煤质量监管。

四、优化交通结构，大力发展绿色运输体系

（十四）持续优化调整货物运输结构。大宗货物中长距离运输优先采用铁路、水路运输，短距离运输优先采用封闭式皮带廊道或新能源车船。探索将清洁运输作为煤矿、钢铁、火电、有色、焦化、煤化工等行业新改扩建项目审核和监管重点。重点区域内直辖市、省会城市采取公铁联运等“外集内配”物流方式。到2025年，铁路、水路货运量比2020年分别增长10%和12%左右；晋陕蒙新煤炭主产区中长距离运输（运距500公里以上）的煤炭和焦炭中，铁路运输比例力争达到90%；重点区域和粤港澳大湾区沿海主要港口铁矿石、焦炭等清洁运输（含新能源车）比例力争达到80%。

加强铁路专用线和联运转运衔接设施建设，最大程度发挥既有线路效能，重要港区在新建集装箱、大宗干散货作业区时，原则上同步规划建设进港铁路；扩大现有作业区铁路运输能力。对重点区域城市铁路场站进行适货化改造。新建及迁建大宗货物年运量150万吨以上的物流园区、工矿企业和储煤基地，原则上接入铁路专用线或管道。强化用地用海、验收投运、运力调配、铁路运价等措施保障。

（十五）加快提升机动车清洁化水平。重点区域公共领域新增或更新公交、出租、城市物流配送、轻型环卫等车辆中，新能源汽车比例不低于80%；加快淘汰采用稀薄燃烧技术的燃气货车。推动山西省、内蒙古自治区、陕西省打造清洁运输先行引领区，培育一批清洁运输企业。在火电、钢铁、煤炭、焦化、有色、水泥等行业和物流园区推广新能源中重型货车，发展零排放货运车队。力争到2025年，重点区域高速服务区快充站覆盖率不低于80%，其他地区不低于60%。

强化新生产货车监督抽查，实现系族全覆盖。加强重型货车路检路查和入户检查。全面实施汽车排放检验与维护制度和机动车排放召回制度，强化对年检机构的监管执法。鼓励重点区域城市开展燃油蒸发排放控制检测。

（十六）强化非道路移动源综合治理。加快推进铁路货场、物流园区、港口、机场、工矿企业内部作业车辆和机械新能源更新改造。推动发展新能源和清洁能源船舶，提高岸电使用率。大力推动老旧铁路机车淘汰，鼓励中心城市铁路站场及煤炭、钢铁、冶金等行业推广新能源铁路装备。到2025年，基本消除非道路移动机械、船舶及重点区域铁路机车“冒黑烟”现象，基本淘汰第一阶段及以下排放标准的非道路移动机械；年旅客吞吐量500万人次以上的机场，桥电使用率达到95%以上。

（十七）全面保障成品油质量。加强油品进口、生产、仓储、销售、运输、使用全环节监管，全面清理整顿自建油罐、流动加油车（船）和黑加油站点，坚决打击将非标油品作为发动机燃料销售等行为。提升货车、非道路移动机械、船舶油箱中柴油抽测频次，对发现的线索进行溯源，严厉追究相关生产、销售、运输者主体责任。

五、强化面源污染治理，提升精细化管理水平

（十八）深化扬尘污染综合治理。鼓励经济发达地区 5000 平方米及以上建筑工地安装视频监控并接入当地监管平台；重点区域道路、水务等长距离线性工程实行分段施工。将防治扬尘污染费用纳入工程造价。到 2025 年，装配式建筑占新建建筑面积比例达 30%；地级及以上城市建成区道路机械化清扫率达 80%左右，县城达 70%左右。对城市公共裸地进行排查建档并采取防尘措施。城市大型煤炭、矿石等干散货码头物料堆场基本完成抑尘设施建设和物料输送系统封闭改造。

（十九）推进矿山生态环境综合整治。新建矿山原则上要同步建设铁路专用线或采用其他清洁运输方式。到 2025 年，京津冀及周边地区原则上不再新建露天矿山（省级矿产资源规划确定的重点开采区或经安全论证不宜采用地下开采方式的除外）。对限期整改仍不达标的矿山，根据安全生产、水土保持、生态环境等要求依法关闭。

（二十）加强秸秆综合利用和禁烧。提高秸秆还田标准化、规范化水平。健全秸秆收储运服务体系，提升产业化能力，提高离田效能。全国秸秆综合利用率稳定在 86%以上。各地要结合实际对秸秆禁烧范围等作出具体规定，进行精准划分。重点区域禁止露天焚烧秸秆。综合运用卫星遥感、高清视频监控、无人机等手段，提高秸秆焚烧火点监测精准度。完善网格化监管体系，充分发挥基层组织作用，开展秸秆焚烧重点时段专项巡查。

六、强化多污染物减排，切实降低排放强度

（二十一）强化 VOCs 全流程、全环节综合治理。鼓励储罐使用低泄漏的呼吸阀、紧急泄压阀，定期开展密封性检测。汽车罐车推广使用密封式快速接头。污水处理场所高浓度有机废气要单独收集处理；含 VOCs 有机废水储罐、装置区集水井（池）有机废气要密闭收集处理。重点区域石化、化工行业集中的城市和重点工业园区，2024 年年底前建立统一的泄漏检测与修复信息管理平台。企业开停工、检维修期间，及时收集处理退料、清洗、吹扫等作业产生的 VOCs 废气。企业不得将火炬燃烧装置作为日常大气污染处理设施。

（二十二）推进重点行业污染深度治理。高质量推进钢铁、水泥、焦化等重点行业及燃煤锅炉超低排放改造。到 2025 年，全国 80%以上的钢铁产能完成超低排放改造任务；重点区域全部实现钢铁行业超低排放，基本完成燃煤锅炉超低排放改造。

确保工业企业全面稳定达标排放。推进玻璃、石灰、矿棉、有色等行业深度治理。全面开展锅炉和工业炉窑简易低效污染治理设施排查，通过清洁能源替代、升级改造、整合退出等方式实施分类处置。推进燃气锅炉低氮燃烧改造。生物质锅炉采用专用锅炉，配套布袋等高效除尘设施，禁止掺烧煤炭、生活垃圾等其他物料。推进整合小型生物质

锅炉，积极引导城市建成区内生物质锅炉（含电力）超低排放改造。强化治污设施运行维护，减少非正常工况排放。重点涉气企业逐步取消烟气和含 VOCs 废气旁路，因安全生产需要无法取消的，安装在线监控系统及备用处置设施。

（二十三）开展餐饮油烟、恶臭异味专项治理。严格居民楼附近餐饮服务单位布局管理。拟开设餐饮服务单位的建筑应设计建设专用烟道。推动有条件的地区实施治理设施第三方运维管理及在线监控。对群众反映强烈的恶臭异味扰民问题加强排查整治，投诉集中的工业园区、重点企业要安装运行在线监测系统。各地要加强部门联动，因地制宜解决人民群众反映集中的油烟及恶臭异味扰民问题。

（二十四）稳步推进大气氨污染防控。开展京津冀及周边地区大气氨排放控制试点。推广氮肥机械深施和低蛋白日粮技术。研究畜禽养殖场氨气等臭气治理措施，鼓励生猪、鸡等圈舍封闭管理，支持粪污输送、存储及处理设施封闭，加强废气收集和处理。到 2025 年，京津冀及周边地区大型规模化畜禽养殖场大气氨排放总量比 2020 年下降 5%。加强氮肥、纯碱等行业大气氨排放治理；强化工业源烟气脱硫脱硝氨逃逸防控。

七、加强机制建设，完善大气环境管理体系

（二十五）实施城市空气质量达标管理。空气质量未达标的直辖市和设区的市编制实施大气环境质量限期达标规划，明确达标路线图及重点任务，并向社会公开。推进 $PM_{2.5}$ 和臭氧协同控制。2020 年 $PM_{2.5}$ 浓度低于 40 微克/立方米的未达标城市“十四五”期间实现达标；其他未达标城市明确“十四五”空气质量改善阶段目标。已达标城市巩固改善空气质量。

（二十六）完善区域大气污染防治协作机制。国家统筹推进京津冀及周边地区大气污染联防联控工作，继续发挥长三角地区协作机制、汾渭平原协作机制作用。国家加强对成渝地区、长江中游城市群、东北地区、天山北坡城市群等区域大气污染防治协作的指导，将粤港澳大湾区作为空气质量改善先行示范区。各省级政府加强本行政区域内联防联控。鼓励省际交界地区市县积极开展联防联控，推动联合交叉执法。对省界两侧 20 公里内的涉气重点行业新建项目，以及对下风向空气质量影响大的新建高架源项目，有关省份要开展环评一致性会商。

（二十七）完善重污染天气应对机制。建立健全省市县三级重污染天气应急预案体系，明确地方各级政府部门责任分工，规范重污染天气预警启动、响应、解除工作流程。优化重污染天气预警启动标准。完善重点行业企业绩效分级指标体系，规范企业绩效分级管理流程，鼓励开展绩效等级提升行动。结合排污许可制度，确保应急减排清单覆盖所有涉气企业。位于同一区域的城市要按照区域预警提示信息，依法依规同步采取应急响应措施。

八、加强能力建设，严格执法监督

（二十八）提升大气环境监测监控能力。完善城市空气质量监测网络，基本实现县城全覆盖，加强数据联网共享。完善沙尘调查监测体系，强化沙源区及沙尘路径区气象、空气质量等监测网络建设。重点区域城市加强机场、港口、铁路货场、物流园区、工业园区、产业集群、公路等大气环境监测。地级及以上城市开展非甲烷总烃监测，重点区域、成渝地区、长江中游城市群和其他 VOCs 排放量较高的城市开展光化学监测。重点区域和其他 $PM_{2.5}$ 未达标城市继续开展颗粒物组分监测。加强大气环境监测系列卫星、航空、地基等遥感能力建设。完善空气质量分级预报体系，加强区域预报中心建设。开展亚洲地区沙尘暴监测预报预警服务及技术研发。在沙尘路径区开展沙尘源谱监测分析，聚焦北京市进行沙尘源解析，评估各地沙尘量及固沙滞沙成效。

地级及以上城市生态环境部门定期更新大气环境重点排污单位名录，确保符合条件的企业全覆盖。推动企业安装工况监控、用电（用能）监控、视频监控等。加强移动源环境监管能力建设，国家和重点区域省份建设重型柴油车和非道路移动机械远程在线监控平台。

（二十九）强化大气环境监管执法。拓展非现场监管手段应用。加强污染源自动监测设备运行监管，确保监测数据质量和稳定传输。提升各级生态环境部门执法监测能力，重点区域市县加快配备红外热成像仪、便携式氢火焰离子检测仪、手持式光离子化检测仪等装备。加强重点领域监督执法，对参与弄虚作假的排污单位和第三方机构、人员依法追究责任，涉嫌犯罪的依法移送司法机关。

（三十）加强决策科技支撑。研究低浓度、大风量、中小型 VOCs 排放污染治理技术，提升 VOCs 关键功能性吸附催化材料的效果和稳定性。研究分类型工业炉窑清洁能源替代和末端治理路径，研发多污染物系统治理、低温脱硝、氨逃逸精准调控等技术和装备。推进致臭物质识别、恶臭污染评估和溯源技术方法研究。开展沙尘天气过程发生发展机理研究。到 2025 年，地级及以上城市完成排放清单编制，重点区域城市实现逐年更新。

九、健全法律法规标准体系，完善环境经济政策

（三十一）推动法律法规制修订。研究启动修订大气污染防治法。研究修订清洁生产促进法，明确企业使用低（无）VOCs 含量原辅材料的法律责任。研究制定移动源污染防治管理办法。

（三十二）完善环境标准和技术规范体系。启动环境空气质量标准及相关技术规范修订研究工作。研究制定涂层剂、聚氨酯树脂、家用洗涤剂、杀虫气雾剂等 VOCs 含量限值强制性国家标准，建立低（无）VOCs 含量产品标识制度；制定有机废气治理用活性炭

技术要求；加快完善重点行业和领域大气污染物排放标准、能耗标准。研究制定下一阶段机动车排放标准，开展新阶段油品质量标准研究。研究制定生物质成型燃料产品质量、铁路内燃机车污染物排放等强制性国家标准。鼓励各地制定更加严格的环境标准。

（三十三）完善价格税费激励约束机制。落实峰谷分时电价政策，推进销售电价改革。强化价格政策与产业和环保政策的协同，综合考虑能耗、环保绩效水平，完善高耗能行业阶梯电价制度。对港口岸基供电实施支持性电价政策，推动降低岸电使用服务费。鼓励各地对新能源城市公共汽电车充电给予积极支持。研究完善清洁取暖“煤改电”及采暖用电销售侧峰谷电价制度；减少城镇燃气输配气层级，合理制定并严格监管输配气价格，建立健全终端销售价格与采购价格联动机制，落实好清洁取暖气价政策。完善铁路运价灵活调整机制，规范铁路货运杂费，研究推行“一口价”收费政策，广泛采用“量价互保”协议运输模式。完善环境保护税征收体系，加快把 VOCs 纳入征收范围。

（三十四）积极发挥财政金融引导作用。有序扩大中央财政支持北方地区清洁取暖范围，对减污降碳协同项目予以倾斜。按照市场化方式加大传统产业及集群升级、工业污染治理、铁路专用线建设、新能源铁路装备推广等领域信贷融资支持力度，引导社会资本投入。按要求对银行业金融机构开展绿色金融评价，吸引长期机构投资者投资绿色金融产品。积极支持符合条件的企业、金融机构发行绿色债券，开展绿色债券信用评级，提高绿色债券的信息披露水平。

十、落实各方责任，开展全民行动

（三十五）加强组织领导。坚持和加强党对大气污染防治工作的全面领导。地方各级政府对本行政区域内空气质量负总责，组织制定本地实施方案。生态环境部要加强统筹协调，做好调度评估。国务院各有关部门要协同配合落实任务分工，出台政策时统筹考虑空气质量持续改善需求。

（三十六）严格监督考核。将空气质量改善目标完成情况作为深入打好污染防治攻坚战成效考核的重要内容。对超额完成目标的地区给予激励；对未完成目标的地区，从资金分配、项目审批、荣誉表彰、责任追究等方面实施惩戒；对问题突出的地区，视情组织开展专项督察。组织对重点区域开展监督帮扶。

（三十七）推进信息公开。加强环境空气质量信息公开力度。将排污单位和第三方治理、运维、检测机构弄虚作假行为纳入信用记录，定期依法向社会公布。重点排污单位及时公布自行监测和污染排放数据、污染治理措施、环保违法处罚及整改等信息。机动车和非道路移动机械生产、进口企业依法公开排放检验、污染控制技术等环保信息。

（三十八）加强宣传引导和国际合作。广泛宣传解读相关政策举措，大力普及大气环境与健康基本理念和知识，提升公民大气环境保护意识与健康素养。加强大气环境管理和防沙治沙国际合作。推广中国大气污染治理技术和经验、防沙治沙实用技术和模式，讲好中国生态环保故事。

（三十九）实施全民行动。动员社会各界广泛参与大气环境保护。政府带头开展绿色采购，全面使用低（无）VOCs 含量产品。完善举报奖励机制，鼓励公众积极提供环境违法行为线索。中央企业带头引导绿色生产，推进治污减排。强化公民环境意识，推动形成简约适度、绿色低碳、文明健康的生活方式，共同改善空气质量。

中共中央 国务院关于深入打好污染防治攻坚战的意见

（2021 年 11 月 2 日）

良好生态环境是实现中华民族永续发展的内在要求，是增进民生福祉的优先领域，是建设美丽中国的重要基础。党的十八大以来，以习近平同志为核心的党中央全面加强对生态文明建设和生态环境保护的领导，开展了一系列根本性、开创性、长远性工作，推动污染防治的措施之实、力度之大、成效之显著前所未有，污染防治攻坚战阶段性目标任务圆满完成，生态环境明显改善，人民群众获得感显著增强，厚植了全面建成小康社会的绿色底色和质量成色。同时应该看到，我国生态环境保护结构性、根源性、趋势性压力总体上尚未根本缓解，重点区域、重点行业污染问题仍然突出，实现碳达峰、碳中和任务艰巨，生态环境保护任重道远。为进一步加强生态环境保护，深入打好污染防治攻坚战，现提出如下意见。

一、总体要求

（一）指导思想。以习近平新时代中国特色社会主义思想为指导，全面贯彻党的十九大和十九届二中、三中、四中、五中全会精神，深入贯彻习近平生态文明思想，坚持以人民为中心的发展思想，立足新发展阶段，完整、准确、全面贯彻新发展理念，构建新发展格局，以实现减污降碳协同增效为总抓手，以改善生态环境质量为核心，以精准治污、科学治污、依法治污为工作方针，统筹污染治理、生态保护、应对气候变化，保持力度、延伸深度、拓宽广度，以更高标准打好蓝天、碧水、净土保卫战，以高水平保护推动高质量发展、创造高品质生活，努力建设人与自然和谐共生的美丽中国。

（二）工作原则

——坚持方向不变、力度不减。保持战略定力，坚定不移走生态优先、绿色发展之路，巩固拓展“十三五”时期污染防治攻坚成果，继续打好一批标志性战役，接续攻坚、久久为功。

——坚持问题导向、环保为民。把人民群众反映强烈的突出生态环境问题摆上重要议事日程，不断加以解决，增强广大人民群众的获得感、幸福感、安全感，以生态环境保护实际成效取信于民。

——坚持精准科学、依法治污。遵循客观规律，抓住主要矛盾和矛盾的主要方面，因地制宜、科学施策，落实最严格制度，加强全过程监管，提高污染治理的针对性、科学性、有效性。

——坚持系统观念、协同增效。推进山水林田湖草沙一体化保护和修复，强化多污染物协同控制和区域协同治理，注重综合治理、系统治理、源头治理，保障国家重大战略实施。

——坚持改革引领、创新驱动。深入推进生态文明体制改革，完善生态环境保护领导体制和工作机制，加大技术、政策、管理创新力度，加快构建现代环境治理体系。

（三）主要目标

到 2025 年，生态环境持续改善，主要污染物排放总量持续下降，单位国内生产总值二氧化碳排放比 2020 年下降 18%，地级及以上城市细颗粒物（$PM_{2.5}$）浓度下降 10%，空气质量优良天数比率达到 87.5%，地表水Ⅰ～Ⅲ类水体比例达到 85%，近岸海域水质优良（一、二类）比例达到 79%左右，重污染天气、城市黑臭水体基本消除，土壤污染风险得到有效管控，固体废物和新污染物治理能力明显增强，生态系统质量和稳定性持续提升，生态环境治理体系更加完善，生态文明建设实现新进步。

到 2035 年，广泛形成绿色生产生活方式，碳排放达峰后稳中有降，生态环境根本好转，美丽中国建设目标基本实现。

二、加快推动绿色低碳发展

（四）深入推进碳达峰行动。处理好减污降碳和能源安全、产业链供应链安全、粮食安全、群众正常生活的关系，落实 2030 年应对气候变化国家自主贡献目标，以能源、工业、城乡建设、交通运输等领域和钢铁、有色金属、建材、石化化工等行业为重点，深入开展碳达峰行动。在国家统一规划的前提下，支持有条件的地方和重点行业、重点企业率先达峰。统筹建立二氧化碳排放总量控制制度。建设完善全国碳排放权交易市场，有序扩大覆盖范围，丰富交易品种和交易方式，并纳入全国统一公共资源交易平台。加强甲烷等非二氧化碳温室气体排放管控。制定国家适应气候变化战略 2035。大力推进低碳和适应气候变化试点工作。健全排放源统计调查、核算核查、监管制度，将温室气体管控纳入环评管理。

（五）聚焦国家重大战略打造绿色发展高地。强化京津冀协同发展生态环境联建联防联治，打造雄安新区绿色高质量发展“样板之城”。积极推动长江经济带成为我国生态优先绿色发展主战场，深化长三角地区生态环境共保联治。扎实推动黄河流域生态保护和高质量发展。加快建设美丽粤港澳大湾区。加强海南自由贸易港生态环境保护和建设。

（六）推动能源清洁低碳转型。在保障能源安全的前提下，加快煤炭减量步伐，实施可再生能源替代行动。“十四五”时期，严控煤炭消费增长，非化石能源消费比重提高到 20%左右，京津冀及周边地区、长三角地区煤炭消费量分别下降 10%、5%左右，汾渭平原煤炭消费量实现负增长。原则上不再新增自备燃煤机组，支持自备燃煤机组实施清洁能源替代，鼓励自备电厂转为公用电厂。坚持“增气减煤”同步，新增天然气优先保障居民生活和清洁取暖需求。提高电能占终端能源消费比重。重点区域的平原地区散煤基本清零。有序扩大清洁取暖试点城市范围，稳步提升北方地区清洁取暖水平。

（七）坚决遏制高耗能高排放项目盲目发展。严把高耗能高排放项目准入关口，严格落实污染物排放区域削减要求，对不符合规定的项目坚决停批停建。依法依规淘汰落后产能和化解过剩产能。推动高炉—转炉长流程炼钢转型为电炉短流程炼钢。重剩产能。推动高炉点区域严禁新增钢铁、焦化、水泥熟料、平板玻璃、电解铝、氧化铝、煤化工产能，合理控制煤制油气产能规模，严控新增炼油产能。

（八）推进清洁生产和能源资源节约高效利用。引导重点行业深入实施清洁生产改造，依法开展自愿性清洁生产评价认证。大力推行绿色制造，构建资源循环利用体系。推动煤炭等化石能源清洁高效利用。加强重点领域节能，提高能源使用效率。实施国家节水行动，强化农业节水增效、工业节水减排、城镇节水降损。推进污水资源化利用和海水淡化规模化利用。

（九）加强生态环境分区管控。衔接国土空间规划分区和用途管制要求，将生态保护红线、环境质量底线、资源利用上线的硬约束落实到环境管控单元，建立差别化的生态环境准入清单，加强“三线一单”成果在政策制定、环境准入、园区管理、执法监管等方面的应用。健全以环评制度为主体的源头预防体系，严格规划环评审查和项目环评准入，开展重大经济技术政策的生态环境影响分析和重大生态环境政策的社会经济影响评估。

（十）加快形成绿色低碳生活方式。把生态文明教育纳入国民教育体系，增强全民节约意识、环保意识、生态意识。因地制宜推行垃圾分类制度，加快快递包装绿色转型，加强塑料污染全链条防治。深入开展绿色生活创建行动。建立绿色消费激励机制，推进绿色产品认证、标识体系建设，营造绿色低碳生活新时尚。

三、深入打好蓝天保卫战

（十一）着力打好重污染天气消除攻坚战。聚焦秋冬季细颗粒物污染，加大重点区域、重点行业结构调整和污染治理力度。京津冀及周边地区、汾渭平原持续开展秋冬季大气污染综合治理专项行动。东北地区加强秸秆禁烧管控和采暖燃煤污染治理。天山北坡城市群加强兵地协作，钢铁、有色金属、化工等行业参照重点区域执行重污染天气应急减排措施。科学调整大气污染防治重点区域范围，构建省、市、县三级重污染天气应急预案体系，实施重点行业企业绩效分级管理，依法严厉打击不落实应急减排措施行为。到2025年，全国重度及以上污染天数比率控制在1%以内。

（十二）着力打好臭氧污染防治攻坚战。聚焦夏秋季臭氧污染，大力推进挥发性有机物和氮氧化物协同减排。以石化、化工、涂装、医药、包装印刷、油品储运销等行业领域为重点，安全高效推进挥发性有机物综合治理，实施原辅材料和产品源头替代工程。完善挥发性有机物产品标准体系，建立低挥发性有机物含量产品标识制度。完善挥发性有机物监测技术和排放量计算方法，在相关条件成熟后，研究适时将挥发性有机物纳入环境保护税征收范围。推进钢铁、水泥、焦化行业企业超低排放改造，重点区域钢铁、燃煤机组、燃煤锅炉实现超低排放。开展涉气产业集群排查及分类治理，推进企业升级改造和区域环境综合整治。到 2025 年，挥发性有机物、氮氧化物排放总量比 2020 年分别下降 10%以上，臭氧浓度增长趋势得到有效遏制，实现细颗粒物和臭氧协同控制。

（十三）持续打好柴油货车污染治理攻坚战。深入实施清洁柴油车（机）行动，全国基本淘汰国三及以下排放标准汽车，推动氢燃料电池汽车示范应用，有序推广清洁能源汽车。进一步推进大中城市公共交通、公务用车电动化进程。不断提高船舶靠港岸电使用率。实施更加严格的车用汽油质量标准。加快大宗货物和中长途货物运输“公转铁”“公转水”，大力发展公铁、铁水等多式联运。“十四五”时期，铁路货运量占比提高 0.5 个百分点，水路货运量年均增速超过 2%。

（十四）加强大气面源和噪声污染治理。强化施工、道路、堆场、裸露地面等扬尘管控，加强城市保洁和清扫。加大餐饮油烟污染、恶臭异味治理力度。强化秸秆综合利用和禁烧管控。到 2025 年，京津冀及周边地区大型规模化养殖场氨排放总量比 2020 年下降 5%。深化消耗臭氧层物质和氢氟碳化物环境管理。实施噪声污染防治行动，加快解决群众关心的突出噪声问题。到 2025 年，地级及以上城市全面实现功能区声环境质量自动监测，全国声环境功能区夜间达标率达到 85%。

四、深入打好碧水保卫战

（十五）持续打好城市黑臭水体治理攻坚战。统筹好上下游、左右岸、干支流、城市和乡村，系统推进城市黑臭水体治理。加强农业农村和工业企业污染防治，有效控制入河污染物排放。强化溯源整治，杜绝污水直接排入雨水管网。推进城镇污水管网全覆盖，对进水情况出现明显异常的污水处理厂，开展片区管网系统化整治。因地制宜开展水体内源污染治理和生态修复，增强河湖自净功能。充分发挥河长制、湖长制作用，巩固城市黑臭水体治理成效，建立防止返黑返臭的长效机制。2022 年 6 月底前，县级城市政府完成建成区内黑臭水体排查并制定整治方案，统一公布黑臭水体清单及达标期限。到 2025 年，县级城市建成区基本消除黑臭水体，京津冀、长三角、珠三角等区域力争提前 1 年完成。

（十六）持续打好长江保护修复攻坚战。推动长江全流域按单元精细化分区管控。狠抓突出生态环境问题整改，扎实推进城镇污水垃圾处理和工业、农业面源、船舶、尾矿库等污染治理工程。加强渝湘黔交界武陵山区“锰三角”污染综合整治。持续开展工业园区污染治理、“三磷”行业整治等专项行动。推进长江岸线生态修复，巩固小水电清理整改成果。实施好长江流域重点水域十年禁渔，有效恢复长江水生生物多样性。建立健全长江流域水生态环境考核评价制度并抓好组织实施。加强太湖、巢湖、滇池等重要湖泊蓝藻水华防控，开展河湖水生植被恢复、氮磷通量监测等试点。到2025年，长江流域总体水质保持为优，干流水质稳定达到Ⅱ类，重要河湖生态用水得到有效保障，水生态质量明显提升。

（十七）着力打好黄河生态保护治理攻坚战。全面落实以水定城、以水定地、以水定人、以水定产要求，实施深度节水控水行动，严控高耗水行业发展。维护上游水源涵养功能，推动以草定畜、定牧。加强中游水土流失治理，开展汾渭平原、河套灌区等农业面源污染治理。实施黄河三角洲湿地保护修复，强化黄河河口综合治理。加强沿黄河城镇污水处理设施及配套管网建设，开展黄河流域“清废行动”，基本完成尾矿库污染治理。到2025年，黄河干流上中游（花园口以上）水质达到Ⅱ类，干流及主要支流生态流量得到有效保障。

（十八）巩固提升饮用水安全保障水平。加快推进城市水源地规范化建设，加强农村水源地保护。基本完成乡镇级水源保护区划定、立标并开展环境问题排查整治。保障南水北调等重大输水工程水质安全。到2025年，全国县级及以上城市集中式饮用水水源水质达到或优于Ⅲ类比例总体高于93%。

（十九）着力打好重点海域综合治理攻坚战。巩固深化渤海综合治理成果，实施长江口—杭州湾、珠江口邻近海域污染防治行动，“一湾一策”实施重点海湾综合治理。深入推进入海河流断面水质改善、沿岸直排海污染源整治、海水养殖环境治理，加强船舶港口、海洋垃圾等污染防治。推进重点海域生态系统保护修复，加强海洋伏季休渔监管执法。推进海洋环境风险排查整治和应急能力建设。到2025年，重点海域水质优良比例比2020年提升2个百分点左右，省控及以上河流入海断面基本消除劣Ⅴ类，滨海湿地和岸线得到有效保护。

（二十）强化陆域海域污染协同治理。持续开展入河入海排污口“查、测、溯、治”，到2025年，基本完成长江、黄河、渤海及赤水河等长江重要支流排污口整治。完善水污染防治流域协同机制，深化海河、辽河、淮河、松花江、珠江等重点流域综合治理，推进重要湖泊污染防治和生态修复。沿海城市加强固定污染源总氮排放控制和面源污染治理，实施入海河流总氮削减工程。建成一批具有全国示范价值的美丽河湖、美丽海湾。

五、深入打好净土保卫战

（二十一）持续打好农业农村污染治理攻坚战。注重统筹规划、有效衔接，因地制宜推进农村厕所革命、生活污水治理、生活垃圾治理，基本消除较大面积的农村黑臭水体，改善农村人居环境。实施化肥农药减量增效行动和农膜回收行动。加强种养结合，整县推进畜禽粪污资源化利用。规范工厂化水产养殖尾水排污口设置，在水产养殖主产区推进养殖尾水治理。到 2025 年，农村生活污水治理率达到 40%，化肥农药利用率达到 43%，全国畜禽粪污综合利用率达到 80%以上。

（二十二）深入推进农用地土壤污染防治和安全利用。实施农用地土壤镉等重金属污染源头防治行动。依法推行农用地分类管理制度，强化受污染耕地安全利用和风险管控，受污染耕地集中的县级行政区开展污染溯源，因地制宜制定实施安全利用方案。在土壤污染面积较大的 100 个县级行政区推进农用地安全利用示范。严格落实粮食收购和销售出库质量安全检验制度和追溯制度。到 2025 年，受污染耕地安全利用率达到 93%左右。

（二十三）有效管控建设用地土壤污染风险。严格建设用地土壤污染风险管控和修复名录内地块的准入管理。未依法完成土壤污染状况调查和风险评估的地块，不得开工建设与风险管控和修复无关的项目。从严管控农药、化工等行业的重度污染地块规划用途，确需开发利用的，鼓励用于拓展生态空间。完成重点地区危险化学品生产企业搬迁改造，推进腾退地块风险管控和修复。

（二十四）稳步推进“无废城市”建设。健全“无废城市”建设相关制度、技术、市场、监管体系，推进城市固体废物精细化管理。“十四五”时期，推进 100 个左右地级及以上城市开展“无废城市”建设，鼓励有条件的省份全域推进“无废城市”建设。

（二十五）加强新污染物治理。制定实施新污染物治理行动方案。针对持久性有机污染物、内分泌干扰物等新污染物，实施调查监测和环境风险评估，建立健全有毒有害化学物质环境风险管理制度，强化源头准入，动态发布重点管控新污染物清单及其禁止、限制、限排等环境风险管控措施。

（二十六）强化地下水污染协同防治。持续开展地下水环境状况调查评估，划定地下水型饮用水水源补给区并强化保护措施，开展地下水污染防治重点区划定及污染风险管控。健全分级分类的地下水环境监测评价体系。实施水土环境风险协同防控。在地表水、地下水交互密切的典型地区开展污染综合防治试点。

六、切实维护生态环境安全

（二十七）持续提升生态系统质量。实施重要生态系统保护和修复重大工程、山水林田湖草沙一体化保护和修复工程。科学推进荒漠化、石漠化、水土流失综合治理和历史遗留矿山生态修复，开展大规模国土绿化行动，实施河口、海湾、滨海湿地、典型海洋生态系统保护修复。推行草原森林河流湖泊休养生息，加强黑土地保护。有效应对气候变化对冰冻圈融化的影响。推进城市生态修复。加强生态保护修复监督评估。到2025年，森林覆盖率达到24.1%，草原综合植被盖度稳定在57%左右，湿地保护率达到55%。

（二十八）实施生物多样性保护重大工程。加快推进生物多样性保护优先区域和国家重大战略区域调查、观测、评估。完善以国家公园为主体的自然保护地体系，构筑生物多样性保护网络。加大珍稀濒危野生动植物保护拯救力度。加强生物遗传资源保护和管理，严格外来入侵物种防控。

（二十九）强化生态保护监管。用好第三次全国国土调查成果，构建完善生态监测网络，建立全国生态状况评估报告制度，加强重点区域流域海域、生态保护红线、自然保护地、县域重点生态功能区等生态状况监测评估。加强自然保护地和生态保护红线监管，依法加大生态破坏问题监督和查处力度，持续推进“绿盾”自然保护地强化监督专项行动。深入推动生态文明建设示范创建、“绿水青山就是金山银山”实践创新基地建设和美丽中国地方实践。

（三十）确保核与辐射安全。坚持安全第一、质量第一，实行最严格的安全标准和最严格的监管，持续强化在建和运行核电厂安全监管，加强核安全监管制度、队伍、能力建设，督促营运单位落实全面核安全责任。严格研究堆、核燃料循环设施、核技术利用等安全监管，积极稳妥推进放射性废物、伴生放射性废物处置，加强电磁辐射污染防治。强化风险预警监测和应急响应，不断提升核与辐射安全保障能力。

（三十一）严密防控环境风险。开展涉危险废物涉重金属企业、化工园区等重点领域环境风险调查评估，完成重点河流突发水污染事件“一河一策一图”全覆盖。开展涉铊企业排查整治行动。加强重金属污染防控，到2025年，全国重点行业重点重金属污染物排放量比2020年下降5%。强化生态环境与健康管理。健全国家环境应急指挥平台，推进流域及地方环境应急物资库建设，完善环境应急管理体系。

七、提高生态环境治理现代化水平

（三十二）全面强化生态环境法治保障。完善生态环境保护法律法规和适用规则，在法治轨道上推进生态环境治理，依法对生态环境违法犯罪行为严惩重罚。推进重点区域协同立法，探索深化区域执法协作。完善生态环境标准体系，鼓励有条件的地方制定出台更加严格的标准。健全生态环境损害赔偿制度。深化环境信息依法披露制度改革。加强生态环境保护法律宣传普及。强化生态环境行政执法与刑事司法衔接，联合开展专项行动。

（三十三）健全生态环境经济政策。扩大环境保护、节能节水等企业所得税优惠目录范围，完善绿色电价政策。大力发展绿色信贷、绿色债券、绿色基金，加快发展气候投融资，在环境高风险领域依法推行环境污染强制责任保险，强化对金融机构的绿色金融业绩评价。加快推进排污权、用能权、碳排放权市场化交易。全面实施环保信用评价，发挥环境保护综合名录的引导作用。完善市场化多元化生态保护补偿，推动长江、黄河等重要流域建立全流域生态保护补偿机制，建立健全森林、草原、湿地、沙化土地、海洋、水流、耕地等领域生态保护补偿制度。

（三十四）完善生态环境资金投入机制。各级政府要把生态环境作为财政支出的重点领域，把生态环境资金投入作为基础性、战略性投入予以重点保障，确保与污染防治攻坚任务相匹配。加快生态环境领域省以下财政事权和支出责任划分改革。加强有关转移支付分配与生态环境质量改善相衔接。综合运用土地、规划、金融、税收、价格等政策，引导和鼓励更多社会资本投入生态环境领域。

（三十五）实施环境基础设施补短板行动。构建集污水、垃圾、固体废物、危险废物、医疗废物处理处置设施和监测监管能力于一体的环境基础设施体系，形成由城市向建制镇和乡村延伸覆盖的环境基础设施网络。开展污水处理厂差别化精准提标。优先推广运行费用低、管护简便的农村生活污水治理技术，加强农村生活污水处理设施长效化运行维护。推动省域内危险废物处置能力与产废情况总体匹配，加快完善医疗废物收集转运处置体系。

（三十六）提升生态环境监管执法效能。全面推行排污许可“一证式”管理，建立基于排污许可证的排污单位监管执法体系和自行监测监管机制。建立健全以污染源自动监控为主的非现场监管执法体系，强化关键工况参数和用水用电等控制参数自动监测。加强移动源监管能力建设。深入开展生活垃圾焚烧发电行业达标排放专项整治。全面禁止进口“洋垃圾”。依法严厉打击危险废物非法转移、倾倒、处置等环境违法犯罪，严肃查处环评、监测等领域弄虚作假行为。

（三十七）建立完善现代化生态环境监测体系。构建政府主导、部门协同、企业履责、社会参与、公众监督的生态环境监测格局，建立健全基于现代感知技术和大数据技术的生态环境监测网络，优化监测站网布局，实现环境质量、生态质量、污染源监测全覆盖。提升国家、区域流域海域和地方生态环境监测基础能力，补齐细颗粒物和臭氧协同控制、水生态环境、温室气体排放等监测短板。加强监测质量监督检查，确保数据真实、准确、全面。

（三十八）构建服务型科技创新体系。组织开展生态环境领域科技攻关和技术创新，规范布局建设各类创新平台。加快发展节能环保产业，推广生态环境整体解决方案、托管服务和第三方治理。构建智慧高效的生态环境管理信息化体系。加强生态环境科技成果转化服务，组织开展百城千县万名专家生态环境科技帮扶行动。

八、加强组织实施

（三十九）加强组织领导。全面加强党对生态环境保护工作的领导，进一步完善中央统筹、省负总责、市县抓落实的攻坚机制。强化地方各级生态环境保护议事协调机制作用，研究推动解决本地区生态环境保护重要问题，加强统筹协调，形成工作合力，确保日常工作机构有场所、有人员、有经费。加快构建减污降碳一体谋划、一体部署、一体推进、一体考核的制度机制。研究制定强化地方党政领导干部生态环境保护责任有关措施。

（四十）强化责任落实。地方各级党委和政府要坚决扛起生态文明建设政治责任，深入打好污染防治攻坚战，把解决群众身边的生态环境问题作为“我为群众办实事”实践活动的重要内容，列出清单、建立台账，长期坚持、确保实效。各有关部门要全面落实生态环境保护责任，细化实化污染防治攻坚政策措施，分工协作、共同发力。各级人大及其常委会加强生态环境保护立法和监督。各级政协加大生态环境保护专题协商和民主监督力度。各级法院和检察院加强环境司法。生态环境部要做好任务分解，加强调度评估，重大情况及时向党中央、国务院报告。

（四十一）强化监督考核。完善中央生态环境保护督察制度，健全中央和省级两级生态环境保护督察体制，将污染防治攻坚战任务落实情况作为重点，深化例行督察，强化专项督察。深入开展重点区域、重点领域、重点行业监督帮扶。继续开展污染防治攻坚战成效考核，完善相关考核措施，强化考核结果运用。

（四十二）强化宣传引导。创新生态环境宣传方式方法，广泛传播生态文明理念。构建生态环境治理全民行动体系，发展壮大生态环境志愿服务力量，深入推动环保设施向公众开放，完善生态环境信息公开和有奖举报机制。积极参与生态环境保护国际合作，讲好生态文明建设“中国故事”。

（四十三）强化队伍建设。完善省以下生态环境机构监测监察执法垂直管理制度，全面推进生态环境监测监察执法机构能力标准化建设。将生态环境保护综合执法机构列入政府行政执法机构序列，统一保障执法用车和装备。持续加强生态环境保护铁军建设，锤炼过硬作风，严格对监督者的监督管理。注重选拔在生态文明建设和生态环境保护工作中敢于负责、勇于担当、善于作为、实绩突出的干部。按照有关规定表彰在污染防治攻坚战中成绩显著、贡献突出的先进单位和个人。

关于印发《深入打好重污染天气消除、臭氧污染防治和柴油货车污染治理攻坚战行动方案》的通知

（环大气〔2022〕68号）

各省、自治区、直辖市、新疆生产建设兵团生态环境厅（局）、发展改革委、科技厅（局、委）、工业和信息化主管部门、公安厅（局）、财政厅（局）、住房和城乡建设厅（局、委、管委）、交通运输厅（局、委）、农业农村（农牧）厅（局、委）、商务厅（局）、市场监管厅（局、委）、气象局、能源局，海关总署广东分署、各直属海关，民航各地区管理局：

现将《深入打好重污染天气消除、臭氧污染防治和柴油货车污染治理攻坚战行动方案》印发给你们，请遵照执行。

生态环境部　国家发展改革委
科技部　工业和信息化部
公安部　财政部
住房和城乡建设部　交通运输部
农业农村部　商务部
海关总署　市场监管总局
气象局　国家能源局
民航局
2022年11月10日

（此件社会公开）

深入打好重污染天气消除、臭氧污染防治和柴油货车污染治理攻坚战行动方案

深入打好蓝天保卫战是党中央、国务院做出的重大决策部署，为贯彻落实《中共中央 国务院关于深入打好污染防治攻坚战的意见》有关要求，打好重污染天气消除、臭氧污染防治、柴油货车污染治理三个标志性战役，解决人民群众关心的突出大气环境问题，持续改善空气质量，制定本方案。

一、充分认识打好攻坚战的重要性

党中央、国务院高度重视大气污染防治工作，近年来，通过制定实施《大气污染防治行动计划》《打赢蓝天保卫战三年行动计划》，我国环境空气质量明显改善，人民群众蓝天幸福感、获得感显著增强。但重点地区、重点领域大气污染问题仍然突出，京津冀及周边等区域细颗粒物（$PM_{2.5}$）浓度仍处于高位，秋冬季重污染天气依然高发、频发；臭氧污染日益凸显，特别是在夏季，已成为导致部分城市空气质量超标的首要因子；柴油货车污染尚未有效解决，移动源是氮氧化物排放的重要来源，对秋冬季 $PM_{2.5}$ 污染和夏季臭氧污染影响较大，大气污染防治工作任重道远。各地要进一步把思想认识和行动统一到党中央、国务院决策部署上来，充分认识深入打好重污染天气消除、臭氧污染防治、柴油货车污染治理三个标志性战役的重要性，勇于担当、真抓实干，以大气环境改善实际成效取信于民，为实现美丽中国奠定坚实基础。

二、总体要求

（一）指导思想

以习近平新时代中国特色社会主义思想为指导，深入贯彻党的二十大精神，全面落实习近平生态文明思想，坚持以人民为中心的发展思想，坚持稳中求进工作总基调，以实现减污降碳协同增效为总抓手，以精准治污、科学治污、依法治污为工作方针，以改善空气质量为核心，以当前迫切需要解决的重污染天气、臭氧污染、柴油货车污染等突出问题为重点，深入打好蓝天保卫战标志性战役，推动“十四五”空气质量改善目标顺利实现，人民群众蓝天幸福感、获得感进一步增强。

（二）基本原则

坚持精准科学、依法治污。秋冬季聚焦 $PM_{2.5}$ 和重污染天气、夏季聚焦臭氧、全年紧抓柴油货车开展攻坚；科学确定攻坚重点地区、对象、措施；严格依法治理、依法监管，

反对“一刀切”“运动式”攻坚。

坚持优化结构、标本兼治。大力推进产业、能源、运输结构优化调整，提升工业、运输等领域清洁低碳水平，持续推进重点行业深度治理。完善应对机制，精准有效应对重污染天气。

坚持系统观念、协同增效。突出综合治理、系统治理、源头治理，统筹大气污染防治和温室气体减排，促进减污降碳协同增效；聚焦 $PM_{2.5}$ 和臭氧协同控制，强化多污染物协同减排；加强区域协同治理、联防联控。

坚持部门协作、压实责任。明确责任分工、强化部门协作，开展联合执法，形成治污合力。加强帮扶指导，严格监督考核，推动大气污染治理责任落实落地。

（三）主要目标

到 2025 年，全国重度及以上污染天气基本消除；$PM_{2.5}$ 和臭氧协同控制取得积极成效，臭氧浓度增长趋势得到有效遏制；柴油货车污染治理水平显著提高，移动源大气主要污染物排放总量明显下降。

三、推进重点工程

统筹大气污染防治与“双碳”目标要求，开展大气减污降碳协同增效行动，将标志性战役任务措施与降碳措施一体谋划、一体推进，优化调整产业、能源、运输结构，从源头减少大气污染物和碳排放。促进产业绿色转型升级，坚决遏制高耗能、高排放、低水平项目盲目发展，开展传统产业集群升级改造。推动能源清洁低碳转型，开展分散、低效煤炭综合治理。构建绿色交通运输体系，加快推进“公转铁”“公转水”，提高机动车船和非道路移动机械绿色低碳水平。强化挥发性有机物（VOCs）、氮氧化物等多污染物协同减排，以石化、化工、涂装、制药、包装印刷和油品储运销等为重点，加强 VOCs 源头、过程、末端全流程治理；持续推进钢铁行业超低排放改造，出台焦化、水泥行业超低排放改造方案；开展低效治理设施全面提升改造工程。严把治理工程质量，多措并举治理低价中标乱象，对工程质量低劣、环保设施运营管理水平低甚至存在弄虚作假行为的企业、环保公司和运维机构加大联合惩戒力度。统筹做好大气污染防治过程中安全防范工作。

四、强化联防联控

按照统一规划、统一标准、统一监测、统一污染防治措施的要求，强化区域大气污染联防联控。国家重点推动京津冀及周边地区、长三角地区、汾渭平原等大气污染防治重点区域（以下简称重点区域）联防联控工作，加强对珠三角地区、成渝地区、长江中游城市群、东北地区、天山北坡城市群等区域大气污染防治协作工作的指导。各省（区）根据需求加强行政区域内城市间大气污染联防联控；鼓励交界地区相关市县积极开展联防联控。构建“省—市—县”重污染天气应对三级预案体系，规范重污染天气预警、启动、响应、解除工作流程，持续推进重点行业企业绩效分级，加强应急减排清单标准化管理。

五、夯实基础能力

强化科技支撑，开展$PM_{2.5}$和臭氧协同防控科技攻关，构建复合污染成因机理、监测预报、精准溯源、深度治理、智慧监管、科学评估的全过程科技支撑体系；选择典型城市实施“一市一策”驻点跟踪研究。开展大气污染物和温室气体排放融合清单编制工作。加强监测能力建设，完善“天地空”一体化监测体系；加强污染源监测监控，大气环境重点排污单位依法安装自动监测设备，并联网稳定运行；对排污单位和社会化检测机构承担的自行监测和执法监测加大监督抽查力度，依法公开一批人为干预、篡改、伪造监测数据的机构和人员名单。提升监督执法效能，围绕标志性战役任务措施，精准、高效开展环境监督执法，在油品、煤炭质量、含VOCs产品质量、柴油车尾气排放等领域实施多部门联合执法。持续开展环保信用评价，对环保信用等级较低的依法实施失信联合惩戒。

六、加强组织领导

各地要把深入打好重污染天气消除、臭氧污染防治和柴油货车污染治理攻坚战放在重要位置，作为深入打好污染防治攻坚战的关键举措。各省（区、市）要根据本地环境空气质量改善需求和标志性战役目标任务，提出符合实际、切实可行的时间表、路线图、施工图，明确职责分工，做好分地区、分年度任务分解，加大政策支持力度，确保各项任务措施落到实处。生态环境部每年下达京津冀及周边地区、汾渭平原各城市秋冬季空气质量改善目标，相关省（市）制定本地年度秋冬季大气攻坚行动方案。各部门加强协调，各司其职、各负其责、密切配合，及时协调解决推进过程中出现的困难和问题。

生态环境部定期调度各地重点任务进展情况，通报空气质量改善情况。推动将标志性战役年度和终期有关目标完成情况作为深入打好污染防治攻坚战成效考核的重要内容。强化目标任务落实，对未完成目标任务的地区依法依规实行通报批评和约谈问责，有关落实情况纳入中央生态环境保护督察。

附件：1. 重污染天气消除攻坚行动方案

2. 臭氧污染防治攻坚行动方案

3. 柴油货车污染治理攻坚行动方案

4. 区域范围

附件 1：

重污染天气消除攻坚行动方案

一、总体要求

（一）攻坚目标

到 2025 年，基本消除重度及以上污染天气，全国重度及以上污染天数比率控制在 1%以内，70%以上的地级及以上城市全面消除重污染天气，各省（区、市）完成国家下达的“十四五”重度及以上污染天气比率控制目标；京津冀及周边地区、汾渭平原、东北地区、天山北坡城市群人为因素导致的重度及以上污染天数减少 30%以上。

（二）攻坚思路

坚持源头防控、系统治理，以钢铁、焦化、建材、有色、石化、化工、工业涂装等行业和居民取暖、柴油货车、秸秆焚烧等领域为重点，全面提升污染治理水平。坚持突出重点、分区施策，聚焦细颗粒物（$PM_{2.5}$）污染，以秋冬季（10 月—次年 3 月）为重点时段，根据京津冀及周边地区、汾渭平原、东北地区、天山北坡城市群等区域不同污染特征，提出针对性攻坚措施。坚持科学研判、协同应对，强化重污染天气应对全过程科技支撑，提升空气质量预测预报能力，强化区域协作机制，完善重点行业绩效分级管理体系，精准有效应对重污染天气。

二、大气减污降碳协同增效行动

推动产业结构和布局优化调整。坚决遏制高耗能、高排放、低水平项目盲目发展，严格落实国家产业规划、产业政策、“三线一单”、规划环评，以及产能置换、煤炭消费减量替代、区域污染物削减等要求，坚决叫停不符合要求的高耗能、高排放、低水平项目。依法依规退出重点行业落后产能，修订《产业结构调整指导目录》，将大气污染物排放强度高、治理难度大的工艺和装备纳入淘汰类或限制类名单。推行钢铁、焦化、烧结一体化布局，有序推动长流程炼钢转型为电炉短流程炼钢。持续推动常态化水泥错峰生产。（国家发展改革委、工业和信息化部、生态环境部、国家能源局等按职责分工负责）

推动能源绿色低碳转型。大力发展新能源和清洁能源，非化石能源逐步成为能源消费增量主体。严控煤炭消费增长，重点区域继续实施煤炭消费总量控制，推动煤炭清洁高效利用。将确保群众安全过冬、温暖过冬放在首位，宜电则电、宜气则气、宜煤则煤、宜热则热，因地制宜稳妥推进北方地区清洁取暖，有序实施民用和农业散煤替代，在推进过程中要坚持以供定需、以气定改、先立后破、不立不破。着力整合供热资源，加快供热区域热网互联互通，充分释放燃煤电厂、工业余热等供热能力，发展长输供热项目，淘汰管网覆盖范围内的燃煤锅炉和散煤。实施工业炉窑清洁能源替代，大力推进电能替代煤炭，在不影响民生用气稳定、已落实合同气源的前提下，稳妥有序引导以气代煤。（国家发展改革委、财政部、工业和信息化部、生态环境部、住房和城乡建设部、农业农村部、市场监管总局、国家能源局等按职责分工负责）

开展传统产业集群升级改造。开展涉气产业集群排查及分类治理，各地要进一步分析产业发展定位，"一群一策"制定整治提升方案，树立行业标杆，从生产工艺、产品质量、产能规模、能耗水平、燃料类型、原辅材料替代、污染治理和区域环境综合整治等方面明确升级改造标准。实施拉单挂账式管理，淘汰关停一批、搬迁入园一批、就地改造一批、做优做强一批，切实提升产业发展质量和环保治理水平。完善动态管理机制，严防"散乱污"企业反弹。（生态环境部、国家发展改革委、工业和信息化部等按职责分工负责）

三、京津冀及周边地区、汾渭平原攻坚行动

优化调整产业结构和布局。京津冀及周边地区继续压减钢铁产能，鼓励向环境容量大、资源保障条件好的区域转移。鼓励钢化联产，推动焦化行业转型升级，到2025年，基本完成炭化室高度4.3米焦炉淘汰退出，山西省全面建设国家绿色焦化产业基地。逐步推进步进式烧结机、球团竖炉、独立烧结（球团）和独立热轧等淘汰退出；显著提高电炉短流程炼钢比例。基本完成固定床间歇式煤气发生炉新型煤气化工艺改造，依法依规全面淘汰砖瓦轮窑等落后产能。重点针对耐火材料、石灰、矿物棉、独立轧钢、有色、煤炭采选、化工、包装印刷、彩涂板、人造板等行业，开展传统产业集群升级改造。（国家发展改革委、工业和信息化部、生态环境部等按职责分工负责）

加快实施工业污染排放深度治理。2025年底前，高质量完成钢铁行业超低排放改造，全面开展水泥、焦化行业全流程超低排放改造。实施玻璃、煤化工、无机化工、化肥、有色、铸造、石灰、砖瓦等行业深度治理。实施低效治理设施全面提升改造工程，对脱硫、脱硝、除尘等治理设施工艺类型、处理能力、建设运行情况、副产物产生及处置情况等开展排查，重点关注除尘脱硫一体化、简易碱法脱硫、简易氨法脱硫脱硝、湿法脱硝等低效治理技术，对无法稳定达标排放的，通过更换适宜高效治理工艺、提升现有治理设施工程质量、清洁能源替代、依法关停等方式实施分类整治，对人工投加脱硫脱硝剂的简易设施实施自动化改造，取缔直接向烟道内喷洒脱硫脱硝剂等敷衍式治理工艺，2023年底前基本完成。重污染天气重点行业绩效分级 A、B 级企业及其他有条件的企业安装分布式控制系统（DCS）等，实时记录生产、治理设施运行、污染物排放等关键参

数，并妥善保存相关历史数据。（生态环境部牵头，国家发展改革委、工业和信息化部等参与）

强化分散低效燃煤治理。因地制宜持续稳妥推动清洁取暖改造，有序推进农业种植、养殖、农产品加工等散煤替代，2025 年采暖季前，平原地区散煤基本清零。巩固清洁取暖成效，强化服务管理，完善长效机制，防止散煤复烧。基本淘汰 35 蒸吨/小时及以下的燃煤锅炉。推动陶瓷、玻璃、石灰、耐火材料、有色、无机化工、矿物棉、铸造等行业炉窑实施清洁能源替代。（生态环境部、国家发展改革委、财政部、工业和信息化部、农业农村部、住房和城乡建设部、国家能源局、市场监管总局等按职责分工负责）

四、其他区域攻坚行动

东北地区、天山北坡城市群加快推进清洁取暖。因地制宜、稳妥有序推进生活和冬季取暖散煤替代。打造集中供热“一张网”，充分发挥大型煤电机组供热能力，大力推进燃煤锅炉关停整合；对保留的供暖锅炉全面排查，实施“冬病夏治”，确保采暖期稳定达标排放。生物质锅炉采用专用锅炉，配套布袋等高效除尘设施，氮氧化物排放难以达标的应配套脱硝设施，禁止掺烧煤炭、垃圾等其他物料。到 2025 年，地级及以上城市建成区基本淘汰 35 蒸吨/小时及以下的燃煤锅炉，城区（含城中村、城乡接合部）、县城及有条件的农村地区，基本实现清洁取暖。（国家发展改革委、财政部、生态环境部、住房和城乡建设部、农业农村部、国家能源局、市场监管总局等按职责分工负责）

东北地区加快推进秸秆焚烧综合治理。坚持“政府引导、市场运作、疏堵结合、以疏为主”的原则，全面推进秸秆“五化”综合利用，持续提高秸秆综合利用率。深入推进秸秆禁烧管控，充分利用卫星遥感、高清视频监控、无人机等先进技术，强化不利气象条件下的监管执法，对秸秆焚烧问题突出诱发重污染天气的，严肃追责问责。紧盯收工时、上半夜、雨雪前、播种前及采暖季初锅炉集中启炉等重要时间节点，制定专项工作方案，科学有序疏导。（生态环境部、农业农村部、国家发展改革委等按职责分工负责）

天山北坡城市群强化工业污染综合治理。进一步梳理区域产业发展定位，加快推进产业布局调整，严格高耗能、高排放、低水平项目准入。全面提升电解铝、活性炭、硅冶炼、纯碱、电石、聚氯乙烯、石化等行业污染治理水平，确保企业稳定达标排放。2025 年底前，基本完成 65 蒸吨/小时以上燃煤锅炉超低排放改造，有序推进钢铁、水泥、焦化（含半焦）行业全流程超低排放改造，八一钢铁、昆仑钢铁等企业率先完成全流程超低排放改造。鼓励使用清洁能源或电厂热力、工业余热等替代锅炉、炉窑燃料用煤。引导重点企业在秋冬季安排停产检维修计划。（生态环境部牵头，国家发展改革委、工业和信息化部等参与）

其他地区加大重污染天气消除攻坚力度。其他地区根据国家下达的“十四五”重污染天气比率控制目标，结合自身产业、能源、运输结构和重污染天气成因，明确重污染天气消除攻坚战任务措施，加大力度持续推进大气污染防治工作，努力消除重污染天气。（生态环境部牵头，相关部门参与）

五、重污染天气联合应对行动

加强重污染天气应对能力建设。完善“国家—区域—省级—市级”空气质量预报体系，加强各级预报中心建设和空气质量预测预报能力建设，不断提高未来7～10天区域污染过程预报准确率，研究提升未来月尺度区域空气质量趋势预测能力。进一步深化重点区域和城市重污染天气来源成因研究。及时开展重污染天气应急响应效果评估，结合重污染成因分析，系统总结监测预报、预警响应、措施落实等各环节执行情况和成效，梳理薄弱环节，不断完善相关工作机制。（生态环境部、科技部、气象局等按职责分工负责）

完善重污染天气应急预案。优化重污染天气预警启动标准，分区应对分类施策。生态环境部会同有关部门和有关省（区、市）地方人民政府统一调整重点区域预警启动标准，黄色预警以预测日AQI＞200或日AQI＞150持续48小时及以上、橙色预警以日AQI＞200持续48小时或日AQI＞150持续72小时及以上、红色预警以日AQI＞200持续72小时且日AQI＞300持续24小时及以上为启动条件。其他地区可参照重点区域执行，也可综合考虑空气质量状况、污染特征以及经济社会发展实际，进一步优化调整启动门槛。指导京津冀及周边地区、汾渭平原、东北地区、天山北坡城市群修订重污染应急预案，明确各级政府部门责任分工，鼓励对中、轻度污染和特征污染物开展应对。（生态环境部牵头负责）

强化应急减排措施清单化管理。每年9月底前，京津冀及周边地区、汾渭平原、东北地区、天山北坡城市群完成应急减排措施清单制修订工作。持续推进重点行业绩效分级，视情扩大重点行业范围，优化绩效分级指标。工业源应急减排措施应落实到具体生产线、生产环节、生产设施，做到可操作、可监测、可核查，企业作为责任主体，应制定“一厂一策”操作方案并落实到位。对工业余热供暖和协同处置企业，应严格执行按需定产。将特殊时段禁止或限制污染物排放要求依法纳入排污许可证。（生态环境部牵头负责）

深化区域应急联动机制。深化京津冀、汾渭平原联防联控协作机制，推动建立东北地区、天山北坡城市群等区域大气污染联防联控工作机制，东北地区重点加强省际合作与信息交流，天山北坡城市群建立健全兵地生态环境协作与联动机制。强化重污染天气区域应急联动机制，深化区域重污染天气联合应对。（生态环境部牵头，相关部门参与）

六、强化监管执法攻坚行动

严格日常监管执法。建设区域联合执法信息共享机制，开展跨区域大气污染专项治理和联合执法。在锅炉炉窑综合治理、煤炭质量、柴油车（机）、油品质量、扬尘管控等领域实施多部门联合执法，严厉打击违法排污行为。加强执法监测联动，重点查处无证排污或不按证排污、旁路偷排、未安装或不正常运行治污设施、超标排放、弄虚作假等行为。督促相关问题整改到位，并举一反三加强监管；违法情节严重的，依法严厉查处，典型案例公开曝光。（生态环境部、住房和城乡建设部、公安部、市场监管总局、国家能源局等按职责分工负责）

强化重污染天气应对监管执法。加强重污染天气应急响应期间监管力度，充分运用污染源自动监控、工业用电量、车流量、卫星遥感、热点网格等远程信息化技术手段，强化数据分析技术应用，提升监管效能，督促重污染应急减排责任落实。重污染应急减排措施落实不到位的，对相关企业依法处罚，并按规定下调绩效分级。（生态环境部牵头负责）

附件 2：

臭氧污染防治攻坚行动方案

一、总体要求

（一）攻坚目标

到 2025 年，细颗粒物（$PM_{2.5}$）和臭氧协同控制取得积极成效，全国臭氧浓度增长趋势得到有效遏制，全国空气质量优良天数比率达到 87.5%，挥发性有机物（VOCs）、氮氧化物排放总量比 2020 年分别下降 10%以上。

（二）攻坚思路

坚持协同减排、源头防控，聚焦臭氧前体物 VOCs 和氮氧化物，加快推进含 VOCs 原辅材料源头替代，实施清洁能源替代，强化石化、化工、工业涂装、包装印刷等重点行业及油品储运销 VOCs 深度治理，加大锅炉、炉窑、移动源氮氧化物减排力度。坚持突出重点、分区施策，以 5—9 月为重点时段，以京津冀及周边地区、长三角地区、汾渭平原为国家臭氧污染防治攻坚的重点地区，珠三角地区、成渝地区、长江中游城市群及其他臭氧超标城市在国家指导下开展攻坚。坚持科学监管、提升能力，强化臭氧污染防治科技支撑，完善臭氧和 VOCs 监测体系，提高治理设施运维管理水平，精准有效开展臭氧污染防治监督帮扶，提升执法监管能力。

二、含 VOCs 原辅材料源头替代行动

加快实施低 VOCs 含量原辅材料替代。各地对溶剂型涂料、油墨、胶粘剂、清洗剂使用企业制定低 VOCs 含量原辅材料替代计划。全面推进汽车整车制造底漆、中涂、色漆使用低 VOCs 含量涂料；在木质家具、汽车零部件、工程机械、钢结构、船舶制造技术成熟的工艺环节，大力推广使用低 VOCs 含量涂料，重点区域、中央企业加大使用比例。在房屋建筑和市政工程中，全面推广使用低 VOCs 含量涂料和胶粘剂；重点区域、珠三角地区除特殊功能要求外的室内地坪施工、室外构筑物防护和城市道路交通标志基本使用低 VOCs 含量涂料。完善 VOCs 产品标准体系，建立低 VOCs 含量产品标识制度。（生态环境部、工业和信息化部、市场监管总局、住房和城乡建设部等按职责分工负责）

开展含 VOCs 原辅材料达标情况联合检查。严格执行涂料、油墨、胶粘剂、清洗剂 VOCs 含量限值标准，建立多部门联合执法机制，加强对相关产品生产、销售、使用环节 VOCs 含量限值执行情况的监督检查，臭氧高发季节加大检测频次，曝光不合格产品并追溯其生产、销售、进口、使用企业，依法追究责任。（市场监管总局、生态环境部、住

房和城乡建设部、海关总署等按职责分工负责）

三、VOCs 污染治理达标行动

开展简易低效 VOCs 治理设施清理整治。各地全面梳理 VOCs 治理设施台账，分析治理技术、处理能力与 VOCs 废气排放特征、组分等匹配性，对采用单一低温等离子、光氧化、光催化以及非水溶性 VOCs 废气采用单一喷淋吸收等治理技术且无法稳定达标的，加快推进升级改造，严把工程质量，确保达标排放。力争 2022 年 12 月底前基本完成，确需一定整改周期的，最迟在相关设备下次停车（工）大修期间完成整治。（生态环境部牵头负责）

强化 VOCs 无组织排放整治。各地全面排查含 VOCs 物料储存、转移和输送、设备与管线组件、敞开液面以及工艺过程等环节无组织排放情况，对达不到相关标准要求的开展整治。石化、现代煤化工、制药、农药行业重点治理储罐配件失效、装载和污水处理密闭收集效果差、装置区废水预处理池和废水储罐废气未收集、LDAR 不符合标准规范等问题；焦化行业重点治理酚氰废水处理未密闭、煤气管线及焦炉等装置泄漏等问题；工业涂装、包装印刷等行业重点治理集气罩收集效果差、含 VOCs 原辅材料和废料储存环节无组织排放等问题。重点区域、珠三角地区无法实现低 VOCs 原辅材料替代的工序，宜在密闭设备、密闭空间作业或安装二次密闭设施。（生态环境部牵头负责）

加强非正常工况废气排放管控。石化、化工企业应提前向当地生态环境部门报告开停车、检维修计划；制定非正常工况 VOCs 管控规程，严格按规程操作。火炬、煤气放散管须安装引燃设施，配套建设燃烧温度监控、废气流量计、助燃气体流量计等，排放废气热值达不到要求时应及时补充助燃气体。（生态环境部牵头负责）

推进涉 VOCs 产业集群治理提升。各地全面排查使用溶剂型涂料、油墨、胶粘剂、清洗剂以及涉及有机化工生产的产业集群，研究制定治理提升计划，统一治理标准和时限。加快建设涉 VOCs“绿岛”项目。同一类别工业涂装企业聚集的园区和集群，推进建设集中涂装中心；吸附剂使用量大的地区，建设吸附剂集中再生中心，同步完善吸附剂规范采购、统一收集、集中再生的管理体系；同类型有机溶剂使用量较大的园区和集群，建设有机溶剂集中回收中心。推进各地建设钣喷共享中心，配套建设适宜高效 VOCs 治理设施，钣喷共享中心辐射服务范围内逐步取消使用溶剂型涂料的钣喷车间。（生态环境部牵头，相关部门参与）

推进油品 VOCs 综合管控。各地每年至少开展一次储运销环节油气回收系统专项检查工作，确保达标排放；对汽车罐车密封性能定期检测，严厉查处在卸油、发油、运输、停泊过程中破坏汽车罐车密闭性的行为，鼓励地方探索将汽车罐车密封性能年度检测纳入排放定期检验范围。探索实施分区域分时段精准调控汽油（含乙醇汽油）夏季蒸气压指标；在重点区域及珠三角地区，开展车辆燃油蒸发排放控制检测。2024 年 1 月 1 日起，具有万吨级以上油品泊位的码头、现有 8000 总吨及以上的油船按照国家标准开展油气回收治理。（生态环境部牵头，相关部门参与）

四、氮氧化物污染治理提升行动

实施低效脱硝设施排查整治。各地对采用脱硫脱硝一体化、湿法脱硝、微生物法脱硝等治理工艺的锅炉和炉窑进行排查抽测，督促不能稳定达标的整改，推动达标无望或治理难度大的改用电锅炉或电炉窑。鼓励采用低氮燃烧、选择性催化还原（SCR）、选择性非催化还原（SNCR）、活性焦等成熟技术。（生态环境部牵头，工业和信息化部等参与）

推进重点行业超低排放改造。2025 年底前，重点区域保留的燃煤锅炉（含电力）、其他地区 65 蒸吨/小时以上的燃煤锅炉（含电力）实现超低排放；全国 80%以上的钢铁产能完成超低排放改造，重点区域全面完成；重点区域全面开展水泥、焦化行业超低排放改造。在全流程超低排放改造过程中，改造周期较长的，优先推动氮氧化物超低排放改造；鼓励其他行业探索开展氮氧化物超低排放改造。（生态环境部牵头，国家发展改革委、工业和信息化部等参与）

实施工业锅炉和炉窑提标改造。生物质锅炉氮氧化物排放浓度无法稳定达标的，加装高效脱硝设施。燃气锅炉实施低氮燃烧改造，对低氮燃烧器、烟气再循环系统、分级燃烧系统、燃料及风量调配系统等关键部件要严把质量关，确保低氮燃烧系统稳定运行，2025 年底前基本完成；推动燃气锅炉取消烟气再循环系统开关阀，确有必要保留的，可通过设置电动阀、气动阀或铅封等方式加强监管。玻璃、铸造、石灰等行业炉窑，依据新制修订的排放标准实施提标改造；鼓励臭氧污染严重地区结合实际制定更为严格的地方排放标准。（生态环境部牵头负责）

五、臭氧精准防控体系构建行动

强化科技支撑。重点区域及珠三角地区、成渝地区、长江中游城市群全面开展臭氧来源解析、生成机理、主要来源和传输规律的研究。开展环海岸线臭氧生成机理和传输规律的研究。珠三角地区开展区域臭氧长期预测及联合应对试点。加快低 VOCs 含量原辅材料研发、生产和应用；加快适用于中小型企业低浓度、大风量废气的高效 VOCs 治理技术，以及低温脱硝、氨逃逸精准调控等技术和装备的研发和推广应用；研究分类型工业炉窑清洁能源替代和末端治理路径。在典型城市实施“一市一策”驻点跟踪研究。（科技部、生态环境部牵头，气象局等参与）

完善监测体系。全国地级及以上城市开展大气环境非甲烷总烃监测，臭氧超标城市开展 VOCs 组分监测；加强光化学产物和衍生物的观测能力建设；有条件的地区探索开展垂直方向上的臭氧浓度和气象综合观测；在重点区域增设背景观测站点，建设公路、港口、机场和铁路货场等交通污染监测网络，优化传输通道站点设置；加强涉 VOCs 重点工业园区、产业集群和企业环境 VOCs 监测。（生态环境部牵头负责）

开展夏季臭氧污染区域联防联控。着力提升臭氧污染预报水平，重点区域具备未来10 天臭氧污染级别预报能力；研究区域统一的臭氧污染预警标准和应对措施。开展生产季节性调控，鼓励引导企业污染天气妥善安排生产计划，在夏季减少开停车、放空、开釜等操作，加强设备维护，鼓励增加泄漏检测与修复频次。鼓励企业和市政工程中涉 VOCs 排放施工实施精细化管理，防腐、防水、防锈等涂装作业及大中型装修、外立面改造、道路划线、沥青铺设等避开易发臭氧污染时段。（生态环境部牵头，工业和信息化部、住房和城乡建设部、气象局等参与）

六、污染源监管能力提升行动

加强污染源监测监控。VOCs 和氮氧化物排放重点排污单位依法安装自动监测设备，并与生态环境部门联网；督促企业按要求对自动监测设备进行日常巡检和维护保养；自动监测设备数采仪采集现场监测仪器的原始数据包不得经过任何软件或中间件转发，应直接到达核心软件配发的通讯服务器。市、县两级生态环境部门配备便携式 VOCs 检测仪，臭氧污染突出的省级生态环境部门及石化、化工企业集中的市、县级生态环境部门加快配备红外热成像仪。（生态环境部牵头负责）

强化治理设施运维监管。VOCs 收集治理设施应较生产设备“先启后停”。治理设施吸附剂、吸收剂、催化剂等应按设计规范要求定期更换和利用处置。坚决查处脱硝设施擅自停喷氨水、尿素等还原剂的行为；禁止过度喷氨，废气排放口氨逃逸浓度原则上控制在 8 毫克/立方米以下。加强旁路监管，非必要旁路应取缔；确需保留的应急类旁路，企业应向当地生态环境部门报备，在非紧急情况下保持关闭并加强监管。（生态环境部牵头负责）

开展臭氧污染防治精准监督帮扶。指导各地在夏季围绕石化、化工、涂装、医药、包装印刷、钢铁、焦化、建材等重点行业，精准开展臭氧污染防治监督帮扶工作。持续开展“送政策、送技术、送服务”等活动，指导企业优化 VOCs、氮氧化物治理方案，推动各项任务措施取得实效；针对地方和企业反映的技术困难和政策问题，组织开展技术帮扶和政策解读，切实帮助解决工作中的具体困难和实际问题。充分利用热点网格技术进行非现场帮扶，指导地方有序开展热点区域针对性排查。（生态环境部牵头负责）

附件 3：

柴油货车污染治理攻坚行动方案

一、总体要求

（一）攻坚目标

到 2025 年，运输结构、车船结构清洁低碳程度明显提高，燃油质量持续改善，机动车船、工程机械及重点区域铁路内燃机车超标冒黑烟现象基本消除，全国柴油货车排放检测合格率超过 90%，全国柴油货车氮氧化物排放量下降 12%，新能源和国六排放标准货车保有量占比力争超过 40%，铁路货运量占比提升 0.5 个百分点。

（二）攻坚思路

坚持“车、油、路、企”统筹，在保障物流运输通畅前提下，以京津冀及周边地区、长三角地区、汾渭平原相关省（市）以及内蒙古自治区中西部城市为重点，以柴油货车和非道路移动机械为监管重点，聚焦煤炭、焦炭、矿石运输通道以及铁矿石疏港通道，持续深入打好柴油货车污染治理攻坚战。坚持源头防控，加快运输结构调整和车船清洁化推进力度；坚持过程防控，完善设计、生产、销售、使用、检验、维修和报废等全流程管控，突出重点用车企业清洁运输主体责任；坚持协同防控，加强政策系统性、协调性，建立完善信息共享机制，强化部门联合监管和执法。

二、推进“公转铁”“公转水”行动

持续提升铁路货运能力。推进西部陆海新通道铁路东、中、西主通道，形成整体运输能力，提升铁路货运效能。强化专业运输通道，形成沿江沿海等重点方向铁水联运通道，提升集装箱运输网络能力，有序发展双层集装箱运输。推进西部地区能源运输通道建设，完善北煤南运、西煤东运铁路煤炭运输体系。推进既有普速铁路通道能力紧张路段扩能提质，有序实施电气化改造，浩吉、唐呼、瓦日、朔黄等铁路线按最大能力保障运输需求。（国家发展改革委、国铁集团牵头，生态环境部、交通运输部、国家铁路局等参与）

加快铁路专用线建设。精准补齐工矿企业、港口、物流园区铁路专用线短板、提升“门到门”服务质量。新建及迁建煤炭、矿石、焦炭大宗货物年运量 150 万吨以上的物流园区、工矿企业，原则上要接入铁路专用线或管道。在新建或改扩建集装箱、大宗干散货作业区时，原则上要同步建设进港铁路。重点推进唐山京唐、天津东疆、青岛董家口、宁波舟山北仑和梅山、上海外高桥、苏州太仓、深圳盐田等重要港区进港铁路建设，实现铁路装卸线与码头堆场无缝衔接、能力匹配，建设轨道货运京津冀、轨道货运长三角。到 2025 年沿海港口重要港区铁路进港率高于 70%。（国家发展改革委、交通运输部、国家铁路局、国铁集团牵头，生态环境部等参与）

提高铁路和水路货运量。“十四五”期间，全国铁路货运量增长 10%，水路货运量增长 12%左右。推进多式联运、大宗货物“散改集”，集装箱铁水联运量年均增长 15%以上。京津冀及周边地区、长三角地区、粤港澳大湾区等沿海主要港口利用集疏港铁路、水路、封闭式皮带廊道、新能源汽车运输铁矿石、焦炭大宗货物比例力争达到 80%。晋陕蒙新煤炭主产区出省（区）运距 500 公里以上的煤炭和焦炭铁路运输比例力争达到 90%以上。充分挖掘城市铁路站场和线路资源，创新“外集内配”等生产生活物资公铁联运模式。（交通运输部、生态环境部、国家铁路局、国铁集团按职责分工负责）

三、柴油货车清洁化行动

推动车辆全面达标排放。加强对本地生产货车环保达标监管，核查车辆的车载诊断系统（OBD）、污染控制装置、环保信息随车清单、在线监控等，抽测部分车型的道路实际排放情况，基本实现系族全覆盖。严厉打击污染控制装置造假、屏蔽 OBD 功能、尾气排放不达标、不依法公开环保信息等行为，依法依规暂停或撤销相关企业车辆产品公告、油耗公告和强制性产品认证。督促生产（进口）企业及时实施排放召回。有序推进实施汽车排放检验和维护制度。加强重型货车路检路查，以及集中使用地和停放地的入户检查。（生态环境部、工业和信息化部、公安部、交通运输部、海关总署、市场监管总局按职责分工负责）

推进传统汽车清洁化。2023 年 7 月 1 日，全国实施轻型车和重型车国 6b 排放标准。严格执行机动车强制报废标准规定，符合强制报废情形的交报废机动车回收企业按规定回收拆解。发展机动车超低排放和近零排放技术体系，集成发动机后处理控制、智能监管等共性技术，实现规模化应用。（生态环境部、工业和信息化部、公安部、交通运输部、商务部、海关总署、科技部等按职责分工负责）

加快推动机动车新能源化发展。以公共领域用车为重点推进新能源化，重点区域和国家生态文明试验区新增或更新公交、出租、物流配送、轻型环卫等车辆中新能源汽车比例不低于 80%。推广零排放重型货车，有序开展中重型货车氢燃料等示范和商业化运营，京津冀、长三角、珠三角研究开展零排放货车通道试点。（国家发展改革委、工业和信息化部、生态环境部、交通运输部等按职责分工负责）

四、非道路移动源综合治理行动

推进非道路移动机械清洁发展。2022 年 12 月 1 日，实施非道路移动柴油机械第四阶段排放标准。因地制宜加快推进铁路货场、物流园区、港口、机场，以及火电、钢铁、煤炭、焦化、建材、矿山等工矿企业新增或更新的作业车辆和机械新能源化。鼓励新增或更新的 3 吨以下叉车基本实现新能源化。鼓励各地依据排放标准制定老旧非道路移动机械更新淘汰计划，推进淘汰国一及以下排放标准的工程机械（含按非道路排放标准生产的非道路用车），具备条件的可更换国四及以上排放标准的发动机。研究非道路移动机械污染防治管理办法。（工业和信息化部、生态环境部、交通运输部、农业农村部、民航局等按职责分工负责）

强化非道路移动机械排放监管。各地每年对本地非道路移动机械和发动机生产企业进行排放检查，基本实现系族全覆盖。进口非道路移动机械和发动机应达到我国现行新生产设备排放标准。2025 年，各地完成城区工程机械环保编码登记三级联网，做到应登尽登。强化非道路移动机械排放控制区管控，不符合排放要求的机械禁止在控制区内使用，重点区域城市制定年度抽查计划，重点核验信息公开、污染控制装置、编码登记、在线监控联网等，对部分机械进行排放测试，比例不得低于 20%，基本消除工程机械冒黑烟现象。研究实施铁路内燃机车大气污染物排放标准。（生态环境部、海关总署、国家铁路局按职责分工负责）

推动港口船舶绿色发展。2022 年 7 月 1 日，实施船舶发动机第二阶段排放标准。提高轮渡船、短途旅游船、港作船等使用新能源和清洁能源比例，研究推动长江干线船舶电动化示范。依法淘汰高耗能高排放老旧船舶，鼓励具备条件的可采用对发动机升级改造（包括更换）或加装船舶尾气处理装置等方式进行深度治理。协同推进船舶受电设施和港口岸电设施改造，提高船舶靠港岸电使用率。（交通运输部、生态环境部、农业农村部按职责分工负责）

五、重点用车企业强化监管行动

推进重点行业企业清洁运输。火电、钢铁、煤炭、焦化、有色等行业大宗货物清洁方式运输比例达到 70%左右，重点区域达到 80%左右；重点区域推进建材（含砂石骨料）清洁方式运输。鼓励大型工矿企业开展零排放货物运输车队试点。鼓励工矿企业等用车单位与运输企业（个人）签订合作协议等方式实现清洁运输。企业按照重污染天气重点行业绩效分级技术指南要求，加强运输车辆管控，完善车辆使用记录，实现动态更新。鼓励未列入重点行业绩效分级管控的企业参照开展车辆管理，加大企业自我保障能力。（生态环境部牵头负责）

强化重点工矿企业移动源应急管控。京津冀及周边地区、汾渭平原、东北地区、天山北坡城市群全面制定移动源重污染天气应急管控方案，建立用车大户清单和货车白名单，实现动态管理。重污染天气预警期间，加大部门联合执法检查力度，开展柴油货车、工程机械等专项检查；按照国家相关标准和技术规范要求加强运输车辆、厂内车辆及非道路移动机械应急管控。（生态环境部牵头，公安部、交通运输部等参与）

六、柴油货车联合执法行动

开展重点区域联合执法。京津冀三省市按照统一标准、统一措施、统一执法原则，依法依规开展移动源监管联防联控、联合执法，对煤炭、矿石、焦炭等大宗货物运输及集疏港货物运输开展联合管控。推进长三角地区集装箱多式联运、移动源联防联控和监管信息共享。山西和陕西等地开展重型货车联合监管行动，重点查处天然气货车超标排放及排放处理装置偷盗、拆除、倒卖问题。京津冀及周边地区、内蒙古自治区中西部城市加强煤炭、焦炭、矿石、砂石骨料等运输的联合管控。珠三角、成渝地区、长江中游城市群等货车保有量大、货运量大的地区加大联合监管力度。（生态环境部牵头，公安部、交通运输部等参与）

完善部门协同监管模式。完善生态环境部门监测取证、公安交管部门实施处罚、交通运输部门监督维修的联合监管模式，形成部门联合执法常态化路检路查工作机制。对柴油进口、生产、仓储、销售、运输、使用等全环节开展部门联合监管，全面清理整顿无证无照或证照不全的自建油罐、流动加油车（船）和黑加油站点，坚决打击非标油品。燃料生产企业应该按照国家标准规定生产合格的车船燃料。推动相关企业事业单位依法披露环境信息。研究实施降低企业和司机机动车、非道路移动机械防治负担的政策措施。（国家发展改革委、公安部、财政部、生态环境部、交通运输部、商务部、海关总署、市场监管总局、国家能源局等按职责分工负责）

推进数据信息共享和应用。严格实施汽车排放定期检验信息采集传输技术规范，各地检验信息实现按日上传至国家平台。推动非道路移动机械编码登记信息全国共享，实现一机一档，避免多地重复登记。建设重型柴油车和非道路移动机械远程在线监控平台，探索超标识别、定位、取证和执法的数字化监管模式。研究构建移动源现场快速检测方法、质控体系，提高执法装备标准化、信息化水平，切实提高执法效能。（生态环境部牵头，交通运输部、市场监管总局等参与）

附件 4：

区域范围

区域名称	范　围
成渝地区	重庆市，四川省成都、自贡、泸州、德阳、绵阳、遂宁、内江、乐山、南充、眉山、宜宾、广安、达州、雅安、资阳市
东北地区	黑龙江省哈尔滨、佳木斯、七台河、绥化市，吉林省长春、吉林市，辽宁省沈阳、鞍山、抚顺、锦州、营口、辽阳、盘锦、铁岭、葫芦岛市
天山北坡城市群	新疆维吾尔自治区乌鲁木齐、昌吉市，新疆生产建设兵团五家渠、石河子市
珠三角城市群	广东省广州、深圳、珠海、佛山、惠州、东莞、中山、江门、肇庆市
长江中游城市群	湖北省武汉、黄石、鄂州、黄冈、孝感、咸宁、仙桃、潜江、天门、襄阳、宜昌、荆州、荆门市，湖南省长沙、株洲、湘潭、岳阳、益阳、常德、衡阳、娄底市，江西省南昌、九江、景德镇、鹰潭、新余、宜春、萍乡、上饶、抚州、吉安市

关于进一步优化重污染天气应对机制的指导意见

（环大气〔2024〕6号）

各省、自治区、直辖市生态环境厅（局），新疆生产建设兵团生态环境局：

为巩固空气质量改善成果，保障人民群众身体健康，推动经济和社会绿色高质量发展，贯彻落实党的二十大提出的基本消除重污染天气任务要求，聚焦重点污染物、重点时段、重点区域，坚持精准治污、科学治污、依法治污，现就进一步优化重污染天气应对机制提出指导意见如下。

一、优化重污染天气应急响应规则

统一以空气质量指数（AQI）为预警分级指标，大气污染防治重点区域（以下简称重点区域）省（自治区、直辖市）、地级城市、县（以下简称省市县）黄色预警以预测日AQI＞200或日AQI＞150持续48小时及以上、橙色预警以预测日AQI＞200持续48小时或日AQI＞150持续72小时及以上、红色预警以预测日AQI＞200持续72小时且日AQI＞300持续24小时及以上为分级标准，其他近三年仍出现重污染日的省市县原则上参照执行。

对不同污染物造成的重污染天气，采取差异化应对措施。因细颗粒物（$PM_{2.5}$）污染造成的重污染天气，应严格按照大气法①第九十六条有关规定积极应对，应急减排措施应依法按照国家有关技术指南制定。因臭氧（O_3）污染造成的重污染天气，应及时向社会发布健康提示信息，同时加强对挥发性有机物（VOCs）和氮氧化物（NO_x）排放源的日常监管。因沙尘、山火、局地扬沙、国境外传输等不可控因素造成的重污染天气，应及时向社会发布健康提示信息，引导公众采取健康防护措施，可视情采取加强扬尘源管控等措施。

二、规范重污染天气应对工作

当预测到未来空气质量可能达到预警分级标准时，各地应及时确定预警等级，原则上提前48小时及以上发布预警信息，按既定时间启动应急响应；或按照所在区域应急联动统一要求，及时发布预警信息，启动应急响应。当预测发生前后两次重污染天气，且

① 大气法指的是《中华人民共和国大气污染防治法》。

间隔时间未达到36小时时，应按一次重污染天气从高等级应对。预警信息发布后，应急响应前，空气质量预测结果发生变化，与预警信息不符的，应结合实际情况及时调整预警等级或取消预警。应急响应后，当空气质量预测结果或监测数据达到更高预警等级时，应及时提高预警等级，升级应急响应措施；当预测未来空气质量改善，且将持续36小时及以上时，应降低预警等级或解除应急响应，并提前发布信息。

各地应根据预测预报结果和预警分级标准，依法依规及时启动和解除应急响应，不得出现达到启动条件但未启动、达到解除条件而未解除的情况；不得以完成空气质量改善目标为理由，随意发布预警信息并启动应急响应、提高预警等级、延长响应时间。各地应在预警信息发布或应急响应解除当天将相关信息通过空气质量预报联网信息发布管理平台报送生态环境部。空气质量预测预报信息应向社会公开发布。

三、强化区域应急联动

综合考虑气象、地形、污染传输特点等因素，合理划分大气污染联防联控区域。各区域应强化重污染天气区域应急联动，明确组织协调单位。其中，生态环境部为京津冀及周边地区应急联动组织协调单位，同时加强对各区域应急联动的指导；汾渭平原大气污染防治协作小组办公室为汾渭平原应急联动组织协调单位；长三角区域生态环境保护协作小组办公室为长三角地区应急联动组织协调单位；长江中游城市群、东北地区、天山北坡城市群、成渝地区等已建立联防联控机制的区域，应尽快明确应急联动组织协调单位；鼓励其他邻近省份、跨省交界城市、省内交界城市建立重污染天气应急联动机制并明确应急联动组织协调单位。

各区域应急联动组织协调单位应加强空气质量形势联合研判，预测到将发生区域性重污染天气过程时，及时通报区域预警提示信息，明确应急联动范围、预警等级和应急响应时间，组织开展应急联动。各省（自治区、直辖市）应严格按照区域预警提示信息要求，及时组织所辖市县开展区域应急联动，省内应急联动城市原则上启动同一等级预警，预警等级和应急响应时间不再依据城市预测预报结果确定。各地应将区域应急联动有关要求纳入应急预案。

四、加快重污染天气应急预案制修订

省（自治区、直辖市）生态环境主管部门应配合本级人民政府并指导市县人民政府做好重污染天气应急预案的制修订工作。已经按《重污染天气消除攻坚行动方案》预警分级标准完成应急预案制修订的地方，应对照本指导意见有关要求及时进行更新；尚未完成应急预案制修订的地方，应按本指导意见有关要求开展应急预案制修订工作，并于2024年3月底前完成。应急预案制修订后应向上一级人民政府生态环境主管部门备案，同时向社会公布。应急预案应结合实际，建立责任体系，明确组织机构、职责和责任人，强化部门协作，形成重污染天气应对合力。应急预案应充分考虑保障民生、保障城市正常运转等有关需求，尽量减轻对人民群众正常生产生活的影响。

五、加强重污染天气应对效果评估

省、市两级生态环境主管部门应研究建立针对重污染天气应对的事前研判、事中跟踪、事后评估技术体系。加强空气质量预测预报能力建设和专业人员配备，完善预测预报和形势分析的会商机制，建立重污染天气案例库，及时对污染过程预测预报准确性进行评估，进一步提高空气质量 72 小时预测预报准确率，尤其是重污染天气过程的预测预报准确率，确保污染过程不漏报；2025 年年底前，省、市具备 7～10 天预报能力，区域具备 15 天预报能力。推进多源清单融合，动态更新排放清单，及时掌握本地源排放情况，重污染过程期间开展动态成因分析，研判污染来源贡献。及时组织专家对重污染天气过程进行分析解读，及时回应公众关切。开展应对措施落实情况及减排效果分析，加强应急预案实施效果评估，并根据评估结果不断优化完善应急预案。生态环境部根据需要对地方重污染天气应对工作进行评估，如发现存在应急响应启动和解除明显不规范、应对措施不落实问题突出等情形的，将视情进行通报。

现行重污染天气应对政策文件有关要求，如与本指导意见不一致的，以本指导意见为准。

生态环境部

2024 年 1 月 22 日

（此件社会公开）

关于印发《重点行业挥发性有机物综合治理方案》的通知

（环大气〔2019〕53号）

各省、自治区、直辖市生态环境厅（局），新疆生产建设兵团生态环境局：

现将《重点行业挥发性有机物综合治理方案》印发给你们，请遵照执行。

附件：1. 重点区域范围
2. 重点控制的 VOCs 物质
3. VOCs 治理台账记录要求
4. 工业企业 VOCs 治理检查要点
5. 油品储运销 VOCs 治理检查要点

生态环境部

2019年6月26日

重点行业挥发性有机物综合治理方案

为贯彻落实《中共中央 国务院关于全面加强生态环境保护 坚决打好污染防治攻坚战的意见》《国务院关于印发打赢蓝天保卫战三年行动计划的通知》有关要求，深入实施《“十三五”挥发性有机物污染防治工作方案》，加强对各地工作指导，提高挥发性有机物（VOCs）治理的科学性、针对性和有效性，协同控制温室气体排放，制定本方案。

一、形势与问题

（一）VOCs 污染排放对大气环境影响突出。VOCs 是形成细颗粒物（$PM_{2.5}$）和臭氧（O_3）的重要前体物，对气候变化也有影响。近年来，我国 $PM_{2.5}$ 污染控制取得积极进展，尤其是京津冀及周边地区、长三角地区等改善明显，但 $PM_{2.5}$ 浓度仍处于高位，超标现象依然普遍，是打赢蓝天保卫战改善环境空气质量的重点因子。京津冀及周边地区源解析结果表明，当前阶段有机物（OM）是 $PM_{2.5}$ 的最主要组分，占比达 20%～40%，其中，二次有机物占 OM 比例为 30%～50%，主要来自 VOCs 转化生成。

同时，我国 O_3 污染问题日益显现，京津冀及周边地区、长三角地区、汾渭平原等区域（以下简称重点区域，范围见附件 1）O_3 浓度呈上升趋势，尤其是在夏秋季节已成为部分城市的首要污染物。研究表明，VOCs 是现阶段重点区域 O_3 生成的主控因子。

相对于颗粒物、二氧化硫、氮氧化物污染控制，VOCs 管理基础薄弱，已成为大气环境管理短板。石化、化工、工业涂装、包装印刷、油品储运销等行业（以下简称重点行业）是我国 VOCs 重点排放源。为打赢蓝天保卫战、进一步改善环境空气质量，迫切需要全面加强重点行业 VOCs 综合治理。

（二）存在的主要问题。《大气污染防治行动计划》实施以来，我国不断加强 VOCs 污染防治工作，印发 VOCs 污染防治工作方案，出台炼油、石化等行业排放标准，一些地区制定地方排放标准，加强 VOCs 监测、监控、报告、统计等基础能力建设，取得一些进展。但 VOCs 治理工作依然薄弱，主要表现为：

一是源头控制力度不足。有机溶剂等含 VOCs 原辅材料的使用是 VOCs 重要排放来源，由于思想认识不到位、政策激励不足、投入成本高等原因，目前低 VOCs 含量原辅材料源头替代措施明显不足。据统计，我国工业涂料中水性、粉末等低 VOCs 含量涂料的使用比例不足 20%，低于欧美等发达国家 40%～60%的水平。

二是无组织排放问题突出。VOCs 挥发性强，涉及行业广，产排污环节多，无组织排放特征明显。虽然大气污染防治法等对 VOCs 无组织排放提出密闭封闭等要求，但目前量大面广的企业未采取有效管控措施，尤其是中小企业管理水平差，收集效率低，逸散问题突出。研究表明，我国工业 VOCs 排放中无组织排放占比达 60%以上。

三是治污设施简易低效。VOCs 废气组分复杂，治理技术多样，适用性差异大，技术选择和系统匹配性要求高。我国 VOCs 治理市场起步较晚，准入门槛低，加之监管能力不足等，治污设施建设质量良莠不齐，应付治理、无效治理等现象突出。在一些地区，低温等离子、光催化、光氧化等低效技术应用甚至达 80%以上，治污效果差。一些企业由于设计不规范、系统不匹配等原因，即使选择了高效治理技术，也未取得预期治污效果。

四是运行管理不规范。VOCs 治理需要全面加强过程管控，实施精细化管理，但目前企业普遍存在管理制度不健全、操作规程未建立、人员技术能力不足等问题。一些企业采用活性炭吸附工艺，但长期不更换吸附材料；一些企业采用燃烧、冷凝治理技术，但运行温度等达不到设计要求；一些企业开展了泄漏检测与修复（LDAR）工作，但未按规程操作等。

五是监测监控不到位。我国 VOCs 监测工作尚处于起步阶段，企业自行监测质量普遍不高，点位设置不合理、采样方式不规范、监测时段代表性不强等问题突出。部分重点企业未按要求配备自动监控设施。涉 VOCs 排放工业园区和产业集群缺乏有效的监测溯源与预警措施。从监管方面来看，缺乏现场快速检测等有效手段，走航监测、网格化监测等应用不足。

二、主要目标

到 2020 年，建立健全 VOCs 污染防治管理体系，重点区域、重点行业 VOCs 治理取得明显成效，完成“十三五”规划确定的 VOCs 排放量下降 10%的目标任务，协同控制温室气体排放，推动环境空气质量持续改善。

三、控制思路与要求

（一）大力推进源头替代。通过使用水性、粉末、高固体分、无溶剂、辐射固化等低 VOCs 含量的涂料，水性、辐射固化、植物基等低 VOCs 含量的油墨，水基、热熔、无溶剂、辐射固化、改性、生物降解等低 VOCs 含量的胶粘剂，以及低 VOCs 含量、低反应活性的清洗剂等，替代溶剂型涂料、油墨、胶粘剂、清洗剂等，从源头减少 VOCs 产生。工业涂装、包装印刷等行业要加大源头替代力度；化工行业要推广使用低（无）VOCs 含量、低反应活性的原辅材料，加快对芳香烃、含卤素有机化合物的绿色替代。企业应大力推广使用低 VOCs 含量木器涂料、车辆涂料、机械设备涂料、集装箱涂料以及建筑物和构筑物防护涂料等，在技术成熟的行业，推广使用低 VOCs 含量油墨和胶粘剂，重点区域到 2020 年年底前基本完成。鼓励加快低 VOCs 含量涂料、油墨、胶粘剂等研发和生产。

加强政策引导。企业采用符合国家有关低 VOCs 含量产品规定的涂料、油墨、胶粘剂等，排放浓度稳定达标且排放速率、排放绩效等满足相关规定的，相应生产工序可不要求建设末端治理设施。使用的原辅材料 VOCs 含量（质量比）低于 10%的工序，可不要求采取无组织排放收集措施。

（二）全面加强无组织排放控制。重点对含 VOCs 物料（包括含 VOCs 原辅材料、含 VOCs 产品、含 VOCs 废料以及有机聚合物材料等）储存、转移和输送、设备与管线组件泄漏、敞开液面逸散以及工艺过程等五类排放源实施管控，通过采取设备与场所密闭、工艺改进、废气有效收集等措施，削减 VOCs 无组织排放。

加强设备与场所密闭管理。含 VOCs 物料应储存于密闭容器、包装袋，高效密封储罐，封闭式储库、料仓等。含 VOCs 物料转移和输送，应采用密闭管道或密闭容器、罐车等。高 VOCs 含量废水（废水液面上方 100 毫米处 VOCs 检测浓度超过 200ppm，其中，重点区域超过 100ppm，以碳计）的集输、储存和处理过程，应加盖密闭。含 VOCs 物料生产和使用过程，应采取有效收集措施或在密闭空间中操作。

推进使用先进生产工艺。通过采用全密闭、连续化、自动化等生产技术，以及高效工艺与设备等，减少工艺过程无组织排放。挥发性有机液体装载优先采用底部装载方式。石化、化工行业重点推进使用低（无）泄漏的泵、压缩机、过滤机、离心机、干燥设备等，推广采用油品在线调和技术、密闭式循环水冷却系统等。工业涂装行业重点推进使用紧凑式涂装工艺，推广采用辊涂、静电喷涂、高压无气喷涂、空气辅助无气喷涂、热喷涂等涂装技术，鼓励企业采用自动化、智能化喷涂设备替代人工喷涂，减少使用空气喷涂技术。包装印刷行业大力推广使用无溶剂复合、挤出复合、共挤出复合技术，鼓励采用水性凹印、醇水凹印、辐射固化凹印、柔版印刷、无水胶印等印刷工艺。

提高废气收集率。遵循“应收尽收、分质收集”的原则，科学设计废气收集系统，将无组织排放转变为有组织排放进行控制。采用全密闭集气罩或密闭空间的，除行业有特殊要求外，应保持微负压状态，并根据相关规范合理设置通风量。采用局部集气罩的，距集气罩开口面最远处的 VOCs 无组织排放位置，控制风速应不低于 0.3 米/秒，有行业要求的按相关规定执行。

加强设备与管线组件泄漏控制。企业中载有气态、液态 VOCs 物料的设备与管线组件，密封点数量大于等于 2000 个的，应按要求开展 LDAR 工作。石化企业按行业排放标准规定执行。

（三）推进建设适宜高效的治污设施。企业新建治污设施或对现有治污设施实施改造，应依据排放废气的浓度、组分、风量，温度、湿度、压力，以及生产工况等，合理选择治理技术。鼓励企业采用多种技术的组合工艺，提高 VOCs 治理效率。低浓度、大风量废气，宜采用沸石转轮吸附、活性炭吸附、减风增浓等浓缩技术，提高 VOCs 浓度后净化处理；高浓度废气，优先进行溶剂回收，难以回收的，宜采用高温焚烧、催化燃烧等技术。油气（溶剂）回收宜采用冷凝+吸附、吸附+吸收、膜分离+吸附等技术。低温等离子、光催化、光氧化技术主要适用于恶臭异味等治理；生物法主要适用于低浓度 VOCs 废气治理和恶臭异味治理。非水溶性的 VOCs 废气禁止采用水或水溶液喷淋吸收处理。采用一次性活性炭吸附技术的，应定期更换活性炭，废旧活性炭应再生或处理处置。有条件的工业园区和产业集群等，推广集中喷涂、溶剂集中回收、活性炭集中再生等，加强资源共享，提高 VOCs 治理效率。

规范工程设计。采用吸附处理工艺的，应满足《吸附法工业有机废气治理工程技术规范》要求。采用催化燃烧工艺的，应满足《催化燃烧法工业有机废气治理工程技术规范》要求。采用蓄热燃烧等其他处理工艺的，应按相关技术规范要求设计。

实行重点排放源排放浓度与去除效率双重控制。车间或生产设施收集排放的废气，VOCs 初始排放速率大于等于 3 千克/小时、重点区域大于等于 2 千克/小时的，应加大控制力度，除确保排放浓度稳定达标外，还应实行去除效率控制，去除效率不低于 80%；采用的原辅材料符合国家有关低 VOCs 含量产品规定的除外，有行业排放标准的按其相关规定执行。

（四）深入实施精细化管控。各地应围绕当地环境空气质量改善需求，根据 O_3、$PM_{2.5}$ 来源解析，结合行业污染排放特征和 VOCs 物质光化学反应活性等，确定本地区 VOCs 控制的重点行业和重点污染物，兼顾恶臭污染物和有毒有害物质控制等，提出有效管控方案，提高 VOCs 治理的精准性、针对性和有效性。全国重点控制的 VOCs 物质见附件 2。

推行“一厂一策”制度。各地应加强对企业帮扶指导，对本地污染物排放量较大的企业，组织专家提供专业化技术支持，严格把关，指导企业编制切实可行的污染治理方案，明确原辅材料替代、工艺改进、无组织排放管控、废气收集、治污设施建设等全过程减排要求，测算投资成本和减排效益，为企业有效开展 VOCs 综合治理提供技术服务。重点区域应组织本地 VOCs 排放量较大的企业开展“一厂一策”方案编制工作，2020 年 6 月底前基本完成；适时开展治理效果后评估工作，各地出台的补贴政策要与减排效果紧密挂钩。鼓励地方对重点行业推行强制性清洁生产审核。

加强企业运行管理。企业应系统梳理 VOCs 排放主要环节和工序，包括启停机、检维修作业等，制定具体操作规程，落实到具体责任人。健全内部考核制度。加强人员能力培训和技术交流。建立管理台账，记录企业生产和治污设施运行的关键参数（见附件 3），在线监控参数要确保能够实时调取，相关台账记录至少保存三年。

四、重点行业治理任务

（一）石化行业 VOCs 综合治理。全面加大石油炼制及有机化学品、合成树脂、合成纤维、合成橡胶等行业 VOCs 治理力度。重点加强密封点泄漏、废水和循环水系统、储罐、有机液体装卸、工艺废气等源项 VOCs 治理工作，确保稳定达标排放。重点区域要进一步加大其他源项治理力度，禁止熄灭火炬系统长明灯，设置视频监控装置；推进煤油、柴油等在线调和工作；非正常工况排放的 VOCs，应吹扫至火炬系统或密闭收集处理；含 VOCs 废液废渣应密闭储存；防腐防水防锈涂装采用低 VOCs 含量涂料。

深化 LDAR 工作。严格按照《石化企业泄漏检测与修复工作指南》规定，建立台账，开展泄漏检测、修复、质量控制、记录管理等工作。加强备用泵、在用泵、调节阀、搅拌器、开口管线等检测工作，强化质量控制；要将 VOCs 治理设施和储罐的密封点纳入检测计划中。参照《挥发性有机物无组织排放控制标准》有关设备与管线组件 VOCs 泄漏控制监督要求，对石化企业密封点泄漏加强监管。鼓励重点区域对泄漏量大的密封点实施包袋法检测，对不可达密封点采用红外法检测。

加强废水、循环水系统 VOCs 收集与处理。加大废水集输系统改造力度，重点区域现有企业通过采取密闭管道等措施逐步替代地漏、沟、渠、井等敞开式集输方式。全面加强废水系统高浓度 VOCs 废气收集与治理，集水井（池）、调节池、隔油池、气浮池、浓缩池等应采用密闭化工艺或密闭收集措施，配套建设燃烧等高效治污设施。生化池、曝气池等低浓度 VOCs 废气应密闭收集，实施脱臭等处理，确保达标排放。加强循环水监测，重点区域内石化企业每六个月至少开展一次循环水塔和含 VOCs 物料换热设备进出口总有机碳（TOC）或可吹扫有机碳（POC）监测工作，出口浓度大于进口浓度 10% 的，要溯源泄漏点并及时修复。

强化储罐与有机液体装卸 VOCs 治理。加大中间储罐等治理力度，真实蒸气压大于等于 5.2 千帕（kPa）的，要严格按照有关规定采取有效控制措施。鼓励重点区域对真实蒸气压大于等于 2.8 kPa 的有机液体采取控制措施。进一步加大挥发性有机液体装卸 VOCs 治理力度，重点区域推广油罐车底部装载方式，推进船舶装卸采用油气回收系统，试点开展火车运输底部装载工作。储罐和有机液体装卸采取末端治理措施的，要确保稳定运行。

深化工艺废气 VOCs 治理。有效实施催化剂再生废气、氧化尾气 VOCs 治理，加强酸性水罐、延迟焦化、合成橡胶、合成树脂、合成纤维等工艺过程尾气 VOCs 治理。推行全密闭生产工艺，加大无组织排放收集。鼓励企业将含 VOCs 废气送工艺加热炉、锅炉等直接燃烧处理，污染物排放满足石化行业相关排放标准要求。酸性水罐尾气应收集处理。推进重点区域延迟焦化装置实施密闭除焦（含冷焦水和切焦水密闭）改造。合成橡胶、合成树脂、合成纤维等推广使用密闭脱水、脱气、掺混等工艺和设备，配套建设高效治污设施。

（二）化工行业VOCs综合治理。加强制药、农药、涂料、油墨、胶粘剂、橡胶和塑料制品等行业VOCs治理力度。重点提高涉VOCs排放主要工序密闭化水平，加强无组织排放收集，加大含VOCs物料储存和装卸治理力度。废水储存、曝气池及其之前废水处理设施应按要求加盖封闭，实施废气收集与处理。密封点大于等于2000个的，要开展LDAR工作。

积极推广使用低VOCs含量或低反应活性的原辅材料，加快工艺改进和产品升级。制药、农药行业推广使用非卤代烃和非芳香烃类溶剂，鼓励生产水基化类农药制剂。橡胶制品行业推广使用新型偶联剂、粘合剂，使用石蜡油等替代普通芳烃油、煤焦油等助剂。优化生产工艺，农药行业推广水相法、生物酶法合成等技术；制药行业推广生物酶法合成技术；橡胶制品行业推广采用串联法混炼、常压连续脱硫工艺。

加快生产设备密闭化改造。对进出料、物料输送、搅拌、固液分离、干燥、灌装等过程，采取密闭化措施，提升工艺装备水平。加快淘汰敞口式、明流式设施。重点区域含VOCs物料输送原则上采用重力流或泵送方式，逐步淘汰真空方式；有机液体进料鼓励采用底部、浸入管给料方式，淘汰喷溅式给料；固体物料投加逐步推进采用密闭式投料装置。

严格控制储存和装卸过程VOCs排放。鼓励采用压力罐、浮顶罐等替代固定顶罐。真实蒸气压大于等于27.6kPa（重点区域大于等于5.2kPa）的有机液体，利用固定顶罐储存的，应按有关规定采用气相平衡系统或收集净化处理。

实施废气分类收集处理。优先选用冷凝、吸附再生等回收技术；难以回收的，宜选用燃烧、吸附浓缩+燃烧等高效治理技术。水溶性、酸碱VOCs废气宜选用多级化学吸收等处理技术。恶臭类废气还应进一步加强除臭处理。

加强非正常工况废气排放控制。退料、吹扫、清洗等过程应加强含VOCs物料回收工作，产生的VOCs废气要加大收集处理力度。开车阶段产生的易挥发性不合格产品应收集至中间储罐等装置。重点区域化工企业应制定开停车、检维修等非正常工况VOCs治理操作规程。

（三）工业涂装VOCs综合治理。加大汽车、家具、集装箱、电子产品、工程机械等行业VOCs治理力度，重点区域应结合本地产业特征，加快实施其他行业涂装VOCs综合治理。

强化源头控制，加快使用粉末、水性、高固体分、辐射固化等低VOCs含量的涂料替代溶剂型涂料。重点区域汽车制造底漆大力推广使用水性涂料，乘用车中涂、色漆大力推广使用高固体分或水性涂料，加快客车、货车等中涂、色漆改造。钢制集装箱制造在箱内、箱外、木地板涂装等工序大力推广使用水性涂料，在确保防腐蚀功能的前提下，加快推进特种集装箱采用水性涂料。木质家具制造大力推广使用水性、辐射固化、粉末等涂料和水性胶粘剂；金属家具制造大力推广使用粉末涂料；软体家具制造大力推广使用水性胶粘剂。工程机械制造大力推广使用水性、粉末和高固体分涂料。电子产品制造推广使用粉末、水性、辐射固化等涂料。

加快推广紧凑式涂装工艺、先进涂装技术和设备。汽车制造整车生产推广使用“三涂一烘”“两涂一烘”或免中涂等紧凑型工艺、静电喷涂技术、自动化喷涂设备。汽车金属零配件企业鼓励采用粉末静电喷涂技术。集装箱制造一次打砂工序钢板处理采用辊涂工艺。木质家具推广使用高效的往复式喷涂箱、机械手和静电喷涂技术。板式家具采用喷涂工艺的，推广使用粉末静电喷涂技术；采用溶剂型、辐射固化涂料的，推广使用辊涂、淋涂等工艺。工程机械制造要提高室内涂装比例，鼓励采用自动喷涂、静电喷涂等技术。电子产品制造推广使用静电喷涂等技术。

有效控制无组织排放。涂料、稀释剂、清洗剂等原辅材料应密闭存储，调配、使用、回收等过程应采用密闭设备或在密闭空间内操作，采用密闭管道或密闭容器等输送。除大型工件外，禁止敞开式喷涂、晾（风）干作业。除工艺限制外，原则上实行集中调配。调配、喷涂和干燥等 VOCs 排放工序应配备有效的废气收集系统。

推进建设适宜高效的治污设施。喷涂废气应设置高效漆雾处理装置。喷涂、晾（风）干废气宜采用吸附浓缩+燃烧处理方式，小风量的可采用一次性活性炭吸附等工艺。调配、流平等废气可与喷涂、晾（风）干废气一并处理。使用溶剂型涂料的生产线，烘干废气宜采用燃烧方式单独处理，具备条件的可采用回收式热力燃烧装置。

（四）包装印刷行业 VOCs 综合治理。重点推进塑料软包装印刷、印铁制罐等 VOCs 治理，积极推进使用低（无）VOCs 含量原辅材料和环境友好型技术替代，全面加强无组织排放控制，建设高效末端净化设施。重点区域逐步开展出版物印刷 VOCs 治理工作，推广使用植物油基油墨、辐射固化油墨、低（无）醇润版液等低（无）VOCs 含量原辅材料和无水印刷、橡皮布自动清洗等技术，实现污染减排。

强化源头控制。塑料软包装印刷企业推广使用水醇性油墨、单一组分溶剂油墨，无溶剂复合技术、共挤出复合技术等，鼓励使用水性油墨、辐射固化油墨、紫外光固化光油、低（无）挥发和高沸点的清洁剂等。印铁企业加快推广使用辐射固化涂料、辐射固化油墨、紫外光固化光油。制罐企业推广使用水性油墨、水性涂料。鼓励包装印刷企业实施胶印、柔印等技术改造。

加强无组织排放控制。加强油墨、稀释剂、胶粘剂、涂布液、清洗剂等含 VOCs 物料储存、调配、输送、使用等工艺环节 VOCs 无组织逸散控制。含 VOCs 物料储存和输送过程应保持密闭。调配应在密闭装置或空间内进行并有效收集，非即用状态应加盖密封。涂布、印刷、覆膜、复合、上光、清洗等含 VOCs 物料使用过程应采用密闭设备或在密闭空间内操作；无法密闭的，应采取局部气体收集措施，废气排至 VOCs 废气收集系统。凹版、柔版印刷机宜采用封闭刮刀，或通过安装盖板、改变墨槽开口形状等措施减少墨槽无组织逸散。鼓励重点区域印刷企业对涉 VOCs 排放车间进行负压改造或局部围风改造。

提升末端治理水平。包装印刷企业印刷、干式复合等 VOCs 排放工序，宜采用吸附浓缩+冷凝回收、吸附浓缩+燃烧、减风增浓+燃烧等高效处理技术。

（五）油品储运销 VOCs 综合治理。加大汽油（含乙醇汽油）、石脑油、煤油（含航空煤油）以及原油等 VOCs 排放控制，重点推进加油站、油罐车、储油库油气回收治理。重点区域还应推进油船油气回收治理工作。

深化加油站油气回收工作。O_3 污染较重的地区，行政区域内大力推进加油站储油、加油油气回收治理工作，重点区域 2019 年年底前基本完成。埋地油罐全面采用电子液位仪进行汽油密闭测量。规范油气回收设施运行，自行或聘请第三方加强加油枪气液比、系统密闭性及管线液阻等检查，提高检测频次，重点区域原则上每半年开展一次，确保油气回收系统正常运行。重点区域加快推进年销售汽油量大于 5000 吨的加油站安装油气回收自动监控设备，并与生态环境部门联网，2020 年年底前基本完成。

推进储油库油气回收治理。汽油、航空煤油、原油以及真实蒸气压小于 76.6kPa 的石脑油应采用浮顶罐储存，其中，油品容积小于等于 100 立方米的，可采用卧式储罐。真实蒸气压大于等于 76.6kPa 的石脑油应采用低压罐、压力罐或其他等效措施储存。加快推进油品收发过程排放的油气收集处理。加强储油库发油油气回收系统接口泄漏检测，提高检测频次，减少油气泄漏，确保油品装卸过程油气回收处理装置正常运行。加强油罐车油气回收系统密闭性和油气回收气动阀门密闭性检测，每年至少开展一次。推动储油库安装油气回收自动监控设施。

（六）工业园区和产业集群 VOCs 综合治理。各地应加大涉 VOCs 排放工业园区和产业集群综合整治力度，加强资源共享，实施集中治理，开展园区监测评估，建立环境信息共享平台。

对涂装类企业集中的工业园区和产业集群，如家具、机械制造、电子产品、汽车维修等，鼓励建设集中涂装中心，配备高效废气治理设施，代替分散的涂装工序。对石化、化工类工业园区和产业集群，推行泄漏检测统一监管，鼓励建立园区 LDAR 信息管理平台。对有机溶剂使用量大的工业园区和产业集群，如包装印刷、织物整理、合成橡胶及其制品等，推进建设有机溶剂集中回收处置中心，提高有机溶剂回收利用率。对活性炭使用量大的工业园区和产业集群，鼓励地方统筹规划，建设区域性活性炭集中再生基地，建立活性炭分散使用、统一回收、集中再生的管理模式，有效解决活性炭不及时更换、不脱附再生、监管难度大的问题，对脱附的 VOCs 等污染物应进行妥善处置。

强化工业园区和产业集群统一管理。树立行业标杆，制定综合整治方案，引导工业园区和产业集群整体升级。石化、化工类工业园区和产业集群，要建立健全档案管理制度，明确企业 VOCs 源谱，识别特征污染物，载明企业废气收集与治理设施建设情况、重污染天气应急预案、企业违法处罚等环保信息。鼓励对园区和产业集群开展监测、排查、环保设施建设运营等一体化服务。

提升工业园区和产业集群监测监控能力。加快推进重点工业园区和产业集群环境空气质量 VOCs 监测工作，重点区域 2020 年年底前基本完成。石化、化工类工业园区应建设监测预警监控体系，具备条件的，开展走航监测、网格化监测以及溯源分析等工作。涉恶臭污染的工业园区和产业集群，推广实施恶臭电子鼻监控预警。

五、实施与保障

（一）加强组织领导。各地要按照打赢蓝天保卫战总体部署，深入推进重点行业 VOCs 综合治理。各级生态环境部门要加强与相关部门、行业协会等协调，形成工作合力；结合第二次全国污染源普查、污染源排放清单编制等工作，确立本地 VOCs 治理重点行业，建立重点污染源管理台账；组织监测、执法、科研等力量，加强监督和帮扶，开展专项治理行动。加强服务指导，重点区域强化监督定点帮扶工作要把重点行业 VOCs 综合治理作为帮扶的重点。京津冀及周边地区、汾渭平原等“一市一策”驻点跟踪研究工作组要加大 VOCs 治理科研支撑力度。对推进不力、工作滞后、治理不到位的，要强化监督问责。

（二）完善标准体系。加快含 VOCs 产品质量标准制修订工作，2019 年年底前，出台低 VOCs 含量涂料产品技术要求，制修订建筑用墙面涂料、木器涂料、车辆涂料、工业防护涂料中有害物质限量标准，制订油墨、胶粘剂、清洗剂挥发性有机化合物限量强制性标准。加快涉 VOCs 行业排放标准制修订工作，2020 年 6 月底前，力争完成农药、汽车涂装、集装箱制造、包装印刷、家具制造、电子工业等行业大气污染物排放标准制订。建立与排放标准相适应的 VOCs 监测分析方法标准、监测仪器技术要求，加快出台固定污染源 VOCs 排放连续监测技术规范、VOCs 便携式监测技术规范。鼓励地方制定更加严格的地方排放标准。

（三）加强监测监控。加快制定家具、人造板、电子工业、包装印刷、涂料油墨颜料及类似产品、橡胶制品、塑料制品等行业自行监测指南和工业园区监测指南。排污许可管理已有规定的石化、炼焦、原料药、农药、汽车制造、制革、纺织印染等行业，要严格按照相关规定开展自行监测工作。

石化、化工、包装印刷、工业涂装等 VOCs 排放重点源，纳入重点排污单位名录，主要排污口安装自动监控设施，并与生态环境部门联网，重点区域2019年年底前基本完成，全国2020年年底前基本完成。鼓励重点区域对无组织排放突出的企业，在主要排放工序安装视频监控设施。鼓励企业配备便携式VOCs监测仪器，及时了解掌握排污状况。具备条件的企业，应通过分布式控制系统（DCS）等，自动连续记录环保设施运行及相关生产过程主要参数。自动监控、DCS监控等数据至少要保存一年，视频监控数据至少保存三个月。

强化监测数据质量控制。企业自行监测应在正常生产工况下开展，对于间歇性排放或排放波动较大的污染源，监测工作应涵盖排放强度大的时段。加强自动监控设施运营维护，数据传输有效率达到90%。企业在正常生产以及限产、停产、检修等非正常工况下，均应保证自动监控设施正常运行并联网传输数据。各地对出现数据缺失、长时间掉线等异常情况，要及时进行核实和调查处理。加强生态环境监测机构监督管理，对严重失信的监测机构和人员，将违法违规信息通过“信用中国”等网站向社会公布。

（四）强化监督执法。各地要加大VOCs排放监管执法力度，严厉打击违法排污行为，形成有效震慑作用。对无证排污、未按证排污、不能稳定达标排放、不满足措施性控制要求的企业，综合运用按日连续计罚、查封扣押、限产停产等手段，依法依规严格处罚，并定期向社会公开。严肃查处弄虚作假、擅自停运环保设施等严重违法行为，依法查处并追究相关人员责任。整顿和规范环保服务市场秩序，严厉打击VOCs治理设施建设运维不规范行为。

多措并举治理低价中标乱象。加大联合惩戒力度，将建设工程质量低劣的环保公司和环保设施运营管理水平低、存在弄虚作假行为的运维机构列入失信联合惩戒对象名单，纳入全国信用信息共享平台，并通过“信用中国”“国家企业信用信息公示系统”等网站向社会公布。

开展重点行业专项执法行动，重点对VOCs无组织排放、废气收集以及污染治理设施运行等情况进行检查，检查要点参见附件4、附件5。鼓励各地出台相关文件开展无组织排放监测执法，按照《挥发性有机物无组织排放控制标准》附录A要求，通过监测厂区内无组织排放浓度等，监控企业综合控制效果。

加强技术培训和执法能力建设。制定执法人员培训计划，围绕VOCs管理的法规标准体系、污染防治政策、综合治理任务，重点行业主要排放环节、排放特征、无组织排放措施性控制要求、废气收集与治理技术，监测监控技术规范、现场执法检查要点等，系统开展培训工作。在环境执法大练兵中，将VOCs执法检查作为大比武的重要内容，有效带动提升VOCs执法实战能力。提高执法装备水平，配备便携式VOCs快速检测仪、VOCs泄漏检测仪、微风风速仪、油气回收三项检测仪等。

（五）全面实施排污许可。按照固定污染源排污许可分类管理名录要求，加快家具等行业排污许可证核发工作。对已核发的涉 VOCs 行业，强化排污许可执法监管，确保排污单位落实持证排污、按证排污的环境管理主体责任。定期公布未按证排污单位名单。

（六）实施差异化管理。综合考虑企业生产工艺、原辅材料使用情况、无组织排放管控水平、污染治理设施运行效果等，树立行业标杆，引导产业转型升级。在重污染天气应对、环境执法检查、政府绿色采购、企业信贷融资等方面，对标杆企业给予政策支持。对治污设施简易、无组织排放管控不力的企业，加大联合惩戒力度。

强化重污染天气应对。各地应将涉 VOCs 排放企业全面纳入重污染天气应急减排清单，做到全覆盖。针对 VOCs 排放主要工序，采取切实有效的应急减排措施，落实到具体生产线和设备。根据污染排放绩效水平，实行差异化应急减排管理。对使用有机溶剂等原辅材料，末端治理仅采用低温等离子、光催化、光氧化、一次性活性炭吸附等技术或存在敞开式作业的企业，加大停产限产力度。鼓励各地实施季节性差异化 VOCs 管控措施，在 O_3 污染较重的季节，对芳香烃、烯烃、醛类等排放量较大的企业，提出进一步管控要求。

附件 1：

重点区域范围

区域名称	范　围
京津冀及周边地区	北京市，天津市，河北省石家庄、唐山、邯郸、邢台、保定、沧州、廊坊、衡水市以及雄安新区，山西省太原、阳泉、长治、晋城市，山东省济南、淄博、济宁、德州、聊城、滨州、菏泽市，河南省郑州、开封、安阳、鹤壁、新乡、焦作、濮阳市（含河北省定州、辛集市，河南省济源市）
长三角地区	上海市、江苏省、浙江省、安徽省
汾渭平原	山西省晋中、运城、临汾、吕梁市，河南省洛阳、三门峡市，陕西省西安、铜川、宝鸡、咸阳、渭南市以及杨凌示范区（含陕西省西咸新区、韩城市）

附件 2：

重点控制的 VOCs 物质

类 别	重点控制的 VOCs 物质
O_3 前体物	间/对二甲苯、乙烯、丙烯、甲醛、甲苯、乙醛、1,3-丁二烯、三甲苯、邻二甲苯、苯乙烯等
$PM_{2.5}$ 前体物	甲苯、正十二烷、间/对二甲苯、苯乙烯、正十一烷、正癸烷、乙苯、邻二甲苯、1,3-丁二烯、甲基环己烷、正壬烷等
恶臭物质	甲胺类、甲硫醇、甲硫醚、二甲二硫、二硫化碳、苯乙烯、异丙苯、苯酚、丙烯酸酯类等
高毒害物质	苯、甲醛、氯乙烯、三氯乙烯、丙烯腈、丙烯酰胺、环氧乙烷、1,2-二氯乙烷、异氰酸酯类等

附件 3：

VOCs 治理台账记录要求

重点行业	重点环节	台账记录要求
石化/化工	含 VOCs 原辅材料	含 VOCs 原辅材料名称及其 VOCs 含量，采购量、使用量、库存量，含 VOCs 原辅材料回收方式及回收量等
	密封点	检测时间、泄漏检测浓度、修复时间、采取的修复措施、修复后泄漏检测浓度等
	有机液体储存	有机液体物料名称、储罐类型及密封方式、储存温度、周转量、油气回收量等
	有机液体装载	有机液体物料名称、装载方式、装载量、油气回收量等
	废水集输、储存与处理	废水量、废水集输方式（密闭管道、沟渠）、废水处理设施密闭情况、敞开液面上方 VOCs 检测浓度等
	循环水系统	检测时间、循环水塔进出口 TOC 或 POC 浓度、含 VOCs 物料换热设备进出口 TOC 或 POC 浓度、修复时间、修复措施、修复后进出口 TOC 或 POC 浓度等
	非正常工况（含开停工及维修）排放	开停工、检维修时间，退料、吹扫、清洗等过程含 VOCs 物料回收情况，VOCs 废气收集处理情况，开车阶段产生的易挥发性不合格产品产量和收集情况等
	火炬排放	火炬运行时间、燃料消耗量、火炬气流量等
	事故排放	事故类别、时间、处置情况等
	废气收集处理设施	废气处理设施进出口的监测数据（废气量、浓度、温度、含氧量等）
		废气收集与处理设施关键参数（见附件 4）
		废气处理设施相关耗材（吸收剂、吸附剂、催化剂、蓄热体等）购买处置记录
工业涂装	生产信息	主要产品产量及涂装总面积等生产基本信息
	含 VOCs 原辅材料	含 VOCs 原辅材料（涂料、固化剂、稀释剂、胶粘剂、清洗剂等）名称及其 VOCs 含量，采购量、使用量、库存量，含 VOCs 原辅材料回收方式及回收量等
	废气收集处理设施	废气处理设施进出口的监测数据（废气量、浓度、温度、含氧量等）
		废气收集与处理设施关键参数（见附件 4）
		废气处理设施相关耗材（吸收剂、吸附剂、催化剂、蓄热体等）购买处置记录
包装印刷	生产信息	主要产品印刷量等生产基本信息
	含 VOCs 原辅材料	含 VOCs 原辅材料（油墨、稀释剂、清洗剂、润版液、胶粘剂、复合胶、光油、涂料等）名称及其 VOCs 含量，采购量、使用量、库存量，含 VOCs 原辅材料回收方式及回收量等

重点行业	重点环节	台账记录要求
包装印刷	废气收集处理设施	废气处理设施进出口的监测数据（废气量、浓度、温度、含氧量等）
		废气收集与处理设施关键参数（见附件 4）
		废气处理设施相关耗材（吸收剂、吸附剂、催化剂、蓄热体等）购买处置记录
储油库	基本信息	油品种类、周转量等
	收发油	收发油时间、油品种类、数量，油品来源；气液比检测时间与结果，修复时间、采取的修复措施等；油气收集系统压力检测时间与结果，修复时间、采取的修复措施等
	油气处理装置	进口压力、温度、流量，出口浓度、压力、温度、流量，修复时间、采取的修复措施等；一次性吸附剂更换时间和更换量，再生型吸附剂再生周期、更换情况，废吸附剂储存、处置情况等
	泄漏点	检测方法、检测结果、修复时间、采取的修复措施、修复后检测结果等
加油站	基本信息	油品种类、销售量等
	加油过程	气液比检测时间与结果，修复时间、采取的修复措施等；油气回收系统管线液阻检测时间与结果，修复时间、采取的修复措施等；油气回收系统密闭性检测时间与结果，修复时间、采取的修复措施
	卸油过程	卸油时间、油品种类、油品来源、卸油量、卸油方式等
	油气处理装置	一次性吸附剂更换时间和更换量，再生型吸附剂再生周期、更换情况，废吸附剂储存、处置情况等

附件 4：

工业企业 VOCs 治理检查要点

<table>
<tr><th>源项</th><th>检查环节</th><th>检查要点</th></tr>
<tr><td rowspan="5">VOCs 物料储存</td><td>容器、包装袋</td><td>1. 容器或包装袋在非取用状态时是否加盖、封口，保持密闭；盛装过 VOCs 物料的废包装容器是否加盖密闭。
2. 容器或包装袋是否存放于室内，或存放于设置有雨棚、遮阳和防渗设施的专用场地</td></tr>
<tr><td rowspan="3">挥发性有机液体储罐</td><td>3. 储罐类型与储存物料真实蒸气压、容积等是否匹配，是否存在破损、孔洞、缝隙等问题</td></tr>
<tr><td>4. 内浮顶罐的边缘密封是否采用浸液式、机械式鞋形等高效密封方式。
5. 外浮顶罐是否采用双重密封，且一次密封为浸液式、机械式鞋形等高效密封方式。
6. 浮顶罐浮盘附件开口（孔）是否密闭（采样、计量、例行检查、维护和其他正常活动除外）</td></tr>
<tr><td>7. 固定顶罐是否配有 VOCs 处理设施或气相平衡系统。
8. 呼吸阀的定压是否符合设定要求。
9. 固定顶罐的附件开口（孔）是否密闭（采样、计量、例行检查、维护和其他正常活动除外）</td></tr>
<tr><td>储库、料仓</td><td>10. 围护结构是否完整，与周围空间完全阻隔。
11. 门窗及其他开口（孔）部位是否关闭（人员、车辆、设备、物料进出时，以及依法设立的排气筒、通风口除外）</td></tr>
<tr><td rowspan="3">VOCs 物料转移和输送</td><td>液态 VOCs 物料</td><td>1. 是否采用管道密闭输送，或者采用密闭容器或罐车</td></tr>
<tr><td>粉状、粒状 VOCs 物料</td><td>2. 是否采用气力输送设备、管状带式输送机、螺旋输送机等密闭输送方式，或者采用密闭的包装袋、容器或罐车</td></tr>
<tr><td>挥发性有机液体装载</td><td>3. 汽车、火车运输是否采用底部装载或顶部浸没式装载方式。
4. 是否根据年装载量和装载物料真实蒸气压，对 VOCs 废气采取密闭收集处理措施，或连通至气相平衡系统；有油气回收装置的，检查油气回收量</td></tr>
<tr><td rowspan="2">工艺过程 VOCs 无组织排放</td><td>VOCs 物料投加和卸放</td><td>1. 液态、粉粒状 VOCs 物料的投加过程是否密闭，或采取局部气体收集措施；废气是否排至 VOCs 废气收集处理系统。
2. VOCs 物料的卸（出、放）料过程是否密闭，或采取局部气体收集措施；废气是否排至 VOCs 废气收集处理系统</td></tr>
<tr><td>化学反应单元</td><td>3. 反应设备进料置换废气、挥发排气、反应尾气等是否排至 VOCs 废气收集处理系统。
4. 反应设备的进料口、出料口、检修口、搅拌口、观察孔等开口（孔）在不操作时是否密闭</td></tr>
</table>

源项	检查环节	检查要点
工艺过程VOCs无组织排放	分离精制单元	5. 离心、过滤、干燥过程是否采用密闭设备，或在密闭空间内操作，或采取局部气体收集措施；废气是否排至VOCs废气收集处理系统。 6. 其他分离精制过程排放的废气是否排至VOCs废气收集处理系统。 7. 分离精制后的母液是否密闭收集；母液储槽（罐）产生的废气是否排至VOCs废气收集处理系统
	真空系统	8. 采用干式真空泵的，真空排气是否排至VOCs废气收集处理系统。 9. 采用液环（水环）真空泵、水（水蒸汽）喷射真空泵的，工作介质的循环槽（罐）是否密闭，真空排气、循环槽（罐）排气是否排至VOCs废气收集处理系统
	配料加工与产品包装过程	10. 混合、搅拌、研磨、造粒、切片、压块等配料加工过程，以及含VOCs产品的包装（灌装、分装）过程是否采用密闭设备，或在密闭空间内操作，或采取局部气体收集措施；废气是否排至VOCs废气收集处理系统
	含VOCs产品的使用过程	11. 调配、涂装、印刷、粘结、印染、干燥、清洗等过程中使用VOCs含量大于等于10%的产品，是否采用密闭设备，或在密闭空间内操作，或采取局部气体收集措施；废气是否排至VOCs废气收集处理系统。 12. 有机聚合物（合成树脂、合成橡胶、合成纤维等）的混合/混炼、塑炼/塑化/熔化、加工成型（挤出、注射、压制、压延、发泡、纺丝等）等制品生产过程，是否采用密闭设备，或在密闭空间内操作，或采取局部气体收集措施；废气是否排至VOCs废气收集处理系统
	其他过程	13. 载有VOCs物料的设备及其管道在开停工（车）、检维修和清洗时，是否在退料阶段将残存物料退净，并用密闭容器盛装；退料过程废气、清洗及吹扫过程排气是否排至VOCs废气收集处理系统
	VOCs无组织废气收集处理系统	14. 是否与生产工艺设备同步运行。 15. 采用外部集气罩的，距排气罩开口面最远处的VOCs无组织排放位置，控制风速是否大于等于0.3米/秒（有行业具体要求的按相应规定执行）。 16. 废气收集系统是否负压运行；处于正压状态的，是否有泄漏。 17. 废气收集系统的输送管道是否密闭、无破损
设备与管线组件泄漏	LDAR工作	1. 企业密封点数量大于等于2000个的，是否开展LDAR工作。 2. 泵、压缩机、搅拌器、阀门、法兰等是否按照规定的频次进行泄漏检测。 3. 发现可见泄漏现象或超过泄漏认定浓度的，是否按照规定的时间进行泄漏源修复。 4. 现场随机抽查，在检测不超过100个密封点的情况下，发现有2个以上（不含）不在修复期内的密封点出现可见泄漏现象或超过泄漏认定浓度的，属于违法行为
敞开液面VOCs逸散	废水集输系统	1. 是否采用密闭管道输送；采用沟渠输送未加盖密闭的，废水液面上方VOCs检测浓度是否超过标准要求。 2. 接入口和排出口是否采取与环境空气隔离的措施

<table>
<tr><th>源项</th><th>检查环节</th><th>检查要点</th></tr>
<tr><td rowspan="2">敞开液面 VOCs 逸散</td><td>废水储存、处理设施</td><td>3. 废水储存和处理设施敞开的，液面上方 VOCs 检测浓度是否超过标准要求。
4. 采用固定顶盖的，废气是否收集至 VOCs 废气收集处理系统</td></tr>
<tr><td>开式循环冷却水系统</td><td>5. 是否每 6 个月对流经换热器进口和出口的循环冷却水中的 TOC 或 POC 浓度进行检测；发现泄漏是否及时修复并记录</td></tr>
<tr><td>有组织 VOCs 排放</td><td>排气筒</td><td>1. VOCs 排放浓度是否稳定达标。
2. 车间或生产设施收集排放的废气，VOCs 初始排放速率大于等于 3 千克/小时、重点区域大于等于 2 千克/小时的，VOCs 治理效率是否符合要求；采用的原辅材料符合国家有关低 VOCs 含量产品规定的除外。
3. 是否安装自动监控设施，自动监控设施是否正常运行，是否与生态环境部门联网</td></tr>
<tr><td rowspan="5">废气治理设施</td><td>冷却器/冷凝器</td><td>1. 出口温度是否符合设计要求。
2. 是否存在出口温度高于冷却介质进口温度的现象。
3. 冷凝器溶剂回收量</td></tr>
<tr><td>吸附装置</td><td>4. 吸附剂种类及填装情况。
5. 一次性吸附剂更换时间和更换量。
6. 再生型吸附剂再生周期、更换情况。
7. 废吸附剂储存、处置情况</td></tr>
<tr><td>催化氧化器</td><td>8. 催化（床）温度。
9. 电或天然气消耗量。
10. 催化剂更换周期、更换情况</td></tr>
<tr><td>热氧化炉</td><td>11. 燃烧温度是否符合设计要求。</td></tr>
<tr><td>洗涤器/吸收塔</td><td>12. 酸碱性控制类吸收塔，检查洗涤/吸收液 pH 值。
13. 药剂添加周期和添加量。
14. 洗涤/吸收液更换周期和更换量。
15. 氧化反应类吸收塔，检查氧化还原电位（ORP）值</td></tr>
<tr><td colspan="2">台账</td><td>企业是否按要求记录台账</td></tr>
</table>

附件 5：

油品储运销 VOCs 治理检查要点

类别	检查环节	检查要点
储油库	发油阶段	1. 油罐车或铁路罐车是否采用底部装载或顶部浸没式装载方式。 2. 气液比、油气收集系统压力等
	油气处理装置	3. 是否有油气处置装置。 4. 检测频次、油气排放浓度、油气处理效率，进出口压力。 5. 一次性吸附剂更换时间和更换量，再生型吸附剂再生周期、更换情况，废吸附剂储存、处置情况等
	油气收集系统	6. 泄漏检测频次及浓度
加油站	加油阶段	1. 是否采用油气回收型加油枪，加油枪集气罩是否有破损，加油站人员加油时是否将集气罩紧密贴在汽油油箱加油口（现场加油查看或查看加油区视频）。 2. 有无油气回收真空泵，真空泵是否运行（打开加油机盖查看加油时设备是否运行）；油气回收铜管是否正常连接。 3. 加油枪气液比、油气回收系统管线液阻、油气收集系统压力的检测频次、检测结果等
	卸油阶段	4. 查看卸油油气回收管线连接情况（查看卸油过程录像）。 5. 卸油区有无单独的油气回收管口，有无快速密封接头或球形阀
	储油阶段	6. 是否有电子液位仪。 7. 卸油口、油气回收口、量油口、P/V 阀及相关管路是否有漏气现象，人井内是否有明显异味
	在线监控系统	8. 气液比、气体流量、压力、报警记录等
	油气处理装置	9. 一次性吸附剂更换时间和更换量，再生型吸附剂再生周期、更换情况，废吸附剂储存、处置情况等

关于推进实施钢铁行业超低排放的意见

（环大气〔2019〕35号）

各省、自治区、直辖市生态环境厅（局）、发展改革委、工业和信息化主管部门、财政厅（局）、交通运输厅（委、局），新疆生产建设兵团生态环境局、发展改革委、工业和信息化局、财政局、交通运输局：

推进实施钢铁行业超低排放是推动行业高质量发展、促进产业转型升级、助力打赢蓝天保卫战的重要举措。为贯彻落实《政府工作报告》《中共中央 国务院关于全面加强生态环境保护 坚决打好污染防治攻坚战的意见》《国务院关于印发打赢蓝天保卫战三年行动计划的通知》等有关要求，加强对各地指导，明确企业改造任务，提出以下意见。

一、总体要求

（一）指导思想。以习近平新时代中国特色社会主义思想为指导，深入贯彻党的十九大和十九届二中、三中全会精神，全面落实习近平生态文明思想和全国生态环境保护大会要求，坚持稳中求进工作总基调，坚持新发展理念，坚持推动高质量发展，坚持以供给侧结构性改革为主线，更多运用市场化、法治化手段，更好发挥政府作用，推动实施钢铁行业超低排放，实现全流程、全过程环境管理，有效提高钢铁行业发展质量和效益，大幅削减主要大气污染物排放量，促进环境空气质量持续改善，为打赢蓝天保卫战提供有力支撑。

（二）基本原则。

坚持统筹协调，系统提升。树立行业绿色发展新标尺，采取综合措施，通过“超低改造一批、达标治理一批、淘汰落后一批”，推动行业整体转型升级；实施差别化环保政策，营造公平竞争、健康有序的发展环境，为促进行业高质量发展创造有利条件。

坚持突出重点，分步推进。以改善环境空气质量为核心，围绕打赢蓝天保卫战目标任务，在京津冀及周边地区、长三角地区、汾渭平原等大气污染防治重点区域（以下简称重点区域，范围见附表1）率先推进，按照稳中求进的工作总基调，综合考虑技术、经济、市场等条件，确定分区域、分阶段改造任务。

坚持分类管理，综合施策。根据行业排放特征，对有组织排放、无组织排放和大宗物料产品运输，分门别类提出指标限值和管控措施；综合采取税收、财政、价格、金融、环保等政策，多措并举推动实施。

坚持企业主体，政府引导。强化企业主体责任，加大资金投入，严把工程质量，加强运行管理，加大多部门联合惩戒力度；更好发挥政府作用，形成有效激励和约束，增强服务意识，帮助企业制定综合治理方案。

（三）主要目标。全国新建（含搬迁）钢铁项目原则上要达到超低排放水平。推动现有钢铁企业超低排放改造，到2020年底前，重点区域钢铁企业超低排放改造取得明显进展，力争60%左右产能完成改造，有序推进其他地区钢铁企业超低排放改造工作；到2025年底前，重点区域钢铁企业超低排放改造基本完成，全国力争80%以上产能完成改造。

二、钢铁企业超低排放指标要求

钢铁企业超低排放是指对所有生产环节（含原料场、烧结、球团、炼焦、炼铁、炼钢、轧钢、自备电厂等，以及大宗物料产品运输）实施升级改造，大气污染物有组织排放、无组织排放以及运输过程满足以下要求：

（一）有组织排放控制指标。烧结机机头、球团焙烧烟气颗粒物、二氧化硫、氮氧化物排放浓度小时均值分别不高于10毫克/立方米、35毫克/立方米、50毫克/立方米；其他主要污染源颗粒物、二氧化硫、氮氧化物排放浓度小时均值原则上分别不高于10毫克/立方米、50毫克/立方米、200毫克/立方米，具体指标限值见附表2。达到超低排放的钢铁企业每月至少95%以上时段小时均值排放浓度满足上述要求。

（二）无组织排放控制措施。全面加强物料储存、输送及生产工艺过程无组织排放控制，在保障生产安全的前提下，采取密闭、封闭等有效措施（见附表3），有效提高废气收集率，产尘点及车间不得有可见烟粉尘外逸。

1. 物料储存。石灰、除尘灰、脱硫灰、粉煤灰等粉状物料，应采用料仓、储罐等方式密闭储存。铁精矿、煤、焦炭、烧结矿、球团矿、石灰石、白云石、铁合金、钢渣、脱硫石膏等块状或粘湿物料，应采用密闭料仓或封闭料棚等方式储存。其他干渣堆存应采用喷淋（雾）等抑尘措施。

2. 物料输送。石灰、除尘灰、脱硫灰、粉煤灰等粉状物料，应采用管状带式输送机、气力输送设备、罐车等方式密闭输送。铁精矿、煤、焦炭、烧结矿、球团矿、石灰石、白云石、铁合金、高炉渣、钢渣、脱硫石膏等块状或粘湿物料，应采用管状带式输送机等方式密闭输送，或采用皮带通廊等方式封闭输送；确需汽车运输的，应使用封闭车厢或苫盖严密，装卸车时应采取加湿等抑尘措施。物料输送落料点等应配备集气罩和除尘设施，或采取喷雾等抑尘措施。料场出口应设置车轮和车身清洗设施。厂区道路应硬化，并采取清扫、洒水等措施，保持清洁。

3. 生产工艺过程。烧结、球团、炼铁、焦化等工序的物料破碎、筛分、混合等设备应设置密闭罩，并配备除尘设施。烧结机、烧结矿环冷机、球团焙烧设备，高炉炉顶上料、矿槽、高炉出铁场，混铁炉、炼钢铁水预处理、转炉、电炉、精炼炉，石灰窑、白云石窑等产尘点应全面加强集气能力建设，确保无可见烟粉尘外逸。高炉出铁场平台应封闭或半封闭，铁沟、渣沟应加盖封闭；炼钢车间应封闭，设置屋顶罩并配备除尘设施。焦炉机侧炉口应设置集气罩，对废气进行收集处理。高炉炉顶料罐均压放散废气应采取回收或净化措施。废钢切割应在封闭空间内进行，设置集气罩，并配备除尘设施。轧钢涂层机组应封闭，并设置废气收集处理设施。

焦炉应采用干熄焦工艺。炼焦煤气净化系统冷鼓各类贮槽（罐）及其他区域焦油、苯等贮槽（罐）的有机废气应接入压力平衡系统或收集净化处理，酚氰废水预处理设施（调节池、气浮池、隔油池）应加盖并配备废气收集处理设施，开展设备和管线泄漏检测与修复（LDAR）工作。

（三）大宗物料产品清洁运输要求。进出钢铁企业的铁精矿、煤炭、焦炭等大宗物料和产品采用铁路、水路、管道或管状带式输送机等清洁方式运输比例不低于 80%；达不到的，汽车运输部分应全部采用新能源汽车或达到国六排放标准的汽车（2021 年底前可采用国五排放标准的汽车）。

三、重点任务

（一）严格新改扩建项目环境准入。严禁新增钢铁冶炼产能，新改扩建（含搬迁）钢铁项目要严格执行产能置换实施办法，按照钢铁企业超低排放指标要求，同步配套建设高效脱硫、脱硝、除尘设施，落实物料储存、输送及生产工艺过程无组织排放管控措施，大宗物料和产品采取清洁方式运输。支持鼓励钢铁冶炼产能向环境容量大、资源保障条件好的地区转移。鼓励重点区域高炉-转炉长流程企业转型为电炉短流程企业，通过工艺改造减少污染物排放，达到超低排放要求。

（二）积极有序推进现有钢铁企业超低排放改造。各地应围绕环境空气质量改善需求，按照推进实施钢铁行业超低排放的总体要求，把握好节奏和力度，有序推进钢铁企业超低排放改造。要加强对企业服务和指导，帮助企业合理选择改造技术路线，协调解决清洁运输等重大事项。

因厂制宜选择成熟适用的环保改造技术。除尘设施鼓励采用湿式静电除尘器、覆膜滤料袋式除尘器、滤筒除尘器等先进工艺，推进聚四氟乙烯微孔覆膜滤料、超细纤维多梯度面层滤料、金属间化合物多孔（膜）材料等产业化应用；烟气脱硫应实施增容提效改造等措施，提高运行稳定性，取消烟气旁路，鼓励净化处理后烟气回原烟囱排放；烟气脱硝应采用活性炭（焦）、选择性催化还原（SCR）等高效脱硝技术。加强源头控制，高炉煤气、焦炉煤气应实施精脱硫，高炉热风炉、轧钢热处理炉应采用低氮燃烧技术；鼓励实施烧结机头烟气循环。

企业无组织排放控制应采用密闭、封闭等有效管控措施，鼓励采用全封闭机械化料场、筒仓等物料储存方式；产尘点应按照“应收尽收”原则配置废气收集设施，强化运行管理，确保收集治理设施与生产工艺设备同步运转。鼓励对焦炉炉体加罩封闭，对废气进行收集处理。

企业应通过新建或利用已有铁路专用线、打通与主干线连接等方式，有效增加铁路运力；对短距离运输的大宗物料，鼓励采用管道或管状带式输送机等密闭方式运输。

（三）依法依规推进钢铁企业全面达标排放。未实施超低排放改造的钢铁企业，应采取治污设施升级、加强无组织排放管理等措施，确保稳定达到国家或地方大气污染物排放标准，重点区域应按照有关规定执行大气污染物特别排放限值。严格钢铁企业排污许可管理，加大依证监管执法和处罚力度，确保排污单位落实持证排污、按证排污的环境管理主体责任。不能按证排污的，实施限期治理，按照“一厂一策”原则，逐一明确时间表和路线图，逾期仍不能满足要求的，依法依规从严处罚。未取得排污许可证的，依法依规实施停产整治或责令关停。

（四）依法依规淘汰落后产能和不符合相关强制性标准要求的生产设施。修订《产业结构调整指导目录》，提高重点区域钢铁行业落后产能淘汰标准，有条件的地区可制定标准更高的落后产能淘汰政策。严格执行质量、环保、能耗、安全等法规标准，促使一批经整改仍达不到要求的产能依法依规关停退出。列入淘汰计划的企业或设施不再要求实施超低排放改造。严防“地条钢”死灰复燃。加大重点区域钢铁产能压减力度，河北省 2020 年钢铁产能控制在 2 亿吨以内。列入去产能计划的钢铁企业，需一并退出配套的烧结、焦炉、高炉等设备。重点区域城市钢铁企业要切实采取彻底关停、转型发展、就地改造、域外搬迁等方式，推动转型升级。

（五）加强企业污染排放监测监控。钢铁企业应依法全面加强污染排放自动监控设施等建设，并与生态环境及有关部门联网，按照钢铁工业及炼焦化学工业自行监测技术指南要求，编制自行监测方案，开展自行监测，如实向社会公开监测信息。

实施超低排放改造的钢铁企业，应全面加强自动监控、过程监控和视频监控设施建设。烧结机机头、烧结机机尾、球团焙烧、焦炉烟囱、装煤地面站、推焦地面站、干法熄焦地面站、高炉矿槽、高炉出铁场、铁水预处理、转炉二次烟气、电炉烟气、石灰窑、白云石窑、燃用发生炉煤气的轧钢热处理炉、自备电站排气筒等均应安装自动监控设施。上述污染源污染治理设施应安装分布式控制系统（DCS），记录企业环保设施运行及相关生产过程主要参数。料场出入口、焦炉炉体、烧结环冷区域、高炉矿槽和炉顶区域、炼钢车间顶部等易产尘点，应安装高清视频监控设施。在厂区内主要产尘点周边、运输道路两侧布设空气质量监测微站点，监控颗粒物等管控情况。建设门禁系统和视频监控系统，监控运输车辆进出厂区情况。自动监控、DCS 监控等数据至少要保存一年以上，视频监控数据至少要保存三个月以上。

四、政策措施

钢铁企业达标排放是法定责任，超低排放是鼓励导向，对于完成超低排放改造的钢铁企业应加大政策支持力度。

（一）严格执行环境保护有关税法。按照环境保护税法有关条款规定，对符合超低排放条件的钢铁企业给予税收优惠待遇。应税大气污染物排放浓度低于污染物排放标准百分之三十的，减按百分之七十五征收环境保护税；低于百分之五十的，减按百分之五十征收环境保护税。落实购置环境保护专用设备企业所得税抵免优惠政策。

（二）给予奖励和信贷融资支持。地方可根据实际情况，对完成超低排放改造的钢铁企业给予奖励。企业通过超低排放改造形成的富余排污权，可用于市场交易。支持符合条件的钢铁企业发行企业债券进行直接融资，募集资金用于超低排放改造等领域。

（三）实施差别化电价政策。严格落实钢铁行业差别化电价政策。对逾期未完成超低排放改造的钢铁企业，省级政府可在现行目录销售电价或交易电价基础上实行加价政策。有条件的地区应研究建立基于钢铁企业污染物排放绩效的差别化电价政策，推动钢铁企业超低排放改造。

（四）实行差别化环保管理政策。在重污染天气预警期间，对钢铁企业实施差别化应急减排措施。其中，橙色及以上预警期间，未完成超低排放改造的，烧结、球团、炼焦、石灰窑等高排放工序应采取停限产措施。重点区域内要进一步强化差别化管理，未完成超低排放改造的，在黄色预警期间，烧结、球团、石灰窑等高排放工序限产一半；在橙色及以上预警期间，烧结、球团、石灰窑等高排放工序全部停产，炼焦工序延长出焦时间，不可豁免。当预测到月度有 3 次及以上橙色或红色重污染天气过程时，未完成超低排放改造的，实行月度停产。

未实现清洁运输的钢铁企业要制定错峰运输方案，纳入重污染天气应急预案中。重点区域内的钢铁企业，除采用新能源汽车或达到国六排放标准的汽车外，在橙色及以上预警期间，原则上重型载货车停止运输。

（五）加强技术支持。生态环境部等研究制定钢铁行业超低排放改造相关技术指导文件，适时修订钢铁工业大气污染物排放标准。鼓励大气污染严重地区出台钢铁工业大气污染物超低排放标准。支持钢铁企业与高校、科研机构、环保工程技术公司等合作，创新节能减排技术。鼓励行业协会等搭建钢铁企业超低排放改造交流平台，促进成熟先进技术推广应用。

五、实施保障

（一）加强组织领导。生态环境部、发展改革委、工业和信息化部、财政部、交通运输部、铁路总公司等共同组织实施本意见，各有关部门各司其职、各负其责、密切配合，形成工作合力，加强对地方工作指导，及时协调解决推进过程中的困难和问题。生态环境部会同有关部门建立钢铁行业超低排放改造管理台账。

各地要加强组织领导，做好监督、管理和服务工作。各省（区、市）应制定本地钢铁行业超低排放改造计划方案，确定年度重点改造项目，于 2019 年 7 月底前报送生态环境部、工业和信息化部、发展改革委等部门。每年 1 月和 7 月，省级相关部门将本地钢铁行业超低排放改造进展情况及主要做法及时报送生态环境部、工业和信息化部、发展改革委等部门。

（二）强化企业主体责任。钢铁企业是实施超低排放改造的责任主体，要按照国家和地方有关要求制定具体工作方案，成立以企业主要负责人为组长的专项工作组，确保按期完成改造任务。企业应加大资金投入，严把工程质量，加强人员技术培训，健全内部环保考核管理机制，确保治理设施长期连续稳定运行；企业有自备油库的，要确保供应合格油品。国有大型钢铁企业集团要发挥表率作用，及时将改造目标任务分解落实到具体企业，力争提前完成。

（三）严格评价管理。生态环境部会同有关部门，按照各省（区、市）钢铁行业超低排放改造计划方案，每年对上一年度超低排放改造完成情况进行评价，纳入大气污染防治工作考核评价体系。

企业完成超低排放改造连续稳定运行一个月后，可自行或委托有能力的技术机构，严格按照指标要求、监测技术规范等开展自行监测。稳定达到超低排放的，报送当地生态环境、工业和信息化、发展改革等部门。

建立完善依效付费机制，多措并举治理低价中标乱象。加大联合惩戒力度，将建设工程质量低劣的环保公司和环保设施运营管理水平低、存在弄虚作假行为的运维机构列入失信联合惩戒对象名单（简称“黑名单”），纳入全国信用信息共享平台，并通过“信用中国”等网站定期向社会公布；相关钢铁企业在重污染天气预警期间加大停限产力度。依法依规对失信企业在行政审批、资质认定、银行贷款、上市融资、政府招投标、政府荣誉评定等方面予以限制。

（四）强化监督执法。各地要加强日常监督和执法检查，对不达标企业、未按证排污企业，依法依规严格处罚。严厉打击弄虚作假、擅自停运环保设施等严重违法行为，依法查处并追究相关人员责任。对超低排放企业，各省（区、市）应建立管理台账，实施动态管理，由市级及以上生态环境部门会同有关部门开展“双随机”检查；对不能稳定达到超低排放指标要求的，视情节取消相关优惠政策，并向社会通报。

（五）加强宣传引导。要营造有利于开展钢铁行业超低排放改造的良好舆论氛围，增强企业开展超低排放改造的责任感和荣誉感。各级有关部门要积极跟踪相关舆情动态，及时回应社会关切，对做得好的地方和企业，组织新闻媒体加强宣传报道。各地应将完成超低排放改造的钢铁企业名单向社会公开，接受社会监督。

附件：1. 重点区域范围

2. 钢铁企业超低排放指标限值

3. 无组织排放控制措施的界定

生态环境部

发展改革委

工业和信息化部

财政部

交通运输部

2019 年 4 月 22 日

附件 1：

重点区域范围

区域名称	范　围
京津冀及周边地区	北京市，天津市，河北省石家庄、唐山、邯郸、邢台、保定、沧州、廊坊、衡水市以及雄安新区，山西省太原、阳泉、长治、晋城市，山东省济南、淄博、济宁、德州、聊城、滨州、菏泽市，河南省郑州、开封、安阳、鹤壁、新乡、焦作、濮阳市（含河北省定州、辛集市，河南省济源市）
长三角地区	上海市、江苏省、浙江省、安徽省
汾渭平原	山西省晋中、运城、临汾、吕梁市，河南省洛阳、三门峡市，陕西省西安、铜川、宝鸡、咸阳、渭南市以及杨凌示范区（含陕西省西咸新区、韩城市）

附件 2.：

钢铁企业超低排放指标限值

单位：毫克/立方米

生产工序	生产设施	基准含氧量（%）	污染物项目		
			颗粒物	二氧化硫	氮氧化物
烧结（球团）	烧结机机头 球团竖炉	16	10	35	50
	链篦机回转窑 带式球团焙烧机	18	10	35	50
	烧结机机尾 其他生产设备	—	10	—	—
炼焦	焦炉烟囱	8	10	30	150
	装煤、推焦	—	10	—	—
	干法熄焦	—	10	50	—
炼铁	热风炉	—	10	50	200
	高炉出铁场、高炉矿槽	—	10	—	—
炼钢	铁水预处理、转炉（二次烟气）、电炉、石灰窑、白云石窑	—	10	—	—
轧钢	热处理炉	8	10	50	200
自备电厂	燃气锅炉	3	5	35	50
	燃煤锅炉	6	10	35	50
	燃气轮机组	15	5	35	50
	燃油锅炉	3	10	35	50

注：表中未作规定的生产设施污染物排放限值按国家、地方排放标准或其他相关规定执行。

附件 3：

无组织排放控制措施的界定

序号	作业类型	措施界定	示例
1	密闭	物料不与环境空气接触，或通过密封材料、密封设备与环境空气隔离的状态或作业方式	—
2	密闭储存	将物料储存于与环境空气隔离的建（构）筑物、设施、器具内的作业方式	料仓、储罐等
3	密闭输送	物料输送过程与环境空气隔离的作业方式	管道、管状带式输送机、气力输送设备、罐车等
4	封闭	利用完整的围护结构将物料、作业场所等与周围空间阻隔的状态或作业方式，设置的门窗、盖板、检修口等配套设施在非必要时应关闭	—
5	封闭储存	将物料储存于具有完整围墙（围挡）及屋顶结构的建筑物内的作业方式，建筑物的门窗在非必要时应关闭	储库、仓库等
6	封闭输送	在完整的围护结构内进行物料输送作业，围护结构的门窗、盖板、检修口等配套设施在非必要时应关闭	皮带通廊、封闭车厢等
7	封闭车间	具有完整围墙（围挡）及屋顶结构的建筑物，建筑物的门窗在非必要时应关闭	—

关于印发《关于推进实施水泥行业超低排放的意见》《关于推进实施焦化行业超低排放的意见》的通知

（环大气〔2024〕5号）

各省、自治区、直辖市、新疆生产建设兵团生态环境厅（局）、发展改革委、工业和信息化主管部门、财政厅（局）、交通运输厅（局、委）：

现将《关于推进实施水泥行业超低排放的意见》《关于推进实施焦化行业超低排放的意见》印发给你们，请遵照执行。

生态环境部

国家发展改革委

工业和信息化部

财政部

交通运输部

2024年1月15日

关于推进实施水泥行业超低排放的意见

推进实施水泥行业超低排放是推动行业绿色低碳高质量发展、助力深入打好蓝天保卫战的重要举措。为贯彻落实《中共中央 国务院关于深入打好污染防治攻坚战的意见》《中共中央 国务院关于全面推进美丽中国建设的意见》《国务院关于印发〈空气质量持续改善行动计划〉的通知》等有关要求，加强对各地工作指导，高质量推进水泥行业超低排放改造，提出以下意见。

一、总体要求

（一）指导思想。以习近平新时代中国特色社会主义思想为指导，深入贯彻党的二十大精神，全面落实习近平生态文明思想和全国生态环境保护大会精神，坚持精准、科学、依法治污，更多运用市场化、法治化手段，更好发挥政府作用，推进实施水泥行业超低排放，提升水泥行业全工序、全流程大气污染治理水平，推动行业绿色低碳转型升级，促进空气质量持续改善，为深入打好污染防治攻坚战提供有力支撑。

（二）基本原则。

坚持系统提升，协同增效。统筹推进水泥行业超低排放改造和行业碳减排行动，优化调整产业、原料、用能、运输结构，坚持源头防控、过程管控和末端治理系统提升，实现减污降碳协同增效。

坚持突出重点，分步推进。以改善空气质量为核心，在大气污染防治重点区域（以下简称重点区域）率先推进，综合考虑技术、经济、市场等条件，确定分区域、分阶段改造任务。

坚持分类管理，综合施策。根据行业生产及排放特征，对有组织排放、无组织排放和物料产品运输分类提出指标限值和管控措施；综合采取税收、价格、金融、环保等政策，多措并举推动实施。

坚持企业主体，政府引导。强化企业主体责任，合理选择改造技术路线，严把工程质量，加强运行管理；更好发挥政府作用，形成有效激励和约束，增强服务意识，营造公平竞争、健康有序的发展环境。

（三）主要目标。推动实施水泥熟料生产企业（不含矿山）和独立粉磨站（含生产特种水泥、协同处置固废的水泥企业）超低排放改造。到 2025 年底前，重点区域取得明显进展，力争 50%水泥熟料产能完成改造，区域内大型国有企业集团基本完成有组织、无组织超低排放改造；到 2028 年底前，重点区域水泥熟料生产企业基本完成改造，全国力争 80%水泥熟料产能完成改造。

二、指标要求

水泥企业超低排放是指所有生产环节（破碎、粉磨、配料、熟料煅烧、烘干、协同处置等，以及原燃料和产品储存运输）的大气污染物有组织、无组织排放及运输过程达到超低排放要求。控制指标和措施要求如下。

（一）有组织排放控制指标。在基准含氧量 10%的条件下，水泥窑及窑尾余热利用系统废气颗粒物、二氧化硫、氮氧化物排放浓度小时均值分别不高于 10 mg/m^3、35 mg/m^3、50 mg/m^3。其他有组织排放具体指标要求见附表 1，氨等表中未作规定的按国家或地方标准执行。达到超低排放的水泥企业每月生产时间至少 95%以上时段排放浓度小时均值满足上述要求。

（二）无组织排放控制措施。物料储存、物料输送、生产工艺过程等无组织排放源，在保障安全生产的前提下，采取密闭、封闭等有效控制设施。无组织排放控制设施与生产设施同步正常运行，产尘点及生产设施无可见烟粉尘外逸，厂区整洁无积尘。具体要求见附表 2。

（三）清洁运输要求。进出企业的原燃料采用铁路、水路、管道、管状带式输送机、皮带通廊等清洁方式运输比例不低于 80%；达不到的企业，汽车运输部分全部采用新能源或国六排放标准车辆。重点区域企业原燃料清洁运输比例达不到 80%的部分采用新能源汽车替代（2025 年底前新能源汽车替代比例不低于 60%），其他原燃料运输全部采用新能源或国六排放标准车辆。产品运输优先采用清洁运输方式，汽车运输全部采用新能源或国六排放标准车辆。厂内使用新能源运输车辆（2025 年底前可采用国六排放标准车辆）。非道路移动机械原则上采用新能源，无对应产品的满足国四及以上排放标准（2025 年底前可采用国三排放标准非道路移动机械）。

三、重点任务

（一）优化调整产业结构。严格执行产能置换政策，加大对过剩产能控制力度，坚决遏制违规新增产能，重点区域严禁新增水泥熟料产能。推进新改扩建（含搬迁）水泥项目按超低排放水平建设。落实《产业结构调整指导目录》（2024 年本），通过综合手段依法依规淘汰落后产能。发挥能耗、环保、质量、安全、物耗、水耗等标准作用，引导能耗高、排放强度大的低效产能有序退出，鼓励重点区域制定限制类产能退出计划。列入淘汰退出计划的企业或设施不再要求实施超低排放改造。

（二）有序推进现有企业超低排放改造。各地要围绕空气质量改善需求，把握好节奏和力度，高质量推进水泥行业超低排放改造。要为企业做好服务和指导，帮助企业合理选择改造技术路线，协调解决清洁运输等重大事项。

因厂制宜选择成熟适用的环保技术。强化源头控制，水泥窑配备低氮燃烧器，采用分级燃烧及其他分解炉含氧量精细化管控等低氮燃烧技术，窑尾废气采用选择性非催化还原（SNCR）、选择性催化还原（SCR）等组合脱硝技术。采取有效措施控制氨逃逸，脱硝氨水消耗量小于3.5kg/t熟料（基于20%的氨水浓度折算）。除尘采用袋式、电袋复合式等高效除尘技术。

在保障安全生产的前提下，无组织排放控制采用密闭、封闭等有效治理措施。鼓励采用机械化料场、筒仓、圆库等物料储存方式，产尘点按照“应收尽收”原则合理配置废气收集设施，优化收集风量。优化工艺流程，减少转运环节，降低物料落差，缩短运输距离；破碎机、磨机喂料装置采用密闭或封闭防尘措施。推进水泥企业矿山生态修复和绿色矿山建设。

加强清洁运输改造，中长距离运输优先采用铁路或水路；短途运输优先采用皮带通廊或新能源车辆；厂内物料转运优先采用皮带通廊或封闭式螺旋输送机，减少厂内物料二次倒运和汽车运输量。

（三）统筹推进水泥行业协同减污降碳。鼓励企业在超低排放改造时统筹开展减污降碳和清洁生产改造，积极探索污染物和温室气体协同控制工艺技术，到2025年，完成8.5亿吨水泥熟料产能清洁生产改造。推动原料替代，在保障水泥产品质量前提下，提高废渣资源替代石灰石比重；提高矿渣、粉煤灰工业废物掺加比例，降低熟料系数。提高水泥产品质量和应用水平，促进水泥减量化使用。积极推进燃料替代，利用水泥窑协同处置固体废弃物等替代煤炭；采用独立热源烘干的企业，鼓励使用天然气、电、净化后煤气等清洁能源。严格执行水泥行业能源消耗限额要求，在规定时限内将能效基准水平以下熟料产能清零，力争达到能效标杆水平。加快推广低阻旋风预热器、高效烧成、高效篦冷机、高效节能粉磨等节能技术装备。

（四）强化全过程精细化环境管理。实施超低排放改造的企业，可通过全面加强污染物排放自动监测、过程监控和视频监控设施建设等方式自证稳定达到超低排放要求，包括以下措施：安装自动监控设施，与生态环境部门联网并验收，水泥窑及窑尾余热利用系统增加氨污染因子自动监测；主要生产装备和污染治理设施安装分布式控制系统（DCS），重点环节安装高清视频监控设施；建设全厂环境管控平台，记录有组织排放、无组织排放相关监测监控和治理设施运行情况，以及清洁运输情况；自动监测、DCS系统等数据至少保存五年以上，高清视频监控数据至少保存一年以上。具体要求见附表3、附表4。

加强运行管理。确保水泥熟料生产与脱硝系统同步运行，做好脱硝剂采购记录、消耗量日常检查记录和喷枪维护记录。采取合理控制脱硝剂用量，优化反应温度、反应区间和停留时间等有效措施控制氨逃逸。定期检查无组织排放设施运行情况，可通过智能化、数字化建设，实现无组织排放精准管控。外排环境的烟气旁路，应采取彻底拆除、切断、物理隔离等方式取缔，因安全生产需要保留的，在非紧急情况下保持关闭并铅封，通过安装自动监测设备、流量计等方式加强监管，鼓励在旁路设置感应式阀门，阀门开启状态、开度等信号接入中控系统，并保存历史记录。

强化运输管理。配备专职人员加强运输管理，建设门禁及视频监控系统，以及进出厂运输车辆、厂内运输车辆、非道路移动机械电子台账。具体要求详见附表5。鼓励与供车单位、原辅材料供货单位及产品购买单位签订车辆排放达标保证书、增加相应合同条款、提供运输车辆年检合格证明等方式实现车辆合规管理。

完善管理制度。建立健全企业环保管理机构，设置环保专职人员。建立企业环保设施检修与维护、环境监测、环保监督与考核、环保应急预案等管理制度。按照排污许可技术规范要求，规范、准确、完整记录环境管理台账，如实反映生产设施、污染治理设施运行情况。

四、政策措施

水泥企业达标排放是法定责任，超低排放是鼓励导向，对于达到超低排放改造要求的水泥企业加大支持力度。

（一）加大经济政策支持力度。地方可根据实际情况，对符合条件的超低排放改造项目给予支持。按照环境保护税法有关规定，对实现超低排放的水泥企业给予税收优惠。落实购置环境保护专用设备企业所得税抵免优惠政策。鼓励银行机构给予水泥企业信贷支持用于超低排放改造，支持符合条件的企业发行债券进行直接融资，募集资金用于超低排放改造等领域。通过全国碳排放权交易市场，对在超低排放改造时统筹开展减污降碳改造，实现减少温室气体排放的企业形成正向激励。

（二）实行差异化环保管理政策。充分发挥标杆企业引领示范作用，对于已完成超低排放改造并公示的水泥企业，可开展A级绩效评级工作，减少错峰生产时间；完成A级绩效评定的，重污染天气预警期间可采取自主减排措施。未按时限要求完成超低排放改造的水泥企业，重污染天气预警期间依法严格落实应急减排措施。已评定为A级的企业可对照超低排放指标要求进行改造。推动建立统一的高耗能行业阶梯电价制度，鼓励有条件的地区制定基于污染物排放、能耗、温室气体排放的信贷金融等政策。

（三）加强技术支撑。研究制定水泥行业超低排放改造相关技术指导文件。适时修订水泥工业大气污染物排放标准。支持水泥企业与高校、科研机构、环保工程技术公司等合作，创新节能减排技术。鼓励国家生态环境科研院所联合行业协会等搭建水泥企业超低排放改造交流平台，促进成熟先进技术推广应用。

五、实施保障

（一）加强组织实施。生态环境部会同国家发展改革委、工业和信息化部、财政部、交通运输部等组织实施本意见，有关部门各司其职、各负其责、密切配合、形成合力，加强对地方工作指导，及时协调解决推进过程中的困难和问题。生态环境部建立水泥行业超低排放改造管理台账。各地要加强组织实施，做好监督、管理和服务工作。各省（区、市）相关部门制定本地水泥企业超低排放改造计划，确定改造任务并细化落实到具体项目，明确完成时间，于 2024 年 6 月底前报送生态环境部、工业和信息化部。

（二）强化企业主体责任。水泥企业是实施超低排放改造的责任主体，要按照国家和地方有关要求制定具体工作方案，力求做到企业领导真重视、资金真投入、实施真工程、管理水平真提升，确保按期高质量完成改造任务，实现治理设施长期连续稳定运行。在环保治理工程建设和运行过程中，要严格执行安全管理有关规定，切实落实企业安全生产主体责任。大型水泥企业集团要发挥表率作用，及时将改造目标任务分解落实，力争提前完成。

（三）严格评价管理。生态环境部会同有关部门，按照各省（区、市）水泥行业超低排放改造计划方案，每年对上一年度超低排放改造完成情况进行评价。

企业完成超低排放改造并累计稳定运行一个月后，可自行或委托有资质的监测机构和有能力的技术机构，严格按照指标要求和相关技术文件开展评估监测。稳定达到超低排放要求的，可报送当地生态环境、工业和信息化等部门。鼓励行业协会发挥桥梁纽带作用，指导企业开展超低排放改造和评估监测工作。

（四）强化监督管理。对已完成超低排放改造的企业，加强事中事后监管，建立动态管理台账，组织“双随机”检查，对不能稳定实现超低排放的，及时调整出动态管理名单，视情节取消相关优惠政策，并向社会公开。对超标排污企业、未按证排污企业，依法依规处罚；对弄虚作假、偷排偷放等违法行为，依法严厉打击，涉嫌犯罪的移送司法机关。

（五）加强宣传引导。做好政策解读和宣贯，营造有利于开展水泥行业超低排放改造的良好舆论氛围，增强企业责任感和荣誉感。各级有关部门要积极跟踪相关舆情动态，及时回应社会关切，宣传报道地方和企业的优秀做法。

附表：1. 有组织排放指标限值
2. 无组织排放控制措施
3. 监测监控安装点位
4. 分布式控制系统（DCS）关键参数
5. 清洁运输管理要求

附表 1：

有组织排放指标限值

单位：毫克/立方米

排放环节[a]	基准含氧量（%）	污染物项目		
		颗粒物	二氧化硫	氮氧化物（以 NO_2 计）
水泥窑及窑尾余热利用系统	10	10	35	50
水泥窑窑头（冷却机）	—	10	—	—
烘干机、烘干磨、煤磨	实测值[b]	10	—	—
破碎机、磨机、包装机	—	10	—	—
输送设备、水泥仓及其他通风生产设备	—	10	—	—

注：a 表示氨等表中未作规定的按国家及地方标准执行。

b 表示采用窑头余热，或采用经脱硫脱硝并达到超低排放要求的窑尾烟气。

附表 2：

无组织排放控制措施

主要环节	控制措施
物料储存	石灰石、页岩、泥岩、煤矸石、原煤等原燃料在封闭料棚内存放。 熟料封闭储存。 生料、干粉煤灰、矿渣微粉、成品水泥等粉状物料采用密闭料仓、储罐等方式密闭储存。 协同处置固体废物的，贮存设施采用封闭措施，有生活垃圾或污泥存放时处于负压状态；贮存设施内抽取的空气导入水泥窑高温区焚烧处理，或通过其他措施处理达标后排放。 料棚（不含熟料、原煤）产尘点安装抑尘设施，车辆行驶区域及出入口地面硬化并安装自动门。
物料输送	散状原燃料及产品卸车、上料、配料、输送密闭或封闭作业。 运输皮带采用皮带通廊等方式封闭，各转载、下料口等产尘点正常生产时保证无可见烟粉尘外逸与撒料。 库顶配备袋式除尘器。 除尘灰采用负压、罐车等密闭方式运输。
生产工艺	石灰石、煤、混合材等物料厂内破碎时，在破碎机进料口设置集气罩或封闭，出料口采用密闭装置，并配备除尘设施。 磨前喂料装置、烘干机与集气罩的连接处密闭。 窑系统保持微负压，定期检查。 熟料冷却机卸料口设置集气罩，配备除尘设施。 氨水或液氨采用专用罐车运输，配套氨气回收或吸收回用装置。 氨水罐区及易泄漏点位设置氨气泄漏检测措施。
其他	厂区道路全部硬化，及时清扫、定期洒水。 企业厂区出口或汽车运输料场出口处（料场口与厂区出口距离在 100 米以内的可合并安装 1 处洗车台）配备高压清洗装置，对所有货物运输车辆的车轮、底盘进行冲洗。

注：封闭：利用完整的围护结构将物料、作业场所等与周围空间阻隔的状态或作业方式。在保证安全前提下可以封闭的区域或建筑物，该封闭区域或封闭建筑物除人员、车辆、设备、物料进出时，以及依法设立的排气筒、通风口外，门窗及其他开口（孔）部位保持关闭状态。

密闭：污染物质不与环境空气接触，或通过密封材料、密封设备与环境空气隔离的状态或作业方式。

附表 3：

监测监控安装点位

监测监控	工序	安装点位
烟气排放连续在线监测系统（CEMS）[a]	水泥制造	水泥窑及窑尾余热利用系统、水泥窑窑头（冷却机）排气筒、煤磨排气筒、水泥磨主排气筒、独立烘干热源排气筒[b]
分布式控制系统（DCS）	熟料生产	水泥窑、窑尾烟气处理系统
高清视频监控	原料、燃料储库（仓库）	运输车辆进出口[c]
	熟料生产	成品装卸[c]
	发运	进出广场
	CEMS	站房内、采样平台
门禁及视频监控系统	厂区	厂区进出口

注：a 表示监测指标依据附表 1 设置，水泥窑及窑尾余热利用系统增加氨污染因子自动监测。

b 表示使用电为能源的，监测指标为颗粒物；使用天然气为燃料的，监测指标为颗粒物和氮氧化物；使用其他燃料的，监测指标为颗粒物、二氧化硫、氮氧化物。

c 表示高清视频监控能够覆盖成品装卸所有车辆出入口。

附表 4：

分布式控制系统（DCS）关键参数

工 序	参 数
水泥窑生产	水泥窑喂料量、喂煤量（窑头燃烧器、分解炉）、分解炉温度，预热器出口温度、CO浓度，协同处置固体废物入窑量
窑尾烟气处理系统	窑尾排放口烟气量、含氧量、烟气温度、氨排放浓度
	除尘：除尘器风量、风机电流、颗粒物排放浓度
	脱硫：脱硫剂使用量、脱硫剂仓料（液）位（与 CEMS 时间同步）、风机电流、二氧化硫排放浓度
	脱硝：脱硝剂（还原剂）使用量、脱硝剂仓料（液）位、脱硝反应器出入口烟气温度和压力、脱硝反应器出入口氮氧化物浓度、风机电流、氮氧化物排放浓度

附表 5：

清洁运输管理要求

分　类	措　施	参　数
门禁及视频监控系统	覆盖原辅材料、燃料、产品及副产品等运输车辆进出厂区的出入口，对进出车辆进行照片及视频的采集、校验，实施进出厂管理，并对采集的数据进行统计和储存，与生态环境部门联网，实现对运输车辆和非道路移动机械使用情况实时监管。建立运输车辆基本信息电子台账，并对进出厂车辆实施自动记录，实时保存、更新和上传。运输车辆基本信息电子台账保存周期不少于 5 年，车辆进出厂历史记录保存周期不少于 24 个月，视频保存周期不少于 12 个月	电子台账主要参数：出入口编号、道闸编号、进出厂状态、进厂时间/出厂时间、进厂照片/出厂照片、车牌号码、号牌颜色、车辆类型、车辆识别代码（VIN）、注册登记日期、车辆型号、发动机型号、发动机生产厂、发动机编号、燃料类型、排放标准、使用性质、联网状态、随车清单、行驶证、运输货物名称、运输量、车队名称等
厂内运输车辆电子台账	对厂内运输车辆实施信息登记管理，并实时更新上传，本地历史记录保存周期不少于 5 年	环保登记编码、车辆识别代码（VIN）、生产日期、车牌号码、注册登记日期、车辆型号、发动机型号、发动机生产厂、发动机编号、燃料类型、排放标准、随车清单、行驶证、车辆所有人（单位）等
非道路移动机械电子台账	对非道路移动机械实施信息登记管理，并实时更新上传，本地历史记录保存周期不少于 5 年	环保登记编码、机械生产日期、车牌号码、排放标准、燃料类型、机械种类、机械环保代码/产品识别码（PIN）、机械型号、发动机型号、发动机生产厂、发动机编号、整车（机）铭牌、发动机铭牌、机械环保标签、所属人（单位）等

注：新能源汽车是指采用新型动力系统，完全或主要依靠新型能源驱动的汽车，主要包括纯电动汽车、插电式混合动力汽车及燃料电池汽车。

关于推进实施焦化行业超低排放的意见

推进实施焦化行业超低排放是推动行业绿色低碳高质量发展、助力深入打好蓝天保卫战的重要举措。为贯彻落实《中共中央 国务院关于深入打好污染防治攻坚战的意见》《中共中央 国务院关于全面推进美丽中国建设的意见》《国务院关于印发〈空气质量持续改善行动计划〉的通知》等有关要求，加强对各地工作指导，高质量推进焦化行业超低排放改造，提出以下意见。

一、总体要求

（一）指导思想。以习近平新时代中国特色社会主义思想为指导，深入贯彻党的二十大精神，全面落实习近平生态文明思想和全国生态环境保护大会精神，坚持精准、科学、依法治污，更多运用市场化、法治化手段，更好发挥政府作用，推进实施焦化行业超低排放，提升焦化行业全工序、全流程大气污染治理水平，推动行业绿色低碳转型升级，促进空气质量持续改善，为深入打好污染防治攻坚战提供有力支撑。

（二）基本原则。

坚持系统提升，协同增效。统筹推进焦化行业超低排放改造和行业碳减排行动，优化调整产业、用能、运输结构，坚持源头防控、过程管控、末端治理系统提升，实现减污降碳协同增效。

坚持突出重点，分步推进。以改善空气质量为核心，以挥发性有机物（VOCs）、氮氧化物（NO_x）等多污染物协同减排为重点，在大气污染防治重点区域（以下简称重点区域）率先推进，综合考虑技术、经济、市场等条件，确定分区域、分阶段改造任务。

坚持分类管理，综合施策。根据行业生产及排放特征，对有组织排放、无组织排放和物料产品运输分类提出指标限值和管控措施；综合采取税收、价格、金融、环保等政策，多措并举推动实施。

坚持企业主体，政府引导。强化企业主体责任，合理选择改造技术路线，严把工程质量，加强运行管理；更好发挥政府作用，形成有效激励和约束，增强服务意识，营造公平竞争、健康有序的发展环境。

（三）主要目标。推动实施焦化企业（含半焦生产）超低排放改造。到 2025 年底前，重点区域力争 60%焦化产能完成改造；到 2028 年底前，重点区域焦化企业基本完成改造，全国力争 80%焦化产能完成改造。已完成超低排放改造的钢焦联合企业，要对标对表、查缺补漏，确保焦化工序按期达到本意见要求。

二、指标要求

焦化企业超低排放是指所有生产环节（备煤、炼焦、熄焦、焦处理、煤气净化、化学产品深加工等生产环节，以及物料产品储存运输）的大气污染物有组织排放、无组织排放及运输过程达到超低排放要求。控制指标和措施要求如下。

（一）有组织排放控制指标。在基准含氧量8%的条件下，焦炉烟囱废气颗粒物、二氧化硫、氮氧化物、非甲烷总烃、氨排放浓度小时均值分别不高于 $10mg/m^3$、$30mg/m^3$、$150mg/m^3$、$100mg/m^3$、$8mg/m^3$；生产废水处理设施非甲烷总烃浓度小时均值不高于 $100mg/m^3$。其他污染源颗粒物排放浓度小时均值不高于 $10mg/m^3$，具体指标要求见附表1。达到超低排放的焦化企业每月至少95%以上时段排放浓度小时均值满足上述要求。

（二）无组织排放控制措施。物料储存、物料输送、生产工艺过程、敞开液面等无组织排放源，在保障安全生产的前提下，采取密闭、封闭等有效控制设施。无组织排放控制设施与生产设施同步正常运行，产尘点及生产设施无可见烟粉尘外逸，厂区整洁无积尘、无明显异味。具体要求见附表2。

（三）清洁运输要求。进出企业的物料和产品采用铁路、水路、管道、管状带式输送机、皮带通廊等清洁方式运输比例不低于 80%；达不到的企业，汽车运输部分全部采用新能源或国六排放标准车辆。重点区域企业清洁运输比例达不到 80%的部分采用新能源汽车替代（2025 年底前新能源汽车替代比例不低于 60%），其他运输部分全部采用新能源或国六排放标准车辆。厂内使用新能源运输车辆（2025 年底前可采用国六排放标准车辆）。非道路移动机械原则上采用新能源，无对应产品的满足国四及以上排放标准（2025 年底前可采用国三排放标准非道路移动机械）。危化品运输等特种车辆可采用国五及以上排放标准车辆（燃气车辆达到国六排放标准）。

三、重点任务

（一）优化调整产业结构。严把环境准入关，坚决遏制违规新增产能，重点区域严禁新增焦化产能，鼓励地方制定焦化行业产能置换办法。推进新改扩建（含搬迁）焦化项目按超低排放水平建设。推动现有焦化企业实施钢焦融合、兼并重组。合理控制半焦（兰炭）产业规模，逐步向工业园区或优势企业集中，陕西、新疆等省（区）相关部门制定半焦（兰炭）企业转型升级方案。落实《产业结构调整指导目录》（2024 年本），依法依规淘汰落后产能，鼓励有条件的地区制定标准更高的落后产能淘汰政策。发挥环保、能耗、质量、安全、物耗、水耗等标准作用，引导能耗高、排放强度大的低效产能有序退出。列入淘汰退出计划的企业或设施不再要求实施超低排放改造。

（二）有序推进现有企业超低排放改造。各地要围绕空气质量改善需求，把握好节奏和力度，高质量推进焦化行业超低排放改造。重点针对 VOCs 无组织排放治理、清洁运输等薄弱环节为企业做好服务和指导，帮助企业协调解决铁路专用线建设、换电站建设等清洁运输重大事项。

因厂制宜选择成熟适用的环保技术。强化源头控制，鼓励焦炉采用分段（多段）燃烧、炉内废气循环、单孔炭化室压力调节等技术。采用成熟稳定的污染治理技术，除尘采用高效电除尘、袋式除尘、滤筒除尘等技术；脱硫实施增容提效改造等措施，提高运行稳定性；脱硝采用选择性催化还原（SCR）、活性炭（焦）等高效技术；通过建设备用设施或多仓室改造等措施有效减少治理设施检修时污染物排放。在保障安全生产的前提下，无组织排放控制采用密闭、封闭等有效治理措施。鼓励采用机械化料场、筒仓等物料储存方式，产尘点按照“应收尽收”原则合理配置废气收集设施，优化收集风量。安装煤气自动点火放散装置，避免直接放散。加强 VOCs 全过程治理。焦炉采取正压密封、砖缝灌浆、陶瓷焊补等源头控制措施减少炉墙串漏。各类储罐（槽、池）以及有机液体装载点位收集的高浓度 VOCs 废气接入压力平衡系统或燃烧处理；脱硫再生、硫铵结晶、硫黄（膏）生产、脱硫废液提盐、焦油渣干化、生产废水处理、化学产品深加工等设施或车间收集的低浓度 VOCs 废气采用高效（组合）工艺处理，鼓励引入燃烧装置。半焦炉装煤采取有效措施控制无组织逸散，采用蒸汽、干法等节能环保型熄焦方式，加强出焦输送设施封闭和废气收集处理。

加强清洁运输改造，煤炭、焦炭等大宗物料和产品中长距离运输优先采用铁路或水路，短途接驳和厂内物料转运优先采用管状带式输送机或皮带通廊；优化厂内总图布置，合理规划物料输送路线，减少厂内物料二次倒运和汽车运输量。

（三）统筹推进焦化行业协同减污降碳。鼓励企业在超低排放改造时统筹开展减污降碳和清洁生产改造，积极探索污染物和温室气体协同控制工艺技术，到 2025 年，完成 4.6 亿吨焦化产能清洁生产改造。引导焦化产业链向下游高附加值精细化工产品延伸。鼓励采用蒸汽加热或电加热替代煤气管式炉。推广应用干法熄焦、上升管余热回收、循环氨水及初冷器余热回收等减污降碳技术。严格执行焦化行业能源消耗限额要求，在规定时限内将能效基准水平以下焦炭产能清零，力争达到能效标杆水平。采取焦炉煤气高效综合利用措施，加强煤气管网生产调度管理，提高煤气利用率。

（四）强化全过程精细化环境管理。实施超低排放改造的企业，可通过全面加强污染物排放自动监测、过程监控和视频监控设施建设等方式自证稳定达到超低排放要求，包括以下措施：主要排放口和燃用煤气的管式炉安装自动监控设施，与生态环境部门联网并验收，焦炉烟囱（含热备烟囱）增加非甲烷总烃和氨排放自动监测；主要生产装备和污染治理设施安装分布式控制系统（DCS），重点环节安装高清视频监控设施，关键点位布设空气质量监测微站；建设全厂环境管控平台，记录有组织排放、无组织排放相关监测监控和治理设施运行情况，以及清洁运输情况；自动监测、DCS系统等数据至少保存五年以上，高清视频监控数据至少保存一年以上。具体要求见附表3、附表4。

加强运行管理。建立定期巡检工作机制，加强炉门清理与泄漏修复管理，根据产尘点距离合理设置捕集装置。采取合理控制脱硝剂用量，优化反应温度、反应区间和停留时间等有效措施控制氨逃逸。加强生产组织管理和设备维护，降低推焦除尘风机、焦炉烟囱风机和煤气鼓风机等事故检修频次，减少非正常工况污染物排放。严禁采用未达标的生产废水直接熄焦。规范开展设备与管线组件泄漏检测与修复（LDAR），提高动静密封点精细化管理水平。加强全厂环境管控平台数据动态分析和预警应用。

强化运输管理。配备专职人员加强运输管理，建设门禁及视频监控系统，以及进出厂运输车辆、厂内运输车辆、非道路移动机械电子台账。具体要求详见附表5。鼓励与供车单位、原辅材料供货单位及产品购买单位签订车辆排放达标保证书、增加相应合同条款、提供运输车辆年检合格证明等方式实现车辆合规管理。完善管理制度。建立健全企业环保管理机构，设置环保专职人员；建立企业环保设施检修与维护、环境监测、环保监督与考核、环保应急预案等管理制度；按照排污许可技术规范要求，规范、准确、完整记录环境管理台账，如实反映生产设施、污染治理设施运行情况。

四、政策措施

焦化企业达标排放是法定责任，超低排放是鼓励导向，对于达到超低排放要求的焦化企业加大支持力度。

（一）加大经济政策支持力度。地方可根据实际情况，对符合条件的超低排放改造项目给予支持。按照环境保护税法有关规定，对实现超低排放的焦化企业给予税收优惠。落实购置环境保护专用设备企业所得税抵免优惠政策。鼓励银行机构给予焦化企业信贷支持用于超低排放改造，支持符合条件的企业发行债券进行直接融资，募集资金用于超低排放改造等领域。通过全国碳排放权交易市场，对在超低排放改造时统筹开展减污降碳改造，实现减少温室气体排放的企业形成正向激励。

（二）实行差别化环保管理政策。充分发挥标杆企业引领示范作用，对于已完成超低排放改造并公示的焦化企业，可开展A级绩效评级工作；完成A级绩效评定的，重污染天气预警期间可采取自主减排措施。未按时限要求完成超低排放改造的焦化企业，重污染天气预警期间依法严格落实应急减排措施。已评定为A级的企业可对照超低排放指标要求进行改造。推动建立统一的高耗能行业阶梯电价制度，鼓励有条件的地区制定基于污染物排放、能耗、温室气体排放的信贷金融等政策。

（三）加强技术支撑。研究制定焦化行业超低排放改造相关技术指导文件，修订炼焦化学工业大气污染物排放标准。鼓励焦炭产能大省出台地方排放标准，制定半焦（兰炭）企业清洁生产评价标准。支持焦化企业与高校、科研机构、环保工程技术公司等合作，创新节能减排技术。鼓励国家生态环境科研院所联合行业协会等搭建焦化企业超低排放改造交流平台，促进成熟先进技术推广应用。

五、实施保障

（一）加强组织实施。生态环境部会同国家发展改革委、工业和信息化部、财政部、交通运输部等组织实施本意见，有关部门各司其职、各负其责、密切配合、形成合力，加强对地方工作指导，及时协调解决推进过程中的困难和问题。生态环境部建立焦化行业超低排放改造管理台账。各地要加强组织实施，做好监督、管理和服务工作。各省（区、市）相关部门制定本地焦化行业超低排放改造计划，确定改造任务并细化落实到具体项目，明确完成时间，于 2024 年 6 月底前报送生态环境部、工业和信息化部。

（二）强化企业主体责任。焦化企业是实施超低排放改造的责任主体，要按照国家和地方有关要求制定具体工作方案，力求做到企业领导真重视、资金真投入、实施真工程、管理水平真提升，确保按期高质量完成改造任务，实现治理设施长期连续稳定运行。在环保治理工程建设和运行过程中，要严格执行安全管理有关规定，切实落实企业安全生产主体责任。大型钢铁、焦化企业集团要发挥表率作用，及时将改造目标任务分解落实，力争提前完成。

（三）严格评价管理。生态环境部会同有关部门，按照各省（区、市）焦化行业超低排放改造计划方案，每年对上一年度超低排放改造完成情况进行评价。

企业完成超低排放改造并累计稳定运行一个月后，可自行或委托有资质的监测机构和有能力的技术机构，严格按照指标要求和相关技术文件开展评估监测。稳定达到超低排放要求的，可报送当地生态环境、工业和信息化等部门。鼓励行业协会发挥桥梁纽带作用，指导企业开展超低排放改造和评估监测工作。

（四）强化监督管理。对已完成超低排放改造的企业，加强事中事后监管，建立动态监督管理台账，组织“双随机”检查，对不能稳定实现超低排放的，及时调整出动态管理名单，视情节取消相关优惠政策，并向社会公开。对超标排污企业、未按证排污企业，依法依规处罚；对弄虚作假、偷排偷放等违法行为，依法严厉打击，涉嫌犯罪的移送司法机关。

（五）加强宣传引导。做好政策解读和宣贯，营造有利于开展焦化行业超低排放改造的良好舆论氛围，增强企业责任感和荣誉感。各级有关部门要积极跟踪相关舆情动态，及时回应社会关切，宣传报道地方和企业的优秀做法。

附表：1. 有组织排放指标限值

2. 无组织排放控制措施

3. 监测监控安装点位

4. 分布式控制系统（DCS）关键参数

5. 清洁运输管理要求

附表 1：

有组织排放指标限值

单位：毫克/立方米

排放环节	基准含氧量（%）	污染物项目				
		颗粒物	二氧化硫	氮氧化物（以 NO_2 计）	非甲烷总烃	氨
焦炉烟囱	8	10	30	150	100	8[a]
出（推）焦		10	30			
装煤和机侧炉口		10	70			
干法熄焦		10	50			
燃用煤气的加热炉	8	10	30	150		
生产废水处理设施（含储存、调节、气浮、隔油等预处理设施以及厌氧池、预曝气池）					100	
VOCs 燃烧（焚烧、氧化）装置[b]	3[c]		200	200	50	
燃气锅炉	3	5	35	50		
燃煤锅炉	6	10	35	50		
燃气轮机组	15	5	35	50		
燃油锅炉	3	10	35	50		

注：1. 表中未作规定的生产设施污染物排放限值按国家、地方排放标准或其他相关规定执行。

2. VOCs 处理设施的处理效率不应低于 80%。

a 表示适用于采用氨法脱硫、脱硝的设施，以及活性焦工艺再生尾气排放。

b 表示利用焦炉焚烧处理有机废气的，执行表中焦炉烟囱控制要求。利用锅炉、工业炉窑（焦炉除外）或固体废物焚烧炉焚烧处理有机废气的，还应满足锅炉、工业炉窑（焦炉除外）或固体废物焚烧炉的控制要求。

c 表示进入 VOCs 燃烧（焚烧、氧化）装置处理有机废气需要补充空气进行燃烧、氧化反应的，排气筒中实测大气污染物排放浓度按基准含氧量 3%折算为大气污染物基准排放浓度。进入 VOCs 燃烧（焚烧、氧化）装置中废气含氧量可满足自身燃烧、氧化反应需要，不需另外补充空气的，或仅燃烧器需要补充空气助燃的，以实测质量浓度作为达标判定依据，但装置出口烟气含氧量不得高于装置进口废气含氧量。

附表 2：

无组织排放控制措施

<table>
<tr><th>环　节</th><th colspan="2">点　位</th><th>控制措施</th></tr>
<tr><td rowspan="3">物料储存</td><td colspan="2">石灰、除尘灰、脱硫灰等粉状物料</td><td>采用料仓、储罐等方式密闭储存</td></tr>
<tr><td colspan="2">煤炭、焦炭、针状焦、沥青、石墨等块状或粘湿物料</td><td>采用密闭料仓或封闭料场（仓、库、棚）等方式储存，其中封闭料场内设喷雾抑尘装置。鼓励采用封闭式机械化料场、筒仓等物料储存方式</td></tr>
<tr><td colspan="2">有机液体、有机固废及其他 VOCs 物料</td><td>焦油、粗苯、甲醇、酚油、蒽油、炭黑油、轻油、洗油等有机液体，焦油渣、酸焦油、粗苯残渣、洗油残渣、沥青渣等有机固废，及其他 VOCs 物料密闭储存，并将废气接入压力平衡系统或燃烧处理</td></tr>
<tr><td rowspan="6">物料输送</td><td colspan="2">石灰、除尘灰、脱硫灰等粉状物料</td><td>采用气力输送设备、罐车及其他方式密闭输送</td></tr>
<tr><td colspan="2">煤炭、焦炭、针状焦、沥青、石墨等块状或粘湿物料</td><td>采用管状带式输送机、皮带通廊等方式输送；确需汽车运输的，使用封闭车厢或苫盖严密，装卸车时采取除尘或抑尘措施</td></tr>
<tr><td colspan="2">有机液体、有机固废及其他 VOCs 物料</td><td>焦油、粗苯、甲醇、酚油、蒽油、炭黑油、轻油、洗油等有机液体，焦油渣、酸焦油、粗苯残渣、洗油残渣、沥青渣等有机固废，及其他 VOCs 物料，转移和输送采取密闭措施。粗苯、甲醇、酚油、轻油等挥发性有机液体装载时，采用底部装载或顶部浸没式；若采用顶部浸没式，出料管口距离槽（罐）底部高度小于 200mm；废气接入压力平衡系统或燃烧处理</td></tr>
<tr><td colspan="2">液氨及氨水</td><td>卸载、输送、制备、储存密闭，并采取氨气泄漏检测措施</td></tr>
<tr><td colspan="2">料场出口</td><td>设置高压清洗装置，确保能够覆盖车轮和车身</td></tr>
<tr><td colspan="2">厂区及周边道路</td><td>道路硬化，并采取清扫、洒水等措施，保持清洁</td></tr>
<tr><td rowspan="4">生产工艺过程</td><td colspan="2">破碎、筛分、转运</td><td>设置收尘罩，配备除尘设施或高效抑尘措施</td></tr>
<tr><td rowspan="3">装煤/推（出）焦</td><td>常规焦炉</td><td>装煤除尘采用导烟除尘技术或单炭化室压力调节或地面站除尘技术，推焦采用地面站除尘技术，机侧炉口设置废气收集处理装置</td></tr>
<tr><td>热回收焦炉</td><td>装煤、推焦、机侧炉门除尘采用地面站除尘或车载除尘技术</td></tr>
<tr><td>半焦（兰炭）炭化炉</td><td>采用双室双闸给料器，炉顶装煤口采取封闭措施，安装除尘、废气收集等设备，有效控制粉尘和煤气外逸；出焦应对输送设施封闭和废气收集处理</td></tr>
</table>

环节	点位		控制措施
生产工艺过程	焦炉炉体		焦炉炉门、装煤孔盖、上升管盖、上升管根部、桥管与阀体承插等采取密封技术；焦炉安装荒煤气自动点火放散装置
	熄焦	常规焦炉	钢焦联合企业采用干法熄焦，鼓励独立焦化企业采用干法熄焦工艺
		热回收焦炉	采用干法熄焦或节水型熄焦工艺（吨焦耗水量不大于0.4吨），熄焦塔采用双层折流板等高效抑尘装置
		半焦（兰炭）炭化炉	采用蒸汽、干法等节水节能型熄焦方式，鼓励余热回收
	脱硫再生、硫铵结晶、硫黄（膏）生产、脱硫废液提盐、化学产品深加工等设施/车间		废气采用高效（组合）工艺处理，鼓励作为助燃风引入燃烧装置。鼓励焦油渣通过离心干化等方式减量处理后直接进入配煤等其他环节
	煤气净化、化学产品深加工等区域		安装煤气点火放散装置，放散煤气及时点燃并充分燃烧
敞开液面	生产废水集输系统		采用密闭管道输送或加盖沟渠输送，接入口和排出口采取与环境空气隔离的措施
	生产废水处理设施		储存、调节、气浮、隔油等预处理设施以及厌氧池、预曝气池加盖并配备废气收集处理设施，采用高效（组合）工艺处理，鼓励引入燃烧装置
	循环冷却水系统		煤气净化和化学产品回收过程的开式循环冷却水系统，VOCs无组织排放控制要求符合《挥发性有机物无组织排放控制标准》（GB 37822—2019）的规定
设备与管线组件密封点	—		按照《挥发性有机物无组织排放控制标准》（GB 37822—2019）规定开展泄漏检测与修复（LDAR）工作

注：表中未作规定的生产设施污染物排放控制按国家、地方排放标准或其他相关规定执行。

封闭：利用完整的围护结构将物料、作业场所等与周围空间阻隔的状态或作业方式。在保证安全前提下可以封闭的区域或建筑物，该封闭区域或封闭建筑物除人员、车辆、设备、物料进出时，以及依法设立的排气筒、通风口外，门窗及其他开口（孔）部位保持关闭状态。

密闭：污染物质不与环境空气接触，或通过密封材料、密封设备与环境空气隔离的状态或作业方式。

附表 3：

监测监控安装点位

监测监控	工　序	安装点位
烟气排放连续在线监测系统（CEMS）	炼焦	焦炉烟囱（含热备烟囱）、装煤、推焦、干法熄焦、燃用煤气的管式炉、锅炉排气筒
分布式控制系统（DCS）	炼焦	焦炉、焦炉烟囱脱硫脱硝设施、装煤、推（出）焦、干法熄焦、控制中心、锅炉、发电机组
	煤气净化（化学产品深加工）	中控、煤气管网、煤气放散火炬、粗苯和焦油储槽等生产设施及 VOCs 废气治理设施
		加热炉、蒸馏设施、装卸等生产设施及 VOCs 废气治理设施
高清视频监控设施	料场	储煤、储焦装置出入口
	炼焦	焦炉炉顶、焦炉机侧和焦侧（含半焦炉出焦侧）、干熄焦装入装置、湿熄焦塔、筛焦楼筛分、焦炭装车区域
	CEMS	站房内、采样平台
无组织排放监测设备	厂区内部	主要产尘点密闭罩、收尘罩等无组织排放控制设施周边设置 TSP 浓度监测仪；储煤、储焦装置出入口、焦炉区域、厂内物料运输主干道路口、长度超过 200 米的物料运输道路中部设置空气质量监测微站（监测因子至少包括 $PM_{2.5}$、PM_{10} 等）
		煤气净化、油库、化学产品深加工等区域安装光离子化检测器（PID）、氢火焰离子化检测器（FID）等 VOCs 监测设备，其中煤气净化区域至少安装一套 FID
门禁及视频监控系统	厂区	厂区进出口

附表 4：

分布式控制系统（DCS）关键参数

工 序	参 数
炼焦	焦炉：装煤时间（实际）、推（出）焦时间（实际）、装煤和推（出）焦电流
	干法熄焦：提升机作业记录（包括每次作业时间及装载量）、提升机电流
	控制中心：荒煤气放散压力、点火器启动记录
煤气净化（化学产品深加工）	中控：硫酸使用量（若制硫铵）、洗油使用量、粗苯外送量、塔釜温度
	煤气管网：压力（风机后）、外供煤气流量、气柜容量、气柜压力 煤气放散火炬：水封液位高度、压力、流量、温度、火炬点火器启动记录
	粗苯和焦油等储槽：液位、温度
	加热炉燃烧温度，蒸馏塔塔顶塔底温度，装卸站台油气回收管线压力
治理设施	主要排放口、焦炉热备烟囱污染物排放浓度
	除尘：除尘器风量、风机电流、电除尘器二次电压与二次电流、袋式除尘器压差、颗粒物排放浓度
	脱硫：脱硫剂使用量、脱硫剂仓料（液）位、风机电流、二氧化硫排放浓度
	脱硝：脱硝剂使用量、脱硝剂仓料（液）位、反应器入口烟气温度、风机电流、SCR 脱硝升温系统风量及温度、氮氧化物排放浓度
	VOCs 废气应急排放口：流量、阀门开启记录；放散阀：阀门开启记录
	VOCs 废气燃烧前处理设施：碱洗塔碱液使用量、酸洗塔酸液使用量、油洗塔洗油使用量
	VOCs 废气燃烧处理设施：废气流量、燃气/煤气流量、燃烧装置处理温度

附表 5：

清洁运输管理要求

分类	措施	参数
门禁及视频监控系统	覆盖原辅材料、燃料、产品及副产品等运输车辆进出厂区的出入口，对进出车辆进行照片及视频的采集、校验，实施进出厂管理，并对采集的数据进行统计和储存，与生态环境部门联网，实现对运输车辆和非道路移动机械使用情况实时监管。 建立运输车辆基本信息电子台账，并对进出厂车辆实施自动记录，实时保存、更新和上传。运输车辆基本信息电子台账保存周期不少于 5 年，车辆进出厂历史记录保存周期不少于 24 个月，视频保存周期不少于 12 个月	电子台账主要参数：出入口编号、道闸编号、进出厂状态、进厂时间/出厂时间、进厂照片/出厂照片、车牌号码、号牌颜色、车辆类型、车辆识别代码（VIN）、注册登记日期、车辆型号、发动机型号、发动机生产厂、发动机编号、燃料类型、排放标准、使用性质、联网状态、随车清单、行驶证、运输货物名称、运输量、车队名称等
厂内运输车辆电子台账	对厂内运输车辆实施信息登记管理，并实时更新上传，本地历史记录保存周期不少于 5 年	环保登记编码、车辆识别代码（VIN）、生产日期、车牌号码、注册登记日期、车辆型号、发动机型号、发动机生产厂、发动机编号、燃料类型、排放标准、随车清单、行驶证、车辆所有人（单位）等
非道路移动机械电子台账	对非道路移动机械实施信息登记管理，并实时更新上传，本地历史记录保存周期不少于 5 年	环保登记编码、机械生产日期、车牌号码、排放标准、燃料类型、机械种类、机械环保代码/产品识别码（PIN）、机械型号、发动机型号、发动机生产厂、发动机编号、整车（机）铭牌、发动机铭牌、机械环保标签、所属人（单位）等

注：新能源汽车是指采用新型动力系统，完全或主要依靠新型能源驱动的汽车，主要包括纯电动汽车、插电式混合动力汽车及燃料电池汽车。

关于印发《工业炉窑大气污染综合治理方案》的通知

（环大气〔2019〕56号）

各省、自治区、直辖市生态环境厅（局）、发展改革委、工业和信息化主管部门、财政厅（局），新疆生产建设兵团生态环境局、发展改革委、工业和信息化局、财政局：

现将《工业炉窑大气污染综合治理方案》印发给你们，请遵照执行。

附件：1. 工业炉窑分类表

2. 重点区域范围

3. 现有涉工业炉窑行业大气污染物排放标准

4. 重点行业工业炉窑大气污染治理要求

5. 无组织排放控制措施界定

6. 工业炉窑大气污染综合治理重点项目表（示例）（略）

生态环境部

发展改革委

工业和信息化部

财政部

2019年7月1日

工业炉窑大气污染综合治理方案

为贯彻落实《国务院关于印发打赢蓝天保卫战三年行动计划的通知》有关要求，指导各地加强工业炉窑大气污染综合治理，协同控制温室气体排放，促进产业高质量发展，制定本方案。

一、重要意义

工业炉窑是指在工业生产中利用燃料燃烧或电能等转换产生的热量，将物料或工件进行熔炼、熔化、焙（煅）烧、加热、干馏、气化等的热工设备，包括熔炼炉、熔化炉、焙（煅）烧炉（窑）、加热炉、热处理炉、干燥炉（窑）、焦炉、煤气发生炉等八类（见附件 1）。工业炉窑广泛应用于钢铁、焦化、有色、建材、石化、化工、机械制造等行业，对工业发展具有重要支撑作用，同时，也是工业领域大气污染的主要排放源。相对于电站锅炉和工业锅炉，工业炉窑污染治理明显滞后，对环境空气质量产生重要影响。京津冀及周边地区源解析结果表明，细颗粒物（$PM_{2.5}$）污染来源中工业炉窑占 20%左右。

从工业炉窑装备和污染治理技术水平来看，我国既有世界上最先进的生产工艺和环保治理设备，也存在大量落后生产工艺，环保治理设施简易，甚至没有环保设施，行业发展水平参差不齐，劣币驱逐良币问题突出。尤其是在砖瓦、玻璃、耐火材料、陶瓷、铸造、铁合金、再生有色金属等涉工业炉窑行业，“散乱污”企业数量多，环境影响大，严重影响产业转型升级和高质量发展。

实施工业炉窑升级改造和深度治理是打赢蓝天保卫战重要措施，也是推动制造业高质量发展、推进供给侧结构性改革的重要抓手。各地要充分认识全面加强工业炉窑大气污染综合治理的重要意义，深入推进相关工作。

二、总体要求

（一）主要目标。到 2020 年，完善工业炉窑大气污染综合治理管理体系，推进工业炉窑全面达标排放，京津冀及周边地区、长三角地区、汾渭平原等大气污染防治重点区域（以下简称重点区域，范围见附件 2）工业炉窑装备和污染治理水平明显提高，实现工业行业二氧化硫、氮氧化物、颗粒物等污染物排放进一步下降，促进钢铁、建材等重点行业二氧化碳排放总量得到有效控制，推动环境空气质量持续改善和产业高质量发展。

（二）基本原则。

坚持全面推进与突出重点相结合。系统梳理工业炉窑分布状况与排放特征，建立详细管理清单，实现监管全覆盖。聚焦工业炉窑环境问题突出的重点行业以及相关产业集群，加大综合治理力度。合理把握工作推进进度和节奏，重点区域率先推进。

坚持结构优化与深度治理相结合。加大产业结构和能源结构调整力度，加快淘汰落后产能和不达标工业炉窑，实施燃料清洁低碳化替代；深入推进涉工业炉窑企业综合整治，强化全过程环保管理，全面加强有组织和无组织排放管控。通过“淘汰一批、替代一批、治理一批”，提升产业总体发展水平。

坚持严格监管与激励引导相结合。加快完善政策、法规和标准体系，强化企业主体责任，严格监督执法，加大联合惩戒力度，显著提高环境违法成本。更好发挥政府引导作用，增强服务意识，实施差别化管理政策，形成有效激励和约束机制。

三、重点任务

（一）加大产业结构调整力度。严格建设项目环境准入。新建涉工业炉窑的建设项目，原则上要入园区，配套建设高效环保治理设施。重点区域严格控制涉工业炉窑建设项目，严禁新增钢铁、焦化、电解铝、铸造、水泥和平板玻璃等产能；严格执行钢铁、水泥、平板玻璃等行业产能置换实施办法；原则上禁止新建燃料类煤气发生炉（园区现有企业统一建设的清洁煤制气中心除外）。

加大落后产能和不达标工业炉窑淘汰力度。分行业清理《产业结构调整指导目录》淘汰类工业炉窑。天津、河北、山西、江苏、山东等地要按时完成各地已出台的钢铁、焦化、化工等行业产业结构调整任务。鼓励各地制定更加严格的环保标准，进一步促进产业结构调整。对热效率低下、敞开未封闭，装备简易落后、自动化程度低，无组织排放突出，以及无治理设施或治理设施工艺落后等严重污染环境的工业炉窑，依法责令停业关闭。

（二）加快燃料清洁低碳化替代。对以煤、石油焦、渣油、重油等为燃料的工业炉窑，加快使用清洁低碳能源以及利用工厂余热、电厂热力等进行替代。重点区域禁止掺烧高硫石油焦（硫含量大于 3%）。玻璃行业全面禁止掺烧高硫石油焦。

加大煤气发生炉淘汰力度。2020 年年底前，重点区域淘汰炉膛直径 3 米以下燃料类煤气发生炉；集中使用煤气发生炉的工业园区，暂不具备改用天然气条件的，原则上应建设统一的清洁煤制气中心。

加快淘汰燃煤工业炉窑。重点区域取缔燃煤热风炉，基本淘汰热电联产供热管网覆盖范围内的燃煤加热、烘干炉（窑）。加快推动铸造（10 吨/小时及以下）、岩棉等行业冲天炉改为电炉。

（三）实施污染深度治理。推进工业炉窑全面达标排放。已有行业排放标准的工业炉窑（见附件 3），严格执行行业排放标准相关规定，配套建设高效脱硫脱硝除尘设施（见附件 4），确保稳定达标排放。已制定更严格地方排放标准的，按地方标准执行。重点区域钢铁、水泥、焦化、石化、化工、有色等行业，二氧化硫、氮氧化物、颗粒物、挥发性有机物（VOCs）排放全面执行大气污染物特别排放限值。已核发排污许可证的，应严格执行许可要求。

暂未制订行业排放标准的工业炉窑，包括铸造，日用玻璃，玻璃纤维、耐火材料、石灰、矿物棉等建材行业，钨、工业硅、金属冶炼废渣（灰）二次提取等有色金属行业，氮肥、电石、无机磷、活性炭等化工行业，应参照相关行业已出台的标准，全面加大污染治理力度（见附件 4），铸造行业烧结、高炉工序污染排放控制按照钢铁行业相关标准要求执行；重点区域原则上按照颗粒物、二氧化硫、氮氧化物排放限值分别不高于 30 毫克/立方米、200 毫克/立方米、300 毫克/立方米实施改造，其中，日用玻璃、玻璃棉氮氧化物排放限值不高于 400 毫克/立方米；已制定更严格地方排放标准的地区，执行地方排放标准。

全面加强无组织排放管理。严格控制工业炉窑生产工艺过程及相关物料储存、输送等无组织排放，在保障生产安全的前提下，采取密闭、封闭等有效措施（见附件 5），有效提高废气收集率，产尘点及车间不得有可见烟粉尘外逸。生产工艺产尘点（装置）应采取密闭、封闭或设置集气罩等措施。煤粉、粉煤灰、石灰、除尘灰、脱硫灰等粉状物料应密闭或封闭储存，采用密闭皮带、封闭通廊、管状带式输送机或密闭车厢、真空罐车、气力输送等方式输送。粒状、块状物料应采用入棚入仓或建设防风抑尘网等方式进行储存，粒状物料采用密闭、封闭等方式输送。物料输送过程中产尘点应采取有效抑尘措施。

推进重点行业污染深度治理。落实《关于推进实施钢铁行业超低排放的意见》，加快推进钢铁行业超低排放改造。积极推进电解铝、平板玻璃、水泥、焦化等行业污染治理升级改造。重点区域内电解铝企业全面推进烟气脱硫设施建设；全面加大热残极冷却过程无组织排放治理力度，建设封闭高效的烟气收集系统，实现残极冷却烟气有效处理。重点区域内平板玻璃、建筑陶瓷企业应逐步取消脱硫脱硝烟气旁路或设置备用脱硫脱硝等设施，鼓励水泥企业实施全流程污染深度治理。推进具备条件的焦化企业实施干熄焦改造，在保证安全生产前提下，重点区域城市建成区内焦炉实施炉体加罩封闭，并对废气进行收集处理。

加大煤气发生炉 VOCs 治理力度。酚水系统应封闭，产生的废气应收集处理，鼓励送至煤气发生炉鼓风机入口进行再利用；酚水应送至煤气发生炉处置，或回收酚、氨后深度处理，或送至水煤浆炉进行焚烧等。禁止含酚废水直接作为煤气水封水、冲渣水。氮肥等行业采用固定床间歇式煤气化炉的，加快推进煤气冷却由直接水洗改为间接冷却；其他区域采用直接水洗冷却方式的，造气循环水集输、储存、处理系统应封闭，收集的废气送至三废炉处理。吹风气、弛放气应全部收集利用。

（四）开展工业园区和产业集群综合整治。各地要加大涉工业炉窑类工业园区和产业集群的综合整治力度，结合“三线一单”（生态保护红线、环境质量底线、资源利用上线和生态环境准入清单）、规划环评等要求，进一步梳理确定园区和产业发展定位、规模及结构等。制定综合整治方案，对标先进企业，从生产工艺、产能规模、燃料类型、污染治理等方面提出明确要求，提升产业发展质量和环保治理水平。按照统一标准、统一时间表的要求，同步推进区域环境综合整治和企业升级改造。加强工业园区能源替代利用与资源共享，积极推广集中供汽供热或建设清洁低碳能源中心等，替代工业炉窑燃料用煤；充分利用园区内工厂余热、焦炉煤气等清洁低碳能源，加强分质与梯级利用，提高能源利用效率，促进形成清洁低碳高效产业链。

加强涉工业炉窑企业运输结构调整，京津冀及周边地区大宗货物年货运量 150 万吨及以上的，原则上全部修建铁路专用线；具有铁路专用线的，大宗货物铁路运输比例应达到 80%以上。

涉工业炉窑类产业集群主要包括陶瓷、玻璃、砖瓦、耐火材料、石灰、矿物棉、铸造、独立轧钢、铁合金、再生有色金属、炭素、化工等行业。各地应结合当地产业发展特征等自行确定。

四、政策措施

（一）完善排放标准体系。加快涉工业炉窑行业大气污染物排放标准制修订工作。2020 年 6 月底前，完成铸造、日用玻璃、玻璃纤维、矿物棉、电石等行业大气污染物排放标准制订。加快大气污染物综合排放标准修订。鼓励各地制修订相关行业地方排放标准。

（二）建立健全监测监控体系。加强重点污染源自动监控体系建设。排气口高度超过 45 米的高架源，纳入重点排污单位名录，督促企业安装烟气排放自动监控设施。钢铁、焦化、水泥、平板玻璃、陶瓷、氮肥、有色金属冶炼、再生有色金属等行业，严格按照排污许可管理规定安装和运行自动监控设施。加快其他行业工业炉窑大气污染物排放自动监控设施建设，重点区域内冲天炉、玻璃熔窑、以煤和煤矸石为燃料的砖瓦烧结窑、耐火材料焙烧窑（电窑除外）、炭素焙（煅）烧炉（窑）、石灰窑、铬盐焙烧窑、磷化工焙烧窑、铁合金矿热炉和精炼炉等，原则上应纳入重点排污单位名录，安装自动监控设施。具备条件的企业，应通过分布式控制系统（DCS）等，自动连续记录工业炉窑环保设施运行及相关生产过程主要参数。推进焦炉炉体等关键环节安装视频监控系统。自动监控、DCS 监控等数据至少要保存一年，视频监控数据至少要保存三个月。

强化监测数据质量控制。自动监控设施应与生态环境主管部门联网。加强自动监控设施运营维护，数据传输有效率达到 90%。企业在正常生产以及限产、停产、检修等非正常工况下，均应保证自动监控设施正常运行并联网传输数据。各地对出现数据缺失、长时间掉线等异常情况，要及时进行核实和调查处理。严厉打击篡改、伪造监测数据等行为，对监测机构运行维护不到位及篡改、伪造、干扰监测数据的，排污单位弄虚作假的，依法严格处罚，追究责任。

（三）加强排污许可管理。按照排污许可管理名录规定按期完成涉工业炉窑行业排污许可证核发。开展固定污染源排污许可清理整顿工作，“核发一个行业、清理一个行业、达标一个行业、规范一个行业”。加大依证监管执法和处罚力度，确保排污单位落实持证排污、按证排污的环境管理主体责任。对无证排污、超标超总量排放以及逃避监管方式排放大气污染物的，依法予以停产整治，情节严重的，报经有批准权的人民政府批准，责令停业、关闭。建立企业信用记录，对于无证排污、不按规定提交执行报告和严重超标超总量排污的，纳入全国信用信息共享平台，通过“信用中国”等网站定期向社会公布。

（四）实施差异化管理。综合考虑企业生产工艺、燃料类型、污染治理设施运行效果、无组织排放管控水平以及大宗物料运输方式等，树立行业标杆，引导产业转型升级。在重污染天气应对、环境执法检查、经济政策制定等方面，对标杆企业予以支持，对治污设施简易、无组织排放管控不力的企业，加大联合惩戒力度。

强化重污染天气应对。各地应将涉工业炉窑企业全面纳入重污染天气应急减排清单，做到全覆盖。针对工业炉窑等主要排放工序，采取切实有效的应急减排措施，落实到具体生产线和设备。根据污染排放绩效水平，实行差异化应急减排管理。重点区域内钢铁、建材、焦化、有色、化工等涉大宗货物运输企业，应制定应急运输响应方案，原则上不允许柴油货车在重污染天气预警响应期间进出厂区（保证安全生产运行、运输民生保障物资或特殊需求产品的国五及以上排放标准车辆除外）。

（五）完善经济政策。落实税收优惠激励政策。严格执行环境保护税法，按照有关条款规定，对涉工业炉窑企业给予相应税收优惠待遇。纳税人排放应税大气污染物的浓度值低于国家和地方规定的污染物排放标准百分之三十的，减按百分之七十五征收环境保护税；低于百分之五十的，减按百分之五十征收环境保护税。落实环境保护专用设备企业所得税抵免优惠政策。

给予奖励和信贷融资支持。地方可根据实际情况，对工业炉窑综合治理达标的企业给予奖励。支持符合条件的企业发行企业债券进行直接融资，募集资金用于工业炉窑治理等。

实施差别化电价政策。充分发挥电力价格的杠杆作用，推动涉工业炉窑行业加快落后产能淘汰，实施污染深度治理。严格落实铁合金、电石、烧碱、水泥、钢铁、黄磷、锌冶炼等行业差别电价政策，对淘汰类和限制类企业用电（含市场化交易电量）实行更高价格。各地可根据实际需要扩大差别电价、阶梯电价执行行业范围，提高加价标准。鼓励各地探索建立基于污染物排放绩效的差别化电价政策，推动工业炉窑清洁低碳化改造。

五、保障措施

（一）加强组织领导。生态环境部、发展改革委、工业和信息化部、财政部共同组织实施本方案，各有关部门各司其职、各负其责、密切配合，形成工作合力，加强对地方工作指导，及时协调解决推进过程中的困难和问题。

各地要按照打赢蓝天保卫战总体部署，把开展工业炉窑大气污染综合治理放在重要位置，切实加强组织领导，严格依法行政，加大政策扶持力度，做好监督和管理工作；结合第二次污染源普查工作，开展拉网式排查，建立管理清单，掌握工业炉窑使用和排放情况；提前谋划，制定工业炉窑大气污染综合治理实施方案，明确治理要求，细化任务分工，确定分年度重点项目（示例见附件 6），2019 年 9 月底前报送生态环境部、发展改革委、工业和信息化部等部门。

（二）严格评价管理。生态环境部会同有关部门，按照各省（区、市）工业炉窑大气污染综合治理实施方案，每年对上一年度方案落实情况进行评价。各地要增强服务意识，按照行业治理标准和产业集群综合整治方案等要求，组织开展评估工作，严把工程建设质量，严防建设简易低效环保治理设施。

建立完善依效付费机制，多措并举治理低价中标乱象。加大失信联合惩戒力度，将工程建设质量低劣的环保公司和环保设施运营管理水平低、存在弄虚作假行为的运维机构列入失信联合惩戒对象名单，纳入全国信用信息共享平台，并通过“信用中国”等网站定期向社会公布；相关涉工业炉窑企业在重污染天气预警期间加大停限产力度。依法依规对失信企业在行政审批、资质认定、银行贷款、上市融资、政府招投标、政府荣誉评定等方面予以限制。

（三）严格监督执法。各地要开展工业炉窑专项执法行动，加强日常监督和执法检查，严厉打击违法排污行为。对不达标、未按证排污的，综合运用按日连续计罚、查封扣押、限产停产等手段，依法严格处罚，并定期向社会通报。严厉打击弄虚作假、擅自停运环保设施等严重违法行为，依法查处并追究相关人员责任。将工业炉窑大气污染综合治理落实情况作为重点区域强化监督定点帮扶工作的重要任务，对推进不力、工作滞后、治理不到位的，要强化监督问责。

（四）强化企业主体责任。企业是工业炉窑污染治理的责任主体，要切实履行责任，按照本行动方案和地方有关部门要求等制定工业炉窑综合治理实施计划，确保按期完成改造任务。加大资金投入，加快装备升级和燃料清洁低碳化替代，实施污染深度治理。

加强人员技术培训，健全内部环保考核管理机制，确保治污设施长期稳定运行。及时公布自行监测和污染排放数据、污染治理措施、重污染天气应对、环保违法处罚及整改等信息，推动公众参与和社会监督。国有企业和龙头企业要发挥表率作用，引导行业转型升级和高质量发展。

（五）加强技术支持。研究制定工业炉窑大气污染综合治理相关技术指导文件。支持企业与高校、科研机构、环保公司等合作，创新节能减排技术。充分发挥行业协会作用，加强行业自律，出台相关污染防治技术规范，引导树立行业标杆，助推行业健康发展。鼓励行业协会等搭建工业炉窑污染治理交流平台，促进成熟先进技术推广应用。

（六）加强宣传引导。工业炉窑涉及行业多、领域广，各地要营造有利于开展工业炉窑大气污染综合治理的良好舆论氛围，增强企业开展工业炉窑污染治理的责任感和荣誉感。各级有关部门要积极跟踪相关舆情动态，及时回应社会关切，对做得好的地方和企业，组织新闻媒体加强宣传报道。

附件 1：

工业炉窑分类表

炉窑类型	行业类别	产品类别	炉窑子类	说　明
熔炼炉	钢铁	粗钢/生铁	炼铁高炉	将物料熔化，使其发生物理化学变化、去除杂质，获得设定组分产品的工业炉窑
			炼钢转炉、炼钢电炉、铁水预处理炉	
	铁合金	铁合金	还原矿热电炉、精炼电炉、锰铁高炉、富锰渣高炉、精炼转炉、铝热法熔炼炉等	
	有色	铝、铜、铅、锌、钛、钴、镍、锡、锑、稀土、钒、硅等	底（侧、顶）吹炉、闪速炉、阳极炉、转炉、反射炉、铝电解槽、矿热炉、鼓风炉等	
	建材	玻璃、岩矿棉等	玻璃熔窑、岩矿棉熔炼炉等	
	化工	电石、黄磷等	电石炉、黄磷炉等	
	轻工	日用玻璃	玻璃熔窑等	
熔化炉	铸造	铸件	冲天炉、感应电炉、电弧炉、燃气炉等	将物料或工件熔化成液体的工业炉窑
	有色	铝、铜、铅等制品	化铅炉、熔铝炉、熔铜炉等	
	建材	玻璃、玻璃纤维等制品	玻璃、玻璃纤维熔化炉等	
	化工	铅、锌等重金属单质、烧碱等	熔融炉等	
焙（煅）烧炉（窑）	钢铁	烧结矿、球团矿	烧结机、球团竖炉、链篦机回转窑、球团带式焙烧机	对物料进行焙（煅）烧，使其发生物理化学变化或烧结成块的工业炉窑
	有色	氧化铝、稀土、镁等	焙烧炉、煅烧炉（窑）、熟料烧成窑、回转窑等	
	建材	水泥	新型干法窑、立窑等	
		陶瓷（含卫生陶瓷等）、搪瓷	辊道窑、隧道窑、梭式窑等	
		耐火材料	回转窑、隧道窑等	
		砖瓦	隧道窑、轮窑等	
		石灰	竖窑、套筒窑等	
	化工	铬、钡、锶、铅、锌、锰等重金属无机化合物、硫化合物、硫酸盐、磷酸盐、无机氟化物、轻质碳酸钙、泡花碱等	回转窑、竖窑、马蹄窑等	
		炭素	焙烧炉、煅烧炉（窑）	

炉窑类型	行业类别	产品类别	炉窑子类	说明
加热炉	钢铁、有色、建材、化工、石化等		—	将物料或工件加热，提高温度但不改变其形态的工业炉窑
热处理炉	钢铁、有色、铸造等		退火炉、正火炉、回火炉、保温炉、淬火炉、固溶炉、调质炉等	将工件加热后进行热处理工艺（正火、回火、淬火、退火等）的工业炉窑
干燥炉（窑）	农林产品、设备制造、金属制品、建材、化工等	烟草、木材、铸造砂、砂石、矿料（渣）、化工产品、有机涂层产品等	烘干炉（窑）、干燥炉（窑）	去除物料或产品中所含水分或挥发分的工业炉窑
焦炉	焦化	焦炭	常规机焦炉、热回收焦炉等	对炼焦煤等进行干馏转化，生产焦炭及其他副产品的工业炉窑
		兰炭	炭化炉	
煤气发生炉	建材、化工、轧钢、有色等	—	—	以煤等为气化原料，通过与气化剂在高温下进行物理化学反应制取煤气的工业炉窑

附件 2：

重点区域范围

区域名称	范　围
京津冀及周边地区	北京市，天津市，河北省石家庄、唐山、邯郸、邢台、保定、沧州、廊坊、衡水市以及雄安新区，山西省太原、阳泉、长治、晋城市，山东省济南、淄博、济宁、德州、聊城、滨州、菏泽市，河南省郑州、开封、安阳、鹤壁、新乡、焦作、濮阳市（含河北省定州、辛集市，河南省济源市）
长三角地区	上海市、江苏省、浙江省、安徽省
汾渭平原	山西省晋中、运城、临汾、吕梁市，河南省洛阳、三门峡市，陕西省西安、铜川、宝鸡、咸阳、渭南市以及杨凌示范区（含陕西省西咸新区、韩城市）

附件 3：

现有涉工业炉窑行业大气污染物排放标准

行　业	标准名称	标准编号
钢铁	钢铁烧结、球团工业大气污染物排放标准	GB 28662—2012
	炼铁工业大气污染物排放标准	GB 28663—2012
	炼钢工业大气污染物排放标准	GB 28664—2012
	轧钢工业大气污染物排放标准	GB 28665—2012
	铁合金工业污染物排放标准	GB 28666—2012
焦化	炼焦化学工业污染物排放标准	GB 16171—2012
有色	铝工业污染物排放标准及修改单	GB 25465—2010
	铅、锌工业污染物排放标准及修改单	GB 25466—2010
	铜、镍、钴工业污染物排放标准及修改单	GB 25467—2010
	镁、钛工业污染物排放标准及修改单	GB 25468—2010
	稀土工业污染物排放标准及修改单	GB 26451—2011
	钒工业污染物排放标准及修改单	GB 26452—2011
	锡、锑、汞工业污染物排放标准	GB 30770—2014
	再生铜、铝、铅、锌工业污染物排放标准	GB 31574—2015
建材	水泥工业大气污染物排放标准	GB 4915—2013
	平板玻璃工业大气污染物排放标准	GB 26453—2011
	电子玻璃工业大气污染物排放标准	GB 29495—2013
	陶瓷工业污染物排放标准	GB 25464—2010
	砖瓦工业大气污染物排放标准	GB 29620—2013
石化	石油炼制工业污染物排放标准	GB 31570—2015
	石油化学工业污染物排放标准	GB 31571—2015
	合成树脂工业污染物排放标准	GB 31572—2015
	烧碱、聚氯乙烯工业污染物排放标准	GB 15581—2016
化工	无机化学工业污染物排放标准	GB 31573—2015
其他	工业炉窑大气污染物排放标准	GB 9078—1996

附件 4：

重点行业工业炉窑大气污染治理要求

行 业	子行业	污染治理措施
钢铁及焦化	钢铁	按照《关于推进实施钢铁行业超低排放的意见》要求，对烧结、球团、炼铁、炼钢、轧钢、石灰窑等工业炉窑实施升级改造
	焦化	参照《关于推进实施钢铁行业超低排放的意见》要求，对焦炉等实施升级改造
	铁合金	回转窑、烧结机应配备覆膜袋式、滤筒等高效除尘设施，重点区域应配备脱硫设施； 全封闭矿热炉、锰铁高炉及富锰渣高炉应设置煤气净化系统，对煤气进行回收利用； 半封闭矿热炉、精炼炉、中频感应炉应配备袋式等高效除尘设施
机械制造	铸造	铸造用生铁企业的烧结机、球团和高炉按照钢铁行业相关要求执行； 冲天炉应配备袋式除尘、滤筒除尘等高效除尘设施；配备脱硫设施，重点区域配备石灰石石膏法等脱硫设施； 中频感应电炉应配备袋式等高效除尘设施
建材	水泥	水泥熟料窑应配备低氮燃烧器，采用分级燃烧等技术，窑尾配备选择性非催化还原（SNCR）、选择性催化还原（SCR）等脱硝设施； 窑头、窑尾配备覆膜袋式等高效除尘设施； 窑尾废气二氧化硫不能达标排放的应配备脱硫设施
	平板玻璃	池窑应配备静电、袋式、电袋复合等高效除尘设施，配备石灰石石膏法等高效脱硫设施，配备 SCR 等脱硝设施；重点区域应取消脱硫、脱硝烟气旁路或设置备用脱硫、脱硝设施
	玻璃纤维	池窑应配备静电、袋式、电袋复合等高效除尘设施，配备石灰石石膏法等高效脱硫设施，配备 SCR 等脱硝设施；鼓励采用富氧或全氧燃烧方式
	其他玻璃	熔窑（全电熔窑和全氧燃烧熔窑除外）均应配备 SCR 等脱硝设施；以煤、石油焦、重油等为燃料的熔窑应配备袋式等除尘设施，配备石灰石石膏法等高效脱硫设施，以天然气为燃料的熔窑废气颗粒物、二氧化硫不能达标排放的应配备除尘、脱硫设施
	陶瓷	以煤（含煤气）、石油焦、重油等为燃料的炉窑应配备除尘设施，配备石灰石石膏法等高效脱硫设施；以天然气为燃料的炉窑废气颗粒物不能达标排放的配备除尘设施。 喷雾干燥塔应配备袋式等高效除尘设施，配备石灰石石膏法等高效脱硫设施，配备 SNCR 脱硝设施
	砖瓦	以煤、煤矸石等为燃料的烧结砖瓦窑应配备高效除尘设施，配备石灰石石膏法等高效脱硫设施；以天然气为燃料的烧结砖瓦窑配备除尘设施
	耐火材料	超高温竖窑、回转窑应配备覆膜袋式等高效除尘设施，其他耐火材料窑应配备袋式等除尘设施；以煤（含煤气）、重油等为燃料以及使用含硫粘结剂的，应配备石灰石石膏法等高效脱硫设施；超高温竖窑、回转窑、高温隧道窑应配备 SCR、SNCR 等脱硝设施

行　业	子行业	污染治理措施
建材	石灰	石灰窑应配备覆膜袋式等高效除尘设施；二氧化硫不能达标排放的应配备脱硫设施
	矿物棉	以煤（含煤气）、焦炭等为燃料的冲天炉、熔化炉、池窑，应配备覆膜袋式等高效除尘设施，配备石灰石石膏法等高效脱硫设施，配备 SCR 等脱硝设施；以天然气为燃料的熔化炉、池窑应配备袋式等除尘设施，配备 SCR 等脱硝设施，二氧化硫排放不达标的应配备脱硫设施；电熔炉废气颗粒物、二氧化硫排放不达标的应配备除尘脱硫设施。 固化炉等应配备 VOCs 治理措施
有色冶炼	氧化铝	熟料烧成窑、氢氧化铝焙烧炉、石灰炉（窑）等应配备高效静电或电袋复合除尘设施；以发生炉煤气为燃料的，应对煤气进行前脱硫，或焙烧炉烟气配备石灰石石膏法等高效脱硫设施；重点区域熟料烧成窑应配备脱硝设施
	电解铝（轻金属）	电解槽应配备袋式等高效除尘设施，重点区域配备石灰石石膏法等高效脱硫设施
	镁、钛（轻金属）	煅烧炉、回转窑等应配备袋式等高效除尘设施，配备石灰石石膏法等脱硫设施；重点区域配备 SCR 等高效脱硝设施
	铅、锌、铜、镍、钴、锡、锑、钒（重金属）	熔炼炉应配备覆膜袋式等高效除尘设施；铅、锌、铜、镍、锡配备两转两吸制酸工艺，制酸尾气二氧化硫排放不达标的配备脱硫设施，钴、锑、钒熔炼炉尾气应配备脱硫设施；重点区域配备活性炭吸附、双氧水、金属氧化物吸收法等高效脱硫设施。环境烟气应全部收集，配备袋式等高效除尘设施，配备活性炭吸附、双氧水、金属氧化物吸收法等高效脱硫设施。重点区域应配备高效脱硝设施
	钼（稀有金属）	焙烧炉等应配备袋式等高效除尘设施，配备制酸工艺。重点区域按照颗粒物、二氧化硫、氮氧化物排放分别不高于 10 毫克/立方米、100 毫克/立方米、100 毫克/立方米进行改造，配备高效脱硫脱硝除尘设施
	再生铜、铝、铅、锌	熔炼炉、精炼炉等应配备覆膜袋式等高效除尘设施；再生铅应配备高效脱硫设施，再生铜、铝、锌达不到排放标准的，配备脱硫设施
	金属冶炼废渣（灰）二次提取	重点区域应配备覆膜袋式等高效除尘设施，二氧化硫排放达不到 200 毫克/立方米的应配备脱硫设施。 生产无机化工产品的，执行无机化工排放控制要求
	稀土	煅烧窑等应配备袋式等高效除尘设施；二氧化硫、氮氧化物排放不达标的，应配备脱硫脱硝设施
	工业硅	矿热炉等应配备袋式等除尘设施；二氧化硫、氮氧化物排放不达标的，应配备脱硫脱硝设施
化工	氮肥	硫黄回收尾气应配备高效脱硫设施； 固定床间歇式煤气化炉应配备高效吹风气余热回收或三废混燃系统，配备袋式等高效除尘设施，配备石灰石石膏法等高效脱硫设施，配备 SCR 等高效脱硝设施； 以天然气为原料的一段转化炉应配备低氮燃烧、脱硝等设施； 造粒塔应配套高效除尘设施； 以煤为燃料的干燥窑应配备除尘、脱硫设施

行　业	子行业	污染治理措施
化工	铬盐	铬矿、氧化铬等焙烧窑及铬渣解毒窑应配备袋式等高效除尘设施；二氧化硫、氮氧化物排放不达标的，应配备脱硫脱硝设施
	炭素	焙烧炉、煅烧炉（窑）应配备覆膜袋式等高效除尘设施，配备石灰石石膏法等高效脱硫设施，重点区域配备 SCR、SNCR 等高效脱硝设施
	电石	密闭型电石炉应配备袋式等高效除尘设施；内燃型电石炉应配备布袋等高效除尘设施，配备高效脱硫设施。 炭材干燥炉应配备除尘、脱硫设施
	黄磷	黄磷炉尾气应净化后回收利用，利用率不低于 85%
	活性炭	煤基活性炭炭化炉应配备除尘、脱硫设施，配备焚烧炉等去除 VOCs；重点地区还应配备低氮燃烧、SNCR 等脱硝设施。 煤基活性炭活化炉应配备尾气焚烧炉，配备高效除尘设施；二氧化硫排放不达标的，应配备脱硫设施。 活性炭干燥窑应配备除尘、脱硫设施
	泡花碱	马蹄窑应配备袋式、静电等高效除尘设施，配备石灰石石膏法等高效脱硫设施，配备 SCR、SNCR 等脱硝设施
	其他无机化工	煅烧窑、焙烧窑应配备袋式、静电等高效除尘设施；配备石灰石石膏法等高效脱硫设施；氮氧化物排放不达标的，应配备脱硝设施
轻工	日用玻璃	熔窑（全电熔窑和全氧燃烧熔窑除外）均应配备 SCR 等脱硝设施；以煤、石油焦、重油等为燃料的熔窑应配备袋式等除尘设施，配备石灰石石膏法等高效脱硫设施，以天然气为燃料的熔窑废气颗粒物、二氧化硫不能达标排放的应配备除尘、脱硫设施
石化	—	加热炉、裂解炉应以经过脱硫的燃料气为燃料，采用低氮燃烧技术

注：工业炉窑生产工艺过程及相关物料储存、输送等无组织排放，按照“重点任务”中无组织管理措施进行管控。

附件 5：

无组织排放控制措施界定

序　号	作业类型	措施界定	示　例
1	密闭	物料不与环境空气接触，或通过密封材料、密封设备与环境空气隔离的状态或作业方式	—
2	密闭储存	将物料储存于与环境空气隔离的建（构）筑物、设施、器具内的作业方式	料仓、储罐等
3	密闭输送	物料输送过程与环境空气隔离的作业方式	管道、管状带式输送机、气力输送设备、罐车等
4	封闭	利用完整的围护结构将物料、作业场所等与周围空间阻隔的状态或作业方式，设置的门窗、盖板、检修口等配套设施在非必要时应关闭	—
5	封闭储存	将物料储存于具有完整围墙（围挡）及屋顶结构的建筑物内的作业方式，建筑物的门窗在非必要时应关闭	储库、仓库等
6	封闭输送	在完整的围护结构内进行物料输送作业，围护结构的门窗、盖板、检修口等配套设施在非必要时应关闭	皮带通廊、封闭车厢等
7	封闭车间	具有完整围墙（围挡）及屋顶结构的建筑物，建筑物的门窗在非必要时应关闭	—

发展改革委 环境保护部 能源局关于印发《煤电节能减排升级与改造行动计划（2014—2020年）》的通知

（发改能源〔2014〕2093号）

各省、自治区、直辖市、新疆生产建设兵团发展改革委（经信委、经委、工信厅）、环保厅、能源局，国家电网公司、南方电网公司，华能、大唐、华电、国电、中电投集团公司，神华集团、中煤集团、国投公司、华润集团，中国国际工程咨询公司、电力规划设计总院：

为贯彻中央财经领导小组第六次会议和国家能源委员会第一次会议精神，落实《国务院办公厅关于印发能源发展战略行动计划（2014—2020年）的通知》（国办发〔2014〕31号）要求，加快推动能源生产和消费革命，进一步提升煤电高效清洁发展水平，特制定了《煤电节能减排升级与改造行动计划（2014—2020年）》，现印发你们，请按照执行。

附件：煤电节能减排升级与改造行动计划（2014—2020年）

国家发展改革委

环境保护部

国家能源局

2014年9月12日

附件：

煤电节能减排升级与改造行动计划（2014—2020年）

为贯彻中央财经领导小组第六次会议和国家能源委员会第一次会议精神，落实《国务院办公厅关于印发能源发展战略行动计划（2014—2020年）的通知》（国办发〔2014〕31号）要求，加快推动能源生产和消费革命，进一步提升煤电高效清洁发展水平，制定本行动计划。

一、指导思想和行动目标

（一）指导思想。全面落实“节约、清洁、安全”的能源战略方针，推行更严格能效环保标准，加快燃煤发电升级与改造，努力实现供电煤耗、污染排放、煤炭占能源消费比重“三降低”和安全运行质量、技术装备水平、电煤占煤炭消费比重“三提高”，打造高效清洁可持续发展的煤电产业“升级版”，为国家能源发展和战略安全夯实基础。

（二）行动目标。全国新建燃煤发电机组平均供电煤耗低于300克标准煤/千瓦时（以下简称“克/千瓦时”）；东部地区新建燃煤发电机组大气污染物排放浓度基本达到燃气轮机组排放限值，中部地区新建机组原则上接近或达到燃气轮机组排放限值，鼓励西部地区新建机组接近或达到燃气轮机组排放限值。

到2020年，现役燃煤发电机组改造后平均供电煤耗低于310克/千瓦时，其中现役60万千瓦及以上机组（除空冷机组外）改造后平均供电煤耗低于300克/千瓦时。东部地区现役30万千瓦及以上公用燃煤发电机组、10万千瓦及以上自备燃煤发电机组以及其他有条件的燃煤发电机组，改造后大气污染物排放浓度基本达到燃气轮机组排放限值。

在执行更严格能效环保标准的前提下，到2020年，力争使煤炭占一次能源消费比重下降到62%以内，电煤占煤炭消费比重提高到60%以上。

二、加强新建机组准入控制

（三）严格能效准入门槛。新建燃煤发电项目（含已纳入国家火电建设规划且具备变更机组选型条件的项目）原则上采用60万千瓦及以上超超临界机组，100万千瓦级湿冷、空冷机组设计供电煤耗分别不高于282克/千瓦时、299克/千瓦时，60万千瓦级湿冷、空冷机组分别不高于285克/千瓦时、302克/千瓦时。

30万千瓦及以上供热机组和30万千瓦及以上循环流化床低热值煤发电机组原则上采用超临界参数。对循环流化床低热值煤发电机组，30万千瓦级湿冷、空冷机组设计供电煤耗分别不高于310克/千瓦时、327克/千瓦时，60万千瓦级湿冷、空冷机组分别不高于 303 克/千瓦时、320 克/千瓦时。

（四）严控大气污染物排放。新建燃煤发电机组（含在建和项目已纳入国家火电建设规划的机组）应同步建设先进高效脱硫、脱硝和除尘设施，不得设置烟气旁路通道。东部地区（辽宁、北京、天津、河北、山东、上海、江苏、浙江、福建、广东、海南等 11 省市）新建燃煤发电机组大气污染物排放浓度基本达到燃气轮机组排放限值（即在基准氧含量 6%条件下，烟尘、二氧化硫、氮氧化物排放浓度分别不高于 10 毫克/立方米、35 毫克/立方米、50 毫克/立方米），中部地区（黑龙江、吉林、山西、安徽、湖北、湖南、河南、江西等 8 省）新建机组原则上接近或达到燃气轮机组排放限值，鼓励西部地区新建机组接近或达到燃气轮机组排放限值。支持同步开展大气污染物联合协同脱除，减少三氧化硫、汞、砷等污染物排放。

（五）优化区域煤电布局。严格按照能效、环保准入标准布局新建燃煤发电项目。京津冀、长三角、珠三角等区域新建项目禁止配套建设自备燃煤电站。耗煤项目要实行煤炭减量替代。除热电联产外，禁止审批新建燃煤发电项目；现有多台燃煤机组装机容量合计达到 30 万千瓦以上的，可按照煤炭等量替代的原则建设为大容量燃煤机组。

统筹资源环境等因素，严格落实节能、节水和环保措施，科学推进西部地区锡盟、鄂尔多斯、晋北、晋中、晋东、陕北、宁东、哈密、准东等大型煤电基地开发，继续扩大西部煤电东送规模。中部及其他地区适度建设路口电站及负荷中心支撑电源。

（六）积极发展热电联产。坚持“以热定电”，严格落实热负荷，科学制定热电联产规划，建设高效燃煤热电机组，同步完善配套供热管网，对集中供热范围内的分散燃煤小锅炉实施替代和限期淘汰。到 2020 年，燃煤热电机组装机容量占煤电总装机容量比重力争达到 28%。

在符合条件的大中型城市，适度建设大型热电机组，鼓励建设背压式热电机组；在中小型城市和热负荷集中的工业园区，优先建设背压式热电机组；鼓励发展热电冷多联供。

（七）有序发展低热值煤发电。严格落实低热值煤发电产业政策，重点在主要煤炭生产省区和大型煤炭矿区规划建设低热值煤发电项目，原则上立足本地消纳，合理规划建设规模和建设时序。禁止以低热值煤发电名义建设常规燃煤发电项目。

根据煤矸石、煤泥和洗中煤等低热值煤资源的利用价值，选择最佳途径实现综合利用，用于发电的煤矸石热值不低于 5020 千焦（1200 千卡）/千克。以煤矸石为主要燃料的，入炉燃料收到基热值不高于 14640 千焦（3500 千卡）/千克，具备条件的地区原则上采用 30 万千瓦级及以上超临界循环流化床机组。低热值煤发电项目应尽可能兼顾周边工业企业和居民集中用热需求。

三、加快现役机组改造升级

（八）深入淘汰落后产能。完善火电行业淘汰落后产能后续政策，加快淘汰以下火电机组：单机容量5万千瓦及以下的常规小火电机组；以发电为主的燃油锅炉及发电机组；大电网覆盖范围内，单机容量10万千瓦级及以下的常规燃煤火电机组、单机容量20万千瓦级及以下设计寿命期满和不实施供热改造的常规燃煤火电机组；污染物排放不符合国家最新环保标准且不实施环保改造的燃煤火电机组。鼓励具备条件的地区通过建设背压式热电机组、高效清洁大型热电机组等方式，对能耗高、污染重的落后燃煤小热电机组实施替代。2020年前，力争淘汰落后火电机组1000万千瓦以上。

（九）实施综合节能改造。因厂制宜采用汽轮机通流部分改造、锅炉烟气余热回收利用、电机变频、供热改造等成熟适用的节能改造技术，重点对30万千瓦和60万千瓦等级亚临界、超临界机组实施综合性、系统性节能改造，改造后供电煤耗力争达到同类型机组先进水平。20万千瓦级及以下纯凝机组重点实施供热改造，优先改造为背压式供热机组。力争2015年前完成改造机组容量1.5亿千瓦，“十三五”期间完成3.5亿千瓦。

（十）推进环保设施改造。重点推进现役燃煤发电机组大气污染物达标排放环保改造，燃煤发电机组必须安装高效脱硫、脱硝和除尘设施，未达标排放的要加快实施环保设施改造升级，确保满足最低技术出力以上全负荷、全时段稳定达标排放要求。稳步推进东部地区现役30万千瓦及以上公用燃煤发电机组和有条件的30万千瓦以下公用燃煤发电机组实施大气污染物排放浓度基本达到燃气轮机组排放限值的环保改造，2014年启动800万千瓦机组改造示范项目，2020年前力争完成改造机组容量1.5亿千瓦以上。鼓励其他地区现役燃煤发电机组实施大气污染物排放浓度达到或接近燃气轮机组排放限值的环保改造。

因厂制宜采用成熟适用的环保改造技术，除尘可采用低（低）温静电除尘器、电袋除尘器、布袋除尘器等装置，鼓励加装湿式静电除尘装置；脱硫可实施脱硫装置增容改造，必要时采用单塔双循环、双塔双循环等更高效率脱硫设施；脱硝可采用低氮燃烧、高效率SCR（选择性催化还原法）脱硝装置等技术。

（十一）强化自备机组节能减排。对企业自备电厂火电机组，符合第（八）条淘汰条件的，企业应实施自主淘汰；供电煤耗高于同类型机组平均水平5克/千瓦时及以上的自备燃煤发电机组，应加快实施节能改造；未实现大气污染物达标排放的自备燃煤发电机组要加快实施环保设施改造升级；东部地区10万千瓦及以上自备燃煤发电机组要逐步实施大气污染物排放浓度基本达到燃气轮机组排放限值的环保改造。

在气源有保障的条件下，京津冀区域城市建成区、长三角城市群、珠三角区域到2017年基本完成自备燃煤电站的天然气替代改造任务。

四、提升机组负荷率和运行质量

（十二）优化电力运行调度方式。完善调度规程规范，加强调峰调频管理，优先采用有调节能力的水电调峰，充分发挥抽水蓄能电站、天然气发电等调峰电源作用，探索应用储能调峰等技术。

合理确定燃煤发电机组调峰顺序和深度，积极推行轮停调峰，探索应用启停调峰方式，提高高效环保燃煤发电机组负荷率。完善调峰调频辅助服务补偿机制，探索开展辅助服务市场交易，对承担调峰任务的燃煤发电机组适当给予补偿。

完善电网备用容量管理办法，在区域电网内统筹安排系统备用容量，充分发挥电力跨省区互济、电量短时互补能力。合理安排各类发电机组开机方式，在确保电网安全的前提下，最大限度降低电网旋转备用容量。支持有条件的地区试点实行由“分机组调度”调整为“分厂调度”。

（十三）推进机组运行优化。加强燃煤发电机组综合诊断，积极开展运行优化试验，科学制定优化运行方案，合理确定运行方式和参数，使机组在各种负荷范围内保持最佳运行状态。扎实做好燃煤发电机组设备和环保设施运行维护，提高机组安全健康水平和设备可用率，确保环保设施正常运行。

（十四）加强电煤质量和计量控制。发电企业要加强燃煤采购管理，鼓励通过“煤电一体化”、签订长期合同等方式固定主要煤源，保障煤质与设计煤种相符，鼓励采用低硫分低灰分优质燃煤；加强入炉煤计量和检质，严格控制采制化偏差，保证煤耗指标真实可信。

限制高硫分高灰分煤炭的开采和异地利用，禁止进口劣质煤炭用于发电。煤炭企业要积极实施动力煤优质化工程，按要求加快建设煤炭洗选设施，积极采用筛分、配煤等措施，着力提升动力煤供应质量。

（十五）促进网源协调发展。加快推进“西电东送”输电通道建设，强化区域主干电网，加强区域电网内省间电网互联，提升跨省区电力输送和互济能力。完善电网结构，实现各电压等级电网协调匹配，保证各类机组发电可靠上网和送出。积极推进电网智能化发展。

（十六）加强电力需求侧管理。健全电力需求侧管理体制机制，完善峰谷电价政策，鼓励电力用户利用低谷电力。积极采用移峰、错峰等措施，减少电网调峰需求。引导电力用户积极采用节电技术产品，优化用电方式，提高电能利用效率。

五、推进技术创新和集成应用

（十七）提升技术装备水平。进一步加大对煤电节能减排重大关键技术和设备研发支持力度，通过引进与自主开发相结合，掌握最先进的燃煤发电除尘、脱硫、脱硝和节能、节水、节地等技术。

以高温材料为重点，全面掌握拥有自主知识产权的600℃超超临界机组设计、制造技术，加快研发700℃超超临界发电技术。推进二次再热超超临界发电技术示范工程建设。扩大整体煤气化联合循环（IGCC）技术示范应用，提高国产化水平和经济性。适时开展超超临界循环流化床机组技术研究。推进亚临界机组改造为超（超）临界机组的技术研发。进一步提高电站辅机制造水平，推进关键配套设备国产化。深入研究碳捕集与封存（CCS）技术，适时开展应用示范。

（十八）促进工程设计优化。制（修）订燃煤发电产业政策、行业标准和技术规程，规范和指导燃煤发电项目工程设计。支持地方制定严于国家标准的火电厂大气污染物排放地方标准。强化燃煤发电项目后评价，加强工程设计和建设运营经验反馈，提高工程设计优化水平。积极推行循环经济设计理念，加强粉煤灰等资源综合利用。

（十九）推进技术集成应用。加强企业技术创新体系建设，推动产学研联合，支持电力企业与高校、科研机构开展煤电节能减排先进技术创新。积极推进煤电节能减排先进技术集成应用示范项目建设，创建一批重大技术攻关示范基地，以工程项目为依托，推进科研创新成果产业化。积极开展先进技术经验交流，实现技术共享。

六、完善配套政策措施

（二十）促进节能环保发电。兼顾能效和环保水平，分配上网电量应充分考虑机组大气污染物排放水平，适当提高能效和环保指标领先机组的利用小时数。对大气污染物排放浓度接近或达到燃气轮机组排放限值的燃煤发电机组，可在一定期限内增加其发电利用小时数。对按要求应实施节能环保改造但未按期完成的，可适当降低其发电利用小时数。

（二十一）实行煤电节能减排与新建项目挂钩。能效和环保指标先进的新建燃煤发电项目应优先纳入各省（区、市）年度火电建设方案。对燃煤发电能效和环保指标先进、积极实施煤电节能减排升级与改造并取得显著成效的企业，各省级能源主管部门应优先支持其新建项目建设；对燃煤发电能效和环保指标落后、煤电节能减排升级与改造任务完成较差的企业，可限批其新建项目。

对按煤炭等量替代原则建设的燃煤发电项目，同地区现役燃煤发电机组节能改造形成的节能量（按标准煤量计算）可作为煤炭替代来源。现役燃煤发电机组按照接近或达到燃气轮机组排放限值实施环保改造后，腾出的大气污染物排放总量指标优先用于本企业在同地区的新建燃煤发电项目。

（二十二）完善价格税费政策。完善燃煤发电机组环保电价政策，研究对大气污染物排放浓度接近或达到燃气轮机组排放限值的燃煤发电机组电价支持政策。鼓励各地因地制宜制定背压式热电机组税费支持政策，加大支持力度。

对大气污染物排放浓度接近或达到燃气轮机组排放限值的燃煤发电机组，各地可因地制宜制定税收优惠政策。支持有条件的地区实行差别化排污收费政策。

（二十三）拓宽投融资渠道。统筹运用相关资金，对煤电节能减排重大技术研发和示范项目建设适当给予资金补贴。鼓励民间资本和社会资本进入煤电节能减排领域。引导银行业金融机构加大对煤电节能减排项目的信贷支持。

支持发电企业与有关技术服务机构合作，通过合同能源管理等方式推进燃煤发电机组节能环保改造。对已开展排污权、碳排放、节能量交易的地区，积极支持发电企业通过交易筹集改造资金。

七、抓好任务落实和监管

（二十四）明确政府部门责任。国家发展改革委、环境保护部、国家能源局会同有关部门负责全国煤电节能减排升级与改造工作的总体指导、协调和监管监督，分类明确各省（区、市）、中央发电企业煤电节能减排升级与改造目标任务。国家发展改革委、国家能源局重点加强对燃煤发电节能工作的指导、协调和监管，环境保护部、国家能源局重点加强对燃煤发电污染物减排工作的指导、协调和监督。

各省（区、市）有关主管部门，要及时制定本省（区、市）行动计划，组织各地方和电厂制定具体实施方案，完善政策措施，加强督促检查。国家能源局派出机构会同省级节能主管部门、环保部门等单位负责对各地区、各企业煤电节能减排升级与改造工作实施监管。各级有关部门要密切配合、加强协调、齐抓共管，形成工作合力。

（二十五）强化企业主体责任。各发电企业是本企业煤电节能减排升级与改造工作的责任主体，要按照国家和省级有关部门要求，细化制定本企业行动计划，加强内部管理，加大资金投入，确保完成目标任务。中央发电企业要积极发挥表率作用，及时将国家明确的目标任务分解落实到具体地方和电厂，力争提前完成，确保燃煤发电机组能效环保指标达到先进水平。

各级电网企业要切实做好优化电力调度、完善电网结构、加强电力需求侧管理、落实有关配套政策等工作，积极创造有利条件，保障各地区、各发电企业煤电节能减排升级与改造工作顺利实施。

（二十六）实行严格检测评估。新建燃煤发电机组建成后，企业应按规程及时进行机组性能验收试验，并将验收试验报告等相关资料报送国家能源局派出机构和所在省（区、市）有关部门。现役燃煤发电机组节能改造实施前，电厂应制定具体改造方案，改造完成后由所在省（区、市）有关部门组织有资质的中介机构进行现场评估并确认节能量，评估报告同时抄送国家能源局派出机构。省（区、市）有关部门可视情况进行现场抽查。

新建燃煤发电机组建成投运和现役机组实施环保改造后，环保部门应及时组织环保专项验收，检测大气污染物排放水平，确保检测数据科学准确，并对实施改造的机组进行污染物减排量确认。

（二十七）严格目标任务考核。国家发展改革委、环境保护部、国家能源局会同有关部门制定考核办法，每年对各省（区、市）、中央发电企业上年度煤电节能减排升级与改造目标任务完成情况进行考核，考核结果及时向社会公布。对目标任务完成较差的省（区、市）和中央发电企业，将予以通报并约谈其有关负责人。各省（区、市）有关部门可因地制宜制定对各地方、各企业的考核办法。

（二十八）实施有效监管检查。国家发展改革委、环境保护部、国家能源局会同有关部门开展煤电节能减排升级与改造专项监管和现场检查，形成专项报告向社会公布。省级环保部门、国家能源局派出机构要加强对燃煤发电机组烟气排放连续监测系统（CEMS）建设与运行情况及主要污染物排放指标的监管。各级环保部门要加大环保执法检查力度。

对存在弄虚作假、擅自停运环保设施等重大问题的，要约谈其主要负责人，限期整改并追缴其违规所得；存在违法行为的，要依法查处并追究相关人员责任。对存在节能环保发电调度实施不力、安排调频调峰和备用容量不合理、未充分发挥抽水蓄能电站等调峰电源作用、未有效实施电力需求侧管理等问题的电网企业，要约谈其主要负责人并限期整改。

（二十九）积极推进信息公开。国家能源局会同有关部门、行业协会等单位，建立健全煤电节能减排信息平台，制定信息公开办法。对新建燃煤发电项目，负责审批的节能主管部门、环保部门要主动公开其节能评估和环境影响评价信息，接受社会监督。

（三十）发挥社会监督作用。充分利用12398能源监管投诉举报电话，畅通投诉举报渠道，发挥社会监督作用促进煤电节能减排升级与改造工作顺利开展。国家能源局各派出机构要依据职责和有关规定，及时受理、处理群众投诉举报事项，及时通报有关情况；对违规违法行为，要及时移交稽查，依法处理。

附件：1. 典型常规燃煤发电机组供电煤耗参考值

2. 燃煤电厂节能减排主要参考技术

附件 1：

典型常规燃煤发电机组供电煤耗参考值

单位：克/千瓦时

机组类型		新建机组设计供电煤耗	现役机组生产供电煤耗	
			平均水平	先进水平
100 万千瓦级超超临界	湿冷	282	290	285
	空冷	299	317	302
60 万千瓦级超超临界	湿冷	285	298	290
	空冷	302	315	307
60 万千瓦级超临界	湿冷	303（循环流化床）	306	297
	空冷	320（循环流化床）	325	317
60 万千瓦级亚临界	湿冷	—	320	315
	空冷	—	337	332
30 万千瓦级超临界	湿冷	310（循环流化床）	318	313
	空冷	327（循环流化床）	338	335
30 万千瓦级亚临界	湿冷	—	330	320
	空冷	—	347	337

注：不含燃用无烟煤的 W 火焰锅炉机组。

附件 2：

燃煤电厂节能减排主要参考技术

序号	技术名称	技术原理及特点	节能减排效果	成熟程度及适用范围
一、新建机组设计优化和先进发电技术				
1	提高蒸汽参数	常规超临界机组汽轮机典型参数为24.2MPa/566℃/566℃，常规超超临界机组典型参数为25～26.25MPa/600℃/600℃。提高汽轮机进汽参数可直接提高机组效率，综合经济性、安全性与工程实际应用情况，主蒸汽压力提高至27～28MPa，主蒸汽温度受主蒸汽压力提高与材料制约一般维持在600℃，热再热蒸汽温度提高至610℃或620℃，可进一步提高机组效率	主蒸汽压力大于27MPa时，每提高1MPa进汽压力，降低汽机热耗0.1%左右。热再热蒸汽温度每提高10℃，可降低热耗0.15%。预计相比常规超超临界机组可降低供电煤耗1.5～2.5g/（kW·h）	技术较成熟。适用于66万kW、100万kW超超临界机组设计优化
2	二次再热	在常规一次再热的基础上，汽轮机排汽二次进入锅炉进行再热。汽轮机增加超高压缸，超高压缸排汽为冷一次再热，其经过锅炉一次再热器加热后进入高压缸，高压缸排汽为冷二次再热，其经过锅炉二次再热器加热后进入中压缸	比一次再热机组热效率高出2%～3%，可降低供电煤耗8～10g/（kW·h）	技术较成熟。美国、德国、日本、丹麦等国家部分30万kW以上机组已有应用。国内有100万kW二次再热技术示范工程
3	管道系统优化	通过适当增大管径、减少弯头、尽量采用弯管和斜三通等低阻力连接件等措施，降低主蒸汽、再热、给水等管道阻力	机组热效率提高0.1%～0.2%，可降低供电煤耗0.3～0.6g/（kW·h）	技术成熟。适于各级容量机组
4	外置蒸汽冷却器	超超临界机组高加抽汽由于抽汽温度高，往往具有较大过热度，通过设置独立外置蒸汽冷却器，充分利用抽汽过热焓，提高回热系统热效率	预计可降低供电煤耗约0.5g/（kW·h）	技术较成熟。适用于66万kW、100万kW超超临界机组
5	低温省煤器	在除尘器入口或脱硫塔入口设置1级或2级串联低温省煤器，采用温度范围合适的部分凝结水回收烟气余热，降低烟气温度从而降低体积流量，提高机组热效率，降低引风机电耗	预计可降低供电煤耗1.4～1.8g/（kW·h）	技术成熟。适用于30万～100万kW各类型机组
6	700℃超超临界	在新的镍基耐高温材料研发成功后，蒸汽参数可提高至700℃，大幅提高机组热效率	供电煤耗预计可达到246g/（kW·h）	技术研发阶段

序号	技术名称	技术原理及特点	节能减排效果	成熟程度及适用范围
二、现役机组节能改造技术				
7	汽轮机通流部分改造	对于13.5万kW、20万kW汽轮机和2000年前投运的30万kW和60万kW亚临界汽轮机，通流效率低，热耗高。采用全三维技术优化设计汽轮机通流部分，采用新型高效叶片和新型汽封技术改造汽轮机，节能提效效果明显	预计可降低供电煤耗10～20g/（kW·h）	技术成熟。 适用于13.5万～60万kW各类型机组
8	汽轮机间隙调整及汽封改造	部分汽轮机普遍存在汽缸运行效率较低、高压缸效率随运行时间增加不断下降的问题，主要原因是汽轮机通流部分不完善、汽封间隙大、汽轮机内缸接合面漏汽严重、存在级间漏汽和蒸汽短路现象。通过汽轮机本体技术改造，提高运行缸效率，节能提效效果显著	预计可降低供电煤耗2～4g/（kW·h）	技术成熟。 适用于30万～60万kW各类型机组
9	汽机主汽滤网结构型式优化研究	为减少主再热蒸汽固体颗粒和异物对汽轮机通流部分的损伤，主再热蒸汽阀门均装有滤网。常见滤网孔径均为$\phi 7$，已开有倒角。但滤网结构及孔径大小需进一步研究	可减少蒸汽压降和热耗，暂无降低供电煤耗估算值	技术成熟。 适于各级容量机组
10	锅炉排烟余热回收利用	在空预器之后、脱硫塔之前烟道的合适位置通过加装烟气冷却器，用来加热凝结水、锅炉送风或城市热网低温回水，回收部分热量，从而达到节能提效、节水效果	采用低压省煤器技术，若排烟温度降低30℃，机组供电煤耗可降低1.8g/（kW·h），脱硫系统耗水量减少70%	技术成熟。 适用于排烟温度比设计值偏高20℃以上的机组
11	锅炉本体受热面及风机改造	锅炉普遍存在排烟温度高、风机耗电高，通过改造，可降低排烟温度和风机电耗。具体措施包括：一次风机、引风机、增压风机叶轮改造或变频改造；锅炉受热面或省煤器改造	预计可降低煤耗1.0～2.0g/（kW·h）	技术成熟。 适用于30万kW亚临界机组、60万kW亚临界机组和超临界机组
12	锅炉运行优化调整	电厂实际燃用煤种与设计煤种差异较大时，对锅炉燃烧造成很大影响。开展锅炉燃烧及制粉系统优化试验，确定合理的风量、风粉比、煤粉细度等，有利于电厂优化运行	预计可降低供电煤耗0.5～1.5g/（kW·h）	技术成熟。 现役各级容量机组可普遍采用
13	电除尘器改造及运行优化	根据典型煤种，选取不同负荷，结合吹灰情况等，在保证烟尘排放浓度达标的情况下，试验确定最佳的供电控制方式（除尘器耗电率最小）及相应的控制参数。通过电除尘器节电改造及运行优化调整，节电效果明显	预计可降低供电煤耗约2～3g/（kW·h）	技术成熟。 适用于现役30万kW亚临界机组、60万kW亚临界机组和超临界机组

序号	技术名称	技术原理及特点	节能减排效果	成熟程度及适用范围
14	热力及疏水系统改进	改进热力及疏水系统，可简化热力系统，减少阀门数量，治理阀门泄漏，取得良好节能提效效果	预计可降低供电煤耗2～3g/（kW·h）	技术成熟。适用于各级容量机组
15	汽轮机阀门管理优化	通过对汽轮机不同顺序开启规律下配汽不平衡汽流力的计算，以及机组轴承承载情况的综合分析，采用阀门开启顺序重组及优化技术，解决机组在投入顺序阀运行时的瓦温升高、振动异常问题，使机组能顺利投入顺序阀运行，从而提高机组的运行效率	预计可降低供电煤耗2～3g/（kW·h）	技术成熟。适用于 20 万 kW 以上机组
16	汽轮机冷端系统改进及运行优化	汽轮机冷端性能差，表现为机组真空低。通过采取技术改造措施，提高机组运行真空，可取得很好的节能提效效果	预计可降低供电煤耗0.5～1.0g/（kW·h）	技术成熟。适用于 30 万 kW 亚临界机组、60 万 kW 亚临界机组和超临界机组
17	高压除氧器乏汽回收	将高压除氧器排氧阀排出的乏汽通过表面式换热器提高化学除盐水温度，温度升高后的化学除盐水补入凝汽器，可以降低过冷度，一定程度提高热效率	预计可降低供电煤耗0.5～1g/（kW·h）	技术成熟。适用于 10 万～30 万 kW 机组
18	取较深海水作为电厂冷却水	直流供水系统取、排水口的位置和型式应考虑水源特点、利于吸取冷水、温排水对环境的影响、泥沙冲淤和工程施工等因素。有条件时，宜取较深处水温较低的水。但取水水深和取排水口布置受航道、码头等因素影响较大	采用直流供水系统时，循环水温每降低 1℃，供电煤耗降低约 1g/（kW·h）	技术成熟。适于沿海电厂
19	脱硫系统运行优化	具体措施包括：①吸收系统（浆液循环泵、pH 值运行优化、氧化风量、吸收塔液位、石灰石粒径等）运行优化；②烟气系统运行优化；③公用系统（制浆、脱水等）运行优化；④采用脱硫添加剂。可提高脱硫效率、减少系统故障、降低系统能耗和运行成本，以及提高对煤种硫份的适应性	预计可降低供电煤耗约0.5g/（kW·h）	技术成熟。适用于 30 万 kW 亚临界机组、60 万 kW 亚临界机组和超临界机组
20	凝结水泵变频改造	高压凝结水泵电机采用变频装置，在机组调峰运行可降低节流损失，达到提效节能效果	预计可降低供电煤耗约0.5g/（kW·h）	技术成熟。在大量 30 万～60 万 kW 机组上得到推广应用
21	空气预热器密封改造	回转式空气预热器通常存在密封不良、低温腐蚀、积灰堵塞等问题，造成漏风率与烟风阻力增大，风机耗电增加。可采用先进的密封技术进行改造，使空气预热器漏风率控制在 6%以内	预计可降低供电煤耗0.2～0.5g/（kW·h）	技术成熟。各级容量机组

序号	技术名称	技术原理及特点	节能减排效果	成熟程度及适用范围
22	电除尘器高频电源改造	将电除尘器工频电源改造为高频电源。由于高频电源在纯直流供电方式时，电压波动小、电晕电压高、电晕电流大，从而增加了电晕功率。同时，在烟尘带有足够电荷的前提下，大幅度减小了电除尘器电场供电能耗，达到了提效节能的目的	可降低电除尘器电耗	技术成熟。适用于30万～100万kW机组
23	加强管道和阀门保温	管道及阀门保温技术直接影响电厂能效，降低保温外表面温度设计值有利于降低蒸汽损耗。但会对保温材料厚度、管道布置、支吊架结构产生影响	暂无降低供电煤耗估算值	技术成熟。适于各级容量机组
24	电厂照明节能方法	从光源、镇流器、灯具等方面综合考虑电厂照明，选用节能、安全、耐用的照明器具	可以一定程度减少电厂自用电量，对降低煤耗影响较小	技术成熟。适用于各类电厂
25	凝汽式汽轮机供热改造	对纯凝汽式汽轮机组蒸汽系统适当环节进行改造，接出抽汽管道和阀门，分流部分蒸汽，使纯凝汽式汽轮机组具备纯凝发电和热电联产两用功能	大幅度降低供电煤耗，一般可达到10g/(kW·h)以上	技术成熟。适用于12.5万～60万kW纯凝汽式汽轮机组
26	亚临界机组改造为超（超）临界机组	将亚临界老机组改造为超（超）临界机组，对汽轮机、锅炉和主辅机设备做相应改造	大幅提升机组热力循环效率	技术研发阶段
三、污染物排放控制技术				
27	低（低）温静电除尘	在静电除尘器前设置换热装置，将烟气温度降低到接近或低于酸露点温度，降低飞灰比电阻，减小烟气量，有效防止电除尘器发生反电晕，提高除尘效率	除尘效率最高可达99.9%	低温静电除尘技术较成熟，国内已有较多运行业绩。低低温静电除尘技术在日本有运行业绩，国内正在试点应用，防腐问题国内尚未有实例验证
28	布袋除尘	含尘烟气通过滤袋，烟尘被粘附在滤袋表面，当烟尘在滤袋表面粘附到一定程度时，清灰系统抖落附在滤袋表面的积灰，积灰落入储灰斗，以达到过滤烟气的目的	烟尘排放浓度可以长期稳定在$20mg/Nm^3$以下，基本不受灰分含量高低和成分影响	技术较成熟。适于各级容量机组
29	电袋除尘	综合静电除尘和布袋除尘优势，前级采用静电除尘收集80%～90%粉尘，后级采用布袋除尘收集细粒粉尘	除尘器出口排放浓度可以长期稳定在$20mg/Nm^3$以下，甚至可达到$5mg/Nm^3$，基本不受灰分含量高低和成分影响	技术较成熟。适于各级容量机组

序号	技术名称	技术原理及特点	节能减排效果	成熟程度及适用范围
30	旋转电极除尘	将静电除尘器末级电场的阳极板分割成若干长方形极板，用链条连接并旋转移动，利用旋转刷连续清除阳极板上粉尘，可消除二次扬尘，防止反电晕现象，提高除尘效率	烟尘排放浓度可以稳定在 30mg/Nm^3 以下，节省电耗	技术较成熟。适用于30万～100万 kW 机组
31	湿式静电除尘	将粉尘颗粒通过电场力作用吸附到集尘极上，通过喷水将极板上的粉尘冲刷到灰斗中排出。同时，喷到烟道中的水雾既能捕获微小烟尘又能降电阻率，利于微尘向极板移动	通常设置在脱硫系统后端，除尘效率可达到70%～80%，可有效除去 $PM_{2.5}$ 和石膏雨微液滴	技术较成熟。国内有多种湿式静电除尘技术，正在试点应用
32	双循环脱硫	与常规单循环脱硫原理基本相同，不同在于将吸收塔循环浆液分为两个独立的反应罐和形成两个循环回路，每条循环回路在不同 pH 值下运行，使脱硫反应在较为理想的条件下进行。可采用单塔双循环或双塔双循环	双循环脱硫效率可达98.5%或更高	技术较成熟。适于各级容量机组
33	低氮燃烧	采用先进的低氮燃烧器技术，大幅降低氮氧化物生成浓度	炉膛出口氮氧化物浓度可控制在 200mg/Nm^3 以下	技术较成熟。适于各类烟煤锅炉

关于发布《机动车污染防治技术政策》的公告

（公告　2017 年　第 69 号）

为贯彻《中华人民共和国环境保护法》和《中华人民共和国大气污染防治法》等法律法规，改善环境质量，完善环境技术管理体系，促进机动车污染防治技术进步，环境保护部组织修订了《机动车污染防治技术政策》。现予公布，供参照执行。以上文件内容可登录环境保护部网站（http：//www.mee.gov.cn/）查询。

自本公告发布之日起，《关于发布〈机动车排放污染防治技术政策〉的通知》（环发〔1999〕134 号）废止。

附件：机动车污染防治技术政策

环境保护部

2017 年 12 月 11 日

附件：

机动车污染防治技术政策

一、总则

（一）为贯彻《中华人民共和国环境保护法》和《中华人民共和国大气污染防治法》等法律法规，改善环境质量，促进机动车污染防治技术进步，制定本技术政策。

（二）本技术政策为指导性文件，供各有关单位在机动车污染防治工作中参照采用。本技术政策所称的机动车是指我国境内所有新生产及进口的汽车、摩托车和车用发动机，以及在我国登记注册的所有在用汽车、摩托车。

（三）本技术政策提出了机动车在设计、生产、使用、回收等全生命周期内的大气、噪声、水、固体废物、电磁辐射等污染的防治策略和方法，涉及范围包括机动车、车用油品、检测设备等。

（四）机动车污染防治是一项系统工程，应加强“车、油、路”统筹，采取法律、行政、经济、技术等综合措施进行防治，强化信息公开，形成政府主导、部门协作、市场调节、社会监督的工作机制。以改善环境质量为核心构建机动车污染防治体系，形成区域联防联控机制，推进机动车污染防治的系统化、科学化、法治化、精细化和信息化。

（五）逐步加严新生产机动车一氧化碳（CO）、总碳氢化合物（THC）、氮氧化物（NO_x）和颗粒物（PM）等污染物排放限值。加强机动车非常规污染物控制。机动车污染防治过程应尽可能避免产生新的污染物。

（六）对于新生产机动车，由环境保护部统一制定国家排放标准。鼓励地方提前实施更严格的新生产机动车国家排放标准及油品质量标准。对于在用机动车，已经制定国家排放标准的，鼓励地方执行更严格的在用车排放限值。

（七）强化新车达标监管，重点加强重型柴油车生产、销售等环节监管。加强机动车检测与维护（I/M），重点加强高排放车辆、高使用强度车辆监管，确保上路车辆排放稳定达标。

（八）机动车应向绿色、低碳、可持续的方向发展。鼓励有条件的地方提前实施轻型车和重型车第六阶段排放标准。到2020年，报废机动车再生利用率达到95%，机动车污染防治达到国际先进水平。

二、源头控制

（一）新生产及进口汽车、摩托车及其发动机

1. 鼓励开展机动车轻量化、模块化、无（低）害化、循环利用等产品生态设计，综合考虑机动车生产、使用、回收等全生命周期内的资源消耗及污染排放。

2. 通过改善生产工艺、加装车间空气后处理系统、使用符合标准的水性防腐涂料、胶粘剂等降低生产过程挥发性有机物（VOCs）、持久性有机污染物（POPs）、粉尘、废液、固体废物等有毒有害物质排放，加强清洁生产技术研发应用，实现绿色制造。

3. 加强新生产机动车排放达标监管。机动车生产及进口企业不得生产、进口和销售不符合标准的车辆，加强产品环保生产一致性管理。加强机动车生产及进口企业产品在用符合性检查，确保机动车在正常使用条件下和正常寿命期内达到新车出厂时的标准限值要求。生产、进口企业获知机动车排放不符合规定的环境保护耐久性要求的，应依法召回。

4. 强化企业产品信息公开。机动车生产及进口企业应依法向社会公开机动车的排放检验信息和污染控制技术信息，为机动车达标监管和检测维护提供技术支持。加强发动机、后处理装置等排放控制关键零部件产品信息公开。开展替代燃料汽车非常规污染物、新能源汽车动力电池及电磁辐射（EMR）等信息公开。

5. 鼓励机动车生产及进口企业通过技术升级提前达到国家排放标准要求，提高产品生产一致性和在用符合性。利用便携式排放测试系统（PEMS）、车载诊断（OBD）系统等加强机动车实际行驶排放控制。严格控制机动车颗粒物排放，控制重点应从颗粒物质量控制向颗粒物质量与数量同时控制转变。

6. 加强二氧化碳（CO_2）、甲烷（CH_4）、氧化亚氮（N_2O）、氢氟碳化物（HFCs）等在内的机动车温室气体管理。对机动车大气污染物和温室气体实施协同控制，推广使用全球变暖潜值（GWP）低的车用空调制冷剂。鼓励机动车温室气体减排技术研发，加快能源清洁化、低碳化，控制机动车全生命周期内温室气体排放。

7. 加强机动车加速行驶、匀速行驶等工况下车内外噪声控制。鼓励机动车噪声控制技术研发与应用。提高消声装置降噪效果及耐久性水平。

8. 加强机动车燃油蒸发排放控制。加快推进车载加油油气回收（ORVR）技术应用，鼓励采用主动式燃油蒸发泄漏诊断装置。

9. 汽车及零部件生产企业应通过改进汽车、零部件、原材料等的生产工艺、使用绿色环保的内饰材料等有效控制车内有毒有害物质排放，加强车内空气质量管理。

10. 积极开展天然气（NG）、液化石油气（LPG）、乙醇、生物柴油等替代燃料汽车的研发和应用，鼓励资源丰富的地区发展替代燃料汽车。鼓励研发和应用天然气当量

燃烧与三元催化技术。严格控制天然气汽车、乙醇汽油汽车的挥发性有机物和氮氧化物排放。替代燃料汽车应达到国家同期机动车排放标准要求。加强替代燃料汽车非常规污染物排放控制。

11. 新生产柴油车应安装符合产品技术标准要求的排气后处理装置，如柴油车颗粒过滤器（DPF）、选择性催化还原装置（SCR）等，鼓励使用固体氨选择性催化还原装置（SSCR）。采用 SSCR、SCR 控制技术时，应采取控制措施防止氨逃逸引起的污染。

12. 城市公交、环卫、邮政、物流等行业应优先选择新能源汽车、替代能源汽车等清洁能源汽车；用于这些用途的柴油车应安装 DPF、SSCR 或 SCR 等排气后处理装置。

（二）车用燃料、燃料清净剂、车用机油及氮氧化物还原剂

1. 提升车用燃料质量，加强车用燃料有害物质控制。稳步推广使用车用替代燃料。普通柴油禁止作为车用柴油使用，并加快实现与车用柴油并轨。鼓励炼油企业开展车用燃料清洁技术研发与升级改造。

2. 推进加油站、储油库、油罐车等油气回收治理，保证油气回收设备稳定运行。京津冀及周边、长三角、珠三角等重点区域内的全部加油站、储油库和油罐车应安装油气回收治理装置。

3. 鼓励炼油厂或储运站在车用燃料中统一添加采用科学配比的燃料清净剂。鼓励企业及个人用户选用低硫、低磷、低硫酸盐灰分等高品质车用机油，以满足发动机后处理产品耐久性要求。企业及个人用户应及时加注符合标准的氮氧化物还原剂，确保柴油车 SCR 正常运行。

4. 根据大气污染治理需要，加快研究制定更严格的油品质量标准，继续降低车用汽柴油中烯烃、芳烃、多环芳烃、苯等有害物质的含量。

（三）绿色交通运输体系

1. 综合运用经济、技术、行政等手段，优化交通运输结构，提高客货轨道运输比重。合理控制燃油机动车保有量，加快城市轨道交通、公交专用道、快速公交系统（BRT）等公共交通建设，降低机动车使用强度。

2. 利用大数据、物联网、云计算等技术，提高交通智能化、信息化水平。通过采用车辆信息和通信系统（VICS）、电子收费系统（ETC）、电子标识、智能导航等技术，提高车辆行驶速度，缓解交通拥堵，减少污染物和温室气体排放。

三、污染防治及综合利用

（一）大气污染防治

1. 进一步规范在用车排放检验，完善在用车排放标准。利用互联网、大数据等信息化技术加强在用车排放控制。积极推广简易工况法，对在用车检测设备、控制软件、数

据联网等提出统一规范要求。

2. 加强 OBD 系统监管，对在用车 OBD 系统检验提出规范性要求。加强营运车辆实际排放监管。营运重型商用车应采用 OBD 远程监控技术，对车辆排放相关部件的运行状况进行实时远程监控，对故障部件及时进行维修或更换。

3. 鼓励通过遥感监测等技术手段对道路行驶机动车排放状况进行监督抽测，加强高排放车日常监管。

4. 加强机动车检测与维护，对检测（包括外观检验）不合格车辆应及时进行维护（包括修理）。机动车维修企业应配备符合相关技术要求的排放检测、诊断及维修设备，确保维修后的机动车在规定的保质期内稳定达标。加强机动车检测与维护信息共享，实现机动车检测与维护闭环管理。

5. 加强机动车维修及报废拆解企业大气环境管理，通过采用水性涂料、安装废气集中处理装置等措施控制维修及报废拆解过程中产生的大气污染排放。

6. 对排放不达标的在用汽油车应重点检查 OBD 系统、燃油供给系统、进气系统、三元催化器、氧传感器等零部件的工作状态，对排放不达标的在用摩托车应重点检查燃油供给系统、进气系统及排放后处理装置等，并及时进行维修或更换。

7. 对排放不达标的在用柴油车应重点检查 OBD 系统、燃油供给系统、进气系统、排放后处理装置、废气再循环装置（EGR）等零部件的工作状态，并及时进行维修或更换。

8. 对在用汽油车、燃气车、摩托车应增加曲轴箱通风装置和燃油蒸发控制装置检查，对在用柴油车应增加 NO_x 检测。

9. 鼓励对在用柴油车采用壁流式 DPF、SSCR 等技术进行改造，汽车生产企业应予支持配合。公交、环卫、邮政、物流、出租等营运车辆应定期更换高效尾气净化装置。

（二）噪声污染防治

1. 加强在用车噪声污染控制，经检验存在问题的消声装置应及时进行维修或更换。禁止任何单位或个人擅自改变或拆除消声装置。

2. 加强机动车维修及报废拆解企业噪声环境管理，通过采用室内作业、安装隔音降噪材料等措施控制维修及报废拆解过程中产生的噪声污染。

（三）废水、固体废物处理处置

1. 加强机动车维修及报废拆解企业废水、固体废物环境管理。通过采用超声波清洗、废水循环利用等措施控制维修及报废拆解过程中产生的废水污染。通过采用废物分类收集、专业处理等措施控制维修及报废拆解过程中产生的废机油、废电池等污染。

2. 根据机动车使用和安全技术、排放检验状况，对达到报废标准的机动车实施强制报废。鼓励公交、环卫、邮政、物流、出租等高使用强度车辆提前报废。加快黄标车及老旧车等高排放车辆淘汰更新。

3. 实施生产者责任延伸制度，鼓励生产企业积极参与机动车报废回收。提高报废车辆回收利用率，促进产品的循环再利用。

4. 加强对机动车报废电池，尤其是新能源汽车报废电池管理，实现电池规范生产、有序回收及梯级利用。加强机动车催化器贵金属循环利用。

5. 推动报废机动车资源化循环利用，规范开展机动车五大总成（发动机、方向机、变速器、前后桥、车架）等主要零部件再制造，排放控制关键零部件及后处理装置除外。再制造产品的排放性能应符合国家现行相关标准的要求。

四、鼓励研发的污染防治技术

（一）排放控制技术及装置

1. 鼓励自主研发汽油车缸内直接喷射系统（GDI）、可变进气、涡轮增压、EGR、怠速启停、汽油车颗粒过滤器（GPF）等技术，掌握燃烧和电控等核心技术，研发 GDI、增压器、EGR 阀、GPF、OBD 等关键零部件。

2. 鼓励自主研发柴油车高压共轨（HPCR）燃油喷射系统、高效增压中冷系统、EGR、SCR、DPF 等技术，掌握燃油喷射和后处理等核心技术，研发 HPCR、增压器、SCR、SSCR、DPF、传感器等关键零部件。

3. 鼓励自主研发摩托车电控燃油喷射、高效三元催化器等技术，逐步淘汰化油器等落后技术。

4. 鼓励自主研发替代燃料、混合动力、纯电动、燃料电池等清洁能源汽车技术。鼓励开发混合动力、插电式混合动力专用发动机，优化动力总成系统匹配。鼓励研发动力电池清洁化生产和回收技术。

5. 鼓励机动车通过采用机内优化、进排气消声器、吸音隔音材料、主动降噪、低噪声轮胎等技术降低整车噪声排放水平。

（二）排放测试技术及设备

1. 加快新生产机动车实验室排放测试、实际道路排放测试等技术及设备的自主研发，为加强机动车产品生产一致性、在用符合性和企业新产品研发提供保障。

2. 加快在用车简易工况法、遥感法及 OBD 测试技术、设备及软件控制系统的研发，为加强机动车排放监管提供支持。

中英文对照表

序　号	英　文	中　文
1	BRT	快速公交系统
2	CH_4	甲烷
3	CO	一氧化碳
4	CO_2	二氧化碳
5	DPF	柴油车颗粒过滤器
6	EMR	电磁辐射
7	EGR	废气再循环装置
8	ETC	电子收费系统
9	GDI	缸内直接喷射系统
10	GPF	汽油车颗粒过滤器
11	GWP	全球变暖潜值
12	HFCs	氢氟碳化物
13	HPCR	高压共轨
14	I/M	机动车检测与维护
15	LPG	液化石油气
16	N_2O	氧化亚氮
17	NG	天然气
18	NO_x	氮氧化物
19	OBD	车载诊断
20	ORVR	车载加油油气回收
21	PEMS	便携式排放测试系统
22	PM	颗粒物
23	POPs	持久性有机污染物
24	SCR	选择性催化还原装置
25	SSCR	固体氨选择性催化还原装置
26	THC	总碳氢化合物
27	VICS	车辆信息和通信系统
28	VOCs	挥发性有机物

生态环境部 发展改革委 工业和信息化部 公安部 财政部 交通运输部 商务部 市场监管总局 能源局 铁路局 中国铁路总公司关于印发《柴油货车污染治理攻坚战行动计划》的通知

（环大气〔2018〕179号）

各省、自治区、直辖市人民政府，新疆生产建设兵团，教育部、科技部、司法部、住房城乡建设部、农业农村部、应急部、海关总署、税务总局、民航局、邮政局：

经国务院同意，现将《柴油货车污染治理攻坚战行动计划》印发给你们，请认真贯彻落实。

生态环境部
发展改革委
工业和信息化部
公安部
财政部
交通运输部
商务部
市场监管总局
能源局
铁路局
中国铁路总公司
2018年12月30日

柴油货车污染治理攻坚战行动计划

为深入贯彻中共中央、国务院《关于全面加强生态环境保护　坚决打好污染防治攻坚战的意见》和国务院印发的《打赢蓝天保卫战三年行动计划》的要求，加强柴油货车超标排放治理，加快降低机动车船污染物排放量，坚决打赢蓝天保卫战，制定本行动计划。

一、总体要求

（一）指导思想。以习近平新时代中国特色社会主义思想为指导，全面贯彻党的十九大和十九届二中、三中全会精神，认真落实党中央、国务院决策部署和全国生态环境保护大会要求，坚持统筹“油、路、车”治理，以京津冀及周边地区、长三角地区、汾渭平原相关省（市）以及内蒙古自治区中西部等区域为重点（以下简称重点区域），以货物运输结构调整为导向，以柴油和车用尿素质量达标保障为支撑，以柴油车（机）达标排放为主线，建立健全严格的机动车全防全控环境监管制度，大力实施清洁柴油车、清洁柴油机、清洁运输、清洁油品行动，全链条治理柴油车（机）超标排放，明显降低污染物排放总量，促进区域空气质量明显改善。

（二）基本原则。

坚持源头防范、综合治理。加快调整运输结构，增加铁路和水路货运量，减少公路大宗货物中长距离货运量。推广使用新能源和清洁能源汽车，壮大绿色运输车队。优化运输组织，提高运输效率，降低柴油货车空驶率。推进机动车生产制造、排放检验、维修治理和运输企业集约化发展。

坚持突出重点、联防联控。以重点区域及物流主通道作为重点监管区域，以营运柴油货车和车用油品、尿素作为重点监管对象，强化上下联动、区域协同，统一执法尺度和力度，增强监管合力。加强相关部门之间统筹协调和联合执法，建立完善信息共享机制，提高联合共治水平。

坚持全防全控、严惩重罚。从机动车设计、生产、销售、注册登记、使用、转移、检验、维修和报废等各个环节，加强全方位管控。加大监管执法力度，严厉打击生产销售不达标车辆、检验维修弄虚作假、屏蔽车载诊断系统（OBD）、生产销售使用假劣油品和车用尿素等违法行为。

坚持远近结合、标本兼治。加快完善政策、法规和标准体系，构建严格的环境监管制度，大幅提高违法成本。健全环境信用联合奖惩制度，实现“一处失信、处处受限”。完善环境经济政策，提高企业减排积极性。建立超标排放举报机制，鼓励公众监督，促进群防群控。

（三）目标指标。到 2020 年，柴油货车排放达标率明显提高，柴油和车用尿素质量明显改善，柴油货车氮氧化物和颗粒物排放总量明显下降，重点区域城市空气二氧化氮浓度逐步降低，机动车排放监管能力和水平大幅提升，全国铁路货运量明显增加，绿色低碳、清洁高效的交通运输体系初步形成。

——全国在用柴油车监督抽测排放合格率达到 90%，重点区域达到 95%以上，排气管口冒黑烟现象基本消除。

——全国柴油和车用尿素抽检合格率达到 95%，重点区域达到 98%以上，违法生产销售假劣油品现象基本消除。

——全国铁路货运量比 2017 年增长 30%，初步实现中长距离大宗货物主要通过铁路或水路进行运输。

（四）重点区域范围。京津冀及周边地区、长三角地区、汾渭平原相关省（市）以及内蒙古自治区中西部等区域，包括：北京市、天津市、河北省、山西省、山东省、河南省、上海市、江苏省、浙江省、安徽省、陕西省，以及内蒙古自治区呼和浩特市、包头市、乌兰察布市、鄂尔多斯市、巴彦淖尔市、乌海市。

二、清洁柴油车行动

（五）加强新生产车辆环保达标监管。严格实施国家机动车油耗和排放标准。严格实施重型柴油车燃料消耗量限值标准，不满足标准限值要求的新车型禁止进入道路运输市场。2019 年 7 月 1 日起，重点区域、珠三角地区、成渝地区提前实施机动车国六排放标准。推广使用达到国六排放标准的燃气车辆。（生态环境部、交通运输部牵头，工业和信息化部、公安部等参与，地方各级人民政府负责落实。以下均需地方各级人民政府落实，不再列出）

强化机动车环保信息公开。机动车生产、进口企业依法依规公开排放检验、污染控制技术和汽车尾气排放相关的维修技术信息。各地生态环境部门在机动车生产、销售和注册登记等环节加强监督检查，指导监督排放检验机构严格开展柴油车注册登记前的排放检验，通过国家机动车环境监管平台逐车核实环保信息公开情况，进行污染控制装置查验、上线排放检测，确保车辆配置真实性、唯一性和一致性，2019 年基本实现全覆盖。（生态环境部、交通运输部牵头，公安部、市场监管总局等参与）

严厉打击生产、进口、销售不达标车辆违法行为。在生产、进口、销售环节加强对新生产机动车环保达标监管，抽查核验新生产销售车辆的 OBD、污染控制装置、环保信息随车清单等，抽测部分车型的道路实际排放情况。各省（区、市）对在本行政区域内生产（进口）的主要车（机）型系族的年度抽检率达到 80%，覆盖全部生产（进口）企业，重点区域抽检率进一步提高；对在本行政区域销售的主要车（机）型系族的年度抽检率达到60%，重点区域达到80%。

严厉打击污染控制装置造假、屏蔽OBD功能、尾气排放不达标、不依法公开环保信息等行为，按规定撤销相关企业车辆产品公告、油耗公告和强制性产品认证，督促生产（进口）企业及时实施环境保护召回。各地生产销售柴油车型系族的抽检合格率达到95%以上。（生态环境部、工业和信息化部、海关总署、市场监管总局牵头，交通运输部等参与）

（六）加大在用车监督执法力度。建立完善监管执法模式。推行生态环境部门检测取证、公安交管部门实施处罚、交通运输部门监督维修的联合监管执法模式。各地生态环境部门应将本地超标排放车辆信息，以信函或公告（在政府网站发布）等方式，及时告知车辆所有人及所属企业，督促限期到与交通运输和生态环境部门联网的具有相应资质能力的维修单位进行维修治理，经维修合格后再到排放检验机构进行复检，公安交管、交通运输部门应当协助联系车辆所有人和所属企业；对于登记地在外省（区、市）的超标排放车辆信息，各地应及时上传到国家机动车环境监管平台，由登记地生态环境部门负责通知和督促。未在规定期限内维修并复检合格的车辆，生态环境、交通运输部门将其列入监管黑名单并将车型、车牌、企业等信息向社会公开，同时依法予以处理或处罚。对于列入监管黑名单或一个综合性能检验周期内三次以上监督抽测超标的营运车辆，生态环境和交通运输部门将其所属单位列为重点监管对象。对于一年内超标排放车辆占其总车辆数10%以上的运输企业，交通运输和生态环境部门将其列入黑名单或重点监管对象。（生态环境部、公安部、交通运输部牵头）

加大路检路查力度。各地建立完善生态环境、公安交管、交通运输等部门联合执法常态化路检路查工作机制，严厉打击超标排放等违法行为，基本消除柴油车排气口冒黑烟现象。各地大力开展排放监督抽测，重点检查柴油货车污染控制装置、OBD、尾气排放达标情况，具备条件的要抽查柴油和车用尿素质量及使用情况。各设区城市在重点路段对柴油车开展常态化的路检路查，重点区域城市在秋冬季加大检查力度。（生态环境部、公安部、交通运输部牵头）

强化入户监督抽测。督促指导柴油车超过20辆的重点企业，建立完善车辆维护、燃料和车用尿素添加使用台账，并鼓励通过网络系统及时向当地设区市生态环境部门传送。对于物流园、工业园、货物集散地、公交场站等车辆停放集中的重点场所，以及物流货运、工矿企业、长途客运、环卫、邮政、旅游、维修等重点单位，按“双随机”模式开展定期和不定期监督抽测。对于日常监督抽测或定期排放检验初检超标、在异地进行定期排放检验的柴油车辆，应作为重点抽查对象。（生态环境部牵头，交通运输部等参与）

加强重污染天气期间柴油货车管控。重污染天气预警期间，各地应加大部门联合综合执法检查力度，对于超标排放等违法行为，依法严格处罚。重点区域的钢铁、建材、焦化、有色、化工、矿山等涉及大宗物料运输的重点企业以及沿海沿江港口、城市物流配送企业，应制定错峰运输方案，原则上不允许柴油货车在重污染天气预警响应期间进出厂区（保证安全生产运行、运输民生保障物资或特殊需求产品，以及为外贸货物、进出境旅客提供港口集疏运服务的国五及以上排放标准的车辆除外）。各地生态环境部门可根据重污染天气应急需要，督促指导重点企业建设管控运输车辆的门禁和视频监控系统，监控数据至少保存一年以上。（生态环境部、公安部、交通运输部牵头，工业和信息化部等参与）

加大对高排放车辆监督抽测频次。在机动车集中停放地和维修地开展入户检查，并通过路检路查和遥感监测，加强对高排放车辆的监督抽测。每年秋冬季期间监督抽测柴油车数量，重点区域城市自 2019 年起不低于当地柴油车保有量的 80%，其他区域城市不低于 50%。（生态环境部、公安部、交通运输部牵头）

（七）强化在用车排放检验和维修治理。加强排放检验机构监督管理。推行除大型客车、校车和危险货物运输车以外的其他汽车跨省异地排放检验。2019 年年底前，排放检验机构应向社会公开检验过程，在企业网站或办事业务大厅显示屏通过高清视频实时公开柴油车排放检验全过程及检验结果，重点区域提前完成。采取现场随机抽检、排放检测比对、远程监控排查等方式，每年实现对排放检验机构的监管全覆盖。对于为省外登记的车辆开展排放检验比较集中、排放检验合格率异常的排放检验机构，应作为重点对象加强监管。将柴油车氮氧化物排放纳入在用汽车污染物排放标准，严格执行、加强监管。严厉打击排放检验机构伪造检验结果、出具虚假报告等违法行为，依法依规撤销资质认定（计量认证）证书，予以严格处罚并公开曝光。（生态环境部、市场监管总局牵头）

强化维修单位监督管理。交通运输、生态环境部门督促指导维修企业建立完善机动车维修治理档案制度，加强监督管理，严厉打击篡改破坏 OBD 系统、采用临时更换污染控制装置等弄虚作假方式通过排放检验的行为，依法依规对维修单位和机动车所有人予以严格处罚。（交通运输部、生态环境部牵头，市场监管总局等参与）

建立完善机动车排放检测与强制维护制度（I/M 制度）。各地生态环境、交通运输等部门建立排放检测和维修治理信息共享机制。排放检验机构（I 站）应出具排放检验结果书面报告，不合格车辆应到具有资质的维修单位（M 站）进行维修治理。经 M 站维修治理合格并上传信息后，再到同一家 I 站予以复检，经检验合格方可出具合格报告。I 站和 M 站数据应实时上传至当地生态环境和交通运输部门，实现数据共享和闭环管理。研究制定汽车排放及维修有关零部件标准，鼓励开展自愿认证。2019 年年底前，各地全面建立实施 I/M 制度，重点区域提前完成。监督抽测发现的超标排放车辆也应按要求及时维

修。（交通运输部、生态环境部牵头，市场监管总局等参与）

（八）加快老旧车辆淘汰和深度治理。推进老旧车辆淘汰报废。各地制定老旧柴油货车和燃气车淘汰更新目标及实施计划，采取经济补偿、限制使用、加强监管执法等措施，促进加快淘汰国三及以下排放标准的柴油货车、采用稀薄燃烧技术或“油改气”的老旧燃气车辆。对达到强制报废标准的车辆，依法实施强制报废。对于提前淘汰并购买新能源货车的，享受中央财政现行购置补贴政策。鼓励地方研究建立与柴油货车淘汰更新相挂钩的新能源车辆运营补贴机制，制定实施便利通行政策。2020 年年底前，京津冀及周边地区、汾渭平原加快淘汰国三及以下排放标准营运柴油货车 100 万辆以上。（交通运输部、生态环境部、财政部、商务部牵头，公安部等参与）

推动高排放车辆深度治理。按照政府引导、企业负责、全程监控模式，推进高排放老旧柴油车深度治理。对于具备深度治理条件的柴油车，鼓励加装或更换符合要求的污染控制装置，协同控制颗粒物和氮氧化物排放。深度治理车辆应安装远程排放监控设备和精准定位系统，并与生态环境部门联网，实时监控油箱和尿素箱液位变化，以及氮氧化物、颗粒物排放情况。安装远程排放监控设备并与生态环境部门联网且稳定达标排放的柴油车，可在定期排放检验时免于上线检测。（生态环境部、交通运输部牵头）

（九）推进监控体系建设和应用。加快建设完善“天地车人”一体化的机动车排放监控系统。利用机动车道路遥感监测、排放检验机构联网、重型柴油车远程排放监控，以及路检路查和入户监督抽测，对柴油车开展全天候、全方位的排放监控。2018 年年底前，全部机动车排放检验机构实现国家、省、市三级联网，确保排放检验数据实时、稳定传输。加快推进机动车遥感监测能力建设，各地根据工作需要在柴油车通行主要路段建设遥感监测点位，并进行国家、省、市三级联网，重点区域 2018 年年底前初步建成，其他区域 2020 年完成。推进重型柴油车远程在线监控系统建设，2018 年重点区域开展试点，2019 年年底前重点区域 50%以上具备条件的重型柴油车安装远程在线监控并与生态环境部门联网，其他地区城市积极推进。2020 年 1 月 1 日起，重点区域将未安装远程在线监控系统的营运车辆列入重点监管对象。（生态环境部牵头，交通运输部等参与）

加强排放大数据分析应用。利用“天地车人”一体化排放监控系统以及机动车监管执法工作形成的数据，构建全国互联互通、共建共享的机动车环境监管平台。各地通过信息平台每日报送定期排放检验数据和监督抽测发现的超标排放车辆信息，实现登记地与使用地对超标排放车辆的联合监管。通过大数据追溯超标排放车辆生产或进口企业、污染控制装置生产企业、登记地、排放检验机构、维修单位、加油站点、供油企业、运输企业等，实现全链条环境监管。加强对排放检验机构检测数据的监督抽查，对比分析过程数据、视频图像和检测报告，重点核查定期排放检验初检或日常监督抽测发现的超标车、外省（区、市）登记的车辆、运营 5 年以上的老旧柴油车等。各地对上述重点车辆排放检验数据的年度核查率要达 80%以上，重点区域再进一步提高比例。（生态环境部牵头，公安部、交通运输部、商务部、工业和信息化部、市场监管总局、海关总署等参与）

（十）推动相关行业集约化发展。促进落后产能淘汰。鼓励运用市场化手段，推进柴油货车生产企业兼并重组，促进淘汰落后产品和僵尸企业。对不能维持正常生产经营的企业进行为期两年的特别公示管理。2020 年年底前，进一步提高柴油货车制造产业集中度。（工业和信息化部牵头）

推进排放检验机构和维修单位规模化发展。鼓励支持排放检验机构通过市场运作手段，开展并购重组、连锁经营，实现规模化、集团化发展。着力培育一批检验服务质量好、社会诚信度高的排放检验机构成长为地方或行业品牌。鼓励专业水平高的排放检验机构在产业集中区域、交通枢纽、沿海沿江港口、偏远地区以及消费集中区域设立分支机构，提供便捷服务。对于设立分支机构或者多场所检验检测机构的，资质认定部门简化办理手续。鼓励支持技术水平高、市场信誉好的维修企业连锁经营，严厉打击清理无照、不按规定备案经营的维修站点。（市场监管总局、生态环境部、交通运输部牵头）

三、清洁柴油机行动

（十一）严格新生产发动机和非道路移动机械、船舶管理。2020 年年底前，全国实施非道路移动机械第四阶段排放标准。进口二手非道路移动机械和发动机应达到国家现行的新生产非道路移动机械排放标准要求。各地要加强对新生产销售发动机和非道路移动机械的监督检查，重点查验污染控制装置、环保信息标签等，并抽测部分机械机型排放情况。各省（区、市）对在本行政区域内生产（进口）的发动机和非道路移动机械主要系族的年度抽检率达到 60%，覆盖全部生产（进口）企业，重点区域达到 80%；对在本行政区域销售但非本行政区域内生产的非道路移动机械主要系族的年度抽检率达到 50%，重点区域达到 60%。严惩生产销售不符合排放标准要求发动机的行为，将相关企业及其产品列入黑名单。严格实施非道路移动机械环保信息公开制度，严厉处罚生产、进口、销售不达标产品行为，依法实施环境保护召回。各地生产销售发动机和非道路移动机械机型系族的抽检合格率达到 95%以上。严格实施船舶发动机第一阶段国家排放标准，提前实施第二阶段排放标准。严禁新建不达标船舶进入运输市场。（生态环境部、交通运输部、海关总署、市场监管总局牵头）

（十二）加强排放控制区划定和管控。各地依法划定并公布禁止使用高排放非道路移动机械的区域，重点区域城市 2019 年年底前完成，其他地区城市 2020 年 6 月底前完成。各地秋冬季期间加强对进入禁止使用高排放非道路移动机械区域内作业的工程机械的监督检查，重点区域每月抽查率达到 50%以上，禁止超标排放工程机械使用，消除冒黑烟现象。加强环渤海、长三角、珠三角水域船舶排放控制区管理，重点区域的内河水域应采取禁限行等措施限制高排放船舶使用。2019年年底前，调整扩大船舶排放控制区范围，覆盖沿海重点港口和部分内河区域，提高船用燃料油硫含量控制要求。研究探索在船舶排放控制区同步管控船舶硫氧化物、氮氧化物和颗粒物排放。（生态环境部、交通运输部牵头，科技部等参与）

（十三）加快治理和淘汰更新。对于具备条件的老旧工程机械，加快污染物排放治理改造。按规定通过农机购置补贴推动老旧农业机械淘汰报废。采取限制使用等措施，促进老旧燃油工程机械淘汰。推进铁路内燃机车排放控制技术进步和新型内燃机车应用，加快淘汰更新老旧机车，具备条件的加快治理改造，协同控制颗粒物和氮氧化物排放。加快推动重点区域通行的铁路内燃机车基本消除冒黑烟现象。铁路煤炭运输应采取抑尘措施，有效控制扬尘污染。加快新能源非道路移动机械的推广使用，在重点区域城市划定的禁止使用高排放非道路移动机械区域内，鼓励优先使用新能源或清洁能源非道路移动机械。重点区域港口、机场、铁路货场、物流园新增和更换的岸吊、场吊、吊车等作业机械，主要采用新能源或清洁能源机械。推动内河船舶治理改造，加强颗粒物排放控制，开展减少氮氧化物排放试点工作。推进内河船型标准化，鼓励淘汰使用20年以上的内河航运船舶，依法强制报废超过使用年限的航运船舶。加强老旧渔船管理，加快推进渔船更新改造。推广使用纯电动和天然气船舶。（农业农村部、交通运输部、铁路局、民航局、铁路总公司牵头，生态环境部、财政部、商务部、能源局等参与）

（十四）强化综合监督管理。2019年年底前，各地完成非道路移动机械摸底调查和编码登记。探索建立工程机械使用中监督抽测、超标后处罚撤场的管理制度。推进工程机械安装精准定位系统和实时排放监控装置，2020年年底前，新生产、销售的工程机械应按标准规定进行安装。进入重点区域城市划定的禁止使用高排放非道路移动机械区域内作业的工程机械，鼓励安装精准定位系统和实时排放监控装置，并与生态环境部门联网。施工单位应依法使用排放合格的机械设备，使用超标排放设备问题突出的纳入失信企业名单。强化船舶排放控制区内船用燃料油使用监管，提高抽检率，打击船舶使用不合规燃油行为。（生态环境部牵头，工业和信息化部、农业农村部、住房城乡建设部、交通运输部等参与）

（十五）推动港口岸电建设和使用。加快港口岸电设备设施建设和船舶受电设施设备改造，提高岸电设施使用效率，相关改造项目纳入环评审批绿色通道。全国主要港口和船舶排放控制区内的港口，靠港船舶优先使用岸电。2020年年底前，沿海和内河主要港口、船舶排放控制区内港口的50%以上集装箱、客滚、邮轮、3千吨级以上客运和5万吨级以上干散货专业化泊位具备向船舶供应岸电的能力。新建码头同步规划、设计、建设岸电设施。2019年7月1日起，重点区域沿海港口新增、更换拖船优先使用新能源或清洁能源。2020年年底前，长江干线、西江航运干线、京杭运河水上服务区和待闸锚地基本具备船舶岸电供应能力。研究制定三峡坝区船舶待闸期间限制使用辅机、鼓励使用岸电的措施。（交通运输部牵头，发展改革委、能源局等参与）

四、清洁运输行动

（十六）提升铁路货运量。推进中长距离大宗货物、集装箱运输从公路转向铁路。在环渤海地区、山东省、长三角地区，2018年年底前，沿海主要港口和唐山港、黄骅港的煤炭集港改由铁路或水路运输；2020年采暖季前，沿海主要港口和唐山港、黄骅港的矿石、焦炭等大宗货物原则上主要改由铁路或水路运输。加大货运铁路建设投入，加快完成蒙华、水曹等货运铁路建设，大力提升张唐、瓦日等铁路线煤炭运输量。加大铁路与港口连接线、工矿企业铁路专用线建设投入，加强钢铁、电解铝、电力、焦化等重点行业企业铁路专用线建设，2019年实现已配套建成铁路专用线的企业主要由铁路运输大宗物料，未配套建设铁路专用线的要尽快完成规划，到2020年重点区域重点行业企业铁路运输比例达到 50%以上。（交通运输部、发展改革委、生态环境部、铁路局、铁路总公司牵头，财政部等参与）

（十七）推动发展绿色货运。加快有关交通运输规划和建设项目的环评审查进度，在确保生态环境系统有效保护的前提下，科学有序提升铁路和水路运力。符合运输结构调整方向的铁水联运、水水中转码头、货运铁路及铁路专用线等建设项目，要纳入环评审批绿色通道，优化流程、加快审批。重点区域内新、改、扩建涉及大宗物料运输的建设项目，应尽量采用铁路、水路或管道等运输方式，其他地区应优先采用。依托铁路物流基地、公路港、沿海和内河港口等，推进多式联运型和干支衔接型货运枢纽（物流园区）建设，加快推进集装箱多式联运。鼓励发展江海联运、江海直达、滚装运输、驮背运输、甩挂运输等运输组织方式。重点区域加快推进液化天然气（LNG）罐式集装箱多式联运及堆场建设。推行货运车型标准化，推广集装箱货运方式。推进干线铁路、城际铁路、市域铁路和城市轨道“四网融合”，试点开展高铁快运、地铁货运等。推进城市绿色货运配送示范工程，支持利用城市现有铁路、物流货场转型升级为城市配送中心。鼓励支持运输企业资源整合重组，规模化、集约化高质量发展。（交通运输部、发展改革委、生态环境部、铁路总公司牵头，财政部、商务部、工业和信息化部、铁路局、民航局、能源局等参与）

（十八）优化运输车队结构。推广使用新能源和清洁能源汽车。加快推进城市建成区新增和更新的公交、环卫、邮政、出租、通勤、轻型物流配送车辆采用新能源或清洁能源汽车，重点区域使用比例达到 80%。积极推广应用新能源物流配送车。重点区域集疏港、天然气气源供应充足地区应加快充电站及加气站建设，优先采用新能源汽车和达到国六排放标准的天然气等清洁能源汽车。重点区域港口、机场、铁路货场等新增或更换作业车辆主要采用新能源或清洁能源汽车。在物流园、产业园、工业园、大型商业购物中心、农贸批发市场等物流集散地建设集中式充电桩和快速充电桩。鼓励各地组织开展燃料电池货车示范运营，建设一批加氢示范站。优化承担物流配送的城市新能源车辆的便利通行政策。（交通运输部、生态环境部牵头，工业和信息化部、公安部、财政部、住房城乡建设部、铁路局、民航局、邮政局、铁路总公司等参与）

五、清洁油品行动

（十九）加快提升油气质量标准。自 2019 年 1 月 1 日起，全国全面供应符合国六标准的车用汽柴油，停止销售普通柴油和低于国六标准的车用汽柴油，取消普通柴油标准，实现车用柴油、普通柴油、部分船舶用油“三油并轨”。加快制定实施内河大型船舶用燃料油标准，制修订天然气质量标准，大幅降低硫含量等环境指标限值。根据大气污染防治需要，研究制定更加严格的汽柴油质量标准，降低烯烃、芳烃和多环芳烃含量。（能源局、交通运输部、市场监管总局牵头，商务部、生态环境部等参与）

（二十）健全燃油及清净增效剂和车用尿素管理制度。开展燃油生产加工企业专项整治，依法取缔违法违规企业，对生产不合格油品的企业依法严格处罚，从源头保障油品质量。推进车用尿素和燃油清净增效剂信息公开。研究汽柴油销售前添加符合环保要求的燃油清净增效剂。推进建立车用油品、车用尿素、船用燃料油全生命周期环境监管档案，打通生产、销售、储存、使用环节。禁止以化工原料名义出售调和油组分，禁止以化工原料勾兑调和油，严禁运输企业和工矿企业储存、使用非标油。（市场监管总局、能源局、生态环境部等按职责分工负责）

（二十一）推进油气回收治理。2019 年，重点区域加油站、储油库、油罐车基本完成油气回收治理工作，其他区域城市建成区在 2020 年前基本完成。重点区域年销售汽油量大于 5000 吨的加油站，加快推进安装油气回收自动监控设备并与生态环境部门联网。重点区域开展储油库油气回收自动监控试点。开展原油和成品油码头、船舶油气回收治理，新建的原油、汽油、石脑油等装船作业码头全部安装油气回收设施。2020 年 1 月 1 日以后建造的 150 总吨以上的国内航行油船应具备码头油气回收条件。（生态环境部、交通运输部牵头，商务部、应急部、市场监管总局等参与）

（二十二）强化生产、销售、储存和使用环节监管。严厉打击生产、销售、储存和使用不合格油品、天然气和车用尿素行为，依法追究相关方面责任并向社会公开。各地在生产、销售和储存环节开展常态化监督检查，加大对炼油厂、储油库、加油（气）站和企业自备油库的抽查频次。各地组织开展清除无证无照经营的黑加油站点、流动加油罐车专项整治行动，严厉打击生产销售不合格油品行为，构成犯罪的，依法追究刑事责任。

严禁在液化天然气中非法添加液氮，并采取切实措施防止死灰复燃。加强使用环节监督检查，在具备条件的情况下从柴油货车油箱、尿素箱抽取样品进行监督检查，重点区域城市加大检查频次。到 2019 年，违法生产、销售、储存和使用假劣非标油品现象基本消除。（市场监管总局、发展改革委、商务部、交通运输部、生态环境部等按职责分工负责）

六、保障措施

（二十三）加强法规标准和政策保障。完善法规标准体系。研究制定机动车和非道路移动机械环境保护召回管理办法、机动车排放检验与强制维修管理办法。各地根据监管需要，制定出台机动车污染防治地方法规，健全严惩重罚制度。制修订在用汽车和非道路移动机械排放标准、非道路移动机械第四阶段技术要求。制修订并实施铁路内燃机车排放标准，研究制定机动车排放检验技术规范、机动车遥感检测仪器校准规范、柴油车和工程机械远程在线监控及联网规范、柴油车排放治理技术指南、加油站油气回收在线监控系统技术要求等。制定实施维修站建设和联网、尾气排放维修治理技术规范等。修订《机动车强制报废标准规定》，调整营运柴油货车使用年限。加快制修订汽柴油清净剂等相关标准。加快出台实施报废机动车回收管理办法。（生态环境部、交通运输部、商务部、司法部、市场监管总局、能源局、铁路局牵头）

健全环境信用体系。机动车生产或进口企业、发动机制造企业、污染控制装置生产企业、排放检验机构、维修单位、运输企业、施工单位、汽柴油及车用尿素生产销售企业等企业的违法违规信息，企业未依法依规落实应急运输响应等重污染应急措施的信息，以及相关企业负责人信息，按规定纳入全国信用信息共享平台，实施跨部门联合惩戒。对环境信用良好的企业实施联合激励。（发展改革委牵头，生态环境部、交通运输部、工业和信息化部、商务部、海关总署、能源局等参与）

（二十四）加强税收和价格政策激励。实施税收优惠政策。对符合条件的新能源汽车免征车辆购置税，继续落实并完善对节能、新能源车船减免车船税的政策。各地研究建立柴油车加装、更换污染控制装置的激励机制。（财政部牵头，生态环境部、交通运输部、工业和信息化部、税务总局等参与）

完善价格政策。适时完善车用油品价格政策，研究在成品油质量升级价格政策中统筹考虑燃油清净增效剂成本的可行性。铁路运输企业完善货运价格市场化运作机制，规范辅助作业环节收费，积极推行铁路运费“一口价”。研究实施铁路集港运输和疏港运输差异化运价模式，降低回程铁路空载率。推动建立完善船舶、飞机使用岸电的供售电机制，降低岸电使用成本。允许码头等岸电设施经营企业按现行电价政策向船舶收取电费。港口岸基供电执行大工业电价，免收容（需）量电费，研究进一步加大对内河岸电价格政策的支持力度。各地及有关行业主管部门应加大对港口、机场岸电设施建设和经营的支持力度，鼓励码头等岸电设施经营企业实行岸电服务费优惠。（发展改革委牵头，生态环境部、交通运输部、商务部、能源局、铁路局、民航局、铁路总公司等参与）

（二十五）加强技术和能力支撑。支持管理创新和减排技术研发。鼓励地方积极探索移动源治污新模式。支持研发传统内燃机高效节能减排技术，提升发动机热效率，优化尾气处理工艺。积极发展替代燃料、混合动力、纯电动、燃料电池等机动车船技术。鼓励开发混合动力、插电式混合动力专用发动机，优化动力总成系统匹配。鼓励自主研发柴油车（机）高压共轨燃油喷射系统、高效增压中冷系统、废气再循环系统、选择性催化还原系统、柴油颗粒物捕集器等技术。研究公路运输节能减排技术新路径。推进港口、铁路、机场等特殊领域作业机械新能源动力技术研发。启动船舶国际排放控制区划定及管控技术研究。支持“多式联运、互联网+运输”等研究，健全多式联运基础设施、运载单元、信息交换接口等标准体系。（科技部牵头，生态环境部、工业和信息化部、交通运输部、铁路局、民航局、铁路总公司等参与）

加大资金支持和能力建设力度。加大中央和地方财政资金投入，重点支持机动车、工程机械及船舶的环境监控监管能力建设和运行维护，以及老旧柴油货车淘汰和尾气排放深度治理。对淘汰更新老旧柴油货车、推广使用新能源货车等大气污染治理措施成效显著的地方，中央财政在安排有关资金时予以倾斜支持。加强基层机动车污染防治工作力量建设，提高监管执法专业化水平。2019 年年底前，各地达到机动车环境管理能力建设标准要求。构建交通污染全国监测网络，在沿海沿江主要港口和重要物流通道建设空气质量监测站，重点监控评估交通运输污染情况，2020 年年底前建成。在全国扶持建设 1000 座柴油货车排气超标维修治理站，加强培训，提高行业维修治理能力。大力支持港口和机场岸基供电，对于港口、铁路、机场等特殊领域的新能源动力作业机械，加大技术研发和改造的资金支持力度，加快推进铁路电气化改造及老旧机车更新换代，加大机场场内车辆“油改电”工作支持力度。有效提升车船用液化天然气供应保障能力，研究制定物流通道沿线液化天然气加注站建设规划。（财政部、生态环境部、交通运输部、能源局牵头，工业和信息化部、科技部、铁路局、民航局、铁路总公司等参与）

（二十六）加强奖惩并举和公众参与。建立完善奖惩并举机制。加强柴油货车污染治理攻坚战年度和终期目标任务完成情况考核，纳入打赢蓝天保卫战成效考核。建立考核激励和容错机制，及时表扬奖励工作成绩突出，以及敢于开拓创新、敢于担当的先进典型。对工作不力、监管责任不落实、问题突出的地方，由生态环境部公开约谈地方政府主要负责人。将柴油货车污染治理攻坚战中存在的不作为、乱作为等突出问题纳入中央环境保护督察和省级环境保护督察范围，对重点攻坚任务完成不到位，不作为、慢作为、不担当、不碰硬，甚至失职失责的，依法依规依纪严肃问责。加快建立完善机动车等移动源行政执法与刑事司法衔接机制，对于生产、进口、销售不合格发动机、机动车、非道路移动机械、车用燃料、车用尿素，以及排放检验弄虚作假的行为，严惩重罚，涉嫌违法犯罪的移送司法机关，依法追究相关人员刑事责任。（生态环境部牵头，中央组织部等参与）

强化公众参与和监督。创新方式方法，利用电视、广播、报纸、互联网等新闻媒体，开展多种形式的宣传普及活动，加强法律法规政策宣传解读，营造良好的社会氛围，不断提高全社会对机动车污染危害和绿色货运的认识。教育引导机动车船和机械驾驶（操作）人员树立绿色驾驶（作业）意识，提高购买使用合格油品和尿素、及时维护保养的自觉性。鼓励职业院校相关专业中增加绿色驾驶教育、排放检验与维修技术等内容，大力开展尾气排放维修治理技术培训。引导支持社会公众积极有序参与和监督，各城市建立有奖举报机制，鼓励通过微信平台（微信公众号“12369 环保举报”）举报冒黑烟车辆和非道路移动机械。（生态环境部、交通运输部、教育部牵头）

地方各级人民政府是落实本行动计划的责任主体，要因地制宜制定本地区实施方案，层层压实责任，认真监督落实。国务院各有关部门要按照职责分工，切实落实本行动计划确定的各项工作任务。生态环境部和有关部门加强统筹协调、定期调度和监督检查，重要情况及时报告国务院。

第二节　内蒙古自治区相关政策文件

内蒙古自治区人民政府关于印发自治区空气质量持续改善行动实施方案的通知

（内政发〔2024〕17号）

各盟行政公署、市人民政府，自治区各委、办、厅、局，各大企业、事业单位：

现将《内蒙古自治区空气质量持续改善行动实施方案》印发给你们，请结合实际，认真贯彻落实。

2024年5月14日

（此件公开发布）

内蒙古自治区空气质量持续改善行动实施方案

为贯彻落实《国务院关于印发〈空气质量持续改善行动计划〉的通知》（国发〔2023〕24 号）精神，牢牢把握铸牢中华民族共同体意识工作主线，持续深入打好蓝天保卫战，切实筑牢我国北方重要生态安全屏障，推动自治区经济社会高质量发展，结合工作实际，制定本方案。

一、总体要求

（一）重点区域。呼和浩特市新城区、回民区、玉泉区、赛罕区、土默特左旗、托克托县、和林格尔县、清水河县，包头市东河区、昆都仑区、青山区、九原区、土默特右旗，通辽市科尔沁区，赤峰市元宝山区、宁城县，鄂尔多斯市准格尔旗、达拉特旗，巴彦淖尔市临河区、乌拉特前旗，乌海市及周边地区。

（二）主要目标。到 2025 年，全区细颗粒物（$PM_{2.5}$）浓度比 2020 年下降 7.1%，优良天数比率达到 90.7%以上，重度及以上污染天数比率控制在 0.5%以内；氮氧化物、挥发性有机物（VOCs）排放总量比 2020 年分别下降 10%以上。乌海市及周边地区 $PM_{2.5}$、颗粒物（PM_{10}）浓度比 2020 年分别下降 12.6%、10.5%，优良天数比率达到 82.8%以上，重度及以上污染天数比率控制在 0.2%以内。

二、促进产业绿色转型升级

（三）优化产业结构和布局。新改扩建项目原则上采用清洁运输方式。除电力和热力生产供应行业以外，其他涉及产能置换的项目，被置换产能及配套设施关停后，新建项目方可投产。严禁新增钢铁产能，推行钢铁、焦化、烧结一体化布局，推动焦化产业链向下游高附加值精细化工产品延伸。依法依规退出不符合产业政策和环保要求的落后产能。落实水泥常态化错峰生产。（自治区发展改革委、工业和信息化厅、生态环境厅、能源局等部门按职责分工负责，各盟行政公署、市人民政府落实。以下均需各盟行政公署、市人民政府落实，不再列出）

（四）开展传统产业集群升级改造。现有产业集群要按照“一群一策、分类施治”的原则制定整治提升方案，2027 年底前基本完成整治。中小型传统制造企业集中的盟市要制定涉气产业集群发展规划，严格项目审批，严防污染下乡。产业集群要因地制宜建设集中供热、供汽、活性炭再生等中心。加大监督检查力度，严防“散乱污”企业反弹。（自治区发展改革委、工业和信息化厅、生态环境厅、能源局、市场监管局等部门按职责

分工负责）

（五）加快实施低（无）VOCs 含量原辅材料替代。严格控制生产和使用高 VOCs 含量的涂料、油墨、胶粘剂、清洗剂等建设项目，对现有使用企业制定实施低（无）VOCs 含量原辅材料替代计划，重点区域、国有企业应加大使用比例。全面推广低（无）VOCs 含量涂料和胶粘剂在房屋建筑和市政工程中使用，除特殊功能要求外的室内地坪施工、室外构筑物防护和城市道路交通标志基本使用低（无）VOCs 含量涂料。到 2025 年，溶剂型工业涂料、油墨使用比例比 2020 年分别降低 20 个百分点、10 个百分点，溶剂型胶粘剂使用量降低 20%。（自治区生态环境厅、工业和信息化厅、公安厅、住房城乡建设厅等部门按职责分工负责）

三、推动能源清洁高效发展

（六）加快调整能源结构。大力发展新能源和清洁能源，加快传统煤化工升级改造。实施自备燃煤机组清洁能源替代，严禁在政策允许的领域以外新（扩）建自备燃煤机组。到 2025 年，新能源装机规模超过火电装机规模，完成国家下达的可再生能源电力消纳任务；非化石能源消费比重达到 18%，电能在工业终端能源消费比重达到 30%左右；煤炭消费占全区能源消费总量比重下降至 75%以下。（自治区发展改革委、能源局、工业和信息化厅、生态环境厅等部门按职责分工负责）

（七）加大燃煤锅炉淘汰整治力度。各地区要将燃煤供热锅炉替代项目纳入城镇供热规划。旗县及以上城市建成区、工业园区原则上不再新建 35 蒸吨/小时及以下燃煤锅炉，其他地区原则上不再新建 10 蒸吨/小时以下燃煤锅炉。在保证电力、热力供应前提下，加快推进 30 万千瓦及以上热电联产机组供热半径 15 公里范围内燃煤供热锅炉关停整合。2025 年底前，盟行政公署、市人民政府所在地城市建成区基本淘汰现役 35 蒸吨/小时（不含）以下燃煤锅炉，其中，呼和浩特市、包头市、乌海市淘汰 65 蒸吨/小时（不含）以下燃煤锅炉。（自治区生态环境厅、发展改革委、工业和信息化厅、住房城乡建设厅、市场监管局、能源局等部门按职责分工负责）

（八）实施工业炉窑清洁能源替代。淘汰并禁止新建不符合产业政策的燃料类煤气发生炉，推进加热炉、热处理炉、干燥炉、熔化炉采用清洁低碳能源。安全稳妥推进使用高污染燃料的工业炉窑改用工业余热、电能、天然气等。推进燃料类煤气发生炉采用清洁能源替代，或者因地制宜推行园区（集群）集中供气、分散使用。（自治区工业和信息化厅、发展改革委、生态环境厅、能源局等部门按职责分工负责）

（九）持续推进清洁取暖改造。纳入中央财政支持北方地区清洁取暖范围的城市要保质保量完成改造任务。全面提升建筑能效水平，加快既有农房节能改造。稳妥推进农村牧区居民生活、设施农牧业散煤替代。各地区依法将整体完成清洁取暖改造的地区划定为高污染燃料禁燃区，加大监督检查力度，防止散煤复烧；对暂未实施清洁取暖的地区，强化商品煤质量监督与管理。2025 年底前，重点区域城中村、城乡接合部散煤基本清零。（自治区住房城乡建设厅、能源局、财政厅、生态环境厅、市场监管局等部门按职责分工负责）

四、推进交通绿色低碳转型

（十）持续优化调整货物运输结构。煤炭、矿石等大宗货物中长距离运输优先采用铁路运输，短距离运输优先采用封闭式皮带廊道、管道或新能源车。探索将清洁运输作为煤矿、钢铁、火电、有色、焦化、煤化工等行业新改扩建项目审核和监管重点。新建及迁建大宗货物年运量 150 万吨以上的物流园区、工矿企业和储煤基地，原则上接入铁路专用线或管道。到 2025 年，全区铁路货运量比 2020 年增长 10%左右，运距 500 公里以上跨省（区、市）外运的煤炭和焦炭采用铁路运输比例力争达到 90%以上。（自治区交通运输厅、发展改革委、生态环境厅等部门按职责分工负责）

（十一）加快提升机动车清洁化水平。在呼包鄂、乌海市及周边地区开展清洁化运输试点城市建设，打造清洁运输先行引领区。在火电、钢铁、煤炭、焦化、有色、水泥等行业和物流园区推广“新能源重卡+散改集”运输模式。加快推进城市建成区新增和更新的公交、环卫、出租、通勤、轻型物流配送车辆采用新能源、清洁能源汽车。强化对年检机构的监督执法，加强重型货车路检路查和入户检查，依法严厉打击各类违法行为。到 2025 年，新能源和国六排放标准货车保有量占比提高至 40%，新能源及清洁能源公交车比例达到 80%，高速公路服务区快充站覆盖率力争达到 60%，柴油货车排放检测合格率超过 90%。（自治区工业和信息化厅、交通运输厅、公安厅、生态环境厅、住房城乡建设厅、市场监管局、能源局等按职责分工负责）

（十二）强化非道路移动源综合治理。推进铁路货场、物流园区、机场，以及火电、钢铁、煤炭、焦化、建材、矿山等工矿企业内部作业车辆和机械新能源更新改造，鼓励新增及更新的 3 吨以下叉车实现新能源化。强化非道路移动机械排放控制区管控，非道路移动机械编码登记要做到应登尽登，中西部 6 盟市尾气排放年度抽检抽测比例不低于 20%，其他盟市不低于 10%。到 2025 年，完成城区工程机械环保编码登记三级联网，基本消除非道路移动机械“冒黑烟”现象，基本淘汰第一阶段及以下排放标准的非道路移动机械。（自治区生态环境厅、发展改革委、工业和信息化厅、住房城乡建设厅、交通运输厅、农牧厅、市场监管局、能源局等部门按职责分工负责）

（十三）加强成品油质量全过程管控。加强油品进口、生产、仓储、运输、销售、使用全环节监管，全面清理整顿自建油罐、流动加油车和黑加油站点，依法打击生产、进口、销售不符合国家标准要求油品的行为。提升货车、非道路移动机械、船舶油箱中柴油抽测频次，进行问题线索溯源并严厉追究相关主体责任。（自治区能源局、公安厅、交通运输厅、商务厅、市场监管局，呼和浩特海关、满洲里海关等部门单位按分工负责）

五、提升精细化管理水平

（十四）深化扬尘污染综合治理。落实建设单位和施工单位扬尘防控责任，严格执行“六个百分之百”，将防治扬尘污染费用纳入工程造价，鼓励建筑工地安装视频监控并接入当地监管平台。对城市公共区域、长期未开发建设裸地、废旧厂区、物流园区、大型停车场等进行排查建档，并采取绿化、硬化、清扫等防尘措施。运输煤炭、渣土、石料、水泥、粉煤灰、垃圾等物料的车辆落实全封闭、全苫盖等措施。加大城市主次干道、城乡接合部等重点路段机械化清扫力度。到 2025 年，装配式建筑占新建建筑面积的比例达到 30%；盟行政公署、市人民政府所在地城市建成区道路机械化清扫率达 80%左右，县城达 70%左右。（自治区住房城乡建设厅、公安厅、生态环境厅、交通运输厅等部门按职责分工负责）

（十五）推进矿山生态环境综合整治。加大矿山生态修复力度，科学处置利用矸石，强化开采、装卸、运输等环节减尘抑尘措施。新建矿山原则上要同步建设铁路专用线或采用其他清洁运输方式。加强煤矿、煤矸石自燃监管，实现火点动态清零。对限期整改仍不达标的矿山，根据安全生产、水土保持、生态环境等要求依法关闭。（自治区自然资源厅、生态环境厅、水利厅、应急管理厅、能源局、林草局，国家矿山安监局内蒙古局等部门单位按职责分工负责）

（十六）加强秸秆综合利用和禁烧。健全完善秸秆收储运体系，提升秸秆产业化能力，提高离田效率，2025 年全区秸秆综合利用率达到 90%。各地区要结合实际精准划分秸秆禁烧范围，并向社会公示。完善网格化监管体系，加强日常和重点时段巡查检查，及时发现和制止焚烧行为。（自治区农牧厅、发展改革委、生态环境厅，内蒙古气象局等部门单位按职责分工负责）

六、强化多污染物协同减排

（十七）强化 VOCs 全流程全环节综合治理。实施低效 VOCs 治理设施提升工程，大力推行先进生产工艺和高效治污设施。开展含 VOCs 物料生产、存储、运输、使用等全过程排查，对达不到相关标准要求的限期整治到位。汽车罐车推广使用密封式快速接头，污水处理场所高浓度有机废气要单独收集处理。含 VOCs 有机废水储罐、装置区集水井（池）有机废气要密闭收集处理。企业不得将火炬燃烧装置作为日常大气污染处理设施。在保障安全的前提下，推进储油库、油罐车、加油站油气回收治理。加大油品储运销全过程 VOCs 排放控制力度，各地区每年至少开展 1 次油气回收系统专项检查工作。重点

区域涉 VOCs 重点行业严格执行特别控制要求。（自治区生态环境厅、应急管理厅等部门按职责分工负责）

（十八）推进重点行业污染深度治理。高质量推进钢铁、焦化、水泥等重点行业及燃煤锅炉超低排放改造。2025 年底前，钢铁行业 80%以上产能完成超低排放改造；在用 65 蒸吨/小时以上的燃煤锅炉（含电力）基本完成超低排放改造，排放限值参照燃煤电厂超低排放改造要求；焦化行业全面完成超低排放改造。2027 年底前，钢铁行业全面完成超低排放改造。2028 年底前，水泥行业基本完成超低排放改造。（自治区生态环境厅、工业和信息化厅等部门按职责分工负责）开展涉气行业低效失效治污设施排查整治。强化工业企业扬尘管控，粉状物料堆场实施全封闭，重点企业须安装视频监控系统。生物质锅炉采用专用锅炉并配套高效治污设施。2025 年底前基本完成在用燃气锅炉低氮燃烧改造。乌海市及周边地区工业企业严格执行大气污染物特别排放限值要求，其他重点区域工业企业和全区铁合金行业从 2026 年 1 月 1 日起全部执行大气污染物特别排放限值要求。（自治区生态环境厅、工业和信息化厅、市场监管局等部门按职责分工负责）

（十九）开展餐饮油烟和恶臭异味专项治理。严格审核城市建成区新改扩建餐饮服务项目，强化居民楼附近餐饮服务单位布局管理，拟开设餐饮服务单位的建筑应设计建设专用烟道，排放油烟的餐饮服务单位必须安装油烟净化设施。加强餐饮油烟污染治理设施维护和执法监管，推动有条件的地区实施治理设施第三方运维管理及在线监控。推动化工、制药、食品加工等行业实施恶臭深度治理，加强垃圾、污水集中式污染处理设施重点环节恶臭防治。开展恶臭异味扰民问题排查整治，在投诉集中的工业园区、重点企业安装运行恶臭在线监测设备。（自治区生态环境厅、住房城乡建设厅等部门按职责分工负责）

（二十）推进大气氨污染防控。推行标准化规模养殖，鼓励畜禽养殖源头减量、过程控制，支持粪污输送、储存及处理设施封闭，加强废气收集和处理。推广化肥减量增效，开展测土配方，推行肥料深施、水肥一体化等高效施肥技术，鼓励增施有机肥。加强氮肥、纯碱、水泥等行业氨排放治理。强化工业源烟气脱硫脱硝氨逃逸防控，废气排放口氨逃逸浓度原则上控制在 8 毫克/立方米以下。（自治区生态环境厅、农牧厅等部门按职责分工负责）

七、完善大气环境管理体系

（二十一）强化区域联防联控。空气质量未达标的盟市、旗县（市、区）要编制实施大气环境质量限期达标规划，明确达标路线图及重点任务，并向社会公开。按照统一规划、统一标准、统一监测、统一执法、统一污染防治措施要求，做深做实重点区域大气污染联防联控联治。加强与京津冀及周边地区、东北三省、宁夏等相邻省区联防联控。

相邻盟市之间加强沟通协作，推动开展联防联控和联合交叉执法。对省界两侧20公里内的涉气重点行业新建项目，以及对下风向空气质量影响大的新建高架源项目，与交界省份要开展环评一致性会商。（自治区生态环境厅等部门按职责分工负责）

（二十二）完善重污染天气应对机制。修订完善重污染天气应急预案，更新“自治区—盟市—旗县（市、区）”重污染天气应对三级预案体系。健全生态环境、气象部门联合会商预报机制，提高重污染天气预测准确率和时效性。全面开展重点行业企业绩效分级，实施差异化管控措施。加强应急减排清单标准化管理，做到涉气企业全覆盖。（自治区生态环境厅、内蒙古气象局等部门单位按职责分工负责）

八、有效提升监管能力

（二十三）完善监测监控体系建设。完善大气环境监测网络，加强工业和物流园区、铁路货场、机场、公路等大气环境监测，增设锡林郭勒盟、阿拉善盟大气背景观测站。加强沙源区及沙尘路径区气象、空气质量等监测网络一体化建设。定期更新大气环境重点排污单位名录，确保符合条件的企业全覆盖。推动企业安装工况监控、用电（用能）监控、视频监控等，并与生态环境部门联网。加强各级移动源环境监管能力建设，完善自治区、盟市重型柴油车和非道路移动机械远程在线监控平台。（自治区生态环境厅、交通运输厅、林草局，内蒙古气象局等部门单位按职责分工负责）

（二十四）强化大气环境监管执法。完善“双随机、一公开”监管制度，拓展非现场监管手段应用。加强污染源自动监测设备运行监管，确保监测数据质量和稳定传输。强化重点区域、重点行业监督执法，开展专项执法、联合执法、交叉执法、明察暗访，严厉打击不正常运行大气污染防治设施、自动监测设备和数据造假等违法行为。多措并举治理生态环境领域低价低质中标乱象，营造公平竞争环境。（自治区生态环境厅、公安厅、市场监管局等部门按职责分工负责）

（二十五）提高科技支撑能力。支持高等院校、科研院所和企业组建科技创新平台，加强重点区域大气污染成因、多污染物协同控制、减污降碳协同增效、联防联控联治等方面研究，加大科研成果转化推广力度。推进大气污染源排放清单编制规范化、标准化、专业化，2025年底前，各盟市完成排放清单编制，并实现动态更新。（自治区生态环境厅、科技厅，内蒙古气象局等部门单位按职责分工负责）

九、健全法规标准和经济政策

（二十六）推进法规和标准体系建设。按照自治区人大立法计划，及时推动《内蒙古自治区大气污染防治条例》和《乌海市及周边地区大气污染防治条例》的修订工作。开展相关行业地方大气污染物排放标准和技术规范研究。制定煤炭、聚氯乙烯（PVC）等

行业绩效分级技术指南。（自治区生态环境厅、司法厅、市场监管局等部门按职责分工负责）

（二十七）完善价格激励约束机制。落实峰谷分时电价政策，推进销售电价改革。强化价格政策与产业和环保政策的协同，综合考虑能耗、环保绩效水平，落实高耗能行业阶梯电价制度。鼓励各地区对新能源城市公共汽电车充电给予积极支持。严格落实清洁取暖“煤改电”及采暖用电销售侧峰谷电价制度；减少城镇燃气输配气层级，合理制定并严格监管输配气价格，完善终端销售价格与采购价格联动机制，落实好清洁取暖气价政策。（自治区发展改革委、生态环境厅、住房城乡建设厅、交通运输厅等部门按职责分工负责）

（二十八）发挥财政金融引导作用。积极争取中央财政支持扩大北方地区清洁取暖范围，对减污降碳协同项目予以财政倾斜。对传统产业及集群升级、工业污染治理、铁路专用线建设、新能源铁路装备推广等领域和行业绩效分级领先的企业，按照市场化方式加大信贷融资支持力度，引导社会资本投入。（自治区财政厅、住房城乡建设厅、生态环境厅、交通运输厅、能源局、地方金融管理局等部门按职责分工负责）

十、积极开展全民行动

（二十九）推进信息公开。将排污单位和第三方治理、运维、检测机构弄虚作假行为纳入信用记录，定期向社会公布。重点排污单位及时公布自行监测和污染排放数据、污染治理措施、环保违法处罚及整改等信息。（自治区生态环境厅、发展改革委、市场监管局等部门按职责分工负责）

（三十）实施全民行动。加强宣传引导，提升公民环境意识，推动形成简约适度、绿色低碳、文明健康的生活方式，动员社会各界共同改善空气质量。政府带头开展绿色采购，国有企业带头绿色生产。完善举报奖励机制，鼓励公众积极提供环境违法行为线索，曝光典型违法案例。（自治区生态环境厅、各有关部门按职责分工负责）

坚持和加强党对大气污染防治工作的全面领导，各盟行政公署、市人民政府，各旗县（市、区）人民政府对本行政区域内空气质量负总责。各盟市要组织制定本地区实施方案，各有关部门要切实做好本行业本领域的大气污染防治工作。要紧盯重点地区、重点行业，以项目为支撑，以监管为抓手，切实把本方案的落实工作抓紧抓实。要强化通报、排名、调度、约谈、督察、考核工作机制，确保各项工作措施落地见效，持续改善环境空气质量，助推我国北方重要生态安全屏障和美丽内蒙古建设。

内蒙古自治区人民政府办公厅关于印发自治区重污染天气应急预案（2024年版）的通知

（内政办发〔2024〕17号）

各盟行政公署、市人民政府，自治区各委、办、厅、局，各大企业、事业单位：

经自治区人民政府同意，现将《内蒙古自治区重污染天气应急预案（2024年版）》印发给你们，请结合实际，认真贯彻落实。

2024年4月25日

（此件公开发布）

内蒙古自治区重污染天气应急预案
（2024年版）

1 总则

1.1 编制目的

为建立健全自治区重污染天气应急响应体系，提高对重污染天气的预防、预警、应对能力，落实应急减排措施，及时有效控制、减少或消除重污染天气带来的危害，保护人民群众身体健康，编制本预案。

1.2 编制依据

按照生态环境部统一要求，依据《中华人民共和国突发事件应对法》《中华人民共和国大气污染防治法》《突发事件应急预案管理办法》《内蒙古自治区大气污染防治条例》《内蒙古自治区突发事件总体应急预案（试行）》《内蒙古自治区突发环境事件应急预案（2022年版）》等法律法规和文件，结合自治区实际，对《内蒙古自治区重污染天气应急预案（2020年版）》进一步修订完善。

1.3 适用范围

本预案适用于发生在内蒙古自治区行政区域内重污染天气应对工作。

1.4 预案体系

自治区重污染天气应急预案体系是自治区突发事件应急预案体系的组成部分。自治区重污染天气应急预案体系包括自治区预案、各盟市预案和自治区直属相关单位专项实施方案。盟市重污染天气应急预案体系包括盟市重污染天气应急预案、所辖旗县（市、区）重污染天气应急预案、相关单位实施方案、企业“一厂一策”应急减排实施方案。

1.5 工作原则

——以人为本，预防为主。坚持以铸牢中华民族共同体意识为工作主线，把保护人民群众身体健康作为应对重污染天气的底线，着力提高重污染天气应急处置能力，最大程度减少重污染天气带来的危害。深入打好蓝天保卫战，推进产业结构、能源结构、交通运输结构调整，全面实施工业、燃煤、机动车、面源污染综合治理，加强区域大气污染联防联控联治，不断改善环境空气质量。

——科学预警，及时响应。做好环境空气质量和气象要素日常监测，加强重污染天气预报预警能力建设，及时分析研判空气质量和气象条件变化情况，进一步提高重污染天气预报预警水平。及时发布预警信息，全面落实应急响应措施，积极有效应对重污染天气。

——分级管控，精准减排。实施重点行业绩效分级，落实差别化应急减排措施。以优先控制重点行业主要涉气排污工序为主，有效降低大气污染物排放强度，细化企业"一厂一策"实施方案，确保同一区域、同一行业、同等绩效水平的企业减排措施相对一致，推动行业治理水平整体提升，促进经济高质量发展。

——落实责任、协调联动。明确旗县级以上地方各级人民政府、各有关部门单位工作职责，确保监测、预测、预警、响应等应急工作有序落实。加强统筹协调，强化区域联动，相关盟市和旗县（市、区）根据区域预警提示信息统一启动应急响应措施。

2 组织指挥体系

2.1 自治区组织指挥机构

设立自治区重污染天气应急指挥部（以下简称自治区应急指挥部），统一领导、指挥全区重污染天气应急工作。总指挥由自治区分管副主席担任，副总指挥由自治区人民政府分管副秘书长（自治区人民政府办公厅分管副主任）、自治区生态环境厅厅长担任，成员由自治区相关部门单位主要负责人担任。自治区应急指挥部办公室设在自治区生态环境厅，办公室主任由自治区生态环境厅厅长兼任，办公室副主任由自治区生态环境厅分管副厅长兼任。（组织机构、指挥部成员单位及职责清单详见附件 1、附件 2）

2.2 盟市、旗县（市、区）组织指挥机构

各盟行政公署、市人民政府，各旗县（市、区）人民政府按照属地管理原则，负责本行政区域内的重污染天气应对工作，并参照自治区组织指挥体系明确相应组织指挥机构和成员单位职责。各有关部门单位按照责任分工，密切配合，共同做好重污染天气应急响应工作。

3 预测与预警

3.1 预测

3.1.1 监测

各级生态环境、气象部门分别负责本行政区域环境空气质量监测和气象要素观测，做好数据收集处理、现状评价、信息交换共享，为预报、会商、预警提供决策依据。

3.1.2 预报

各级生态环境、气象主管部门组织相关技术单位每日对未来 7～10 天空气质量、气象要素进行预报，为预警、响应提供决策依据。

3.1.3 会商

各级生态环境、气象部门对未来可能出现的重污染天气进行联合会商研判，必要时

组织专家开展集体会商。及时向本级应急指挥部办公室提出预警发布、调整、解除建议。当预测可能出现中度及以上污染天气时，按空气质量预报结果上限提出预警级别建议。

3.2 预警

3.2.1 预警分级

全区统一重污染天气预警分级，由低级到高级分别为黄色（Ⅲ级）、橙色（Ⅱ级）和红色（Ⅰ级）预警，分级标准为：

黄色预警：预测日 AQI＞200 或日 AQI＞150 持续 48 小时及以上，且未达到高级别预警条件。

橙色预警：预测日 AQI＞200 持续 48 小时或日 AQI＞150 持续 72 小时及以上，且未达到高级别预警条件。

红色预警：预测日 AQI＞200 持续 72 小时且日 AQI＞300 持续 24 小时及以上。

3.2.2 分区管理

根据自治区大气污染物传输影响、气象地理特征等情况，设置污染控制区，实行区域统筹管理。

区域一：包括呼和浩特市，包头市昆都仑区、青山区、东河区、九原区、稀土高新技术产业开发区、土默特右旗，鄂尔多斯市达拉特旗、准格尔旗，巴彦淖尔市临河区、五原县、乌拉特前旗、磴口县。

区域二：包括乌海市，鄂尔多斯市鄂托克旗棋盘井工业园区、蒙西高新技术工业园区，阿拉善盟阿拉善高新技术产业开发区，骆驼山矿区、棋盘井矿区、黑龙贵矿区。

区域三：包括通辽市科尔沁区、科尔沁左翼中旗、科尔沁左翼后旗、奈曼旗、库伦旗、开鲁县，赤峰市宁城县、元宝山区、松山区、红山区。

区域四：预测或已经达到橙色或红色预警分级标准的 3 个及以上相邻盟市。

3.2.3 预警发布

当预测未来空气质量可能达到预警条件时，由自治区人民政府或者盟行政公署、市人民政府按照预警分级提前 48 小时以上发布预警信息，并按照既定时间启动应急响应。当监测日 AQI 已达到预警分级标准，且预测未来 24 小时内空气质量不会有明显改善时，应当根据实际污染情况，迅速启动相应级别的预警。

因臭氧（O_3）引发的空气重污染过程，生态环境部门应当及时向社会发布健康防护提示，同时加强对挥发性有机物（VOCs）和氮氧化物（NO_x）排放源的日常监管。因沙尘、局地扬沙、国境外污染传输等不可控因素造成的重污染天气，生态环境部门应当及时向社会发布健康提示，引导公众采取健康防护措施，可视情采取加强扬尘源管控等措施。

（1）自治区级预警。自治区应急指挥部发布橙色、红色预警。

区域一

橙色预警：预测区域内呼和浩特市、包头市、巴彦淖尔市日 AQI＞200 持续 48 小时或日 AQI＞150 持续 72 小时及以上，且未达到高级别预警条件时。

红色预警：预测区域内呼和浩特市、包头市、巴彦淖尔市日 AQI＞200 持续 72 小时且日 AQI＞300 持续 24 小时及以上时。

区域二

橙色预警：预测乌海市日 AQI＞200 持续 48 小时或乌海市日 AQI＞150 持续 72 小时及以上，且未达到高级别预警条件时。

红色预警：预测乌海市日 AQI＞200 持续 72 小时且日 AQI＞300 持续 24 小时及以上时。

区域三

橙色预警：预测区域内赤峰市、通辽市日 AQI＞200 持续 48 小时或日 AQI＞150 持续 72 小时及以上，且未达到高级别预警条件时。

红色预警：预测区域内赤峰市、通辽市日 AQI＞200 持续 72 小时且日 AQI＞300 持续 24 小时及以上时。

区域四

橙色预警：预测相邻 3 个盟市日 AQI＞200 持续 48 小时或相邻 2 个盟市日 AQI＞150 持续 72 小时及以上，且未达到高级别预警条件时。

红色预警：预测相邻 3 个盟市日 AQI＞200 持续 72 小时且日 AQI＞300 持续 24 小时及以上时。

当预测或监测到上述 1 个或多个区域达到黄色预警分级标准时，自治区应急指挥部办公室应当及时向相关盟行政公署、市人民政府通报预警提示信息，相关盟行政公署、市人民政府应当及时发布黄色预警。

（2）盟市级预警。盟行政公署、市人民政府发布黄色、橙色、红色预警。

当单个盟市预测日 AQI 达到预警启动条件时，由盟行政公署、市人民政府（或盟市应急指挥部）发布预警信息，按预警级别启动应急响应，并执行相应级别应急响应措施。

当接到生态环境部、中国环境监测总站区域空气质量预测预报中心或自治区应急指挥部办公室区域应急联动预警提示信息时，相关盟行政公署、市人民政府应当根据预警提示信息，及时发布预警信息，预警等级和应急响应时间不再依据当地预测预报结果确定。

各盟市预警信息发布后应当及时报自治区应急指挥部办公室备案。

旗县（市、区）级预警发布参照盟市级预警要求执行。

3.2.4 预警级别调整与解除

当空气质量改善到相应级别预警启动标准以下，且预测将持续 36 小时以上时，可以降低预警级别或解除预警，并提前发布信息。

当预测发生前后 2 次重污染过程，且间隔时间未达到 36 小时时，应当按 1 次重污染过程计算，从高级别启动预警。预警信息发布后，预警启动前，空气质量预测结果发生变化，与预警信息不符的，应当结合实际情况及时调整预警级别或取消预警。当预测或监测空气质量达到更高级别预警条件时，应当迅速采取升级措施。

3.2.5 预警审批

（1）自治区级预警审批。当预测或监测空气质量达到自治区级预警启动条件时，自治区生态环境厅、内蒙古气象局立即向自治区应急指挥部办公室报告会商结果和预警建议，由自治区应急指挥部办公室按程序向自治区应急指挥部报批预警信息。

自治区级橙色预警由自治区应急指挥部副总指挥签发审批；自治区级红色预警由自治区应急指挥部总指挥（或授权副总指挥）签发审批；发布自治区级预警解除信息，由自治区应急指挥部办公室主任（或授权副主任）审批。

（2）盟市级预警审批。盟市级预警发布、预警调整和预警解除的审批权限和发布程序，由各盟行政公署、市人民政府确定。

4 应急响应

4.1 应急响应分级

当发布黄色预警时，启动Ⅲ级应急响应。

当发布橙色预警时，启动Ⅱ级应急响应。

当发布红色预警时，启动Ⅰ级应急响应。

4.2 应急响应启动

发布自治区级预警时，预警启动范围内的盟行政公署、市人民政府按照预警信息启动相应级别应急响应。

发布盟市级预警时，盟行政公署、市人民政府，所辖旗县（市、区）人民政府应当按照预警信息启动相应级别应急响应。

4.3 应急响应措施

4.3.1 总体要求

（1）统一确定应急减排比例。重污染天气Ⅲ级、Ⅱ级、Ⅰ级应急响应期间，二氧化硫（SO_2）、氮氧化物（NO_x）、颗粒物（PM）和挥发性有机物（VOCs）的减排比例应当分别达到全社会排放量占比的 10%、20%和 30%以上。各盟市可根据本地区污染物排放构成调整 SO_2 和 NO_x 减排比例，但二者比例之和不应低于上述总体要求。

（2）实施清单化分类应急管控。盟市、旗县（市、区）生态环境部门应当按照相关要求制定并及时修订重污染天气应急减排清单，确保涉气污染源全部纳入应急减排清单；应当结合首要污染物控制要求，认真核算应急减排基数和不同预警级别工业源、扬尘源、移动源和其他污染清单的应急减排比例，制定科学、合理、有效的管控措施，分类施治、科学管控。原则上，工业企业减排措施应当以停/限生产线或工序（设备）为主，做到“可操作、可监测、可核查”。

（3）落实差异化分级应急措施。为保障正常民生需求和社会运行，对重点行业企业实行环保绩效分级和差异化管控，将涉及民生需求的企业、重点建设工程、城市运行保障车辆纳入保障类清单进行保障，防止“一刀切”。对达到环保绩效A级标准的企业，原则上不强制采取停产或限产措施；对达到环保绩效B级标准的企业，减少采取停产或限产措施；对污染治理水平低的工业企业，加大停产或限产措施力度，鼓励有能力的企业在发生重污染天气时进一步采取减排措施。原则上不对电厂、居民供暖锅炉房、小微涉气企业（非燃煤、非燃油，污染物组分单一、排放的大气污染物中无有毒有害及恶臭气体、污染物年排放总量100千克以下企业）等采取停（限）产措施。在难以满足减排要求的情况下，可按需对小微涉气企业采取相应措施，避免对居民供暖锅炉和当地空气质量影响小的生活服务业采取停（限）产措施。

（4）细化企业“一厂一策”实施方案。各盟市生态环境部门会同工业和信息化等部门指导企业制定“一厂一策”应急减排实施方案。方案应当包含企业基本情况、主要生产工艺流程、主要涉气产排污环节及污染物排放情况（含重型运输车辆及非道路移动机械），并明确不同级别预警下的应急减排措施以及具体停（限）产的生产线、工艺环节和各类减排措施的关键性指标。依法将特殊时段禁止或限制污染物排放要求纳入排污许可证。

（5）强化区域应急响应联防联控。在落实应急响应措施的基础上，运用区域联防联控机制，强化信息共享、会商研判、执法监督等措施，聚焦高值频发的重点地区，开展联合执法、交叉执法和驻厂监督，切实推进区域治污协同、应对协同、管控协同。当预测到环境空气质量可能受自治区外污染明显影响时，自治区应急指挥部办公室协调相关省份开展区域联防联控。

4.3.2 III级响应措施

发布预警信息后，旗县（市、区）及以上地方人民政府应当立即组织相关部门、企业采取相应级别的响应措施。包括但不限于以下措施：

（1）健康防护措施。宣传部门负责督导、协调报社、广播电视台、电信运营企业等，在重污染天气应急响应区域发布健康防护警示：“儿童、老年人和患有心脑血管、呼吸系统等疾病的易感人群尽量留在室内，避免户外活动；一般人群减少或避免户外运动和作业时间，确不可避免的，采取佩戴口罩、缩短户外工作时间等必要的防护措施。”

教育部门负责督导幼儿园、中小学、中等职业学校减少室外课程及活动。

卫生健康部门负责督导医疗机构依据救治需求紧急增派医护人员充实相关疾病门诊、急诊力量。

（2）倡议性污染减排措施。宣传部门负责督导、协调报社、广播电视台、电信运营企业等，在重污染天气应急响应区域发布倡议信息：“倡导公众绿色消费，单位和公众尽量减少含挥发性有机物的涂料、油漆、溶剂等原材料及产品的使用；倡导公众绿色出行，尽量乘坐公共交通工具或电动汽车等出行，驻车及时熄火，减少车辆原地怠速运行时间；倡导公众绿色生活，减少能源消耗。”

（3）强制性污染减排措施。

——工业源减排措施。旗县（市、区）及以上地方人民政府应当按照重污染天气应急减排清单，严格组织落实黄色预警停（限）产措施。生态环境、工业和信息化等部门按照职能分工负责督导企业落实“一厂一策”应急减排要求，采取降低生产负荷、停产、加强污染治理、大宗物料错峰运输等措施，减少大气污染物排放量，并增加对重点大气污染源的执法检查频次。保障类企业根据民生需求“以热定产（电）”或“以量定产”。

——扬尘源减排措施。矿山、砂石料厂、石材厂、石板厂等停止露天作业，施工工地停止土石方作业（包括停止建筑拆除、土石方开挖、回填、场内倒运、掺拌石灰、混凝土剔凿等作业，停止建筑工程配套道路和管沟开挖作业）；建筑垃圾清运车辆和砂石运输车辆禁止上路行驶，开挖土石方的挖掘机等非道路移动机械停止作业。城市管理部门在日常道路保洁频次的基础上，增加清扫、洒水、喷雾等作业频次（冰冻期结合当地实际执行）。交通运输部门负责加强交通工程施工和公路运输监督管理，采取有效措施防治公路扬尘污染。

当地人民政府确定的重点建设项目、民生工程、应急抢险施工等根据需要可继续作业，但应当严格落实“六个百分之百”（工地周边百分之百围挡、物料堆放百分之百覆盖、出入车辆百分之百冲洗、施工现场路面百分之百硬化、拆迁工地百分之百湿法作业、渣土车辆百分之百密闭运输）要求，裸露场地全部苫盖，增加洒水降尘频次。

——移动源减排措施。工矿企业、工业园区、施工工地、物流园区、机场、铁路货场内禁止使用不满足国Ⅱ及以下排放标准的非道路移动机械。原则上，除城市运行保障车辆和执行任务特种车辆外，城市建成区内禁止重型和中型柴油货车（含燃气）、三轮汽车、低速载货汽车和拖拉机上路行驶。各地区公安交通管理部门负责依照当地人民政府发布的重污染天气限行通告，对重型、中型货车及工程车等闯禁行的交通违法行为予以处罚，引导过境车辆避开城市建成区行驶。

——其他减排措施。旗县（市、区）及以上地方人民政府应当采取禁止露天焚烧、餐饮油烟管控、烟花爆竹禁燃禁放等其他减排措施。生态环境部门负责严格落实禁止农作物秸秆焚烧措施。城市管理部门负责严格落实禁止树叶、垃圾露天焚烧措施，加强餐饮油烟处理设施正常运行监管。公安机关负责落实烟花爆竹禁燃禁放措施。

4.3.3 Ⅱ级响应措施

在执行Ⅲ级应急响应措施的基础上，增加以下强制性污染减排措施：

（1）健康防护措施。教育部门负责督导、组织幼儿园、中小学、中等职业学校停止室外课程及活动。

（2）工业源减排措施。旗县（市、区）及以上地方人民政府应当按照重污染天气应急减排清单，严格组织落实橙色预警停（限）产措施。能源部门督导燃煤发电企业加大优质煤使用比例。

（3）扬尘源减排措施。施工工地停止室外喷涂粉刷、护坡喷浆、切割、道路设施防腐、道路沥青铺装等施工作业。

（4）移动源减排措施。交通运输部门负责增加公共交通运输运力，保障市民出行，有条件的地区可利用政府购买公交企业服务方式减免公交乘车费用。矿山（含煤矿）、洗煤厂、物流企业（除民生保障类）等涉及大宗原料和产品运输（日常车辆进出量超过10 辆次）的单位应当停止使用国Ⅳ及以下重型载货汽车（含燃料为燃气的重型载货汽车）进行运输（特种车辆、危化品车辆等除外）。气象部门根据气象条件适时开展人工影响天气作业。

4.3.4 Ⅰ级响应措施

在执行Ⅱ级应急响应措施的基础上，增加以下措施：

（1）健康防护措施。旗县级及以上教育部门可指导有条件的幼儿园、中小学、中等职业学校停课，并合理安排停课期间学生的学习，尽量做到停课不停学。

（2）强制性污染减排措施。

——工业源减排措施。旗县（市、区）及以上地方人民政府应当按照重污染天气应急减排清单，严格组织落实红色预警停（限）产措施。

——移动源减排措施。盟行政公署、市人民政府应实施更加严格的机动车管控措施。

4.4 自治区级响应

4.4.1 自治区级预警Ⅱ级响应

自治区生态环境厅、发展改革委、教育厅、工业和信息化厅、公安厅、自然资源厅、住房城乡建设厅、交通运输厅、农牧厅等负有强制性减排监管或督导职责的部门按照职责分工，启动部门专项实施方案，协同落实减排措施。同时，加强分析、研判、评估，每日向自治区应急指挥部办公室报告有关情况。

4.4.2 自治区级预警Ⅰ级响应

在自治区级Ⅱ级响应的基础上，自治区应急指挥部办公室派出综合督查组，对盟行政公署、市人民政府落实应急响应措施情况和自治区各相关部门单位工作开展情况进行督查。

4.5 信息公开

4.5.1 信息公开内容

信息公开内容应当包括环境空气质量监测数据、重污染天气可能持续的时间、潜在的危害及防范建议、应急工作进展情况等。

4.5.2 信息公开形式

通过报刊、广播、电视、网络、移动通信等途径以信息发布、科普宣传、情况通报、专家访谈等形式向社会公布。

4.5.3 信息公开组织

自治区应急指挥部办公室负责重污染天气应急信息公开的指导协调。各盟市负责当地重污染天气应急信息公开。各级宣传部门负责新闻宣传和舆情引导处置。

4.6 应急响应终止

预警解除后，应急响应自动终止。

4.7 总结评估

加强应急预案实施效果评估，应急响应终止 5 个工作日内，盟行政公署、市人民政府将应急响应评估报告报送自治区应急指挥部办公室。评估报告内容应当包括应急响应等级、减排措施、存在问题、实施效果等，并根据评估结果不断优化完善各级应急预案。

5 保障措施

5.1 经费保障

旗县级以上地方各级人民政府应当加大污染防治攻坚资金投入力度，按照规定将重污染天气应急所需资金列入预算，为重污染天气应急预案及应急减排清单修编、重点行业绩效分级、监测预警、应急处置、监督检查，以及基础设施建设、运行和维护，应急技术支持和应急演练等各项工作提供资金保障。

5.2 安全保障

生产经营单位启动重污染天气应急响应停（限）产措施前，盟市应急管理、生态环境部门应当加强沟通协调，依法确定停（限）产企业安全风险等级，对风险较大的企业，应当指导旗县级应急管理、生态环境部门派专家及监管人员到现场，按照各自职责开展风险辨识，全面排查隐患，确保生产经营单位停（限）产期间安全、稳定，避免发生生产安全事故和环境污染事件。

5.3 能力保障

自治区和盟市应当加强环境空气质量预报预警能力建设，建立专家队伍，完善环境空气质量监测仪器设备、预报预警模型等软硬件配备，加强环境空气质量、气象条件预测等相关领域研究。

5.4 沟通保障

各地区应当建立重污染天气应急值守制度，健全应急人员通信信息库，明确重污染天气应急负责人和联络员，保持24小时通信畅通，保证应急信息和指令的及时有效传达。

6 预案管理

6.1 宣传引导

各地区、各有关部门单位应当充分利用互联网、电视、广播、报刊等新闻媒体及信息网络，广泛宣传重污染天气应急预案、健康防护措施等，及时、准确发布重污染天气有关信息，正确引导舆论。

6.2 培训演练

自治区和盟市应当建立健全重污染天气应急预案培训制度，根据应急预案职责分工，制定培训计划，明确培训内容与时间，确保培训规范有序进行；每3年至少开展1次应急演练，提高重污染天气应对工作的针对性和有效性。

6.3 预案备案

各盟行政公署、市人民政府和自治区应急指挥部成员单位应当根据国家相关技术规范和本预案要求，及时修订本地区重污染天气应急预案和本部门应急响应专项实施方案，并向社会公布。新修订的应急预案和专项实施方案应当及时向自治区应急指挥部办公室备案。

7 责任追究

自治区应急指挥部办公室指导和协调各盟行政公署、市人民政府组织开展重污染天气应急处置工作，对预案实施情况进行跟踪督促指导，及时发现和处理预案实施过程中出现的问题。

对应急响应期间偷排偷放、屡查屡犯的企业，依法责令停止生产，除依法进行处罚外，并追究企业法定代表人法律责任。对存在违法违规行为、应急减排措施执行不到位（含弄虚作假，逃避减排责任）或未达到相应绩效分级要求的绩效分级企业，按相关程序进行降级处理。

8 附则

本预案自发布之日起施行，《内蒙古自治区人民政府办公厅关于印发内蒙古自治区重污染天气应急预案（2020年版）的通知》（内政办发〔2020〕13号）同时废止。

附件：1. 内蒙古自治区重污染天气应急指挥部组成人员名单

2. 应急响应职责清单

3. 内蒙古自治区重污染天气应急预警工作流程图

4. 预警信息发布（调整、解除）审批单（样表）

附件 1：

内蒙古自治区重污染天气应急指挥部组成人员名单

总 指 挥：	么永波	自治区副主席
副总指挥：	薛　勇	自治区人民政府副秘书长
	王旺盛	自治区生态环境厅厅长
成　　员：	符　雷	自治区党委宣传部常务副部长
	龚明珠	自治区发展改革委主任
	张俊喜	自治区教育厅副厅长
	王金豹	自治区工业和信息化厅厅长
	胡　蓉	自治区公安厅副厅长
	鞠树文	自治区财政厅厅长
	赵大勇	自治区自然资源厅厅长
	王一岭	自治区生态环境厅副厅长
	郭玉峰	自治区住房城乡建设厅厅长
	高世勤	自治区交通运输厅厅长
	生效友	自治区水利厅厅长
	郭占江	自治区农牧厅厅长
	刘　勇	自治区卫生健康委主任
	常志刚	自治区应急管理厅厅长
	于海宇	自治区能源局局长
	赵黎明	内蒙古气象局局长

自治区重污染天气应急指挥部办公室主任由自治区生态环境厅厅长王旺盛兼任，副主任由自治区生态环境厅副厅长王一岭兼任。

自治区重污染天气应急指挥部成员如有变动，由成员单位相应岗位职责人员自行递补，报自治区重污染天气应急指挥部办公室备案，不再另行发文。

附件 2：

应急响应职责清单

序　号	责任主体	职　责
1	自治区重污染天气应急指挥部	负责统一领导、指挥全区重污染天气应急处置工作；协调解决重污染天气应对重大问题
2	自治区重污染天气应急指挥部办公室	负责贯彻落实自治区重污染天气应急指挥部的指令和部署；督导各成员单位落实重污染天气应对职责，督促盟市落实应急减排措施组织和协调区域重污染天气应急联动工作；组织对重污染天气应对工作进行总结评估及信息上报；组织开展重污染天气应急演练；承担自治区重污染天气应急指挥部交办的其他工作
3	自治区党委宣传部	负责组织全区重污染天气应对的宣传报道工作；会同自治区党委网信办协调做好重污染天气应对期间舆情管理；完成自治区重污染天气应急指挥部办公室交办的其他事项
4	自治区生态环境厅	编制本部门应急响应专项实施方案；联合内蒙古气象局开展重污染天气研判、会商，提出预警建议开展重污染天气应急响应督导检查；会同住房城乡建设、交通运输、农牧、能源等主管部门加强对非道路移动机械的监管；配合做好燃煤污染等防治工作；督促各盟市做好秸秆焚烧防治工作；督促各盟市加强矿山环境污染防治；完成自治区重污染天气应急指挥部办公室交办的其他事项
5	自治区发展改革委	编制本部门应急响应专项实施方案；完成自治区重污染天气应急指挥部办公室交办的其他事项
6	自治区教育厅	编制本部门应急响应专项实施方案；督促各盟市教育部门制定重污染天气中小学校和幼儿园减少户外活动及停课实施方案，并督导事发地落实；完成自治区重污染天气应急指挥部办公室交办的其他事项
7	自治区工业和信息化厅	编制本部门应急响应专项实施方案；负责落实重点行业企业错峰生产工作；配合做好非道路移动机械排放污染防治的监督管理工作；配合做好督导企业在重污染天气预警期间实行大宗物料错峰运输工作；完成自治区重污染天气应急指挥部办公室交办的其他事项
8	自治区公安厅	编制本部门应急响应专项实施方案；负责指导和监督各盟市制定高排放车辆临时禁（限）行方案，督查各地禁（限）行执行情况；研究重污染天气预警期间机动车限行方案；负责指导和监督各盟市制定烟花爆竹禁（限）放措施，并组织加强巡查；配合做好督导企业在重污染天气预警期间实行大宗物料错峰运输工作；完成自治区重污染天气应急指挥部办公室交办的其他事项
9	自治区财政厅	根据事权与支出责任划分原则，为开展重污染天气应急工作做好经费保障；完成自治区重污染天气应急指挥部办公室交办的其他事项
10	自治区自然资源厅	编制本部门应急响应专项实施方案；负责国土空间综合整治、土地整理复垦、矿山地质环境恢复治理；督促各盟市加强矿山环境污染防治；完成自治区重污染天气应急指挥部办公室交办的其他事项

序　号	责任主体	职　责
11	自治区住房城乡建设厅	编制本部门应急响应专项实施方案；负责监督和指导建筑施工工地、城市道路扬尘控制和施工工地工程机械管控；负责指导和督促盟市落实居民取暖散煤治理工作；完成自治区重污染天气应急指挥部办公室交办的其他事项
12	自治区交通运输厅	编制本部门应急响应专项实施方案；负责指导和督促各盟市加大公共交通保障力度；负责做好自治区干线公路、高速公路施工等扬尘防控工作；配合做好非道路移动机械排放污染防治的监督管理工作；负责加大重污染天气应对期间“公转铁”运力调度调配力度；负责督导企业在重污染天气预警期间实行大宗物料错峰运输；完成自治区重污染天气应急指挥部办公室交办的其他事项
13	自治区水利厅	编制本部门应急响应专项实施方案；负责水利工程施工扬尘防治；负责河道、河床、滩涂等裸露地表扬尘防控；完成自治区重污染天气应急指挥部办公室交办的其他事项
14	自治区农牧厅	编制本部门应急响应专项实施方案；指导各地区开展秸秆综合利用工作；配合做好非道路移动机械排放污染防治的监督管理工作；完成自治区重污染天气应急指挥部办公室交办的其他事项
15	自治区卫生健康委	编制本部门应急响应专项实施方案；负责督导医疗机构依据救治需求紧急增派医护人员充实相关疾病门诊、急诊力量；组织医疗机构有针对性地做好医疗救治工作；配合宣传部门做好健康预防知识普及工作；完成自治区重污染天气应急指挥部办公室交办的其他事项
16	自治区应急管理厅	指导督促重点污染企业临时停（限）产时的安全生产工作；配合做好重污染天气的应急演练、应急保障和救援等工作；完成自治区重污染天气应急指挥部办公室交办的其他事项
17	自治区能源局	编制本部门应急响应专项实施方案；负责牵头做好全社会能源活动管理；负责督导燃煤发电企业加大优质煤使用比例；负责工业电力需求侧管理；负责重污染天气预警期间电力调度、电力保供工作；负责统筹采空区灾害综合治理项目；配合生态环境、自然资源部门做好矸石、煤田自燃治理矿区扬尘治理；配合做好非道路移动机械排放污染防治的监督管理工作；配合做好督导企业在重污染天气预警期间实行大宗物料错峰运输工作；完成自治区重污染天气应急指挥部办公室交办的其他事项
18	内蒙古气象局	编制本部门应急响应专项实施方案；负责全区空气污染气象条件预报，配合自治区生态环境厅做好重污染天气预警会商和空气质量预报联合发布工作；指导各盟市气象部门开展重污染天气预警、预报工作；适时开展人工影响天气作业；完成自治区重污染天气应急指挥部办公室交办的其他事项

附件 3：

内蒙古自治区重污染天气应急预警工作流程图

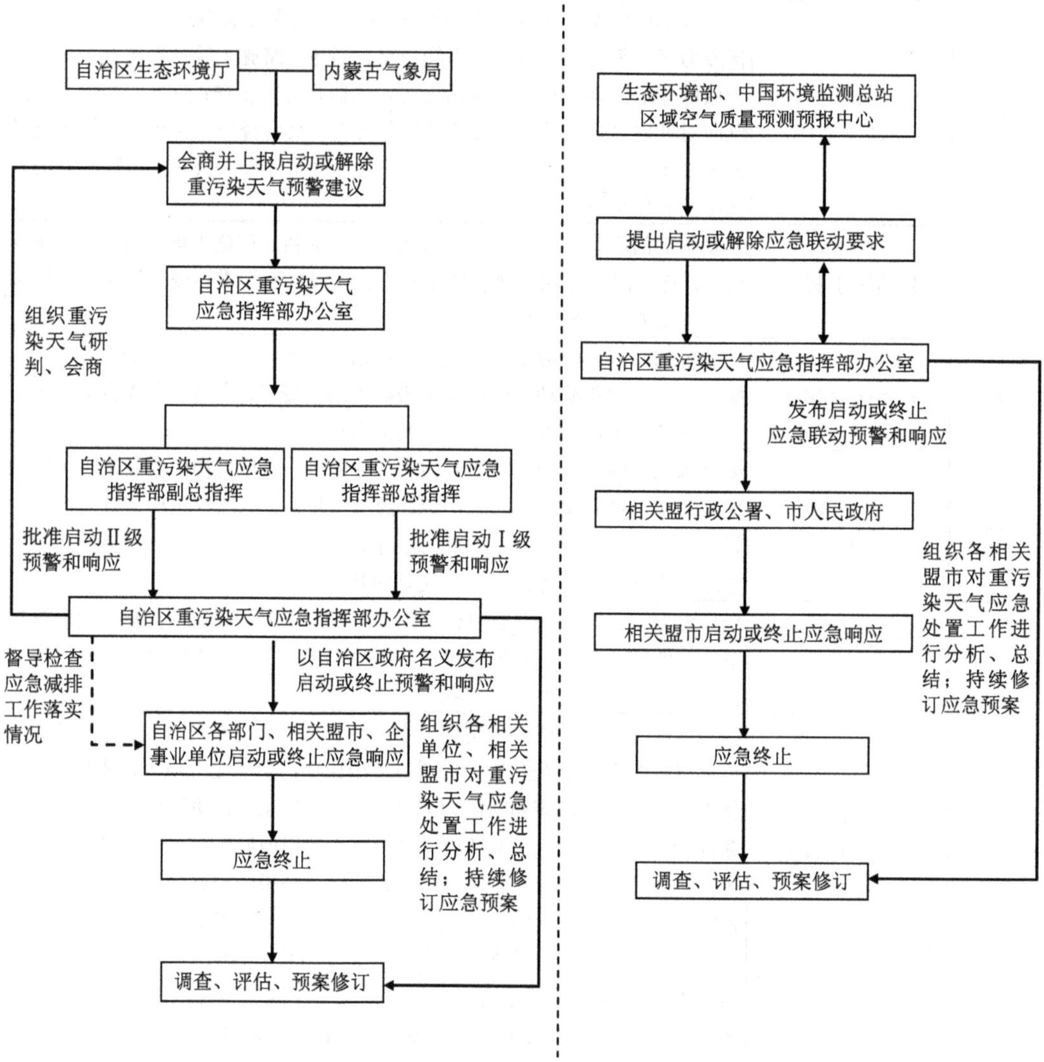

附件 4：

预警信息发布（调整、解除）审批单
（样表）

<table>
<tr><td>预警信息级别</td><td></td><td>发布（调整、解除）时间</td><td></td></tr>
<tr><td>预警发布
（调整、解除）
信息依据</td><td colspan="3">《内蒙古自治区重污染天气应急预案（2024 年版）》《全区大气污染预警会商专报》（××年第××期）、《内蒙古自治区重污染天气预测预警会商报告》</td></tr>
<tr><td>预警发布
（调整、解除）
信息主要内容</td><td colspan="3">经××××联合会商，受不利气象条件影响，我区××将出现一次××污染天气过程。为保护公众健康，减缓大气污染程度，按照《内蒙古自治区重污染天气应急预案（修订）》，自治区重污染天气应急指挥部决定，于××年××月××日××时至××年××月××日××时在××行政区启动区域重污染天气×色预警，执行××级预警响应措施：
（一）公众防护措施：××××。
（二）倡议性污染减排措施：××××。
（三）强制性污染减排措施：××××。</td></tr>
<tr><td>自治区重污染天气
应急指挥部办公室
主任意见
（签字）</td><td colspan="3"></td></tr>
<tr><td>自治区重污染
天气应急指挥部
领导审批意见
（签字）</td><td colspan="3"></td></tr>
</table>

内蒙古自治区人民政府关于印发乌海及周边地区生态环境综合治理实施方案的通知

（内政发〔2020〕26号）

各盟行政公署、市人民政府，自治区各委、办、厅、局，各大企业、事业单位：

经自治区党委同意，现将《乌海及周边地区生态环境综合治理实施方案》印发给你们，请结合实际，认真贯彻落实。

2020年12月30日

（此件公开发布）

乌海及周边地区生态环境综合治理实施方案

为认真贯彻落实习近平总书记参加十三届全国人大三次会议内蒙古代表团审议时关于着力抓好乌海及周边地区生态环境综合治理的重要指示精神，确保乌海及周边地区生态环境得到明显改善，结合自治区实际，制定本方案。

一、提高政治站位

2020年5月22日，习近平总书记在参加十三届全国人大三次会议内蒙古代表团审议时强调，要保持加强生态文明建设的战略定力，牢固树立生态优先、绿色发展的导向，着力抓好黄河流域、一湖两海、乌海及周边地区等重点区域生态环境综合治理，持续打好蓝天、碧水、净土保卫战。乌海及周边地区地处黄河上游，处于华北与西北的结合部，是“蒙宁陕甘”经济区的结合部和沿黄经济带的重要增长极，是国家“新丝绸之路经济带”和呼包银榆经济区重要节点；区域内煤炭、石灰石、粘土等多种矿产资源富集，是国家重要的煤焦化、氯碱化工基地。该地区密集分布了我区多个工业园区（乌海经济技术开发区所属海勃湾工业园区、乌达工业园区、海南工业园区、低碳产业园区，鄂托克经济开发区所属棋盘井工业园区、蒙西高新技术工业园区，阿拉善高新技术产业开发区），与宁夏石嘴山经济技术开发区毗邻。相近的资源禀赋，集群式的企业分布，脆弱的生态环境和干旱少雨风沙大的气候条件，致使区域性结构性污染突出、交叉污染严重、排放叠加效应明显，一直备受国家、自治区关注。2015年，自治区开始启动乌海及周边地区大气污染联防联控联治工作，成立了自治区政府主要领导任组长的领导小组，先后印发了《乌海市及周边地区环境综合整治工作方案》等多个政策文件；2019年11月，自治区人大常委会通过了《内蒙古自治区乌海市及周边地区大气污染防治条例》。截至2019年底，乌海市中心城区$PM_{2.5}$年均浓度为30毫克/立方米，较2015年下降34.8%，首次实现达标，优良天数比率达到81.1%，较2015年提高8.7个百分点，区域环境空气质量实现较大改善。

习近平总书记一直关注内蒙古的生态文明建设，明确指出：“把内蒙古建成我国北方重要生态安全屏障，是立足全国发展大局确立的战略定位，也是内蒙古必须自觉担负起的重大责任。”2020年习近平总书记在参加十三届全国人大三次会议内蒙古代表团审议时关于要着力抓好乌海及周边地区生态环境综合治理的重要指示，既着眼于黄河流域生态保护和高质量发展，又考虑了内蒙古在国家的生态定位，把乌海及周边地区生态环境综合治理上升到了前所未有的高度。各级党委和政府必须切实提高政治站位，强化政治担当，坚决抓好乌海及周边地区生态环境综合治理，推动党中央赋予内蒙古的战略定位精准落地、有效落实，以实际行动和工作成效践行“两个维护”。

二、把握总体要求

（一）指导思想。以习近平新时代中国特色社会主义思想为指导，全面贯彻党的十九大和十九届二中、三中、四中、五中全会精神，深入学习贯彻习近平生态文明思想，不折不扣落实习近平总书记对内蒙古重要讲话重要指示批示精神，树牢“生态优先、绿色发展”导向，把共抓大保护、不搞大开发作为铁规矩和硬杠杆立起来，以高度的政治自觉、思想自觉、行动自觉，从严从实、凝心聚力推动乌海及周边地区生态环境综合治理，深入打好污染防治攻坚战，切实改善区域生态环境质量，为筑牢我国北方重要生态安全屏障作出积极贡献。

（二）基本原则。

——坚持生态优先、绿色发展。牢固树立“绿水青山就是金山银山”理念，保持加强生态文明建设的战略定力，一旦经济建设和生态环境保护出现矛盾，必须把生态环境保护挺在前头。坚定不移贯彻新发展理念，着力构建国土空间开发保护新格局和优化产业布局，加快产业集中集聚集约发展。坚决淘汰落后低端产能，延伸产业链、提升价值链，促进产业高端化发展，改变“挖煤卖煤、挖土卖土”的粗放型资源开发模式，实现高质量发展与高水平保护协调共进。

——坚持规划先行、统筹推进。以国土空间规划为基本依据，统筹衔接不同层级、不同领域的各类规划，科学编制乌海及周边地区生态环境综合治理相关规划，提高规划的执行力、落实力。遵循生态系统内在机理和规律，强化山水林田湖草沙各种生态要素系统治理、协同治理、综合治理。加强区域联防联控联治，强化统一调度、分工协作，坚决避免单打独斗、各自为战等问题。

——坚持实事求是、科学治理。一切从实际出发，科学合理设定治理目标、明确治理任务、选择治理方式，避免“一刀切”行为，依法依规推进生态环境治理。聚焦矿产资源开发、工业园区污染防治、城市精细化管理、生态修复、水土保持等重点领域，全面摸清污染成因与机理，针对不同问题，对症下药，精准发力，用足用好科技这个手段，提高生态环境治理质量和效率。

（三）工作目标。到 2023 年底，乌海及周边地区矿产资源整合、焦化产业重组工作全面完成，绿色矿山建设加快推进，运输能源结构调整取得阶段性进展，工业园区、城市环境治理设施短板基本补齐，大气、水、土壤污染防治行动深入实施，生态环境质量持续改善。到 2025 年底，乌海及周边地区绿色发展水平不断提高，主要污染物排放总量持续减少，污染防治攻坚战取得显著成效。区域优良天数比率、可吸入颗粒物（PM_{10}）、二氧化硫（SO_2）、细颗粒物（$PM_{2.5}$）、区域优良水体比例、劣V类水体比例等达到或优于“十四五”约束性指标要求。所有生产矿山全部建成绿色矿山，矿区生态环境明显改善，工业园区现代化水平、城市精细化管理程度不断提高，生态文明建设与社会主义现代化进程协同共进，人民群众获得感、幸福感、安全感切实增强，向习近平总书记和党中央交出合格答卷。

三、重点任务及分工

（一）编制实施生态环境综合治理“十四五”相关规划。在前期深入调研的基础上，认真分析乌海及周边地区生态环境综合治理的重点、难点和堵点，科学、高质量编制区域生态环境综合治理相关规划。规划要符合客观实际，做到目标科学合理、项目切实可行、资金保障来源、成效不打折扣。一是编制《乌海及周边地区“十四五”产业发展规划》（责任单位：自治区发展改革委；配合单位：阿拉善盟委和盟行政公署，乌海、鄂尔多斯市委和市人民政府；完成时限：2021 年 6 月底）。二是编制《乌海及周边地区生态环境综合治理“十四五”规划》（责任单位：自治区生态环境厅；配合单位：阿拉善盟委和盟行政公署，乌海、鄂尔多斯市委和市人民政府；完成时限：2021 年 6 月底）。三是编制《乌海及周边地区绿色矿山建设和矿山地质环境治理“十四五”规划》（责任单位：自治区自然资源厅；配合单位：阿拉善盟委和盟行政公署，乌海、鄂尔多斯市委和市人民政府；完成时限：2021 年 6 月底）。四是编制《乌海及周边地区矿产资源开发总体规划》（责任单位：自治区自然资源厅；配合单位：阿拉善盟委和盟行政公署，乌海、鄂尔多斯市委和市人民政府；完成时限：2021 年 6 月底）。

（二）强化绿色源头管控。按照生态优先、布局优化、产业联合、错位发展、规模控制原则，继续淘汰落后产能、化解过剩产能，坚决遏制产能盲目扩张。严格控制钢铁、电解铝、水泥、电石、PVC、铁合金、平板玻璃等行业新增产能。海勃湾工业园区、蒙西高新技术工业园区位于乌海市中心城区秋冬季上风向，已形成地下水降落漏斗，原则上不得新建重化工项目，重点发展非煤产业，培育战略性新兴产业，加快推进产业转型升级。阿拉善高新技术产业开发区巴音敖包工业园区不再新上焦化项目。其他园区做好以“延链、补链、强链、育链”为内涵的“铸链”文章，加快推进传统产业提质增效，培育壮大新兴产业，推动产业结构调整、资源转化增值、创新驱动发展，建设具有核心竞争力和特色优势的绿色产业集群（责任单位：阿拉善盟委和盟行政公署，乌海、鄂尔多斯市委和市人民政府；监管单位：自治区工业和信息化厅、发展改革委、生态环境厅；完成时限：持续推进）。实行大气污染物排放总量减量控制制度，从 2021 年 1 月 1 日起，国家排放标准已规定大气污染物特别排放限值的行业，全面开展特别排放限值改造，2022 年底前改造完成，从 2023 年 1 月 1 日起全部执行大气污染物特别排放限值。生态环境部审批权限以外的新建重大项目环评由自治区生态环境厅审批。严格落实能耗“双控”制度，严格控制新增能耗，加快节能技术改造（责任单位：阿拉善盟委和盟行政公署，乌海、鄂尔多斯市委和市人民政府；监管单位：自治区生态环境厅、发展改革委；完成时限：2023 年 12 月底）。

（三）推进区域焦化产业重组升级。按照“升级存量、做优增量、严控总量”和“以焦为基、以化为主、以化领焦”的整体思路，加快调整产业结构。严格控制焦化新增产能，总体规模控制在“十三五”水平，确需新建的焦化项目，产能指标在区域内实行等量置换。用三年时间（2021—2023 年）全面淘汰炭化室高度 4.3 米的焦炉。新（改扩）建捣固焦炉炭化室高度要达到 6.25 米及以上，必须同步配套下游化产链条、余热余气回收利用项目，促进两化融合，以化产水平的进步推动焦化产业转型升级（责任单位：阿拉善盟委和盟行政公署，乌海、鄂尔多斯市委和市人民政府；监管单位：自治区工业和信息化厅、发展改革委；完成时限：立行立改）。新建焦化项目必须配套干熄焦装备，并执行钢铁企业中炼焦化学工业污染物超低排放要求。现有炭化室高度 5.5 米的焦炉 2023 年底前全部完成干熄焦和超低排放改造。强化焦化废水深度处理，区域内焦化废水必须全收集、全处理、全回用（责任单位：阿拉善盟委和盟行政公署，乌海、鄂尔多斯市委和市人民政府；监管单位：自治区生态环境厅、工业和信息化厅；完成时限：2023 年 12 月底）。

（四）实施矿产资源开发整合重组。统筹协调“三权不变”矿山企业统一执法（责任单位：自治区生态环境厅、自然资源厅、能源局；配合单位：乌海、鄂尔多斯市委和市人民政府；完成时限：2021 年 12 月底）。整合乌海及周边地区矿产资源，逐步淘汰布局不合理、生态破坏严重的矿山，优化开采次序、开采方式、治理模式，实现资源集中开发、统一管理、连片治理，有效解决矿区项目密集、生产布局混乱问题（责任单位：乌海、鄂尔多斯市委和市人民政府；监管单位：自治区自然资源厅、能源局；完成时限：2023 年 12 月底）。

（五）深入开展矿山环境综合治理和绿色矿山建设。以自治区煤炭资源领域违规违法问题专项整治为契机，严格按照《内蒙古自治区矿山环境治理实施方案》（内政办字〔2020〕56 号）要求，实行统一连片治理，逐个矿山拉出问题清单，立行立改、彻底整改（责任单位：阿拉善盟委和盟行政公署，乌海、鄂尔多斯市委和市人民政府；监管单位：自治区自然资源厅；完成时限：2023 年 12 月底）。推进露天采坑内排和井工矿回填，提高矿山生态修复治理标准，最大限度恢复矿山原生态状况，杜绝治理后“大坑还是大坑、土山还是土山”问题。对实现内排、矸石回填、生态修复效果明显的绿色矿山企业依法给予政策优惠。落实地方政府主体责任，加大历史遗留无主矿山生态修复和治理力度（责任单位：阿拉善盟委和盟行政公署，乌海、鄂尔多斯市委和市人民政府；监管单位：自治区自然资源厅；完成时限：2025 年 12 月底）。抓好矿区煤层、排土场自燃和煤炭洗选企业矸石堆场火点治理，实现区域内火点动态“清零”（责任单位：乌海、鄂尔多斯市委和市人民政府；监管单位：自治区能源局、自然资源厅、生态环境厅；完成时限：2021 年 12 月底）。严格落实《内蒙古自治区绿色矿山建设方案》（内政发〔2020〕18 号），新建矿山要全部达到绿色矿山建设标准，生产矿山要加快升级改造，到 2025 年全部达到绿色矿山建设标准，不符合绿色矿山标准的依法依规逐步退出市场（责任单位：阿拉善盟委和盟行政公署，乌海、鄂尔多斯市委和市人民政府；监管单位：自治区自然资源厅；完成时限：2025 年 12 月底）。对已进入国家或自治区绿色矿山名录的矿山，要对照国家新的标准，查找不足，限期整改。中央企业所属煤矿要充分发挥绿色矿山建设的示范带动作用（责任单位：乌海、鄂尔多斯市委和市人民政府；监管单位：自治区自然资源厅；完成时限：立行立改）。

（六）加强矿区扬尘污染整治。严控矿山开采扬尘，对采掘场、排土场已形成的台阶进行压覆及洒水降尘，对预爆区洒水预湿。实行露天开采和采空区综合治理项目错峰爆破。严格落实火工品差异化供应政策。露天开采企业统一实行夜间禁采（采暖期为晚 8 点至上午 10 点，其他时段为晚 8 点至早 6 点）。煤炭等物料、矸石、渣土的储存、装卸、输送以及破碎、筛选等产尘环节，应采取有效措施控制扬尘污染。矿区内煤炭运输及物料堆存、转运实现全封闭，不得露天堆放和设置临时储存场。矿区运输道路、厂区道路、工业广场全部实施硬化，建立管护和定期清扫制度，采取清扫、洒水、绿化等措施，防止扬尘污染。气象部门发布大风、沙尘暴、大雾等气象灾害预警和微风静稳等不利污染物扩散气象条件时，矿山企业应当及时启动应急预案，采取限产停产等措施。对实现封闭式皮带、管道运输的企业，可放宽夜间停产管控（责任单位：乌海、鄂尔多斯市委和市人民政府；监管单位：自治区能源局、自然资源厅、交通运输厅、公安厅、生态环境厅，内蒙古气象局；完成时限：持续推进）。提升矿区扬尘污染管控能力，区域内所有矿山企业必须全部安装视频监控并接入矿区环境智慧管控系统，将视频监控数据作为监督管理参考依据（责任单位：乌海、鄂尔多斯市委和市人民政府；监管单位：自治区生态环境厅；完成时限：持续推进）。

（七）着力调整运输结构。加大新能源汽车推广力度，率先在城市公交、城市物流以及矿区中短途运输等特定场景开展推广应用。城区公交新增及更新车辆中新能源车辆占比 2023 年底达到 50%以上，2025 年底达到 60%以上（责任单位：阿拉善盟委和盟行政公署，乌海、鄂尔多斯市委和市人民政府；监管单位：自治区交通运输厅、工业和信息化厅；完成时限：2025 年 12 月底）。推进公路转铁路运输，到 2025 年底重点行业铁路外运比例达到 85%（责任单位：阿拉善盟委和盟行政公署，乌海、鄂尔多斯市委和市人民政府；监管单位：自治区发展改革委、中国铁路呼和浩特局集团有限公司；完成时限：

2025 年 12 月底）。

（八）深入推进城市精细化管理。进一步健全完善城市管理标准体系，紧紧围绕市容环境提升、垃圾分类治理、城市污水处理、建筑施工扬尘、城市生态修复、老旧小区综合改造、智慧城市建设等重点任务，开展系列专项治理，持续改善城市环境和品质（责任单位：阿拉善盟委和盟行政公署，乌海、鄂尔多斯市委和市人民政府；监管单位：自治区住房城乡建设厅、发展改革委；完成时限：持续推进）。加强城区、矿区、工业园区道路和运煤通道交通问题综合整治，严格管控车辆运输扬尘污染，鼓励推行煤炭集装箱等封闭式公路运输。解决高速公路和运煤通道收费口重型运输车辆排队拥堵问题（责任单位：阿拉善盟委和盟行政公署，乌海、鄂尔多斯市委和市人民政府；监管单位：自治区公安厅、交通运输厅；完成时限：2021 年 12 月底）。

（九）加大燃煤污染综合治理力度。加快推进“城中村”“棚户区”和城郊农业大棚清洁取暖改造，城市建成区优先发展集中供热，集中供热难以覆盖的地区，以街道办事处、苏木乡镇为单元整体推进“煤改电”“煤改气”、利用新能源等分散式清洁取暖工程。加强煤质监管，严厉打击劣质煤违法经营行为。加快实现高污染燃料禁燃区内散煤“清零”。2025 年底前建成区清洁供暖率达到 98%以上，农区清洁供暖率达到 60%以上（责任单位：阿拉善盟委和盟行政公署，乌海、鄂尔多斯市委和市人民政府；监管单位：自治区住房城乡建设厅、能源局、生态环境厅、农牧厅、市场监管局；完成时限：持续推进）。

（十）强化水资源节约集约利用。坚持以水定城、以水定地、以水定人、以水定产，把水资源作为最大的刚性约束，坚决抑制不合理用水需求。严格禁止高耗水工业擅自使用地下水，水资源超载地区暂停新增取水许可（取再生水、疏干水等非常规水资源的和通过水权转让取水的情形除外）。进一步挖掘工业、农业节水潜力，解决水资源供需矛盾突出问题（责任单位：阿拉善盟委和盟行政公署，乌海、鄂尔多斯市委和市人民政府；监管单位：自治区水利厅；完成时限：持续推进）。实施污水深度处理工程，加大中水管网建设力度，提高中水回用率。将非常规水资源纳入水资源统一配置，推进跨盟市水权交易转让。2023 年底区域再生水、疏干水利用率分别达到 40%、70%，2025 年底分别达到 50%、80%（责任单位：阿拉善盟委和盟行政公署，乌海、鄂尔多斯市委和市人民政府；监管单位：自治区住房城乡建设厅、水利厅；完成时限：2025 年 12 月底）。

（十一）加大黄河流域水污染防治力度。严格落实《内蒙古自治区水污染防治条例》，严控区域内工业和城镇污染，推进城镇、工业园区污水管网建设和改造，因地制宜开展雨污分流和污水截流、收集改造，加强污水处理厂运行监管，不断提升污水集中收集处理效能（责任单位：阿拉善盟委和盟行政公署，乌海、鄂尔多斯市委和市人民政府；监管单位：自治区住房城乡建设厅、工业和信息化厅、生态环境厅；完成时限：持续推进）。

开展入河排污口清理整治和规范化建设，推动建立区域入河排污口监测体系。持续开展旗县级及以上集中式饮用水水源地规范化建设，提升水源地管理水平（责任单位：阿拉善盟委和盟行政公署，乌海、鄂尔多斯市委和市人民政府；监管单位：自治区生态环境厅；完成时限：2021 年 12 月底）。

（十二）严格管控黄河流域环境风险。对黄河干流和主要支流沿岸 3 公里范围内工矿企业、尾矿库、固废堆场、矿山排土场和生活源污染等进行全面排查。按照环境保护和安全生产相关法律法规要求，因地制宜采取清理整治、资源再利用、闭库复垦等方式进行治理，切实消除各类风险隐患。加大环境监管执法力度，严格落实排污许可证制度（责任单位：阿拉善盟委和盟行政公署，乌海、鄂尔多斯市委和市人民政府；监管单位：自治区生态环境厅、应急厅、自然资源厅、住房城乡建设厅、农牧厅；完成时限：2023 年 12 月底前）。

（十三）加强工业固废危废规范处置。按照“减量化、资源化、无害化”原则，出台工业固体废物综合利用优惠政策，逐步提高工业固废综合利用水平（责任单位：阿拉善盟委和盟行政公署，乌海、鄂尔多斯市委和市人民政府；监管单位：自治区工业和信息化厅、发展改革委、生态环境厅、财政厅，内蒙古税务局；完成时限：持续推进）。统筹推进工业固废渣场建设，科学选取、合理规划可利用矿坑作为工业固废渣场，从根本上解决大量矿坑闲置、大量工业固废无贮存场所的突出问题（责任单位：阿拉善盟委和盟行政公署，乌海、鄂尔多斯市委和市人民政府；监管单位：自治区自然资源厅、能源局、生态环境厅、工业和信息化厅；完成时限：2023 年 12 月底）。持续开展危险废物规范化管理考核、危险废物安全专项整治、危险废物专项治理和塑料污染治理等工作，严厉打击非法转移、倾倒、处置危险废物行为（责任单位：阿拉善盟委和盟行政公署，乌海、鄂尔多斯市委和市人民政府；监管单位：自治区生态环境厅、发展改革委；完成时限：持续推进）。

（十四）加强土壤和地下水污染防治。强化重金属污染源头管控。用好重点行业企业用地土壤污染调查结果，加强对土壤污染重点监管单位的监管，防止新增土壤污染（责任单位：阿拉善盟委和盟行政公署，乌海、鄂尔多斯市委和市人民政府；监管单位：自治区生态环境厅；完成时限：持续推进）。全面实施乌海及周边地区“控肥增效、控药减害、控水降耗、控膜提效”行动，加大畜禽养殖粪污资源化利用力度，农药、化肥使用量保持负增长。加快推进农村生活垃圾、污水治理等生态环境基础设施建设（责任单位：阿拉善盟委和盟行政公署，乌海、鄂尔多斯市委和市人民政府；监管单位：自治区农牧厅、住房城乡建设厅、生态环境厅；完成时限：2025 年 12 月底）。开展工业集聚区地下水环境状况调查评估及风险管控工作（责任单位：阿拉善盟委和盟行政公署，乌海、鄂尔多斯市委和市人民政府；监管单位：自治区生态环境厅；完成时限：2021 年 12 月底）。

（十五）大力实施沿黄生态修复工程。加强乌兰布和沙漠治理，实施黄河海勃湾水利枢纽库区项目，突出抓好水土保持、滩区综合治理和湿地生态系统修复等工程，打造保卫黄河的生态安全屏障（责任单位：阿拉善盟委和盟行政公署，乌海、鄂尔多斯市委和市人民政府；监管单位：自治区林草局、水利厅；完成时限：2025 年 12 月底）。加强西鄂尔多斯国家级自然保护区管理，抓好自然保护区内已退出工矿企业生态修复工作，持续开展“绿盾”自然保护区监督检查专项行动（责任单位：乌海、鄂尔多斯市委和市人民政府；监管单位：自治区林草局、生态环境厅、自然资源厅；完成时限：持续推进）。加快推进黄河海勃湾水利枢纽库区清淤工程和矿区生态修复一体化治理，积极争取国家、自治区山水林田湖草生态修复试点工程。充分考虑水资源支撑条件，探索解决缺土少水等自然因素制约，因地制宜开展矿区生态修复工作（责任单位：乌海市委和市人民政府；监管单位：自治区自然资源厅、水利厅；完成时限：2025 年 12 月底）。

（十六）提升区域污染物精准防控能力。充分利用区域现有生态环境监测网络，整合视频监控、卫星遥感、气象观测、空气污染气象条件预报、超级站等信息资源，推动布设空气质量监测微站、激光雷达等监测设施，建设监控热点网格，建立一体化生态环境监测网络平台和统一的生态环境执法联动监管体系（责任单位：自治区生态环境厅、内蒙古气象局；配合单位：阿拉善盟委和盟行政公署，乌海、鄂尔多斯市委和市人民政府；完成时限：2021 年 12 月底）。逐步建立区域大气污染物排放源清单动态数据库，掌握影响区域环境空气质量的 PM_{10}、$PM_{2.5}$ 等重点污染因子的产生、传输规律，实现实时监控、预测预报、智能预警、溯源管理、精准管控、统一执法（责任单位：阿拉善盟委和盟行政公署，乌海、鄂尔多斯市委和市人民政府；监管单位：自治区生态环境厅；完成时限：2021 年 12 月底）。

（十七）探索构建区域联防联控联治大格局。充分借鉴京津冀等重点地区大气污染防治经验做法，健全完善“统一规划、统一标准、统一监测、统一监管、统一考核”的区域污染联防联控联治工作机制，推行随机抽查、交叉互查、帮扶督导、驻地督办等形式的联合执法，强化多污染物协同控制和区域协同治理。实行重污染天气区域统筹管理，当区域发生橙色及以上重污染天气时，由自治区统一指挥，上下联动应急。当乌海市启动重污染天气预警应急机制时，周边地区同步跟进应急防控。积极承担国家晋陕蒙宁大气污染联防联控任务，推动相关地区开展黄河流域上下游、左右岸水污染联防联控，建立信息共享、定期会商、政策协调、交流合作等工作机制，协调解决跨区域生态环境突出问题（责任单位：阿拉善盟委和盟行政公署，乌海、鄂尔多斯市委和市人民政府；监管单位：自治区生态环境厅；完成时限：持续推进）。

四、加强组织领导

（一）压实工作责任。自治区成立乌海及周边地区生态环境综合治理领导小组，与乌海市及周边地区大气污染联防联控工作领导小组为同一机构，统筹指导相关工作，领导小组办公室设在自治区生态环境厅，负责领导小组日常工作。自治区相关领导要加大推进力度，既要经常调度情况，协调解决重点问题，又要深入一线，强化工作调研督导。乌海市、鄂尔多斯市、阿拉善盟及所属旗县（区）要成立相应的工作机构，切实承担主体责任，主要领导要亲力亲为，研究细化治理方案，狠抓各项任务落实。自治区相关部门要成立监督配合机构，切实承担监督责任，配合、督促、指导盟市开展治理工作，形成整体合力。企业是污染治理的主体，要全面履行生态环境保护责任，落实项目和资金，确保各项治理工程按期建成并稳定运行、污染物稳定达标排放。

（二）强化支持保障。乌海市、鄂尔多斯市、阿拉善盟要加大财政投入力度，把有限的资金用在与区域生态环境关联度高、预期效果好的治理项目上。自治区相关部门要在项目、资金、技术等方面，对乌海及周边地区生态环境综合治理依法予以支持，并结合实际制定和完善绿色矿山、污染防治、生态保护修复、产业转型升级、城市精细化管理等方面的扶持政策，为综合治理工作提供有力保障。

（三）完善工作机制。建立月调度、季通报制度，由自治区生态环境厅牵头，定期通报综合治理工作进展情况，对治理工作进展不力的，由自治区领导约谈相关盟市和自治区相关部门主要负责人。自治区相关部门要主动向国家有关部委汇报治理工作情况，积极帮助争取政策、资金支持。乌海市、鄂尔多斯市、阿拉善盟和自治区相关部门要及时向自治区报送工作信息，主动向社会公开治理进展情况。

（四）严格监督问效。自治区相关部门要采取多种方式，加大对治理任务落实情况的监督检查力度。对贯彻习近平总书记重要指示不坚决不彻底、生态环境综合治理任务严重滞后的，对履职不到位导致环境质量恶化、造成严重后果的，严肃追责问责。同时，落实中央《关于建立容错纠错机制激励干部改革创新干事创业的意见》精神，为工作中敢于担当的干部撑腰鼓劲。

（五）推动公众参与。充分发挥传统媒体及新媒体矩阵等平台作用，加大环境质量状况、重点企业排放、治理工程建设等信息公开力度，保障公众知情权，主动接受社会监督。动员全社会参与到综合治理工作中来，及时回应和解决群众关心的生态环境突出问题，共同营造积极正面的舆论氛围，集中各方力量坚决打赢乌海及周边地区生态环境综合治理攻坚战。

内蒙古自治区生态环境厅关于印发《乌海及周边地区“十四五”大气污染防治规划》的通知

（内环发〔2021〕158号）

鄂尔多斯市、乌海市人民政府，阿拉善盟行政公署，自治区各委、办、厅、局：

经自治区人民政府同意，现将《乌海及周边地区“十四五”大气污染防治规划》印发给你们，请结合实际，认真贯彻落实。

内蒙古自治区生态环境厅

2021年9月30日

乌海及周边地区“十四五”大气污染防治规划

第一章 “十三五”大气环境保护成就与形势

第一节 大气环境治理工作取得新成就

“十三五”时期，乌海及周边地区按照习近平生态文明思想要求，深入实施蓝天保卫战行动计划，全面落实乌海及周边地区大气污染联防联控工作和环境综合整治，优化调整产业、能源、运输和土地结构，积极开展柴油货运车、工业炉窑、挥发性有机物、散煤、“散乱污”整治等专项行动，大气污染防治工作取得明显成效。

联防联控机制逐步健全。“十三五”以来，自治区党委政府高度重视乌海及周边地区大气污染防治工作，自治区颁布实施了《内蒙古自治区乌海市及周边地区大气污染防治条例》，作为全国首部协同立法，为区域联防联控提供了法制保障。制定了《关于加强乌海及周边地区大气污染联防联控工作的意见》《乌海市及周边地区环境综合整治工作方案》《乌海及周边地区环境综合整治工作专项考核实施细则》等一系列制度，建立了“统一规划、统一标准、统一监测、统一监管、统一考核”的区域污染联防联控联治工作机制，认真落实党政同责一岗双责，开展了多层次、全方位、常态化督察，形成治理合力，多污染物协同控制和区域协同治理不断强化，区域联防联控联治机制逐步健全。

环境空气质量改善明显。大气污染防治攻坚深入实施并取得显著成效。截至 2020 年底，乌海及周边地区区域平均优良天数比例为 78.3%；$PM_{2.5}$ 平均浓度 35 微克/立方米，连续两年巩固在达标线内。特别是乌海市，截至 2020 年底，平均优良天数比例为 83.1%，较 2015 年提升 10.7 个百分点；$PM_{2.5}$ 平均浓度 32 微克/立方米，较 2015 年下降 30.4 个百分点；PM_{10} 平均浓度 81 微克/立方米，较 2015 年下降 23.6 个百分点；SO_2 平均浓度 26 微克/立方米，较 2015 年下降 54.4 个百分点；SO_2、NO_x 排放量分别较 2015 年下降 44.76%、40.57%，完成总量控制目标的 331%和 334%。六个工业园区中，除海南工业园区外，其余园区 4 项考核指标均达到考核目标。

治理工程实施成效显著。燃煤小锅炉淘汰方面，2015 年以来，乌海及周边地区累计淘汰燃煤锅炉 946 台，并于 2018 年底实现区域内 20 蒸吨及以下燃煤锅炉清零，乌海市建成区 35 蒸吨及以下燃煤锅炉全部淘汰。重点行业污染治理方面，截至 2020 年底，乌海及周边地区共完成 42 台 638.2 万千瓦在役发电机组超低排放改造并实现达标排放，完成 88 家焦化、钢铁、水泥、铁合金、化工等重点行业大气特别排放限值改造。矿区环境综合整治方面，截至 2020 年底，列入《乌海市及周边地区环境综合整治工作方案》的 377 处煤层及排土场火点自燃治理任务全部完成，实现煤矸石堆场自燃点“动态清零”，累计完成矿区道路硬化 168.55 公里。挥发性有机污染物治理方面，截至 2020 年底，乌海及周边地区累计完成挥发性有机物治理项目 53 个，列入挥发性有机物治理计划的 48 家重点企业均已完成 VOCs 泄漏检测与修复工作。

环境监管能力有效提升。完善区域大气环境监测网络，建设乌海市大气监测超级站，建成乌海及周边地区中心城区、工业园区及矿区 15 个空气质量自动监测站，实现 55 家重点监控企业联网，基本实现大气环境质量及污染源状况监测全覆盖。落实监督执法正面清单制度，严格开展日常执法检查，对偷排偷放、主观恶意排污的，对监测数据弄虚作假和严重污染环境、构成犯罪的，切实加大惩处力度，实现“零容忍”。完成 2016 年中央环保督察及 2018 年“回头看”整改任务，推进自治区生态环保督察，切实解决突出生态环境问题。

第二节 大气环境治理工作面临的形势

产业布局不合理。乌海及周边地区区域脆弱的生态环境和干旱少雨风沙大的气候条件，“三山两楔”的特殊地貌，导致大气污染物扩散条件差。相近的资源禀赋，使乌海市城区周边分布着以煤化工、氯碱化工为主的六大工业园区，千里山工业园区和蒙西高新技术工业园区紧邻城市建成区，海南工业园区、棋盘井工业园区、骆驼山矿区等位于乌海市主城区上风向，严重影响区域空气质量。

结构性污染仍未改变。以煤炭开采、炼焦、PVC 等重工业为主的产业结构、以煤为主的能源结构、以公路运输为主的交通结构仍难以发生根本性扭转，区域环境污染类型复杂，特别是煤矸石、煤田自燃、矿区扬尘和工业点源等污染突出，大气主要污染物排放强度大，2020 年工业源二氧化硫和氮氧化物每平方公里排放强度分别为 20.44 吨和 19.01 吨，均超过全国平均水平的 12 倍以上。

大气环境质量持续改善压力较大。2020 年，乌海及周边地区区域平均优良天数比例仅为 78.3%，比全区平均水平低 12.5 个百分点；PM_{10} 平均浓度 94 微克/立方米，比全区平均水平高 41 微克/立方米，超标率是 34.3%；O_3 平均浓度 135 微克/立方米，比全区平均水平高 5 微克/立方米。乌海市中心城区 O_3 对大气环境影响日益突出，以 O_3 为首要污染物的超标天数，占比由 2015 年的 10.9%上升到 2020 年的 20.9%，是影响乌海市环境空气质量持续改善的重要因素之一。六个工业园区重污染天数均未达到预期性考核目标要求。矿区大气环境污染仍然较重。

第二章 指导思想、基本原则和主要目标

第一节 指导思想

高举中国特色社会主义伟大旗帜，以习近平新时代中国特色社会主义思想为指导，深入贯彻党的十九大和十九届二中、三中、四中、五中全会精神，全面落实习近平总书记对内蒙古重要讲话重要指示批示精神，适应新发展阶段，贯彻新发展理念，服务融入新发展格局，坚定不移走以生态优先、绿色发展为导向的高质量发展新路子，为筑牢我国北方重要生态安全屏障作出积极贡献。

从严从实、凝心聚力推动乌海及周边地区大气污染联防联控联治，通过重点控制 PM_{10}，强化 $PM_{2.5}$ 和臭氧污染协同控制，加快补齐 VOCs 和 NO_x 减排短板，加大结构调整，加强源头控制，实行最严格的生态环境保护制度，聚焦影响空气质量达标污染因子、重点领域，达到以改善区域大气环境质量为核心，减污降碳协同增效的目标，突出精准治污、科学治污、依法治污，深入打好污染防治攻坚战，实现区域大气环境质量持续改善。

第二节 基本原则

系统治理与协同减排相结合。深入贯彻新发展理念，加强前瞻性谋划、全局性统筹、战略性布局、整体性推进。坚持以改善大气环境质量为核心，倒逼结构调整、源头控制、总量减排。聚焦焦化、氯碱化工、钢铁、建材等重点行业，推进 $PM_{2.5}$ 和 O_3 污染协同控制，强化 PM_{10}、VOCs、NO_x 等多污染物的协同减排。

精准治污与科学施策相结合。科学合理设定治理目标、明确工作任务、选择治理措施，依法依规推进大气环境治理。聚焦工业源减排、挥发性有机物减排、矿区扬尘控制、非道路移动机械污染控制等重点领域，找准影响区域大气环境质量的突出问题，科学治理、精准施策，坚持一区一策、一企一计、一矿一案，对症下药、精准发力，提高大气环境治理的质量和效率。开展污染源排放清单、$PM_{2.5}$ 源解析、环境空气质量监测等基础研究工作，做好重污染天气预测、预报、提高污染防控措施的精准化和科学化。

联防联控与属地管理相结合。进一步完善乌海及周边地区大气污染联防联控联治管理机制，实现区域内环境保护政策的统筹实施、综合调控、协同治理。根据区域内的社会经济发展水平与环境污染状况，系统设计有针对性、差异化的目标、任务、措施。强化各执法部门联合执法，增强执法合力，避免单打独斗、各自为战。加快形成导向清晰、决策科学、执行有力、激励有效、多元参与、良性互动的“大环保格局”。

第三节 主要目标

到 2025 年，乌海及周边地区大气环境质量明显改善，主要污染物排放总量明显下降，产业结构调整和发展方式转变取得重大进展，绿色发展机制基本建立。

“十四五”大气污染防治规划主要指标目标

指标			2020 年现状值	2025 年目标值	属性
1	空气质量	空气质量优良天数比率（%）	78.3	达到考核要求	约束性
2		重度及以上污染天数比例（%）	1.7	达到考核要求	预期性
3		$PM_{2.5}$ 浓度（微克/立方米）	35	达到考核要求	约束性
4		PM_{10} 浓度（微克/立方米）	94	达到考核要求	预期性
5	主要污染物排放总量	氮氧化物排放量减少比例（%）	—	达到考核要求	约束性
6		挥发性有机物排放量减少比例（%）	—	达到考核要求	约束性

注：1. $PM_{2.5}$、PM_{10} 浓度为剔除沙尘影响后监测结果，优良天数比例为未剔除沙尘影响后监测结果。
2. 年度目标采用均分法，要求每年完成“十四五”总目标的 20%。

第三章 推进重点领域结构调整

第一节 推进产业结构调整

严格环境准入。严格建设项目环境影响评价，生态环境部审批权限以外的新建重大项目环境影响报告书的审批权限调整至自治区生态环境厅。提高新建项目节能环保准入标准，允许新建的高耗能项目工艺技术装备、能效水平、治理水平等必须达到国内先进水平。新、改、扩建“两高”项目应满足区域环境质量改善、重点污染物排放总量控制、碳排放达峰目标和相关规划环评要求。严禁新增高耗能、高污染产能，严格实行重点行业新增产能污染物排放量区域内减量置换。加快产业升级。实行大气污染物排放总量减量控制制度，从 2023 年 1 月 1 日起国家排放标准已规定大气污染物特别排放限值的行业全部执行特别排放限值。不再审批焦炭（兰炭）、电石、聚氯乙烯（PVC）、水泥（熟料）、平板玻璃、钢铁、铁合金等新增产能项目，确需建设的，须在区内实施产能和能耗减量置换。实施减污降碳协同治理，重点对钢铁、电解铝、铁合金、电石、化工、建材等高耗能行业重点用能企业实施清洁化、循环化、低碳化改造，推动传统产业绿色转型升级。深入推进重点行业清洁生产审核，推动经济高质量发展。优化产业布局。加快实施“三线一单”（生态保护红线、环境质量底线、资源利用上线、生态环境准入清单）分区管控，用环境保护准入推动区域经济转型、低碳、绿色发展。海勃湾工业园区、蒙西高新技术工业园区原则上不得新建重化工项目，加快推进产业转型升级。阿拉善高新技术产业开发区巴音敖包工业园区不再新建焦化项目。强化园区循环化改造。按照“减量化、再利用、资源化”的原则，推进生产、流通、消费各环节循环经济发展，构建覆盖全社会的资源循环利用体系。加快推进焦化、氯碱化工、硅化工、冶金建材等多产业纵向延伸、横向融合、链式衔接、融合发展，打通企业内部、企业间、园区间资源、能源循环利用产业链，充分利用园区内工业余热、焦炉煤气等能源、资源循环使用。

第二节 加快能源结构调整

优化能源结构。调整优化能源生产和消费结构，实现能源消费总量和能耗强度控制在自治区约束目标内。大力发展新能源，以生态治理为核心，积极推动光伏发电与沙地治理、矿山修复相结合，加快形成“光伏+生态”发展模式；加快推广普及分布式新能源，积极开展“农光互补”“牧光互补”。依托煤焦化、氯碱化工等化工产业基础和区域能源优势，积极发展煤化工副产气体提纯分离制氢和氯碱化工副产气体制氢产业，探索清洁能源水解制氢等绿色制氢技术，培育发展氢能源产业。推进大规模储能示范应用，打造风光氢储产业集群，促进改变能源消耗结构。推进清洁替代。推动能源清洁低碳安全高效利用，加强能源资源一体化开发利用，提升能源全产业链水平。优先发展集中供热，加快推进“城中村”、“棚户区”和城郊农业大棚等清洁取暖改造，加快实现高污染燃料禁燃区内散煤“清零”，到 2025 年底前，建成区清洁供暖率达到 98%以上，农区清洁供暖率达到 60%以上。继续加大燃煤锅炉整治力度，到 2025 年底前，乌海市城市建成区基本淘汰每小时 65 蒸吨以下燃煤锅炉，每小时 65 蒸吨及以上燃煤锅炉全部完成超低排放改造；区域内工业园区淘汰每小时 35 蒸吨及以下燃煤锅炉。提高建筑节能和绿色建筑发展水平，到 2025 年底前，城镇新建建筑全面执行绿色建筑标准，推进绿色生态城区、绿色生态小区建设，星级绿色建筑占新建建筑比例突破 30%。

第三节 强化交通结构调整

优化调整交通运输结构。大力发展联程联运，打通快速公路瓶颈、连接断头路，实现乌海市与周边地区基础设施互联互通、高效循环。加快实施“公转铁”计划，推动形成以铁路为主的运输结构，重点解决物流园区、铁路专用线、铁路干线之间短倒问题，推进铁路进入大型工矿企业和物流园区，大宗货物年货运量在 150 万吨以上的矿区、工业企业和新建物流园区重点布局专用线，到 2025 年底前，重点行业铁路外运比例达到 85%。加大新能源汽车推广力度，率先在城市公交、城市物流以及矿区中短途运输等特定场景开展推广应用。城区公交新增及更新车辆中新能源车辆占比 2023 年底达到 50%以上，2025 年底达到 60%以上。强化新能源汽车基础设施建设，改造和新建停车及充换电、加气站和加氢站等设施。推进车油路企联合管控。全面实施轻型车和重型车国六排放标准，大力推进老旧工程机械淘汰和深度治理。推进油品持续升级，禁止以化工原料名义出售调和油组分，禁止以化工原料勾兑调和油，持续集中打击和清理取缔黑加油站、流动加油车。加快推进机动车遥感监测能力建设。在机动车集中存放地和维修地开展入户检查，并通过路检路查和遥感监测，加强对高排放车辆的监督抽测。推进油气回收治理，到 2025 年底前，储油库、年销售汽油量大于 5000 吨的加油站，全面安装油气回收自动监控设备并与生态环境部门联网。强化柴油货车污染治理。基本淘汰国三及以下柴油货车，加快淘汰国四营运柴油货车。开展柴油货车污染控制装置、车载诊断系统（OBD）、尾气排放达标情况等监督抽查。对物流园区、货物集散地、涉及大宗物料运输的工业企业、施工工地等车辆集中停放、使用的重点场所，采取“双随机、一公开”等方式，开展入户监督抽测，同步抽测车用燃油、车用尿素质量及使用情况。筛查核实列入营运柴油货车淘汰清单的车辆，对已达到强制报废标准和安全技术检验有效期届满后连续 3 个机动车检验周期内未取得机动车检验合格标志的车辆，督促机动车所有人限期办理注销登记。严厉打击排放检验机构弄虚作假行为，涉嫌犯罪的移送司法机关。加强非道路移动源治理。强化非道路移动机械排放控制区管控，严格落实非道路移动机械第四阶段排放标准，严控不达标机械的销售和采购，鼓励使用 LNG 或电动等清洁能源机械。开展非道路移动机械排放检测，推进高排放非道路移动机械深度治理。禁止超标排放移动机械进入已划定的控制区域，未进行编码登记和排放检验不合格的非道路移动机械不得进行施工作业。鼓励安装精确定位系统和实时排放监控装置，并与生态环境部门联网，加强动态管理。加大对在用非道路移动机械的抽查力度，加强非道路移动机械用油品的供应保障和监督执法，使用油品必须符合国家规定的油品质量标准。

第四章　加大矿区环境综合整治

第一节　全面开展绿色矿山建设

严格新建矿山准入标准，加强生产矿山达标建设，到 2025 年底前，不符合绿色矿山建设标准的矿山企业依法逐步退出市场。严格按照《内蒙古自治区矿山环境治理实施方案》（内政办字〔2020〕56 号）要求，加大“边开采、边治理”力度，不留生态赤字。加大开采回采率、选矿回收率、综合利用率的抽查与监督力度，监督企业尽快达到国家和自治区规定标准。开展露天矿开采转井工矿开采的研究评估工作，鼓励具备条件的露天矿开采企业转为井工矿开采，对实现内排、矸石回填、生态修复效果明显的绿色矿山企业依法给予政策优惠。落实地方政府主体责任，加大历史遗留无主矿山生态修复和治理力度。

第二节 推进矿区自燃火点治理

加快推进矿区自燃火点治理行动。煤炭矿业权人应当实施矿权范围内着火点灭火工作，属地人民政府负责无主着火点灭火工作。实行火点治理进度日报告制度，对火点治理进度缓慢的企业责令停产整改。实施矿区专项巡查制度，抓好矿区煤层、排土场和矸石山火点治理，实现区域火点动态“清零”。

第三节 强化矿区扬尘污染整治

严格控制矿山企业产能和露天剥离施工规模。采用露天剥离方式开采的矿山项目，按照要求配备并使用洒水抑尘设备。对采掘场、排土场已形成的台阶进行压覆及洒水降尘，对预爆区洒水预湿。实行露天开采和采空区综合治理错峰爆破。严格落实火工品差异化供应政策。煤炭等物料、矸石、渣土的储存、装卸、输送以及破碎、筛选等产尘环节，应采取有效措施控制扬尘污染。矿区内物料堆存实现全封闭，不得露天堆放和设置临时储存场。矿区运输道路、厂区道路、工业广场全部实施硬化，建立管护和定期清扫制度，采取清扫、洒水、绿化等措施，防止扬尘污染。矿山企业运输煤炭、砂土、石灰等车辆应当采取密闭或者严密加盖篷布、喷洒表面凝结剂等抑尘措施，出入口均应设置车辆冲洗台，配备保洁员负责车辆的冲洗、清扫和保洁工作，禁止不符合要求的车辆驶出厂区。鼓励采用集装箱运输。

第五章 实施重点行业深度治理

第一节 推进焦化行业深度治理

严格控制焦化新增产能，总体规模控制在“十三五”水平，确需新建的焦化项目，产能指标在区域内实行等量置换。炭化室高度小于 6.0 米的顶装焦炉、炭化室高度小于 5.5 米的捣固焦炉、100 万吨/年以下的焦化项目，原则上 2023 年底前全部退出。现有炭化室高度 5.5 米及以上的捣固焦炉、6 米及以上顶装焦炉全部完成干熄焦和超低排放改造，新（改扩）建焦炉炭化室高度要达到 6.25 米及以上，必须配套干熄焦装备，执行钢铁行业超低排放要求，并同步配套下游化产链条、余热余气回收利用项目。按照焦化企业超低排放指标要求，焦炉煤气应当实施精脱硫，焦炉炉盖采用密封结构，装煤后用泥浆密封；装煤过程采用良好密闭的导烟设施或除尘系统。干熄炉顶的装入装置、预存室事故放散口、预存室压力自动调节放散口和干熄炉底的排出装置、运焦带式输送机受料点等产尘点设置集气罩，并配备除尘设施。

第二节 强化氯碱行业精准管控

加大力度推广先进干法乙炔、大型密闭式电石炉、大型聚合釜、无汞触媒、零极矩电解槽等工艺技术和装备，积极探索乙烯氧氯化法原料路线改造，加强无汞触媒开发应用，促进聚氯乙烯行业低能耗、规模化、无汞化生产，加强汞污染控制，逐步降低汞污染物排放量。电石行业3万千伏安以下矿热炉，原则上2022年底前全部退出，符合条件的可以按1.25∶1实施产能减量置换。到2025年底前，电石炉气综合利用率达到100%。强化电石渣等粉状物料储运深度治理，贮存应采用料仓、储罐等方式密闭储存，输送应采用管状带式输送机、气力输送设备、罐车等方式密闭输送。

第三节 加大水泥行业改造力度

推动水泥行业实施超低排放改造，因厂制宜选择成熟适用的污染治理技术，窑头、窑尾及其他有组织产尘点配备袋式、静电或电袋复合除尘器等高效除尘设施；烟气脱硝应采用低氮燃烧、分级燃烧、高固气比煅烧、选择性催化还原（SCR）/选择性非催化还原（SNCR）等组合脱硝技术，采用氨法脱硝工艺的应采取合理控制喷氨量、优化反应温度和反应区间等有效措施控制氨逃逸。开展好电石渣水泥企业与非电石渣水泥企业错峰生产及置换专项行动。开发推广适用于装配式建筑水泥基材料及制品。鼓励现有水泥企业消纳粉煤灰、电石渣、冶炼炉渣、脱硫石膏等工业废弃物。

第四节 推动钢铁行业超低排放改造

按照钢铁企业超低排放要求，高炉煤气、焦炉煤气应实施精脱硫，鼓励实施烧结机头烟气循环；鼓励实施烟气余热回收利用。同步配套建设高效脱硫、脱硝、除尘措施，落实物料储存、输送及生产工艺过程无组织排放管控措施，大宗物料和产品采取清洁方式运输。到2025年底前，区域内钢铁重点企业完成超低排放改造。

第五节 实施工业炉窑综合治理

淘汰热效率低下、敞开未封闭，装备简易落后、自动化水平低，布局分散、规模小、无组织排放突出，以及无治理设施或治理设施工艺落后的工业炉窑。基本淘汰燃煤热风炉、燃煤加热、烘干炉（窑），推进工业炉窑清洁燃料替代。禁止新建燃料类煤气发生炉。严格控制工业炉窑生产工艺过程及相关物料储存、输送等无组织排放。生产工艺产尘点应采取密闭、封闭或设置集气罩等措施。料场出口配备车轮清洗、车身清洁或其他控制措施。煤粉、炉渣、粉煤灰等储存入仓，禁止露天堆放。

第六节 开展重点行业 VOCs 综合治理

重点加大化工、焦化、制药、农药等行业 VOCs 综合治理力度。大力提升工业 VOCs 治理收集率、去除率和治理设施运行率，全方位、全链条、全环节控制 VOCs 物料无组织排放。推广使用低（无）VOCs 含量、低反应活性的原辅材料，加快对芳香烃、含卤素有机化合物的绿色替代并优化生产工艺方案。参照石化行业 VOCs 治理任务要求，全面推进化工企业设备动静密封点、储存、装卸、废水系统、有组织工艺废气和非正常工况等源项整治。针对储罐、装卸、工艺过程、废水液面等环节建设高效 VOCs 治理设施。开展夏秋季挥发性有机物污染攻坚行动，确保 5—8 月重点时段臭氧污染不反弹。每年 4 月底前企业深入开展自查自纠，5 月底前开展专项执法检查，确保挥发性有机物治理设施正常使用，稳定达标。严格实施大中型装修、外立面改造、道路画线、沥青铺设、汽修喷涂、喷洒农药、加油站装卸油等行业夏季错峰生产专项管控，严控 6—9 月全厂开停车、装置整体停工检修和储罐清洗作业。抓好干洗、餐饮等生活源 VOCs 污染治理。

第七节 推进重点行业碳达峰行动

重点控制六大高耗能行业二氧化碳排放，力争钢铁、水泥、电解铝、传统化工等行业在 2025 年左右实现达峰。鼓励其他行业和大型企业制定达峰行动方案。推动重点行业企业开展碳排放对标活动。加大对企业低碳技术创新的支持力度，鼓励企业采用《国家重点推广的低碳技术目录》进行升级改造。开展自治区级低碳社区及近零碳排放示范工程等创建工作。

第六章 提升环境监管水平

第一节 有效应对重污染天气

健全污染过程预警应急响应机制，进一步完善乌海及周边地区重度以上污染天气的区域联合预警机制，实现预报信息区域共享、统一发布，实施区域应急联动。按照“可操作、可监测、可核查”的原则，定期修订重污染天气应急预案和应急减排项目清单，统一预警标准、实行绩效分级管控。“十四五”期间实现城市 7～14 天预测预报能力，重污染天气预报准确率进一步提升。做到应急减排清单所有涉气企业全覆盖、“一厂一策”应急响应减排操作方案全覆盖。气象部门发布大风、沙尘暴、大雾等气象灾害预警和微风静稳等不利污染物扩散气象条件时，矿山企业应当及时启动应急预案，采取限产停产等措施。对实现封闭式皮带、管道运输的企业，可放宽夜间停产管控。所有矿山企业必须全部安装视频监控并接入矿区环境智慧管控系统，将视频监控数据作为监督管理参考依据。进一步完善区域联防联控联治工作机制，落实生态环境部晋陕蒙宁联防联控要求，充分借鉴京津冀等重点地区大气污染防治经验做法，实行区域协同协作治理。积极开展区域互联互动，进一步完善乌海及周边地区联防联控工作机制，开展信息共享、定期会商、政策协调、交流合作等工作，协调解决区域大气环境突出问题，推进区域大气污染联防联控联治工作的纵向和横向联动。

第二节 加强低空面源污染控制

加强施工扬尘管控，制定并实施绿色施工技术规范，完善文明施工和绿色施工管理工作制度建设，严格建筑工程日常监管，严格执行施工过程“六个百分之百”。建立规范统一、智能高效的扬尘监控系统平台，运输车辆配备卫星定位装置（GPS），并将平台数据与各级执法部门及各行业主管部门共享。建立扬尘控制工作台账，实现施工工地重点环节和部位的精细化管理。加强道路扬尘控制，加大城市道路冲洗、保洁频次，推广“吸、扫、冲、收”清扫保洁新工艺和道路自动喷雾降尘系统，到 2025 年底前，城市建成区、工业园区和主要交通干线机械化清扫率达到 86%以上。依据季节、天气及时调整保洁工作时间和工作方式，遇到大风、干燥天气要增加吸扫冲洗的频次。加强对城乡接合部、城中村、旧住宅小区、背街小巷等重点部位的治理，清理各类卫生死角，减少道路起尘源。运输渣土、石料、水泥、煤炭、垃圾等物料的车辆，应当采取篷盖、密闭等措施，不得超量装载和超速行驶；专门从事渣土、石料、煤炭、垃圾运输的单位或个人，应当依法取得准运手续，并按照政府相关部门批准的线路、时间、地点，进行运输和倾倒。道路两侧贮存、堆放砂石、水泥、灰土等易产生扬尘污染的场所，要完成表面全覆盖，长期的要建成封闭设施、喷淋设施，以及表层凝结设施等。推进黄河库区扬尘治理，持续推进黄河海勃湾水利枢纽库区清淤工程，到 2023 年底初步建立黄河海勃湾水利枢纽水沙调控运用机制。根据汛期来水情况，择机进行人工干预减淤措施，减少库区的裸露区域面积。

第三节 提升大气环境监测能力

完善蒙西工业园区、棋盘井工业园区、海南工业园区、乌达工业园区、千里山工业园区、阿拉善经济技术开发区环境空气质量监测网，进一步加强区域 VOCs 和降尘监测；构建以区域大气监测超级站为核心，结合卫星遥感、无人机巡航、地面走航、网格化监测等手段的区域大气环境“天空地”一体化监测网络。提升监测数据互联共享，强化数据应用。

第四节 加强大气环境智慧监管

提高区域大气环境管理信息化水平。统筹大气环境数据采集，整合相关在线监控、视频监控、卫星遥感技术及相关数据，建立区域大气污染物排放源清单动态数据库，掌握影响区域环境空气质量的 PM_{10}、$PM_{2.5}$ 等重点污染因子的产生、传输规律，逐步建立区域统一的大气环境监管平台，实现城区、园区、矿区主要工业污染源、移动源的精细化、自动化管理。逐步加强数据资源管控、安全防护，保障大气环境关键数据资源安全。运用环境大数据创新生态服务理念和服务方式，进一步推进“互联网+政务服务”“互联网+监管”。

第五节　完善环境执法监管机制

加强执法队伍建设，到 2025 年底前，80%以上的生态环境综合行政执法机构要配置便携式手持移动执法终端，提高执法能力。健全完善区域生态环境执法联动机制，建立跨区域环境联合执法、交叉执法协作机制及公安、生态环境行政执法的部门联动机制和信息共享机制。实现“双随机、一公开”日常监管常态化，全面推进行政执法公示制度、执法全过程记录制度、重大执法决定法制审核制度。强化卫星遥感、无人机等技术监控手段运用，对超标排放、偷排偷放等违法行为严厉打击。强化环境保护督察，将乌海及周边地区生态环境保护纳入派驻督察重点内容，对长期得不到解决的突出生态环境问题实施专项督察，强化督察问责，推动整改落实。

第七章　强化组织保障措施

第一节　加强组织领导

强化乌海及周边地区生态环境综合治理领导小组及办公室统筹协调工作机制，要切实加强组织领导，按照规划要求，将规划目标和各项任务分解落实到盟市和企业，制定年度工作计划，动态更新重点工程项目，明确年度工作任务和部门职责分工，确保任务到位、项目到位、资金到位、责任到位。各有关部门加强协调配合，按照职责分工开展相应工作，制定相关配套措施，保证规划任务的落实。

第二节　落实法规标准

积极宣传和落实《自治区大气污染防治条例》和《乌海市及周边地区大气污染防治条例》，将大气污染防治工作纳入法治化轨道，有利于明确责任义务、规范防治措施、强化责任追究，有利于依靠法治思维和法治方式，用最严格的法律制度保护和改善区域大气环境。整合、衔接、优化环境影响评价、总量控制、排放标准等管理制度，强化事前审批和事中、事后监管的有机衔接，实施排污许可“一证式”管理。

第三节 强化政策激励

建立政府、企业、社会多元化投资机制，拓宽融资渠道。重点加大散煤治理、燃煤锅炉替代、高排放车辆淘汰和改造、工业污染源深度治理、矿山环境综合治理、环境监管能力建设等领域资金投入。提升铁路货运服务水平，建立健全灵活的运价调整机制，降低铁路运输成本。落实好对高污染、高耗能和产能过剩行业的差别化电价、水价政策，对限制类、淘汰类企业大幅提高电价，支持各地进一步提高加价幅度。

第四节 强化科技创新

加快完善科技创新体制，搭建以企业为主体、市场为导向、产学研用深度融合的科技创新平台，支持各类市场主体融通创新。围绕煤电、焦化、氯碱化工等重点行业发展，开展 VOCs 污染物治理技术、工业锅炉烟气治理、多污染物协同控制、污染物回收及高值化利用等技术创新。探索开展 $PM_{2.5}$ 和 O_3 协同防控科技攻关，构建复合污染成因机理、监测预报、精准溯源、深度治理、智慧监管、科学评估的全过程科技支撑体系。开展绿色循环低碳技术研究，实施节能环保、清洁生产、清洁能源、绿色建筑、城乡绿色基础设施等重点领域绿色技术研发重大项目和示范工程。

第五节 推动公众参与

把信息公开作为推动大气污染防治工作的重要抓手，建立健全环保信息强制公开制度。充分利用网站、微信公众号、微博、电视、广播、文件、简报、公示栏等舆论阵地和手段，系统开展大气污染防治的知识普及、教育引导、百姓宣讲、公益广告等活动，动员全社会践行绿色环保的生产、生活方式，引导全社会树立关心环保、认知环保、参与环保、践行环保的新风尚。

第六节 强化考核评估

强化规划实施评估，开展规划实施年度监测、中期评估和终期总结，对规划目标指标、重点任务、重点工程实施情况开展调度。实施统一联防联控联治工作评估考核体系，定期对工作进展情况进行监督考核，考核结果向社会公开。以考核落实生态文明建设的"党政同责、一岗双责"，通过监管执法督促企业落实环境保护主体责任，强化人大生态环境法律执法检查监督作用，健全检察机关提起公益诉讼制度。形成党委领导、政府主导、企业实施、多元共治、公开透明的生态环境治理格局。

关于印发《内蒙古自治区工业炉窑大气污染综合治理实施方案》的通知

（2019-09-27）

各盟行政公署、市人民政府，各有关单位：

为全面落实国务院《打赢蓝天保卫战三年行动计划》和《内蒙古自治区打赢蓝天保卫战三年行动计划实施方案》，深入开展我区工业炉窑污染专项治理，推进全面达标排放，经自治区人民政府同意，现将《内蒙古自治区工业炉窑大气污染综合治理实施方案》印发给你们，请结合实际，认真组织实施。

附件：内蒙古自治区工业炉窑大气污染综合治理实施方案

内蒙古自治区生态环境厅
内蒙古自治区发展和改革委员会
内蒙古自治区工业和信息化厅
内蒙古自治区财政厅
2019 年 9 月 25 日

内蒙古自治区工业炉窑大气污染综合治理实施方案

为贯彻落实国务院《打赢蓝天保卫战三年行动计划》（国发〔2018〕22 号）和《内蒙古自治区打赢蓝天保卫战三年行动计划实施方案》（内政发〔2018〕37 号）总体要求，深入开展我区 2019—2020 年工业炉窑专项治理，根据生态环境部等四部委印发的《工业炉窑大气污染综合治理方案》（环大气〔2019〕56 号），促进我区工业炉窑升级淘汰和燃料清洁替代，推进全面达标排放，制定本方案。本方案是《内蒙古自治区打赢蓝天保卫战三年行动计划实施方案》的子方案，各盟行政公署、市人民政府负责组织实施。

一、总体要求

深入贯彻习近平生态文明思想，按照一鼓作气打赢蓝天保卫战的总要求，全面摸底全区工业炉窑的分布状况与排放特征，建立工业炉窑详细管理清单，实现监管全覆盖。作为方案实施的责任主体，各盟市人民政府要认真组织开展现有工业炉窑排查整治，按照“淘汰一批、替代一批、治理一批”的原则，确保辖区内工业炉窑综合治理全面完成。严格落实企业治理的主体责任，强化各部门联动执法，建立工业炉窑综合治理长效机制。2020 年，全区工业炉窑全面实现污染物达标排放，基本建成工业炉窑大气污染综合治理管理体系，重点区域有效控制钢铁、建材等重点行业二氧化碳排放总量，持续推动产业高质量发展。

二、工作范围

我区工业炉窑的类型包括钢铁、焦化、有色、建材、石化、化工、机械制造等重点行业的各类熔炼炉、熔化炉、焙（煅）烧炉（窑）、加热炉、热处理炉、干燥炉（窑）、焦炉、煤气发生炉等八类（见附表 1）。全区工业炉窑综合治理工作的重点区域包括呼和浩特市、包头市、乌海市及周边地区、鄂尔多斯市准格尔旗和达拉特旗等地区（以下简称重点区域）。本方案中未明确属于重点区域的治理任务，全区统一实施。

三、实施步骤

（一）全面建立工业炉窑整治管理清单

各盟市按照国家关于工业炉窑各项标准要求，结合第二次污染源普查工作，开展辖区内工业炉窑拉网式排查，建立全口径的工业炉窑管理台账，确定综合治理单位和责任人员（见附表 2）。各盟市在对辖区内各类型工业炉窑分布、炉窑耗能和污染状况等进行逐一核查的基础上，分别按照淘汰取缔、清洁替代、深度治理的要求，制定辖区内工业炉窑大气污染综合治理分类整改清单和分年度实施计划，明确清单内所有工业炉窑分类治理内容和时间进度安排，按照要求填报大气污染综合治理重点项目表（见附表3）。各盟市将附表2、附表3和分年度实施计划分别加盖公章，于2019年10月31日前报送自治区生态环境厅。

（二）分类实施工业炉窑各项整治任务

各盟市要按照淘汰取缔、清洁替代、深度治理的不同要求，加强辖区内相关工业企业和产业集群工业炉窑综合治理工作部署，并对治理效果负责。要严格环境准入、加大落后产能和不达标工业炉窑淘汰力度，积极推进燃料清洁化替代，大力实施工业炉窑深度治理，推进辖区内工业炉窑全面达标排放。各盟市要加强对辖区内工业炉窑综合治理工作的督导检查，对各项整治任务边治理、边验收、边巩固，确保整治任务不打折扣、整治进度按期完成、整治成果不出现反弹。各盟市工业炉窑各项治理任务应于2020年11月底之前全面完成。

（三）严格进行工业炉窑治理效果评价

相关工业企业要按照行业治理标准和规范要求，依据工业炉窑综合治理效果付费，防止低价中标乱象，严把工程建设质量，严防建设简易低效环保治理设施。各盟市人民政府要认真组织完成工业炉窑综合治理情况总结报告，并与附表2、附表3一同加盖公章，于2020年12月底前报送自治区生态环境厅。自治区生态环境厅会同其他有关部门，按照各盟市工业炉窑大气污染综合治理年度计划安排，对上一年度各盟市工业炉窑治理计划和实施效果进行评价。对完成质量高、进度快的盟市，在专项资金支持等方面予以倾斜。

四、重点任务

（一）加大产业结构调整力度

优化调整产业布局。严格新改扩建项目环境准入，新建涉工业炉窑的建设项目，原则上要进入园区，配套建设高效环保治理设施。禁止在自然保护区、饮用水水源保护区、风景名胜区等敏感区域内新建、扩建、改建工业炉窑。各盟市应制定计划，对位于城市建成区范围内涉工业炉窑的钢铁、石化、化工、有色、水泥等高耗能、高排放企业完成搬迁、改造。（自治区生态环境厅、工业和信息化厅、发展和改革委按照职责分工牵头督导。以下责任主体均为地方各级人民政府，不再列出）

加大落后产能淘汰。按照工业和信息化部等十六部门《关于利用综合标准依法依规推动落后产能退出的指导意见》（工信部联产业〔2017〕30号）的要求，对落后产能和不达标工业炉窑依法依规予以处置。各盟市人民政府要制定整治计划，对热效率低下、敞开未封闭，装备简易落后、自动化程度低，无组织排放突出，无治理设施或治理设施工艺落后等严重污染环境的工业炉窑，以及对无证排污、超标超总量排放以及逃避监管方式排放大气污染物的，依法予以停产整治，情节严重的，报经有批准权的人民政府批准，依法责令停业、关闭。各盟市应结合《内蒙古自治区“散乱污”工业企业综合整治专项行动方案》（内政办发〔2019〕9号）相关要求和前期摸底排查的结果，将涉及工业炉窑淘汰取缔的整治内容一并实施。（自治区工业和信息化厅、生态环境厅按照职责分工牵头督导）

（二）加快燃料清洁化替代

加快淘汰热电联产供热管网覆盖范围内的燃煤加热、烘干炉（窑）；加快推动铸造（10吨/小时及以下）、岩棉等行业冲天炉改为电炉。推进燃料清洁化替代，重点区域禁止掺烧高硫石油焦（硫含量大于3%）。玻璃行业全面禁止掺烧高硫石油焦。（自治区生态环境厅、工业和信息化厅按照职责分工牵头督导）

（三）大力实施工业炉窑深度治理

推进工业炉窑全面达标排放。根据国家已颁布的行业排放标准（见附表4），配套建设高效脱硫脱硝除尘设施（见附表5），实施工业炉窑深度治理，推进我区工业炉窑全面达标排放。暂未制订行业排放标准的工业炉窑，包括铸造，日用玻璃，玻璃纤维、耐火材料、石灰、矿物棉等建材行业，钨、工业硅、金属冶炼废渣（灰）二次提取等有色金属行业，氮肥、电石、无机磷、活性炭等化工行业，应参照相关行业已出台的标准，全面加大污染治理力度（见附表5）；铸造行业烧结、高炉工序污染排放控制按照钢铁行业相关标准要求执行。（自治区生态环境厅牵头督导）

我区重点区域内有色金属冶炼（不含氧化铝）、钢铁、水泥、平板玻璃、焦化、石化和化工等行业，二氧化硫、氮氧化物、颗粒物、挥发性有机物从2020年1月1日起全面执行大气污染物特别排放限值，国家、自治区排放标准中未规定大气污染物特别排放限值的行业，执行现有排放标准。已核发排污许可证的，严格执行许可要求。（自治区生态环境厅牵头督导）

全面加强无组织排放管理。严格控制工业炉窑生产工艺过程及相关物料储存、输送等无组织排放。在保障生产安全的前提下，采取密闭、封闭等有效措施（见附表6），有效提高废气收集率，产尘点及车间不得有可见烟粉尘外逸。生产工艺产尘点（装置）应采取密闭、封闭或设置集气罩等措施。煤粉、粉煤灰、石灰、除尘灰、脱硫灰等粉状物料应密闭或封闭储存、输送。粒状、块状物料应采用入棚入仓或建设防风抑尘网等封闭措施进行储存；粒状物料采用密闭、封闭等方式输送，块状物料应当采取有效抑尘措施进行输送。物料输送过程中产尘点应采取有效抑尘措施。（自治区生态环境厅牵头督导）

推进重点行业污染深度治理。落实《关于推进实施钢铁行业超低排放的意见》，加快推进钢铁行业超低排放改造。积极推进电解铝、平板玻璃、水泥、焦化等行业污染治理升级改造。通辽北部地区电解铝企业全面推进脱硫设施建设，加快推进包头地区电解铝企业脱硫设施建设进度。鼓励水泥企业实施全流程污染深度治理；重点区域内平板玻璃、建筑陶瓷企业逐步取消脱硫脱硝烟气旁路或设置备用脱硫脱硝等设施；推进具备条件的焦化企业实施干熄焦改造。（自治区生态环境厅牵头督导）

加大煤气发生炉污染治理力度。酚水系统应封闭并配套 VOCs 收集处理措施；酚水应送至煤气发生炉处置，或回收酚、氨后深度处理，或送至水煤浆炉进行焚烧等。禁止含酚废水作为煤气水封水、冲渣水。加快完成我区重点区域氮肥行业固定床间歇式煤气化炉煤气冷却由直接水洗改为间接冷却，其他区域采用直接水洗冷却方式的，造气循环水集输、储存、处理系统应封闭，收集的废气送至三废炉处理。吹风气、驰放气应全部收集利用。（自治区生态环境厅牵头督导，自治区工业和信息化厅参与）

（四）开展园区和产业集群综合治理

涉工业炉窑类产业集群主要包括陶瓷、玻璃、砖瓦、耐火材料、石灰、矿物棉、铸造、独立轧钢、铁合金、再生有色金属、炭素、化工等行业。各盟市要加大涉工业炉窑类工业园区和产业集群的综合治理力度，结合“三线一单”、区域战略环评、园区规划环评等文件要求，进一步梳理园区和产业发展定位、规模、结构。对标先进企业，从生产工艺、产能规模、燃料类型、污染治理等方面提出明确要求，提升产业发展质量和环保治理水平；按照统一标准、统一时间表的要求，同步推进区域环境综合治理和企业升级改造。对于工业园区，加强能源替代利用与资源共享；积极推广集中供汽供热或建设清洁能源中心等，替代工业炉窑燃料用煤；充分利用园区内工厂余热、焦炉煤气等清洁能源，加强分质与梯级利用，提高能源利用效率，促进形成清洁高效产业链。（自治区工业和信息化厅牵头督导，自治区生态环境厅参与）

五、政策保障措施

（一）加强组织领导

自治区生态环境厅、发展改革委、工业和信息化厅、财政厅对全区工业炉窑综合治理工作进行联合督导，其他有关部门各司其职、密切配合，形成工作合力。各盟市人民政府要严格落实“一岗双责”，加强组织领导，按照打赢蓝天保卫战总体部署，细化目标任务、合理安排进度、强化监督检查、巩固治理成果。各盟市要将工业炉窑淘汰、替代、深度治理任务分解到相关单位及企业，采取有力措施确保落地落实，要积极做好辖区内工业炉窑综合治理的监督检查和跟踪服务，督促相关园区、企业按照时间进度安排，全面有序完成工业炉窑各项治理任务，持续巩固治理成果。（自治区生态环境厅、发展改革委、工业和信息化厅、财政厅牵头督导，相关部门参与）

（二）强化企业主体责任

企业是工业炉窑污染治理的责任主体，要切实履行责任，按照本方案和地方有关部门要求等制定工业炉窑综合治理实施计划，确保按期完成改造任务。加大资金投入，加快装备升级和燃料清洁低碳化替代，实施污染深度治理。加强人员技术培训，健全内部环保考核管理机制，确保治污设施长期稳定运行。及时公布自行监测和污染排放数据、污染治理措施、重污染天气应对、环保违法处罚及整改等信息，推动公众参与和社会监督。国有企业和龙头企业要发挥表率作用，引导行业转型升级和高质量发展。（自治区生态环境厅、工业和信息化厅按职责分工负责）

（三）强化定期报告和执法检查

各盟市工业炉窑综合治理工作实行季度报告制。在每季度初 3 个工作日内，将辖区内上季度工业炉窑综合治理工作情况汇总材料和实施的重点项目表（附表 3）一并上报至自治区生态环境厅。各盟市人民政府要积极开展工业炉窑专项执法行动，加强日常监督和执法检查，严厉打击违法排污行为。对不达标、未按证排污、弄虚作假、擅自停运环保设施等严重违法行为，综合运用按日连续处罚、查封扣押、限产停产等手段依法从严处罚，并依法追究相关人员责任。自治区相关主管部门组织开展日常调度和联合督导，对各盟市每季度工业炉窑综合治理工作进展缓慢、敷衍了事，甚至弄虚作假的，对相关盟市政府实行通报、约谈。（自治区生态环境厅牵头督导，自治区发展和改革委、工业和信息化厅、财政厅按职责分工负责）

（四）加强重点污染源自动监控体系建设

加强重点污染源自动监控体系建设。排气口高度超过 45 米的高架源，纳入重点排污单位名录，督促企业安装烟气排放自动监控设施。钢铁、焦化、水泥、平板玻璃、陶瓷、氮肥、有色金属冶炼、再生有色金属等行业，严格按照排污许可管理规定安装和运行自动监控设施；加快其他行业工业炉窑大气污染排放自动监控设施建设。具备条件的企业，应安装分布式控制系统（DCS），记录工业炉窑环保设施运行及相关生产过程主要参数。推进焦炉炉体等安装视频监控系统。自动监控、DCS 监控等数据至少要保存一年，视频监控数据至少要保存三个月。（自治区生态环境厅牵头督导）

（五）强化监测数据质量控制

自动监控设施应与生态环境主管部门联网。加强自动监控设施运营维护，数据传输有效率达到 90%。企业在正常生产以及限产、停产、检修等非正常工况下，均应保证自动监控设施正常运行并联网传输数据。各地对出现数据缺失、长时间掉线等异常情况，要及时进行核实和调查处理。严厉打击篡改、伪造监测数据等行为，对监测机构运行维护不到位及篡改、伪造、干扰监测数据的，排污单位弄虚作假的，依纪依法从严处罚，追究责任。（自治区生态环境厅牵头督导）

（六）完善经济政策

各级财政应加大对工业炉窑综合治理支持力度，对我区工业炉窑治理标杆企业予以引导性、奖励性资金支持。自治区财政大气污染防治专项资金应向工业炉窑治理重点区域盟市以及治理进展快、规模大的其他盟市予以适当倾斜。严格落实铁合金、电石、烧碱、水泥、钢铁、黄磷、锌冶炼等行业差别电价政策，对限制类企业用电（含市场化交易电量）实行更高价格，推动涉工业炉窑行业加快落后产能淘汰。支持符合条件的企业发行企业债券进行直接融资，募集资金用于工业炉窑综合治理等。（自治区发展和改革委、财政厅牵头督导）

（七）强化重污染天气应对

各盟市应将涉工业炉窑企业全面纳入重污染天气应急减排清单，以“可操作、可检测、可核查”为基本要求，采取切实有效的应急减排措施，落实到具体生产线和设备，做到全覆盖。原则上工业炉窑应以停止生产线或主要产排污环节（设备）为主，对不可临时中断的生产线或生产工序，相关企业应提前调整生产计划，确保预警期间减排措施的落实。树立我区工业炉窑治理标杆企业，根据污染排放绩效水平，实行差异化应急减排管理，对我区工业炉窑治理标杆企业和完成工业炉窑超低排放改造并稳定运行的企业，在重污染天气应对等方面予以支持。（自治区生态环境厅、内蒙古气象局牵头督导）

附表 1：

工业炉窑分类

炉窑类型	行业类别	产品类别	炉窑子类	说明
熔炼炉	钢铁	粗钢/生铁	炼铁高炉	将物料熔化，使其发生物理化学变化、去除杂质，获得设定组分产品的工业炉窑
			炼钢转炉、炼钢电炉、铁水预处理炉	
	铁合金	铁合金	还原矿热电炉、精炼电炉、锰铁高炉、富锰渣高炉、精炼转炉、铝热法熔炼炉等	
	有色	铝、铜、铅、锌、钛、钴、镍、锡、锑、稀土、钒、硅等	底（侧、顶）吹炉、闪速炉、阳极炉、转炉、反射炉、铝电解槽、矿热炉、鼓风炉等	
	建材	玻璃、岩矿棉等	玻璃熔窑、岩矿棉熔炼炉等	
	化工	电石、黄磷等	电石炉、黄磷炉等	
	轻工	日用玻璃	玻璃熔窑等	
熔化炉	铸造	铸件	冲天炉、感应电炉、电弧炉、燃气炉等	将物料或工件熔化成液体的工业炉窑
	有色	铝、铜、铅等制品	化铅炉、熔铝炉、熔铜炉等	
	建材	玻璃、玻璃纤维等制品	玻璃、玻璃纤维熔化炉等	
	化工	铅、锌等重金属单质、烧碱等	熔融炉等	
焙（煅）烧炉（窑）	钢铁	烧结矿、球团矿	烧结机、球团竖炉、链篦机回转窑、球团带式焙烧机	对物料进行焙（煅）烧，使其发生物理化学变化或烧结成块的工业炉窑
	有色	氧化铝、稀土、镁等	焙烧炉、煅烧炉（窑）、熟料烧成窑、回转窑等	
	建材	水泥	新型干法窑、立窑等	
		陶瓷（含卫生陶瓷等）、搪瓷	辊道窑、隧道窑、梭式窑等	
		耐火材料	回转窑、隧道窑等	
		砖瓦	隧道窑、轮窑等	
		石灰	竖窑、套筒窑等	

炉窑类型	行业类别	产品类别	炉窑子类	说 明
焙（煅）烧炉（窑）	化工	铬、钡、锶、铅、锌、锰等重金属无机化合物、硫化合物、硫酸盐、磷酸盐、无机氟化物、轻质碳酸钙、泡花碱等	回转窑、竖窑、马蹄窑等	
		炭素	焙烧炉、煅烧炉（窑）	
加热炉	钢铁、有色、建材、化工、石化等		—	将物料或工件加热，提高温度但不改变其形态的工业炉窑
热处理炉	钢铁、有色、铸造等		退火炉、正火炉、回火炉、保温炉、淬火炉、固溶炉、调质炉等	将工件加热后进行热处理工艺（正火、回火、淬火、退火等）的工业炉窑
干燥炉（窑）	农林产品、设备制造、金属制品、建材、化工等	烟草、木材、铸造砂、砂石、矿料（渣）、化工产品、有机涂层产品等	烘干炉（窑）、干燥炉（窑）	去除物料或产品中所含水分或挥发分的工业炉窑
焦炉	焦化	焦炭	常规机焦炉、热回收焦炉等	对炼焦煤等进行干馏转化，生产焦炭及其他副产品的工业炉窑
		兰炭	炭化炉	
煤气发生炉	建材、化工、轧钢、有色等	—	—	以煤等为气化原料，通过与气化剂在高温下进行物理化学反应制取煤气的工业炉窑

附表 2:

自治区工业炉窑管理台账

序号	盟市	旗县区	街道（乡镇、工业园区）	建成区（内/外）	单位名称	组织机构代码	地理坐标		所属行业	炉窑目前基本信息									全厂主要产品		全厂主要原料		炉窑目前治理措施					二氧化硫排放量(t/a)		氮氧化物(t/a)		颗粒物(t/a)		挥发性有机物(t/a)		无组织(t/a)		治理方式	治理内容	治理后执行标准（浓度值）	完成时间	责任人	备注
							经度	纬度		类型	型号	规模	规模的计量单位	用途	数量（台）	年生产小时	燃料类型	燃料消耗量（固体燃料t/a，气体燃料m^3/a）	产品名称	年产量	原料名称	年用量	脱硫	脱硝	除尘	挥发性有机物	无组织	治理前	治理后	治理前	治理后	治理前	治理后	治理前	治理后	治理前	治理后						
1																																											
2																																											
3																																											
…																																											

注：1. 炉窑类型包括：熔炼炉、熔化炉、烧结机（炉）、焙（煅）烧炉、加热炉、热处理炉、干燥炉（窑）、炼焦炉、煤气发生炉等。

2. 治理方式包括：淘汰取缔、清洁替代、深度治理三种。

3. 治理内容：需要简单填写针对炉窑脱硫、脱硝、除尘、VOCs、无组织中的一项或几项采取的治理内容。

4. 工业炉窑现有的所有基本信息需要填报后于 2019 年 10 月底之前提交；治理效果需要待该工业炉窑综合治理完成后填报，于 2020 年 11 月底之前提交。

附表 3：

工业炉窑大气污染综合治理重点项目

序号	市（盟）	县（市、区、旗）	乡（镇、苏木）	企业名称	统一社会信用代码	单位地址	行业类别	产品类别	炉窑类型	炉窑子类	该类炉窑个数	该类炉窑总规模	规模单位	燃料类型	主要燃料年消耗量	燃料单位	是否安装自动监控设施	治理方式	替代的清洁低碳能源类型	深度治理措施	计划完成时间
1																					
2																					
3																					
…																					

注：1. 行业类别、产品类别、炉窑类型和炉窑子类按照附表 1 填报。

2. 企业有多个炉窑子类的，每种炉窑子类填写一行。

3. 治理方式包括淘汰取缔、清洁替代、深度治理等。

4. 替代的清洁能源类型包括天然气、电、集中供热等。

5. 深度治理措施包括脱硫脱硝除尘改造、VOCs 治理以及无组织排放控制等达标排放或深度治理措施。

附表 4：

现有涉工业炉窑行业大气污染物排放标准

行　业	标准名称	标准编号
钢铁	钢铁烧结、球团工业大气污染物排放标准	GB 28662—2012
	炼铁工业大气污染物排放标准	GB 28663—2012
	炼钢工业大气污染物排放标准	GB 28664—2012
	轧钢工业大气污染物排放标准	GB 28665—2012
	铁合金工业污染物排放标准	GB 28666—2012
焦化	炼焦化学工业污染物排放标准	GB 16171—2012
有色	铝工业污染物排放标准及修改单	GB 25465—2010
	铅、锌工业污染物排放标准及修改单	GB 25466—2010
	铜、镍、钴工业污染物排放标准及修改单	GB 25467—2010
	镁、钛工业污染物排放标准及修改单	GB 25468—2010
	稀土工业污染物排放标准及修改单	GB 26451—2011
	钒工业污染物排放标准及修改单	GB 26452—2011
	锡、锑、汞工业污染物排放标准	GB 30770—2014
	再生铜、铝、铅、锌工业污染物排放标准	GB 31574—2015
建材	水泥工业大气污染物排放标准	GB 4915—2013
	平板玻璃工业大气污染物排放标准	GB 26453—2011
	电子玻璃工业大气污染物排放标准	GB 29495—2013
	陶瓷工业污染物排放标准	GB 25464—2010
	砖瓦工业大气污染物排放标准	GB 29620—2013
石化	石油炼制工业污染物排放标准	GB 31570—2015
	石油化学工业污染物排放标准	GB 31571—2015
	合成树脂工业污染物排放标准	GB 31572—2015
	烧碱、聚氯乙烯工业污染物排放标准	GB 15581—2016
化工	无机化学工业污染物排放标准	GB 31573—2015
其他	工业炉窑大气污染物排放标准	GB 9078—1996

附表 5：

重点行业工业炉窑大气污染治理要求

行 业	子行业	污染治理措施
钢铁及焦化	钢铁	按照《关于推进实施钢铁行业超低排放的意见》要求，对烧结、球团、炼铁、炼钢、轧钢、石灰窑等工业炉窑实施升级改造
	焦化	参照《关于推进实施钢铁行业超低排放的意见》要求，对焦炉等实施升级改造
	铁合金	回转窑、烧结机应配备覆膜袋式、滤筒等高效除尘设施，重点区域二氧化硫不达标的应配备脱硫设施；全封闭矿热炉、锰铁高炉及富锰渣高炉应设置煤气净化系统，对煤气进行回收利用；半封闭矿热炉、精炼炉、中频感应炉应配备袋式等高效除尘设施
机械制造	铸造	铸造用生铁企业的烧结机、球团和高炉按照钢铁行业相关要求执行；冲天炉应配备袋式除尘、滤筒除尘等高效除尘设施；配备脱硫设施；中频感应电炉应配备袋式等高效除尘设施
建材	水泥	水泥熟料窑应配备低氮燃烧器，采用分级燃烧等技术，窑尾配备选择性非催化还原（SNCR）、选择性催化还原（SCR）等脱硝设施；窑头、窑尾配备覆膜袋式等高效除尘设施；窑尾废气二氧化硫不能达标排放的应配备脱硫设施
	平板玻璃	池窑应配备静电、袋式、电袋复合等高效除尘设施，配备石灰石石膏法等高效脱硫设施，配备 SCR 等脱硝设施；重点区域应取消脱硫、脱硝烟气旁路或设置备用脱硫、脱硝设施
	玻璃纤维	池窑应配备静电、袋式、电袋复合等高效除尘设施，配备石灰石石膏法等高效脱硫设施，配备 SCR 等脱硝设施；鼓励采用富氧或全氧燃烧方式
	其他玻璃	熔窑（全电熔窑和全氧燃烧熔窑除外）均应配备 SCR 等脱硝设施；以煤、石油焦、重油等为燃料的熔窑应配备袋式等除尘设施，配备石灰石石膏法等高效脱硫设施，以天然气为燃料的熔窑废气颗粒物、二氧化硫不能达标排放的应配备除尘、脱硫设施
	陶瓷	以煤（含煤气）、石油焦、重油等为燃料的炉窑应配备除尘设施，配备石灰石石膏法等高效脱硫设施；以天然气为燃料的炉窑废气颗粒物不能达标排放的配备除尘设施。喷雾干燥塔应配备袋式等高效除尘设施，配备石灰石石膏法等高效脱硫设施，配备 SNCR 脱硝设施
	砖瓦	以煤、煤矸石等为燃料的烧结砖瓦窑应配备高效除尘设施，配备石灰石石膏法等高效脱硫设施；以天然气为燃料的烧结砖瓦窑配备除尘设施
	耐火材料	超高温竖窑、回转窑应配备覆膜袋式等高效除尘设施，其他耐火材料窑应配备袋式等除尘设施；以煤（含煤气）、重油等为燃料以及使用含硫粘结剂的，应配备石灰石石膏法等高效脱硫设施；超高温竖窑、回转窑、高温隧道窑应配备 SCR、SNCR 等脱硝设施
	石灰	石灰窑应配备覆膜袋式等高效除尘设施；二氧化硫不能达标排放的应配备脱硫设施

行　业	子行业	污染治理措施
建材	矿物棉	以煤（含煤气）、焦炭等为燃料的冲天炉、熔化炉、池窑，应配备覆膜袋式等高效除尘设施，配备石灰石石膏法等高效脱硫设施，配备 SCR 等脱硝设施；以天然气为燃料的熔化炉、池窑应配备袋式等除尘设施，配备 SCR 等脱硝设施，二氧化硫排放不达标的应配备脱硫设施；电熔炉废气颗粒物、二氧化硫排放不达标的应配备除尘脱硫设施。固化炉等应配备 VOCs 治理措施
有色冶炼	氧化铝	熟料烧成窑、氢氧化铝焙烧炉、石灰炉（窑）等应配备高效静电或电袋复合除尘设施；以发生炉煤气为燃料的，应对煤气进行前脱硫，或焙烧炉烟气配备石灰石石膏法等高效脱硫设施
	电解铝（轻金属）	电解槽应配备袋式等高效除尘设施，重点区域配备石灰石石膏法等高效脱硫设施
	镁、钛（轻金属）	煅烧炉、回转窑等应配备袋式等高效除尘设施，配备石灰石石膏法等脱硫设施；重点区域配备 SCR 等高效脱硝设施
	铅、锌、铜、镍、钴、锡、锑、钒（重金属）	熔炼炉应配备覆膜袋式等高效除尘设施；铅、锌、铜、镍、锡配备两转两吸制酸工艺，制酸尾气二氧化硫排放不达标的配备脱硫设施，钴、锑、钒熔炼炉尾气应配备脱硫设施；重点区域配备活性炭吸附、双氧水、金属氧化物吸收法等高效脱硫设施。环境烟气应全部收集，配备袋式等高效除尘设施，配备活性炭吸附、双氧水、金属氧化物吸收法等高效脱硫设施。重点区域应配备高效脱硝设施
	钼（稀有金属）	焙烧炉等应配备袋式等高效除尘设施，配备制酸工艺。重点区域按照颗粒物、二氧化硫、氮氧化物排放分别不高于 10 毫克/立方米、100 毫克/立方米、100 毫克/立方米进行改造，配备高效脱硫脱硝除尘设施
	再生铜、铝、铅、锌	熔炼炉、精炼炉等应配备覆膜袋式等高效除尘设施；再生铅应配备高效脱硫设施，再生铜、铝、锌达不到排放标准的，配备脱硫设施
	金属冶炼废渣（灰）二次提取	重点区域应配备覆膜袋式等高效除尘设施，二氧化硫排放达不到 200 毫克/立方米的应配备脱硫设施。 生产无机化工产品的，执行无机化工排放控制要求
	稀土	煅烧窑等应配备袋式等高效除尘设施；二氧化硫、氮氧化物排放不达标的，应配备脱硫脱硝设施
	工业硅	矿热炉等应配备袋式等除尘设施；二氧化硫、氮氧化物排放不达标的，应配备脱硫脱硝设施
化工	氮肥	硫黄回收尾气应配备高效脱硫设施；固定床间歇式煤气化炉应配备高效吹风气余热回收或三废混燃系统，配备袋式等高效除尘设施，配备石灰石石膏法等高效脱硫设施，配备 SCR 等高效脱硝设施；以天然气为原料的一段转化炉应配备低氮燃烧、脱硝等设施；造粒塔应配套高效除尘设施；以煤为燃料的干燥窑应配备除尘、脱硫设施
	铬盐	铬矿、氧化铬等焙烧窑及铬渣解毒窑应配备袋式等高效除尘设施；二氧化硫、氮氧化物排放不达标的，应配备脱硫脱硝设施
	炭素	焙烧炉、煅烧炉（窑）应配备覆膜袋式等高效除尘设施，配备石灰石石膏法等高效脱硫设施，重点区域氮氧化物不能达标的焙烧炉、煅烧炉（窑）配备 SCR、SNCR 等高效脱硝设施

行　业	子行业	污染治理措施
化工	电石	密闭型电石炉应配备袋式等高效除尘设施；内燃型电石炉应配备布袋等高效除尘设施，配备高效脱硫设施。炭材干燥炉颗粒物、二氧化硫排放不达标的应配备除尘脱硫设施
	黄磷	黄磷炉尾气应净化后回收利用，利用率不低于 85%
	活性炭	煤基活性炭炭化炉应配备除尘、脱硫设施，配备焚烧炉等去除 VOCs；重点地区还应配备低氮燃烧、SNCR 等脱硝设施。煤基活性炭活化炉应配备尾气焚烧炉，配备高效除尘设施；二氧化硫排放不达标的，应配备脱硫设施。活性炭干燥窑应配备除尘、脱硫设施
	泡花碱	马蹄窑应配备袋式、静电等高效除尘设施，配备石灰石石膏法等高效脱硫设施，配备 SCR、SNCR 等脱硝设施
	其他无机化工	煅烧窑、焙烧窑应配备袋式、静电等高效除尘设施；配备石灰石石膏法等高效脱硫设施；氮氧化物排放不达标的，应配备脱硝设施
轻工	日用玻璃	熔窑（全电熔窑和全氧燃烧熔窑除外）均应配备 SCR 等脱硝设施；以煤、石油焦、重油等为燃料的熔窑应配备袋式等除尘设施，配备石灰石石膏法等高效脱硫设施，以天然气为燃料的熔窑废气颗粒物、二氧化硫不能达标排放的应配备除尘、脱硫设施
石化	—	加热炉、裂解炉应以经过脱硫的燃料气为燃料，采用低氮燃烧技术

注：工业炉窑生产工艺过程及相关物料储存、输送等无组织排放，按照“重点任务”中无组织管理措施进行管控。

附表6：

无组织排放控制措施界定

序号	作业类型	措施界定	示例
1	密闭	物料不与环境空气接触，或通过密封材料、密封设备与环境空气隔离的状态或作业方式	—
2	密闭储存	将物料储存于与环境空气隔离的建（构）筑物、设施、器具内的作业方式	料仓、储罐等
3	密闭输送	物料输送过程与环境空气隔离的作业方式	管道、管状带式输送机、气力输送设备、罐车等
4	封闭	利用完整的围护结构将物料、作业场所等与周围空间阻隔的状态或作业方式，设置的门窗、盖板、检修口等配套设施在非必要时应关闭	—
5	封闭储存	将物料储存于具有完整围墙（围挡）及屋顶结构的建筑物内的作业方式，建筑物的门窗在非必要时应关闭	储库、仓库等
6	封闭输送	在完整的围护结构内进行物料输送作业，围护结构的门窗、盖板、检修口等配套设施在非必要时应关闭	皮带通廊、封闭车厢等
7	封闭车间	具有完整围墙（围挡）及屋顶结构的建筑物，建筑物的门窗在非必要时应关闭	—

内蒙古自治区人民政府办公厅关于转发自治区发酵类制药企业和氨基酸生产企业污染防治指导意见的通知

（内政办发〔2014〕14号）

各盟行政公署、市人民政府，自治区各委、办、厅、局，各大企业、事业单位：

经自治区人民政府同意，现将自治区环保厅组织制定的《内蒙古自治区发酵类制药企业和氨基酸生产企业污染防治指导意见》转发给你们，请认真遵照执行。

2014年2月21日

内蒙古自治区发酵类制药企业和氨基酸生产企业污染防治指导意见

（自治区环保厅 2014年2月）

为进一步加强对发酵类制药企业和氨基酸生产企业的管理，遏制盲目投资低水平重复建设，切实解决发酵类制药企业和氨基酸生产企业存在的环境问题，根据国家环境保护法律法规和相关技术政策，提出如下意见。

一、企业布局

（一）新建发酵类制药企业应在规划环评已通过审查的工业园区内建设，工业园区应根据资源、能源、环境承载条件合理确定产业规模，在同一园区内不宜大规模集中建设多家发酵类制药企业。

（二）新建和改扩建发酵类制药企业和氨基酸生产企业应远离人口集中区并根据环境影响评价结论确定厂址位置与敏感区域的距离。

（三）各地区应合理规划发酵类制药和氨基酸生产项目，合理布局工业园区。对有多家发酵类制药企业并且环境问题突出的已有工业园区，辖区政府应制定园区综合整治规划，在一定期限内通过布局调整、关停并转、提高污染治理水平等方式，彻底解决园区内环境问题。

二、污染防治

（一）废水污染防治

1. 发酵类制药企业的废水应分类收集、分质处理，高浓度废水应进行单独预处理：抗生素类制药废水应采取多效蒸发、机械蒸发等有效的预处理措施；高氨氮废水应采用脱氨预处理措施；存在生物安全性的废水应按照《制药工业污染防治技术政策》的要求进行相关预处理。

2. 发酵类制药企业应对生化处理出水进行深度处理。向外环境排放废水的企业，水污染物应满足《发酵类制药工业水污染物排放标准》（GB 21903—2008）要求；向工业园区污水处理厂或城镇二级污水处理厂排放废水的企业，水量和水污染物排放控制要求应由企业和污水处理厂根据其污水处理能力和排放去向协商确定；接纳发酵类制药废水的园区污水处理厂，应结合自身处理工艺、处理能力和排放去向，综合考虑发酵类制药废水可生化性差、高盐分的特点，优化处理工艺，提高处理能力，确保处理后的废水达标排放。

3. 氨基酸生产企业废水应分类收集、分质处理，高浓度废水先经预处理后再进入生化处理系统，废水排放应达到国家相应的排放标准。生化处理系统出水宜进行深度处理，最大限度综合利用。

4. 应强化特殊废水的控制。发酵类制药企业和氨基酸生产企业，需将玉米浸泡废水单独处理、资源化利用；设置喷浆造粒装置的企业应对喷浆造粒烟气产生的高浓度冷凝液密闭管道收集并采取有效的处理措施。

5. 发酵类制药企业和氨基酸生产企业，生产车间、储罐区、污水处理设施等场所的地面及地下管网应采取相应的防渗、防腐措施，严防因泄漏污染地下水。厂区污水处理站设计应参照《寒冷地区污水活性污泥法处理设计规程》的要求采取必要的增温、保温措施。

（二）废气污染防治

1. 企业应采取密闭设备、密闭式操作、密闭原料输送管道，确因工艺要求必须使用敞口装置的，必须对装置区域独立隔离，并设独立的尾气收集处理系统；提取、溶媒回收、板框压滤等异味较大的车间应采取安全有效的收集方式进行收集，处理达到国家排放标准后排放。

2. 涉及有机气体排放的真空泵、引风机、精（蒸）馏塔、多效蒸发器、储罐等设备应设置有机废气回收、处理系统，处理达到国家相应排放标准后排放。有机废气处理优先考虑低温冷凝、吸附等技术回收物料，不凝废气可选择焚烧、吸收或吸附等处理措施。

3. 气液分离后的发酵尾气应进行除臭处理达标排放；若培养基中含有带异味的物料则需对消毒废气进行除臭处理达标排放；喷浆造粒和产品干燥过程中产生的恶臭气体应采取有效的除臭治理措施达标排放；含异味的物料出渣、清渣应采用密闭装置并设置异味气体处理装置，以减少无组织排放。

4. 企业应重视生产、储运、污水处理、污泥处置等过程中的恶臭气体治理；污水处理站格栅间、调节池、生化反应池、污泥浓缩池及污泥脱水间等构筑物应采取密闭收集、处理恶臭气体。

5. 氨基酸生产企业应对喷浆造粒尾气采取“三级洗涤+生物过滤+等离子除臭”等先进的除臭治理技术，实现污染物达标排放。对易发生故障的环保设备应设置备用设备，确保污染治理设施长期稳定运行。企业应根据污染治理技术的进步，适时优化调整尾气治理工艺。

（三）固体废弃物污染防治

1. 固体废弃物处置必须符合减量化、资源化和无害化的要求。加强抗生素菌渣的监管，菌渣贮存必须严格执行《危险废物贮存污染控制标准》（GB 18597—2001）要求，转运时须遵守国家相关规定并进行严格监控。抗生素菌渣不得用于饲料生产，菌渣接收企业应具备相关危险废物处理处置资质。

2. 高浓度釜残液、废母液、废药品、过期原料、废吸附剂、废催化剂和溶剂、含有或者直接沾染危险废物的废包装材料、废滤芯（膜）等均按照危险废物要求进行管理、处置。

3. 发酵类制药企业污水处理站污泥和氨基酸生产企业菌丝废渣应按照《危险废物鉴别标准》进行鉴别，根据固废性质按照国家相关规定进行管理、处置。

三、清洁生产

（一）鼓励使用无毒、无害或低毒、低害的原辅材料，减少有毒、有害原辅材料的使用；鼓励生产过程中减少使用含氮、硫酸盐等物质，以降低废水中的氨氮及硫酸盐含量。

（二）鼓励构建新菌种或改造菌种提高产率；鼓励谷氨酸生产采用浓缩连续等电的提取工艺。

（三）提倡采用连续化生产工艺和定量化控制技术，鼓励在生产过程中采用自动控制系统，提高生产效率。

（四）鼓励发酵类制药企业采用无机陶瓷组合膜分离技术、纳滤分离浓缩技术、移动式连续离子交换色谱分离技术等节能减排先进适用技术。

（五）溶媒回收系统应选用密闭、高效的工艺和设备，提高溶媒回收率。

四、环境管理要求

（一）企业污染治理设施应安装污染物排放过程监控系统和污染物排放在线监控系统并和环保部门联网。

（二）企业应建立严格的环境保护管理制度，加强对设备的管理与维护，保证污染治理设施的长期稳定运行。企业应建立规范的环保台账（废水、废气、固废污染治理设施运行和管理台账）系统，并配备专职、专业人员负责日常环保管理。

（三）企业应加强对原料及固体废弃物的管理，严禁上述物料在车间及厂内随意堆放，固废废弃物及时清理，避免造成二次污染。加强管道、泵、阀门、法兰等设备的日常维护与管理，减少跑冒滴漏。

五、其他事项

本意见规定适用于我区新建、改扩建的发酵类制药和氨基酸生产建设项目以及现有发酵类制药企业和氨基酸生产企业的整治。发酵类制药企业包括抗生素、维生素、氨基酸和其他类的生产企业，氨基酸生产企业特指非药品级的氨基酸生产企业。

高质量发展、能耗双控篇

第一章　法律法规

中华人民共和国节约能源法

（1997 年 11 月 1 日第八届全国人民代表大会常务委员会第二十八次会议通过　2007 年 10 月 28 日第十届全国人民代表大会常务委员会第三十次会议修订　根据 2016 年 7 月 2 日第十二届全国人民代表大会常务委员会第二十一次会议通过的《关于修改〈中华人民共和国节约能源法〉等六部法律的决定》第一次修正　根据 2018 年 10 月 26 日第十三届全国人民代表大会常务委员会第六次会议《关于修改〈中华人民共和国野生动物保护法〉等十五部法律的决定》第二次修正）

第一章　总　则

第一条　为了推动全社会节约能源，提高能源利用效率，保护和改善环境，促进经济社会全面协调可持续发展，制定本法。

第二条　本法所称能源，是指煤炭、石油、天然气、生物质能和电力、热力以及其他直接或者通过加工、转换而取得有用能的各种资源。

第三条　本法所称节约能源（以下简称节能），是指加强用能管理，采取技术上可行、经济上合理以及环境和社会可以承受的措施，从能源生产到消费的各个环节，降低消耗、减少损失和污染物排放、制止浪费，有效、合理地利用能源。

第四条　节约资源是我国的基本国策。国家实施节约与开发并举、把节约放在首位的能源发展战略。

第五条　国务院和县级以上地方各级人民政府应当将节能工作纳入国民经济和社会发展规划、年度计划，并组织编制和实施节能中长期专项规划、年度节能计划。

国务院和县级以上地方各级人民政府每年向本级人民代表大会或者其常务委员会报告节能工作。

第六条　国家实行节能目标责任制和节能考核评价制度，将节能目标完成情况作为对地方人民政府及其负责人考核评价的内容。

省、自治区、直辖市人民政府每年向国务院报告节能目标责任的履行情况。

第七条　国家实行有利于节能和环境保护的产业政策，限制发展高耗能、高污染行业，发展节能环保型产业。

国务院和省、自治区、直辖市人民政府应当加强节能工作，合理调整产业结构、企业结构、产品结构和能源消费结构，推动企业降低单位产值能耗和单位产品能耗，淘汰落后的生产能力，改进能源的开发、加工、转换、输送、储存和供应，提高能源利用效率。

国家鼓励、支持开发和利用新能源、可再生能源。

第八条 国家鼓励、支持节能科学技术的研究、开发、示范和推广，促进节能技术创新与进步。

国家开展节能宣传和教育，将节能知识纳入国民教育和培训体系，普及节能科学知识，增强全民的节能意识，提倡节约型的消费方式。

第九条 任何单位和个人都应当依法履行节能义务，有权检举浪费能源的行为。

新闻媒体应当宣传节能法律、法规和政策，发挥舆论监督作用。

第十条 国务院管理节能工作的部门主管全国的节能监督管理工作。国务院有关部门在各自的职责范围内负责节能监督管理工作，并接受国务院管理节能工作的部门的指导。

县级以上地方各级人民政府管理节能工作的部门负责本行政区域内的节能监督管理工作。县级以上地方各级人民政府有关部门在各自的职责范围内负责节能监督管理工作，并接受同级管理节能工作的部门的指导。

第二章 节能管理

第十一条 国务院和县级以上地方各级人民政府应当加强对节能工作的领导，部署、协调、监督、检查、推动节能工作。

第十二条 县级以上人民政府管理节能工作的部门和有关部门应当在各自的职责范围内，加强对节能法律、法规和节能标准执行情况的监督检查，依法查处违法用能行为。

履行节能监督管理职责不得向监督管理对象收取费用。

第十三条 国务院标准化主管部门和国务院有关部门依法组织制定并适时修订有关节能的国家标准、行业标准，建立健全节能标准体系。

国务院标准化主管部门会同国务院管理节能工作的部门和国务院有关部门制定强制性的用能产品、设备能源效率标准和生产过程中耗能高的产品的单位产品能耗限额标准。

国家鼓励企业制定严于国家标准、行业标准的企业节能标准。

省、自治区、直辖市制定严于强制性国家标准、行业标准的地方节能标准，由省、自治区、直辖市人民政府报经国务院批准；本法另有规定的除外。

第十四条 建筑节能的国家标准、行业标准由国务院建设主管部门组织制定，并依照法定程序发布。

省、自治区、直辖市人民政府建设主管部门可以根据本地实际情况，制定严于国家标准或者行业标准的地方建筑节能标准，并报国务院标准化主管部门和国务院建设主管部门备案。

第十五条 国家实行固定资产投资项目节能评估和审查制度。不符合强制性节能标准的项目，建设单位不得开工建设；已经建成的，不得投入生产、使用。政府投资项目不符合强制性节能标准的，依法负责项目审批的机关不得批准建设。具体办法由国务院管理节能工作的部门会同国务院有关部门制定。

第十六条 国家对落后的耗能过高的用能产品、设备和生产工艺实行淘汰制度。淘汰的用能产品、设备、生产工艺的目录和实施办法，由国务院管理节能工作的部门会同国务院有关部门制定并公布。

生产过程中耗能高的产品的生产单位，应当执行单位产品能耗限额标准。对超过单位产品能耗限额标准用能的生产单位，由管理节能工作的部门按照国务院规定的权限责令限期治理。

对高耗能的特种设备，按照国务院的规定实行节能审查和监管。

第十七条 禁止生产、进口、销售国家明令淘汰或者不符合强制性能源效率标准的用能产品、设备；禁止使用国家明令淘汰的用能设备、生产工艺。

第十八条 国家对家用电器等使用面广、耗能量大的用能产品，实行能源效率标识管理。实行能源效率标识管理的产品目录和实施办法，由国务院管理节能工作的部门会同国务院市场监督管理部门制定并公布。

第十九条 生产者和进口商应当对列入国家能源效率标识管理产品目录的用能产品标注能源效率标识，在产品包装物上或者说明书中予以说明，并按照规定报国务院市场监督管理部门和国务院管理节能工作的部门共同授权的机构备案。

生产者和进口商应当对其标注的能源效率标识及相关信息的准确性负责。禁止销售应当标注而未标注能源效率标识的产品。

禁止伪造、冒用能源效率标识或者利用能源效率标识进行虚假宣传。

第二十条 用能产品的生产者、销售者，可以根据自愿原则，按照国家有关节能产品认证的规定，向经国务院认证认可监督管理部门认可的从事节能产品认证的机构提出节能产品认证申请；经认证合格后，取得节能产品认证证书，可以在用能产品或者其包装物上使用节能产品认证标志。

禁止使用伪造的节能产品认证标志或者冒用节能产品认证标志。

第二十一条 县级以上各级人民政府统计部门应当会同同级有关部门，建立健全能源统计制度，完善能源统计指标体系，改进和规范能源统计方法，确保能源统计数据真实、完整。

国务院统计部门会同国务院管理节能工作的部门，定期向社会公布各省、自治区、直辖市以及主要耗能行业的能源消费和节能情况等信息。

第二十二条 国家鼓励节能服务机构的发展，支持节能服务机构开展节能咨询、设计、评估、检测、审计、认证等服务。

国家支持节能服务机构开展节能知识宣传和节能技术培训，提供节能信息、节能示范和其他公益性节能服务。

第二十三条 国家鼓励行业协会在行业节能规划、节能标准的制定和实施、节能技术推广、能源消费统计、节能宣传培训和信息咨询等方面发挥作用。

第三章 合理使用与节约能源

第一节 一般规定

第二十四条 用能单位应当按照合理用能的原则，加强节能管理，制定并实施节能计划和节能技术措施，降低能源消耗。

第二十五条 用能单位应当建立节能目标责任制，对节能工作取得成绩的集体、个人给予奖励。

第二十六条 用能单位应当定期开展节能教育和岗位节能培训。

第二十七条 用能单位应当加强能源计量管理，按照规定配备和使用经依法检定合格的能源计量器具。

用能单位应当建立能源消费统计和能源利用状况分析制度，对各类能源的消费实行分类计量和统计，并确保能源消费统计数据真实、完整。

第二十八条 能源生产经营单位不得向本单位职工无偿提供能源。任何单位不得对能源消费实行包费制。

第二节 工业节能

第二十九条 国务院和省、自治区、直辖市人民政府推进能源资源优化开发利用和合理配置，推进有利于节能的行业结构调整，优化用能结构和企业布局。

第三十条 国务院管理节能工作的部门会同国务院有关部门制定电力、钢铁、有色金属、建材、石油加工、化工、煤炭等主要耗能行业的节能技术政策，推动企业节能技术改造。

第三十一条 国家鼓励工业企业采用高效、节能的电动机、锅炉、窑炉、风机、泵类等设备，采用热电联产、余热余压利用、洁净煤以及先进的用能监测和控制等技术。

第三十二条 电网企业应当按照国务院有关部门制定的节能发电调度管理的规定，安排清洁、高效和符合规定的热电联产、利用余热余压发电的机组以及其他符合资源综合利用规定的发电机组与电网并网运行，上网电价执行国家有关规定。

第三十三条 禁止新建不符合国家规定的燃煤发电机组、燃油发电机组和燃煤热电机组。

第三节 建筑节能

第三十四条 国务院建设主管部门负责全国建筑节能的监督管理工作。

县级以上地方各级人民政府建设主管部门负责本行政区域内建筑节能的监督管理工作。

县级以上地方各级人民政府建设主管部门会同同级管理节能工作的部门编制本行政区域内的建筑节能规划。建筑节能规划应当包括既有建筑节能改造计划。

第三十五条 建筑工程的建设、设计、施工和监理单位应当遵守建筑节能标准。

不符合建筑节能标准的建筑工程，建设主管部门不得批准开工建设；已经开工建设的，应当责令停止施工、限期改正；已经建成的，不得销售或者使用。

建设主管部门应当加强对在建建筑工程执行建筑节能标准情况的监督检查。

第三十六条 房地产开发企业在销售房屋时，应当向购买人明示所售房屋的节能措施、保温工程保修期等信息，在房屋买卖合同、质量保证书和使用说明书中载明，并对其真实性、准确性负责。

第三十七条 使用空调采暖、制冷的公共建筑应当实行室内温度控制制度。具体办法由国务院建设主管部门制定。

第三十八条 国家采取措施，对实行集中供热的建筑分步骤实行供热分户计量、按照用热量收费的制度。新建建筑或者对既有建筑进行节能改造，应当按照规定安装用热计量装置、室内温度调控装置和供热系统调控装置。具体办法由国务院建设主管部门会同国务院有关部门制定。

第三十九条 县级以上地方各级人民政府有关部门应当加强城市节约用电管理，严格控制公用设施和大型建筑物装饰性景观照明的能耗。

第四十条 国家鼓励在新建建筑和既有建筑节能改造中使用新型墙体材料等节能建筑材料和节能设备，安装和使用太阳能等可再生能源利用系统。

第四节 交通运输节能

第四十一条 国务院有关交通运输主管部门按照各自的职责负责全国交通运输相关领域的节能监督管理工作。

国务院有关交通运输主管部门会同国务院管理节能工作的部门分别制定相关领域的节能规划。

第四十二条 国务院及其有关部门指导、促进各种交通运输方式协调发展和有效衔接，优化交通运输结构，建设节能型综合交通运输体系。

第四十三条 县级以上地方各级人民政府应当优先发展公共交通，加大对公共交通的投入，完善公共交通服务体系，鼓励利用公共交通工具出行；鼓励使用非机动交通工具出行。

第四十四条 国务院有关交通运输主管部门应当加强交通运输组织管理，引导道路、水路、航空运输企业提高运输组织化程度和集约化水平，提高能源利用效率。

第四十五条 国家鼓励开发、生产、使用节能环保型汽车、摩托车、铁路机车车辆、船舶和其他交通运输工具，实行老旧交通运输工具的报废、更新制度。

国家鼓励开发和推广应用交通运输工具使用的清洁燃料、石油替代燃料。

第四十六条 国务院有关部门制定交通运输营运车船的燃料消耗量限值标准；不符合标准的，不得用于营运。

国务院有关交通运输主管部门应当加强对交通运输营运车船燃料消耗检测的监督管理。

第五节 公共机构节能

第四十七条 公共机构应当厉行节约，杜绝浪费，带头使用节能产品、设备，提高能源利用效率。

本法所称公共机构，是指全部或者部分使用财政性资金的国家机关、事业单位和团体组织。

第四十八条 国务院和县级以上地方各级人民政府管理机关事务工作的机构会同同级有关部门制定和组织实施本级公共机构节能规划。公共机构节能规划应当包括公共机构既有建筑节能改造计划。

第四十九条 公共机构应当制定年度节能目标和实施方案，加强能源消费计量和监测管理，向本级人民政府管理机关事务工作的机构报送上年度的能源消费状况报告。

国务院和县级以上地方各级人民政府管理机关事务工作的机构会同同级有关部门按照管理权限，制定本级公共机构的能源消耗定额，财政部门根据该定额制定能源消耗支出标准。

第五十条 公共机构应当加强本单位用能系统管理，保证用能系统的运行符合国家相关标准。

公共机构应当按照规定进行能源审计，并根据能源审计结果采取提高能源利用效率的措施。

第五十一条 公共机构采购用能产品、设备，应当优先采购列入节能产品、设备政府采购名录中的产品、设备。禁止采购国家明令淘汰的用能产品、设备。

节能产品、设备政府采购名录由省级以上人民政府的政府采购监督管理部门会同同级有关部门制定并公布。

第六节　重点用能单位节能

第五十二条　国家加强对重点用能单位的节能管理。

下列用能单位为重点用能单位：

（一）年综合能源消费总量一万吨标准煤以上的用能单位；

（二）国务院有关部门或者省、自治区、直辖市人民政府管理节能工作的部门指定的年综合能源消费总量五千吨以上不满一万吨标准煤的用能单位。

重点用能单位节能管理办法，由国务院管理节能工作的部门会同国务院有关部门制定。

第五十三条　重点用能单位应当每年向管理节能工作的部门报送上年度的能源利用状况报告。能源利用状况包括能源消费情况、能源利用效率、节能目标完成情况和节能效益分析、节能措施等内容。

第五十四条　管理节能工作的部门应当对重点用能单位报送的能源利用状况报告进行审查。对节能管理制度不健全、节能措施不落实、能源利用效率低的重点用能单位，管理节能工作的部门应当开展现场调查，组织实施用能设备能源效率检测，责令实施能源审计，并提出书面整改要求，限期整改。

第五十五条　重点用能单位应当设立能源管理岗位，在具有节能专业知识、实际经验以及中级以上技术职称的人员中聘任能源管理负责人，并报管理节能工作的部门和有关部门备案。

能源管理负责人负责组织对本单位用能状况进行分析、评价，组织编写本单位能源利用状况报告，提出本单位节能工作的改进措施并组织实施。

能源管理负责人应当接受节能培训。

第四章　节能技术进步

第五十六条　国务院管理节能工作的部门会同国务院科技主管部门发布节能技术政策大纲，指导节能技术研究、开发和推广应用。

第五十七条　县级以上各级人民政府应当把节能技术研究开发作为政府科技投入的重点领域，支持科研单位和企业开展节能技术应用研究，制定节能标准，开发节能共性和关键技术，促进节能技术创新与成果转化。

第五十八条　国务院管理节能工作的部门会同国务院有关部门制定并公布节能技术、节能产品的推广目录，引导用能单位和个人使用先进的节能技术、节能产品。

国务院管理节能工作的部门会同国务院有关部门组织实施重大节能科研项目、节能示范项目、重点节能工程。

第五十九条 县级以上各级人民政府应当按照因地制宜、多能互补、综合利用、讲求效益的原则，加强农业和农村节能工作，增加对农业和农村节能技术、节能产品推广应用的资金投入。

农业、科技等有关主管部门应当支持、推广在农业生产、农产品加工储运等方面应用节能技术和节能产品，鼓励更新和淘汰高耗能的农业机械和渔业船舶。

国家鼓励、支持在农村大力发展沼气，推广生物质能、太阳能和风能等可再生能源利用技术，按照科学规划、有序开发的原则发展小型水力发电，推广节能型的农村住宅和炉灶等，鼓励利用非耕地种植能源植物，大力发展薪炭林等能源林。

第五章 激励措施

第六十条 中央财政和省级地方财政安排节能专项资金，支持节能技术研究开发、节能技术和产品的示范与推广、重点节能工程的实施、节能宣传培训、信息服务和表彰奖励等。

第六十一条 国家对生产、使用列入本法第五十八条规定的推广目录的需要支持的节能技术、节能产品，实行税收优惠等扶持政策。

国家通过财政补贴支持节能照明器具等节能产品的推广和使用。

第六十二条 国家实行有利于节约能源资源的税收政策，健全能源矿产资源有偿使用制度，促进能源资源的节约及其开采利用水平的提高。

第六十三条 国家运用税收等政策，鼓励先进节能技术、设备的进口，控制在生产过程中耗能高、污染重的产品的出口。

第六十四条 政府采购监督管理部门会同有关部门制定节能产品、设备政府采购名录，应当优先列入取得节能产品认证证书的产品、设备。

第六十五条 国家引导金融机构增加对节能项目的信贷支持，为符合条件的节能技术研究开发、节能产品生产以及节能技术改造等项目提供优惠贷款。

国家推动和引导社会有关方面加大对节能的资金投入，加快节能技术改造。

第六十六条 国家实行有利于节能的价格政策，引导用能单位和个人节能。

国家运用财税、价格等政策，支持推广电力需求侧管理、合同能源管理、节能自愿协议等节能办法。

国家实行峰谷分时电价、季节性电价、可中断负荷电价制度，鼓励电力用户合理调整用电负荷；对钢铁、有色金属、建材、化工和其他主要耗能行业的企业，分淘汰、限制、允许和鼓励类实行差别电价政策。

第六十七条 各级人民政府对在节能管理、节能科学技术研究和推广应用中有显著成绩以及检举严重浪费能源行为的单位和个人，给予表彰和奖励。

第六章 法律责任

第六十八条 负责审批政府投资项目的机关违反本法规定，对不符合强制性节能标准的项目予以批准建设的，对直接负责的主管人员和其他直接责任人员依法给予处分。

固定资产投资项目建设单位开工建设不符合强制性节能标准的项目或者将该项目投入生产、使用的，由管理节能工作的部门责令停止建设或者停止生产、使用，限期改造；不能改造或者逾期不改造的生产性项目，由管理节能工作的部门报请本级人民政府按照国务院规定的权限责令关闭。

第六十九条 生产、进口、销售国家明令淘汰的用能产品、设备的，使用伪造的节能产品认证标志或者冒用节能产品认证标志的，依照《中华人民共和国产品质量法》的规定处罚。

第七十条 生产、进口、销售不符合强制性能源效率标准的用能产品、设备的，由市场监督管理部门责令停止生产、进口、销售，没收违法生产、进口、销售的用能产品、设备和违法所得，并处违法所得一倍以上五倍以下罚款；情节严重的，吊销营业执照。

第七十一条 使用国家明令淘汰的用能设备或者生产工艺的，由管理节能工作的部门责令停止使用，没收国家明令淘汰的用能设备；情节严重的，可以由管理节能工作的部门提出意见，报请本级人民政府按照国务院规定的权限责令停业整顿或者关闭。

第七十二条 生产单位超过单位产品能耗限额标准用能，情节严重，经限期治理逾期不治理或者没有达到治理要求的，可以由管理节能工作的部门提出意见，报请本级人民政府按照国务院规定的权限责令停业整顿或者关闭。

第七十三条 违反本法规定，应当标注能源效率标识而未标注的，由市场监督管理部门责令改正，处三万元以上五万元以下罚款。

违反本法规定，未办理能源效率标识备案，或者使用的能源效率标识不符合规定的，由市场监督管理部门责令限期改正；逾期不改正的，处一万元以上三万元以下罚款。

伪造、冒用能源效率标识或者利用能源效率标识进行虚假宣传的，由市场监督管理部门责令改正，处五万元以上十万元以下罚款；情节严重的，吊销营业执照。

第七十四条 用能单位未按照规定配备、使用能源计量器具的，由市场监督管理部门责令限期改正；逾期不改正的，处一万元以上五万元以下罚款。

第七十五条 瞒报、伪造、篡改能源统计资料或者编造虚假能源统计数据的，依照《中华人民共和国统计法》的规定处罚。

第七十六条 从事节能咨询、设计、评估、检测、审计、认证等服务的机构提供虚假信息的，由管理节能工作的部门责令改正，没收违法所得，并处五万元以上十万元以下罚款。

第七十七条 违反本法规定，无偿向本单位职工提供能源或者对能源消费实行包费制的，由管理节能工作的部门责令限期改正；逾期不改正的，处五万元以上二十万元以下罚款。

第七十八条 电网企业未按照本法规定安排符合规定的热电联产和利用余热余压发电的机组与电网并网运行，或者未执行国家有关上网电价规定的，由国家电力监管机构责令改正；造成发电企业经济损失的，依法承担赔偿责任。

第七十九条 建设单位违反建筑节能标准的，由建设主管部门责令改正，处二十万元以上五十万元以下罚款。

设计单位、施工单位、监理单位违反建筑节能标准的，由建设主管部门责令改正，处十万元以上五十万元以下罚款；情节严重的，由颁发资质证书的部门降低资质等级或者吊销资质证书；造成损失的，依法承担赔偿责任。

第八十条 房地产开发企业违反本法规定，在销售房屋时未向购买人明示所售房屋的节能措施、保温工程保修期等信息的，由建设主管部门责令限期改正，逾期不改正的，处三万元以上五万元以下罚款；对以上信息作虚假宣传的，由建设主管部门责令改正，处五万元以上二十万元以下罚款。

第八十一条 公共机构采购用能产品、设备，未优先采购列入节能产品、设备政府采购名录中的产品、设备，或者采购国家明令淘汰的用能产品、设备的，由政府采购监督管理部门给予警告，可以并处罚款；对直接负责的主管人员和其他直接责任人员依法给予处分，并予通报。

第八十二条 重点用能单位未按照本法规定报送能源利用状况报告或者报告内容不实的，由管理节能工作的部门责令限期改正；逾期不改正的，处一万元以上五万元以下罚款。

第八十三条 重点用能单位无正当理由拒不落实本法第五十四条规定的整改要求或者整改没有达到要求的，由管理节能工作的部门处十万元以上三十万元以下罚款。

第八十四条 重点用能单位未按照本法规定设立能源管理岗位，聘任能源管理负责人，并报管理节能工作的部门和有关部门备案的，由管理节能工作的部门责令改正；拒不改正的，处一万元以上三万元以下罚款。

第八十五条 违反本法规定，构成犯罪的，依法追究刑事责任。

第八十六条 国家工作人员在节能管理工作中滥用职权、玩忽职守、徇私舞弊，构成犯罪的，依法追究刑事责任；尚不构成犯罪的，依法给予处分。

第七章　附　则

第八十七条 本法自 2008 年 4 月 1 日起施行。

中华人民共和国能源法

（2024 年 11 月 8 日第十四届全国人民代表大会常务委员会第十二次会议通过）

第一章　总　则

第一条　为了推动能源高质量发展，保障国家能源安全，促进经济社会绿色低碳转型和可持续发展，积极稳妥推进碳达峰碳中和，适应全面建设社会主义现代化国家需要，根据宪法，制定本法。

第二条　本法所称能源，是指直接或者通过加工、转换而取得有用能的各种资源，包括煤炭、石油、天然气、核能、水能、风能、太阳能、生物质能、地热能、海洋能以及电力、热力、氢能等。

第三条　能源工作应当坚持中国共产党的领导，贯彻新发展理念和总体国家安全观，统筹发展和安全，实施推动能源消费革命、能源供给革命、能源技术革命、能源体制革命和全方位加强国际合作的能源安全新战略，坚持立足国内、多元保障、节约优先、绿色发展，加快构建清洁低碳、安全高效的新型能源体系。

第四条　国家坚持多措并举、精准施策、科学管理、社会共治的原则，完善节约能源政策，加强节约能源管理，综合采取经济、技术、宣传教育等措施，促进经济社会发展全过程和各领域全面降低能源消耗，防止能源浪费。

第五条　国家完善能源开发利用政策，优化能源供应结构和消费结构，积极推动能源清洁低碳发展，提高能源利用效率。

国家建立能源消耗总量和强度双控向碳排放总量和强度双控全面转型新机制，加快构建碳排放总量和强度双控制度体系。

第六条　国家加快建立主体多元、统一开放、竞争有序、监管有效的能源市场体系，依法规范能源市场秩序，平等保护能源市场各类主体的合法权益。

第七条　国家完善能源产供储销体系，健全能源储备制度和能源应急机制，提升能源供给能力，保障能源安全、稳定、可靠、有效供给。

第八条　国家建立健全能源标准体系，保障能源安全和绿色低碳转型，促进能源新技术、新产业、新业态发展。

第九条　国家加强能源科技创新能力建设，支持能源开发利用的科技研究、应用示范和产业化发展，为能源高质量发展提供科技支撑。

第十条 国家坚持平等互利、合作共赢的方针，积极促进能源国际合作。

第十一条 县级以上人民政府应当加强对能源工作的组织领导和统筹协调，及时研究解决能源工作中的重大问题。

县级以上人民政府应当将能源工作纳入国民经济和社会发展规划、年度计划。

第十二条 国务院能源主管部门负责全国能源工作。国务院其他有关部门在各自职责范围内负责相关的能源工作。

县级以上地方人民政府能源主管部门负责本行政区域能源工作。县级以上地方人民政府其他有关部门在各自职责范围内负责本行政区域相关的能源工作。

第十三条 县级以上人民政府及其有关部门应当采取多种形式，加强对节约能源、能源安全和能源绿色低碳发展的宣传教育，增强全社会的节约能源意识、能源安全意识，促进形成绿色低碳的生产生活方式。

新闻媒体应当开展节约能源、能源安全和能源绿色低碳发展公益宣传。

第十四条 对在能源工作中做出突出贡献的单位和个人，按照国家有关规定给予表彰、奖励。

第二章 能源规划

第十五条 国家制定和完善能源规划，发挥能源规划对能源发展的引领、指导和规范作用。

能源规划包括全国综合能源规划、全国分领域能源规划、区域能源规划和省、自治区、直辖市能源规划等。

第十六条 全国综合能源规划由国务院能源主管部门会同国务院有关部门组织编制。全国综合能源规划应当依据国民经济和社会发展规划编制，并与国土空间规划等相关规划衔接。

全国分领域能源规划由国务院能源主管部门会同国务院有关部门依据全国综合能源规划组织编制。

国务院能源主管部门会同国务院有关部门和有关省、自治区、直辖市人民政府，根据区域经济社会发展需要和能源资源禀赋情况、能源生产消费特点、生态环境保护要求等，可以编制跨省、自治区、直辖市的区域能源规划。区域能源规划应当符合全国综合能源规划，并与相关全国分领域能源规划衔接。

第十七条 省、自治区、直辖市人民政府能源主管部门会同有关部门，依据全国综合能源规划、相关全国分领域能源规划、相关区域能源规划，组织编制本省、自治区、直辖市的能源规划。

设区的市级人民政府、县级人民政府需要编制能源规划的，按照省、自治区、直辖市人民政府的有关规定执行。

第十八条 编制能源规划，应当遵循能源发展规律，坚持统筹兼顾，强化科学论证。组织编制能源规划的部门应当征求有关部门、相关企业和行业组织以及有关专家等方面的意见。

能源规划应当明确规划期内能源发展的目标、主要任务、区域布局、重点项目、保障措施等内容。

第十九条 能源规划按照规定的权限和程序报经批准后实施。

经批准的能源规划应当按照规定予以公布。

第二十条 组织编制能源规划的部门应当就能源规划实施情况组织开展评估。根据评估结果确需对能源规划进行调整的，应当报经原批准机关同意，国家另有规定的除外。

第三章 能源开发利用

第二十一条 国家根据能源资源禀赋情况和经济社会可持续发展的需要，统筹保障能源安全、优化能源结构、促进能源转型和节约能源、保护生态环境等因素，分类制定和完善能源开发利用政策。

第二十二条 国家支持优先开发利用可再生能源，合理开发和清洁高效利用化石能源，推进非化石能源安全可靠有序替代化石能源，提高非化石能源消费比重。

国务院能源主管部门会同国务院有关部门制定非化石能源开发利用中长期发展目标，按年度监测非化石能源开发利用情况，并向社会公布。

第二十三条 国务院能源主管部门会同国务院有关部门制定并组织实施可再生能源在能源消费中的最低比重目标。

国家完善可再生能源电力消纳保障机制。供电企业、售电企业、相关电力用户和使用自备电厂供电的企业等应当按照国家有关规定，承担消纳可再生能源发电量的责任。

国务院能源主管部门会同国务院有关部门对可再生能源在能源消费中的最低比重目标以及可再生能源电力消纳责任的实施情况进行监测、考核。

第二十四条 国家统筹水电开发和生态保护，严格控制开发建设小型水电站。

开发建设和更新改造水电站，应当符合流域相关规划，统筹兼顾防洪、生态、供水、灌溉、航运等方面的需要。

第二十五条 国家推进风能、太阳能开发利用，坚持集中式与分布式并举，加快风电和光伏发电基地建设，支持分布式风电和光伏发电就近开发利用，合理有序开发海上风电，积极发展光热发电。

第二十六条 国家鼓励合理开发利用生物质能，因地制宜发展生物质发电、生物质能清洁供暖和生物液体燃料、生物天然气。

国家促进海洋能规模化开发利用，因地制宜发展地热能。

第二十七条 国家积极安全有序发展核电。

国务院能源主管部门会同国务院有关部门统筹协调全国核电发展和布局，依据职责加强对核电站规划、选址、设计、建造、运行等环节的管理和监督。

第二十八条 国家优化煤炭开发布局和产业结构，鼓励发展煤矿矿区循环经济，优化煤炭消费结构，促进煤炭清洁高效利用，发挥煤炭在能源供应体系中的基础保障和系统调节作用。

第二十九条 国家采取多种措施，加大石油、天然气资源勘探开发力度，增强石油、天然气国内供应保障能力。

石油、天然气开发坚持陆上与海上并重，鼓励规模化开发致密油气、页岩油、页岩气、煤层气等非常规油气资源。

国家优化石油加工转换产业布局和结构，鼓励采用先进、集约的加工转换方式。

国家支持合理开发利用可替代石油、天然气的新型燃料和工业原料。

第三十条 国家推动燃煤发电清洁高效发展，根据电力系统稳定运行和电力供应保障的需要，合理布局燃煤发电建设，提高燃煤发电的调节能力。

第三十一条 国家加快构建新型电力系统，加强电源电网协同建设，推进电网基础设施智能化改造和智能微电网建设，提高电网对可再生能源的接纳、配置和调控能力。

第三十二条 国家合理布局、积极有序开发建设抽水蓄能电站，推进新型储能高质量发展，发挥各类储能在电力系统中的调节作用。

第三十三条 国家积极有序推进氢能开发利用，促进氢能产业高质量发展。

第三十四条 国家推动提高能源利用效率，鼓励发展分布式能源和多能互补、多能联供综合能源服务，积极推广合同能源管理等市场化节约能源服务，提高终端能源消费清洁化、低碳化、高效化、智能化水平。

国家通过实施可再生能源绿色电力证书等制度建立绿色能源消费促进机制，鼓励能源用户优先使用可再生能源等清洁低碳能源。

公共机构应当优先采购、使用可再生能源等清洁低碳能源以及节约能源的产品和服务。

第三十五条 能源企业、能源用户应当按照国家有关规定配备、使用能源和碳排放计量器具。

能源用户应当按照安全使用规范和有关节约能源的规定合理使用能源，依法履行节约能源的义务，积极参与能源需求响应，扩大绿色能源消费，自觉践行绿色低碳的生产生活方式。

国家加强能源需求侧管理，通过完善阶梯价格、分时价格等制度，引导能源用户合理调整用能方式、时间、数量等，促进节约能源和提高能源利用效率。

第三十六条 承担电力、燃气、热力等能源供应的企业，应当依照法律、法规和国家有关规定，保障营业区域内的能源用户获得安全、持续、可靠的能源供应服务，没有法定或者约定事由不得拒绝或者中断能源供应服务，不得擅自提高价格、违法收取费用、减少供应数量或者限制购买数量。

前款规定的企业应当公示服务规范、收费标准和投诉渠道等，并为能源用户提供公共查询服务。

第三十七条 国家加强能源基础设施建设和保护。任何单位或者个人不得从事危及能源基础设施安全的活动。

国务院能源主管部门会同国务院有关部门协调跨省、自治区、直辖市的石油、天然气和电力输送管网等能源基础设施建设；省、自治区、直辖市人民政府应当按照能源规划，预留能源基础设施建设用地、用海，并纳入国土空间规划。

石油、天然气、电力等能源输送管网设施运营企业应当提高能源输送管网的运行安全水平，保障能源输送管网系统运行安全。接入能源输送管网的设施设备和产品应当符合管网系统安全运行的要求。

第三十八条 国家按照城乡融合、因地制宜、多能互补、综合利用、提升服务的原则，鼓励和扶持农村的能源发展，重点支持革命老区、民族地区、边疆地区、欠发达地区农村的能源发展，提高农村的能源供应能力和服务水平。

县级以上地方人民政府应当统筹城乡能源基础设施和公共服务体系建设，推动城乡能源基础设施互联互通。

农村地区发生临时性能源供应短缺时，有关地方人民政府应当采取措施，优先保障农村生活用能和农业生产用能。

第三十九条 从事能源开发利用活动，应当遵守有关生态环境保护、安全生产和职业病防治等法律、法规的规定，减少污染物和温室气体排放，防止对生态环境的破坏，预防、减少生产安全事故和职业病危害。

第四章 能源市场体系

第四十条 国家鼓励、引导各类经营主体依法投资能源开发利用、能源基础设施建设等，促进能源市场发展。

第四十一条 国家推动能源领域自然垄断环节独立运营和竞争性环节市场化改革，依法加强对能源领域自然垄断性业务的监管和调控，支持各类经营主体依法按照市场规则公平参与能源领域竞争性业务。

第四十二条 国务院能源主管部门会同国务院有关部门协调推动全国统一的煤炭、

电力、石油、天然气等能源交易市场建设，推动建立功能完善、运营规范的市场交易机构或者交易平台，依法拓展交易方式和交易产品范围，完善交易机制和交易规则。

第四十三条 县级以上人民政府及其有关部门应当强化统筹调度组织，保障能源运输畅通。

能源输送管网设施运营企业应当完善公平接入和使用机制，按照规定公开能源输送管网设施接入和输送能力以及运行情况的信息，向符合条件的企业等经营主体公平、无歧视开放并提供能源输送服务。

第四十四条 国家鼓励能源领域上下游企业通过订立长期协议等方式，依法按照市场化方式加强合作、协同发展，提升能源市场风险应对能力。

国家协同推进能源资源勘探、设计施工、装备制造、项目融资、流通贸易、资讯服务等高质量发展，提升能源领域上下游全链条服务支撑能力。

第四十五条 国家推动建立与社会主义市场经济体制相适应，主要由能源资源状况、产品和服务成本、市场供求状况、可持续发展状况等因素决定的能源价格形成机制。

依法实行政府定价或者政府指导价的能源价格，定价权限和具体适用范围以中央和地方的定价目录为依据。制定、调整实行政府定价或者政府指导价的能源价格，应当遵守《中华人民共和国价格法》等法律、行政法规和国家有关规定。能源企业应当按照规定及时、真实、准确提供价格成本等相关数据。

国家完善能源价格调控制度，提升能源价格调控效能，构建防范和应对能源市场价格异常波动风险机制。

第四十六条 国家积极促进能源领域国际投资和贸易合作，有效防范和应对国际能源市场风险。

第五章 能源储备和应急

第四十七条 国家按照政府主导、社会共建、多元互补的原则，建立健全高效协同的能源储备体系，科学合理确定能源储备的种类、规模和方式，发挥能源储备的战略保障、宏观调控和应对急需等功能。

第四十八条 能源储备实行政府储备和企业储备相结合，实物储备和产能储备、矿产地储备相统筹。

政府储备包括中央政府储备和地方政府储备，企业储备包括企业社会责任储备和企业其他生产经营库存。

能源储备的收储、轮换、动用，依照法律、行政法规和国家有关规定执行。

国家完善政府储备市场调节机制，采取有效措施应对市场大幅波动等风险。

第四十九条 政府储备承储运营机构应当依照法律、行政法规和国家有关规定，建立健全内部管理制度，加强储备管理，确保政府储备安全。

企业社会责任储备按照企业所有、政策引导、监管有效的原则建立。承担社会责任储备的能源企业应当按照规定的种类、数量等落实储备责任，并接受政府有关部门的监督管理。

能源产能储备的具体办法，由国务院能源主管部门会同国务院财政部门和其他有关部门制定。

能源矿产地储备的具体办法，由国务院自然资源主管部门会同国务院能源主管部门、国务院财政部门和其他有关部门制定。

第五十条 国家完善能源储备监管体制，加快能源储备设施建设，提高能源储备运营主体专业化水平，加强能源储备信息化建设，持续提升能源储备综合效能。

第五十一条 国家建立和完善能源预测预警体系，提高能源预测预警能力和水平，及时有效对能源供求变化、能源价格波动以及能源安全风险状况等进行预测预警。

能源预测预警信息由国务院能源主管部门发布。

第五十二条 国家建立统一领导、分级负责、协调联动的能源应急管理体制。

县级以上人民政府应当采取有效措施，加强能源应急体系建设，定期开展能源应急演练和培训，提高能源应急能力。

第五十三条 国务院能源主管部门会同国务院有关部门拟定全国的能源应急预案，报国务院批准后实施。

国务院能源主管部门会同国务院有关部门加强对跨省、自治区、直辖市能源应急工作的指导协调。

省、自治区、直辖市人民政府根据本行政区域的实际情况，制定本行政区域的能源应急预案。

设区的市级人民政府、县级人民政府能源应急预案的制定，由省、自治区、直辖市人民政府决定。

规模较大的能源企业和用能单位应当按照国家规定编制本单位能源应急预案。

第五十四条 出现能源供应严重短缺、供应中断等能源应急状态时，有关人民政府应当按照权限及时启动应急响应，根据实际情况和需要，可以依法采取下列应急处置措施：

（一）发布能源供求等相关信息；

（二）实施能源生产、运输、供应紧急调度或者直接组织能源生产、运输、供应；

（三）征用相关能源产品、能源储备设施、运输工具以及保障能源供应的其他物资；

（四）实施价格干预措施和价格紧急措施；

（五）按照规定组织投放能源储备；

（六）按照能源供应保障顺序组织实施能源供应；

（七）其他必要措施。

能源应急状态消除后，有关人民政府应当及时终止实施应急处置措施。

第五十五条 出现本法第五十四条规定的能源应急状态时，能源企业、能源用户以及其他有关单位和个人应当服从有关人民政府的统一指挥和安排，按照规定承担相应的能源应急义务，配合采取应急处置措施，协助维护能源市场秩序。

因执行能源应急处置措施给有关单位、个人造成损失的，有关人民政府应当依法予以补偿。

第六章 能源科技创新

第五十六条 国家制定鼓励和支持能源科技创新的政策措施，推动建立以国家战略科技力量为引领、企业为主体、市场为导向、产学研深度融合的能源科技创新体系。

第五十七条 国家鼓励和支持能源资源勘探开发、化石能源清洁高效利用、可再生能源开发利用、核能安全利用、氢能开发利用以及储能、节约能源等领域基础性、关键性和前沿性重大技术、装备及相关新材料的研究、开发、示范、推广应用和产业化发展。

能源科技创新应当纳入国家科技发展和高技术产业发展相关规划的重点支持领域。

第五十八条 国家制定和完善产业、金融、政府采购等政策，鼓励、引导社会资金投入能源科技创新。

第五十九条 国家建立重大能源科技创新平台，支持重大能源科技基础设施和能源技术研发、试验、检测、认证等公共服务平台建设，提高能源科技创新能力和服务能力。

第六十条 国家支持依托重大能源工程集中开展科技攻关和集成应用示范，推动产学研以及能源上下游产业链、供应链协同创新。

第六十一条 国家支持先进信息技术在能源领域的应用，推动能源生产和供应的数字化、智能化发展，以及多种能源协同转换与集成互补。

第六十二条 国家加大能源科技专业人才培养力度，鼓励、支持教育机构、科研机构与企业合作培养能源科技高素质专业人才。

第七章 监督管理

第六十三条 县级以上人民政府能源主管部门和其他有关部门应当按照职责分工，加强对有关能源工作的监督检查，及时查处违法行为。

第六十四条 县级以上人民政府能源主管部门和其他有关部门按照职责分工依法履行监督检查职责，可以采取下列措施：

（一）进入能源企业、调度机构、能源市场交易机构、能源用户等单位实施现场检查；

（二）询问与检查事项有关的人员，要求其对有关事项作出说明；

（三）查阅、复制与检查事项有关的文件、资料、电子数据；

（四）法律、法规规定的其他措施。

对能源主管部门和其他有关部门依法实施的监督检查，被检查单位及其有关人员应当予以配合，不得拒绝、阻碍。

能源主管部门和其他有关部门及其工作人员对监督检查过程中知悉的国家秘密、商业秘密、个人隐私和个人信息依法负有保密义务。

第六十五条 县级以上人民政府能源主管部门和其他有关部门应当加强能源监管协同，提升监管效能，并可以根据工作需要建立能源监管信息系统。

有关单位应当按照规定向能源主管部门和其他有关部门报送相关信息。

第六十六条 国务院能源主管部门会同国务院有关部门加强能源行业信用体系建设，按照国家有关规定建立信用记录制度。

第六十七条 因能源输送管网设施的接入、使用发生的争议，可以由省级以上人民政府能源主管部门进行协调，协调不成的，当事人可以向人民法院提起诉讼；当事人也可以直接向人民法院提起诉讼。

第六十八条 任何单位和个人对违反本法和其他有关能源的法律、法规的行为，有权向县级以上人民政府能源主管部门或者其他有关部门举报。接到举报的部门应当及时依法处理。

第八章　法律责任

第六十九条 县级以上人民政府能源主管部门或者其他有关部门的工作人员违反本法规定，滥用职权、玩忽职守、徇私舞弊的，依法给予处分。

第七十条 违反本法规定，承担电力、燃气、热力等能源供应的企业没有法定或者约定事由拒绝或者中断对营业区域内能源用户的能源供应服务，或者擅自提高价格、违法收取费用、减少供应数量、限制购买数量的，由县级以上人民政府能源主管部门或者其他有关部门按照职责分工责令改正，依法给予行政处罚；情节严重的，对有关主管人员和直接责任人员依法给予处分。

第七十一条 违反本法规定，能源输送管网设施运营企业未向符合条件的企业等经营主体公平、无歧视开放并提供能源输送服务的，由省级以上人民政府能源主管部门或者其他有关部门按照职责分工责令改正，给予警告或者通报批评；拒不改正的，处相关经营主体经济损失额二倍以下的罚款；情节严重的，对有关主管人员和直接责任人员依法给予处分。

第七十二条 违反本法规定，有下列情形之一的，由县级以上人民政府能源主管部门或者其他有关部门按照职责分工责令改正，给予警告或者通报批评；拒不改正的，处十万元以上二十万元以下的罚款：

（一）承担电力、燃气、热力等能源供应的企业未公示服务规范、收费标准和投诉渠道等，或者未为能源用户提供公共查询服务；

（二）能源输送管网设施运营企业未按照规定公开能源输送管网设施接入和输送能力以及运行情况信息；

（三）能源企业未按照规定提供价格成本等相关数据；

（四）有关单位未按照规定向能源主管部门或者其他有关部门报送相关信息。

第七十三条 违反本法规定，能源企业、能源用户以及其他有关单位或者个人在能源应急状态时不服从有关人民政府的统一指挥和安排、未按照规定承担能源应急义务或者不配合采取应急处置措施的，由县级以上人民政府能源主管部门或者其他有关部门按照职责分工责令改正，给予警告或者通报批评；拒不改正的，对个人处一万元以上五万元以下的罚款，对单位处十万元以上五十万元以下的罚款，并可以根据情节轻重责令停业整顿或者依法吊销相关许可证件。

第七十四条 违反本法规定，造成财产损失或者其他损害的，依法承担民事责任；构成违反治安管理行为的，依法给予治安管理处罚；构成犯罪的，依法追究刑事责任。

第九章 附 则

第七十五条 本法中下列用语的含义：

（一）化石能源，是指由远古动植物化石经地质作用演变成的能源，包括煤炭、石油和天然气等。

（二）可再生能源，是指能够在较短时间内通过自然过程不断补充和再生的能源，包括水能、风能、太阳能、生物质能、地热能、海洋能等。

（三）非化石能源，是指不依赖化石燃料而获得的能源，包括可再生能源和核能。

（四）生物质能，是指利用自然界的植物和城乡有机废物通过生物、化学或者物理过程转化成的能源。

（五）氢能，是指氢作为能量载体进行化学反应释放出的能源。

第七十六条 军队的能源开发利用管理，按照国家和军队有关规定执行。

国家对核能开发利用另有规定的，适用其规定。

第七十七条 中华人民共和国缔结或者参加的涉及能源的国际条约与本法有不同规定的，适用国际条约的规定，但中华人民共和国声明保留的条款除外。

第七十八条 任何国家或者地区在可再生能源产业或者其他能源领域对中华人民共和国采取歧视性的禁止、限制或者其他类似措施的，中华人民共和国可以根据实际情况对该国家或者该地区采取相应的措施。

第七十九条 中华人民共和国境外的组织和个人实施危害中华人民共和国国家能源安全行为的，依法追究法律责任。

第八十条 本法自2025年1月1日起施行。

第二章　政策文件

第一节　国家相关政策文件

国务院办公厅关于印发《加快构建碳排放双控制度体系工作方案》的通知

（国办发〔2024〕39 号）

各省、自治区、直辖市人民政府，国务院各部委、各直属机构：

《加快构建碳排放双控制度体系工作方案》已经国务院同意，现印发给你们，请结合实际认真贯彻执行。

国务院办公厅

2024 年 7 月 30 日

（本文有删减）

加快构建碳排放双控制度体系工作方案

为贯彻落实党中央、国务院决策部署，建立能耗双控向碳排放双控全面转型新机制，加快构建碳排放总量和强度双控（以下简称碳排放双控）制度体系，积极稳妥推进碳达峰碳中和、加快发展方式绿色转型，制定本工作方案。

一、总体要求

以习近平新时代中国特色社会主义思想为指导，深入贯彻党的二十大和二十届二中、三中全会精神，全面贯彻习近平经济思想、习近平生态文明思想，完整准确全面贯彻新发展理念，加快构建新发展格局，着力推动高质量发展，将碳排放指标及相关要求纳入国家规划，建立健全地方碳考核、行业碳管控、企业碳管理、项目碳评价、产品碳足迹等政策制度和管理机制，并与全国碳排放权交易市场有效衔接，构建系统完备的碳排放双控制度体系，为实现碳达峰碳中和目标提供有力保障。

到 2025 年，碳排放统计核算体系进一步完善，一批行业企业碳排放核算相关标准和产品碳足迹标准出台实施，国家温室气体排放因子数据库基本建成并定期更新，相关计量、统计、监测能力得到提升，为“十五五”时期在全国范围实施碳排放双控奠定基础。

“十五五”时期，实施以强度控制为主、总量控制为辅的碳排放双控制度，建立碳达峰碳中和综合评价考核制度，加强重点领域和行业碳排放核算能力，健全重点用能和碳排放单位管理制度，开展固定资产投资项目碳排放评价，构建符合中国国情的产品碳足迹管理体系和产品碳标识认证制度，确保如期实现碳达峰目标。

碳达峰后，实施以总量控制为主、强度控制为辅的碳排放双控制度，建立碳中和目标评价考核制度，进一步强化对各地区及重点领域、行业、企业的碳排放管控要求，健全产品碳足迹管理体系，推行产品碳标识认证制度，推动碳排放总量稳中有降。

二、完善碳排放相关规划制度

（一）推动将碳排放指标纳入规划。将碳排放指标纳入国民经济和社会发展规划，充分考虑经济发展、能源安全、群众正常生产生活以及国家自主贡献目标等因素，合理确定五年规划期碳排放目标，并对重点任务和重大工程进行统筹部署。“十五五”时期，将碳排放强度降低作为国民经济和社会发展约束性指标，开展碳排放总量核算工作，不再将能耗强度作为约束性指标。

（二）制定碳达峰碳中和有关行动方案。围绕国民经济和社会发展五年规划纲要有关部署，研究制定碳达峰碳中和有关行动方案，细化碳排放目标控制的工作举措、重点任务和保障措施。“十五五”时期，细化落实《2030 年前碳达峰行动方案》部署，确保 2030 年前实现碳达峰。

（三）完善碳排放双控相关法规制度。全面清理现行法规政策中与碳排放双控要求不相适应的内容。加快修订固定资产投资项目节能审查办法、重点用能单位节能管理办法等制度，纳入碳排放双控有关要求。

三、建立地方碳排放目标评价考核制度

（四）合理分解碳排放双控指标。五年规划初期，综合考虑经济社会发展水平、区域和功能定位、产业和能源结构等因素，将碳排放双控指标合理分解至各省份。各省份可进一步细化分解碳排放双控指标，压实地市及重点企业控排减排责任。

（五）建立碳达峰碳中和综合评价考核制度。制定出台碳达峰碳中和综合评价考核办法，明确评价考核工作程序及结果运用方式，对各省份开展评价考核。统筹建立评价考核指标体系，以碳排放总量和强度指标为重点，纳入能源结构、能耗强度、资源利用效率、生态系统碳汇、重点领域绿色转型等指标。

（六）推动省市两级建立碳排放预算管理制度。推动各地区结合实际开展碳排放核算，指导省市两级建立碳排放预算管理制度，按年度开展碳排放情况分析和目标预测，并加强与全国碳排放权交易市场的工作协同。2025 年底前，指导各地区开展碳排放预算试编制工作。“十五五”时期，指导各地区根据碳排放强度降低目标编制碳排放预算并动态调整。“十六五”时期及以后，推动各地区建立碳排放总量控制刚性约束机制，实行五年规划期和年度碳排放预算全流程管理。

四、探索重点行业领域碳排放预警管控机制

（七）完善重点行业领域碳排放核算机制。发挥行业主管部门及行业协会作用，以电力、钢铁、有色、建材、石化、化工等工业行业和城乡建设、交通运输等领域为重点，合理划定行业领域碳排放核算范围，依托能源和工业统计、能源活动和工业生产过程碳排放核算、全国碳排放权交易市场等数据，开展重点行业碳排放核算。

（八）建立行业领域碳排放监测预警机制。摸清重点行业领域碳排放底数与减排潜力，常态化开展碳排放形势分析监测，对碳排放增长较快的行业领域进行形势预警，并视情采取新上项目从严把关、全国碳排放权交易市场从严管控、重点用能和碳排放单位从严管理等措施。条件成熟时，将重点行业领域碳排放管控要求纳入碳达峰碳中和综合评价考核指标体系。

五、完善企业节能降碳管理制度

（九）健全重点用能和碳排放单位管理制度。制修订电力、钢铁、有色、建材、石化、化工等重点行业企业碳排放核算规则标准。制定出台重点用能和碳排放单位节能降碳管理办法，将碳排放管控要求纳入现行重点用能单位管理制度，推动重点用能和碳排放单位落实节能降碳管理要求，加强能源和碳排放计量器具配备和检定校准。

（十）发挥市场机制调控作用。完善全国碳排放权交易市场调控机制，逐步扩大行业覆盖范围，探索配额有偿分配机制，提升报告与核查水平，推动履约企业减少碳排放。健全全国温室气体自愿减排交易市场，逐步扩大支持领域，推动更大范围减排。加快健全完善绿证交易市场，促进绿色电力消费。

六、开展固定资产投资项目碳排放评价

（十一）完善固定资产投资项目节能审查制度。将碳排放评价有关要求纳入固定资产投资项目节能审查，对项目用能和碳排放情况开展综合评价，将有关审查评价意见作为固定资产投资项目开工建设以及竣工验收和运营管理的重要依据。

（十二）完善建设项目环境影响评价制度。将温室气体排放管控纳入环境影响评价，对建设项目温室气体排放量和排放水平进行预测和评价，在电力、钢铁、建材、有色、石化、化工等重点行业开展温室气体排放环境影响评价，强化减污降碳协同控制。制定重点行业建设项目温室气体排放环境影响评价技术规范，健全环境影响评价技术体系。

七、加快建立产品碳足迹管理体系

（十三）制定产品碳足迹核算规则标准。制定发布产品碳足迹量化要求通则等国家标准，对产品碳足迹核算原则、核算方法、数据质量等明确统一要求。按照急用先行原则，聚焦电力、燃油、钢铁、电解铝、水泥、化肥、氢、石灰、玻璃、乙烯、合成氨、电石、甲醇、煤化工、动力电池、光伏、新能源汽车、电子电器等重点产品，组织相关行业协会、企业、科研单位等制定发布产品碳足迹核算行业标准或团体标准。

（十四）加强碳足迹背景数据库建设。加快建设全国温室气体排放因子数据库，建立定期更新发布机制，为地方、企业开展产品碳足迹核算提供基准数据。行业主管部门和有条件的地区可以根据需要建设重点行业碳足迹背景数据库，鼓励相关行业协会、企业、科研单位探索建设细分行业领域产品碳足迹背景数据库。

（十五）建立产品碳标识认证制度。制定产品碳标识认证管理办法，研制碳标识相关国家标准，组织有条件的城市聚焦重点产品开展先行先试，鼓励企业按照市场化原则开展产品碳标识认证。

八、组织实施

各地区、各有关部门要深入贯彻落实党中央、国务院决策部署，加快构建碳排放双控制度体系，结合实际细化落实方案，按照职责分工扎实推进各项重点任务，持续夯实工作基础。国家发展改革委要切实履行“双碳”有关协调职责，强化调度督促和推进落实，加强前瞻性政策研究，及时优化有关任务举措，抓紧补齐制度短板，并会同有关部门加强宣传解读和教育培训。重大事项及时请示报告。

中共中央 国务院关于加快经济社会发展全面绿色转型的意见

（2024年7月31日）

推动经济社会发展绿色化、低碳化，是新时代党治国理政新理念新实践的重要标志，是实现高质量发展的关键环节，是解决我国资源环境生态问题的基础之策，是建设人与自然和谐共生现代化的内在要求。为加快经济社会发展全面绿色转型，现提出如下意见。

一、总体要求

坚持以习近平新时代中国特色社会主义思想为指导，深入贯彻党的二十大和二十届二中、三中全会精神，全面贯彻习近平经济思想、习近平生态文明思想，完整准确全面贯彻新发展理念，加快构建新发展格局，坚定不移走生态优先、节约集约、绿色低碳高质量发展道路，以碳达峰碳中和工作为引领，协同推进降碳、减污、扩绿、增长，深化生态文明体制改革，健全绿色低碳发展机制，加快经济社会发展全面绿色转型，形成节约资源和保护环境的空间格局、产业结构、生产方式、生活方式，全面推进美丽中国建设，加快推进人与自然和谐共生的现代化。

工作中要做到：

——坚持全面转型。牢固树立绿水青山就是金山银山的理念，将绿色转型的要求融入经济社会发展全局，全方位、全领域、全地域推进绿色转型，构建人与自然生命共同体。

——坚持协同转型。充分考虑不同地区、不同行业的发展实际，坚持统筹推进与重点突破相结合，科学设定绿色转型的时间表、路线图、施工图，鼓励有条件的地区和行业先行探索。

——坚持创新转型。强化支撑绿色转型的科技创新、政策制度创新、商业模式创新，推进绿色低碳科技革命，因地制宜发展新质生产力，完善生态文明制度体系，为绿色转型提供更强创新动能和制度保障。

——坚持安全转型。统筹处理好发展和减排、整体和局部、当前和长远、政府和市场的关系，妥善防范化解绿色转型面临的内外部风险挑战，切实保障粮食能源安全、产业链供应链安全，更好保障人民群众生产生活。

主要目标是：到2030年，重点领域绿色转型取得积极进展，绿色生产方式和生活方式基本形成，减污降碳协同能力显著增强，主要资源利用效率进一步提升，支持绿色发展的政策和标准体系更加完善，经济社会发展全面绿色转型取得显著成效。到2035年，绿色低碳循环发展经济体系基本建立，绿色生产方式和生活方式广泛形成，减污降碳协同增效取得显著进展，主要资源利用效率达到国际先进水平，经济社会发展全面进入绿色低碳轨道，碳排放达峰后稳中有降，美丽中国目标基本实现。

二、构建绿色低碳高质量发展空间格局

（一）优化国土空间开发保护格局。健全全国统一、责权清晰、科学高效的国土空间规划体系，严守耕地和永久基本农田、生态保护红线、城镇开发边界三条控制线，优化各类空间布局。健全主体功能区制度体系，推进主体功能综合布局，细化主体功能区划分，完善差异化政策。加快建设以国家公园为主体、自然保护区为基础、各类自然公园为补充的自然保护地体系。加强生态环境分区管控。健全海洋资源开发保护制度，系统谋划海洋开发利用，推进陆海协同可持续发展。

（二）打造绿色发展高地。加强区域绿色发展协作，统筹推进协调发展和协同转型，打造绿色低碳高质量发展的增长极和动力源。推进京津冀协同发展，完善生态环境协同保护机制，支持雄安新区建设成为绿色发展城市典范。持续推进长江经济带共抓大保护，探索生态优先、绿色发展新路径。深入推进粤港澳大湾区建设和长三角一体化发展，打造世界级绿色低碳产业集群。推动海南自由贸易港建设、黄河流域生态保护和高质量发展。建设美丽中国先行区。持续加大对资源型地区和革命老区绿色转型的支持力度，培育发展绿色低碳产业。

三、加快产业结构绿色低碳转型

（三）推动传统产业绿色低碳改造升级。大力推动钢铁、有色、石化、化工、建材、造纸、印染等行业绿色低碳转型，推广节能低碳和清洁生产技术装备，推进工艺流程更新升级。优化产能规模和布局，持续更新土地、环境、能效、水效和碳排放等约束性标准，以国家标准提升引领传统产业优化升级，建立健全产能退出机制。合理提高新建、改扩建项目资源环境准入门槛，坚决遏制高耗能、高排放、低水平项目盲目上马。

（四）大力发展绿色低碳产业。加快发展战略性新兴产业，建设绿色制造体系和服务体系，不断提升绿色低碳产业在经济总量中的比重。加快培育有竞争力的绿色低碳企业，打造一批领军企业和专精特新中小企业。大力推广合同能源管理、合同节水管理、环境污染第三方治理等模式和以环境治理效果为导向的环境托管服务。推动文化产业高质量发展，促进文化和旅游深度融合发展。积极鼓励绿色低碳导向的新产业、新业态、新商业模式加快发展。到2030年，节能环保产业规模达到15万亿元左右。

（五）加快数字化绿色化协同转型发展。推进产业数字化智能化同绿色化的深度融合，

深化人工智能、大数据、云计算、工业互联网等在电力系统、工农业生产、交通运输、建筑建设运行等领域的应用，实现数字技术赋能绿色转型。推动各类用户“上云、用数、赋智”，支持企业用数智技术、绿色技术改造提升传统产业。推动绿色低碳数字基础设施建设，推进既有设施节能降碳改造，逐步淘汰“老旧小散”设施。引导数字科技企业绿色低碳发展，助力上下游企业提高减碳能力。探索建立环境污染和气象灾害高效监测、主动预警、科学分析、智能决策系统。推进实景三维中国建设与时空信息赋能应用。

四、稳妥推进能源绿色低碳转型

（六）加强化石能源清洁高效利用。加强能源产供储销体系建设，坚持先立后破，推进非化石能源安全可靠有序替代化石能源，持续优化能源结构，加快规划建设新型能源体系。坚决控制化石能源消费，深入推动煤炭清洁高效利用，“十四五”时期严格合理控制煤炭消费增长，接下来 5 年逐步减少，在保障能源安全供应的前提下，重点区域继续实施煤炭消费总量控制，积极有序推进散煤替代。加快现役煤电机组节能降碳改造、灵活性改造、供热改造“三改联动”，合理规划建设保障电力系统安全所必需的调节性、支撑性煤电。加大油气资源勘探开发和增储上产力度，加快油气勘探开发与新能源融合发展。推进二氧化碳捕集利用与封存项目建设。

（七）大力发展非化石能源。加快西北风电光伏、西南水电、海上风电、沿海核电等清洁能源基地建设，积极发展分布式光伏、分散式风电，因地制宜开发生物质能、地热能、海洋能等新能源，推进氢能“制储输用”全链条发展。统筹水电开发和生态保护，推进水风光一体化开发。积极安全有序发展核电，保持合理布局和平稳建设节奏。到 2030 年，非化石能源消费比重提高到 25%左右。

（八）加快构建新型电力系统。加强清洁能源基地、调节性资源和输电通道在规模能力、空间布局、建设节奏等方面的衔接协同，鼓励在气源可落实、气价可承受地区布局天然气调峰电站，科学布局抽水蓄能、新型储能、光热发电，提升电力系统安全运行和综合调节能力。建设智能电网，加快微电网、虚拟电厂、源网荷储一体化项目建设。加强电力需求侧管理。深化电力体制改革，进一步健全适应新型电力系统的体制机制。到 2030 年，抽水蓄能装机容量超过 1.2 亿千瓦。

五、推进交通运输绿色转型

（九）优化交通运输结构。构建绿色高效交通运输体系，完善国家铁路、公路、水运网络，推动不同运输方式合理分工、有效衔接，降低空载率和不合理客货运周转量。大力推进多式联运“一单制”、“一箱制”发展，加快货运专用铁路和内河高等级航道网建设，推进主要港口、大型工矿企业和物流园区铁路专用线建设，提高绿色集疏运比例，持续提高大宗货物的铁路、水路运输比重。优化民航航路航线，提升机场运行电动化智能化水平。

（十）建设绿色交通基础设施。提升新建车站、机场、码头、高速公路设施绿色化智能化水平，推进既有交通基础设施节能降碳改造提升，建设一批低碳（近零碳）车站、机场、码头、高速公路服务区，因地制宜发展高速公路沿线光伏。完善充（换）电站、加氢（醇）站、岸电等基础设施网络，加快建设城市智慧交通管理系统。完善城乡物流配送体系，推动配送方式绿色智能转型。深入实施城市公共交通优先发展战略，提升公共交通服务水平。加强人行步道和自行车专用道等城市慢行系统建设。

（十一）推广低碳交通运输工具。大力推广新能源汽车，推动城市公共服务车辆电动化替代。推动船舶、航空器、非道路移动机械等采用清洁动力，加快淘汰老旧运输工具，推进零排放货运，加强可持续航空燃料研发应用，鼓励净零排放船用燃料研发生产应用。到2030年，营运交通工具单位换算周转量碳排放强度比2020年下降9.5%左右。到2035年，新能源汽车成为新销售车辆的主流。

六、推进城乡建设发展绿色转型

（十二）推行绿色规划建设方式。在城乡的规划、建设、治理各环节全面落实绿色转型要求。倡导绿色低碳规划设计理念，严守城镇开发边界，控制新增建设用地过快增长，保护和修复绿地、水域、湿地等生态空间，合理规划噪声敏感建筑物集中区域。推进气候适应型城市建设，增强城乡气候韧性。推广绿色建造方式，优先选用绿色建材，深化扬尘污染综合治理。

（十三）大力发展绿色低碳建筑。建立建筑能效等级制度。提升新建建筑中星级绿色建筑比例，推动超低能耗建筑规模化发展。加快既有建筑和市政基础设施节能节水降碳改造，推广先进高效照明、空调、电梯等设备。优化建筑用能结构，推进建筑光伏一体化建设，推动“光储直柔”技术应用，发展清洁低碳供暖。

（十四）推动农业农村绿色发展。实施农业农村减排固碳行动，优化种养结构，推广优良作物畜禽品种和绿色高效栽培养殖技术，推进化肥、农药等农业投入品减量增效。建立健全秸秆、农膜、农药包装废弃物、畜禽粪污等农业废弃物收集利用处理体系，加强秸秆禁烧管控。深入推进农村人居环境整治提升，培育乡村绿色发展新产业新业态。因地制宜开发利用可再生能源，有序推进农村地区清洁取暖。

七、实施全面节约战略

（十五）大力推进节能降碳增效。高水平、高质量抓好节能工作，推动重点行业节能降碳改造，加快设备产品更新换代升级。构建碳排放统计核算体系，加强固定资产投资项目节能审查，探索开展项目碳排放评价，严把新上项目能耗和碳排放关。推动企业建立健全节能降碳管理机制，推广节能降碳“诊断+改造”模式，强化节能监察。

（十六）加强资源节约集约高效利用。完善资源总量管理和全面节约制度，加强水、粮食、土地、矿产等各类资源的全过程管理和全链条节约。落实水资源刚性约束制度，发展节水产业，加强非常规水源利用，建设节水型社会。落实反食品浪费法，健全粮食和食物节约长效机制，开展粮食节约行动。落实最严格的耕地保护制度和土地节约集约利用制度，推广节地技术和节地模式，优化存量土地开发利用，提升海域空间利用效率。加强矿产资源勘查、保护和合理开发，提高开采效率，加强低品位资源利用。

（十七）大力发展循环经济。深入推进循环经济助力降碳行动，推广资源循环型生产模式，大力发展资源循环利用产业，推动再制造产业高质量发展，提高再生材料和产品质量，扩大对原生资源的替代规模。推进生活垃圾分类，提升资源化利用率。健全废弃物循环利用体系，强化废弃物分类处置和回收能力，提升再生利用规模化、规范化、精细化水平。到 2030 年，大宗固体废弃物年利用量达到 45 亿吨左右，主要资源产出率比 2020 年提高 45%左右。

八、推动消费模式绿色转型

（十八）推广绿色生活方式。大力倡导简约适度、绿色低碳、文明健康的生活理念和消费方式，将绿色理念和节约要求融入市民公约、村规民约、学生守则、团体章程等社会规范，增强全民节约意识、环保意识、生态意识。开展绿色低碳全民行动，引导公众节约用水用电、反对铺张浪费、推广“光盘行动”、抵制过度包装、减少一次性用品使用，引导公众优先选择公共交通、步行、自行车等绿色出行方式，广泛开展爱国卫生运动，推动解决噪声、油烟、恶臭等群众身边的环境问题，形成崇尚生态文明的社会氛围。

（十九）加大绿色产品供给。引导企业开展绿色设计、选择绿色材料、推行绿色制造、采用绿色包装、开展绿色运输、回收利用资源，降低产品全生命周期能源资源消耗和生态环境影响。建立健全绿色产品设计、采购、制造标准规范，加强绿色产品认证与标识体系建设，完善能效、水效标识制度，建立产品碳足迹管理体系和产品碳标识认证制度。加强绿色产品和服务认证管理，完善认证机构监管机制，培育具有国际影响力的绿色认证机构。

（二十）积极扩大绿色消费。健全绿色消费激励机制。优化政府绿色采购政策，拓展绿色产品采购范围和规模，适时将碳足迹要求纳入政府采购。引导企业执行绿色采购指南，鼓励有条件的企业建立绿色供应链，带动上下游企业协同转型。支持有条件的地区通过发放消费券、绿色积分等途径，鼓励企业采取“以旧换新”等方式，引导消费者购买绿色产品。开展新能源汽车和绿色智能家电、节水器具、节能灶具、绿色建材下乡活动，加强配套设施建设和售后服务保障。鼓励用户扩大绿色能源消费。

九、发挥科技创新支撑作用

（二十一）强化应用基础研究。建立前沿引领技术、颠覆性技术的预测、发现、评估和预警机制，适度超前布局国家重大科研基础设施，组建一批全国重点实验室和国家创新平台，实施一批国家重大前沿科技项目，着力加强绿色低碳领域应用基础研究，激发颠覆性技术创新。创新人才培养模式，优化高校学科专业设置，夯实绿色转型智力基础。

（二十二）加快关键技术研发。推进绿色低碳科技自立自强，将绿色转型相关技术作为国家重点研发计划相关重点专项的重要支持方向，聚焦能源绿色低碳转型、低碳零碳工艺流程再造、新型电力系统、二氧化碳捕集利用与封存、资源节约集约与循环利用、新污染物治理等领域，统筹强化关键核心技术攻关。强化企业科技创新主体地位，支持龙头企业牵头组建关键核心技术攻关联合体，加大对中小企业绿色低碳技术研发的资助力度，鼓励各类所有制企业参与相关国家科技计划。

（二十三）开展创新示范推广。发挥创新对绿色转型的关键引领作用。开展多层次试点，推进工业、能源、交通运输、城乡建设、农业等重点领域减污降碳协同增效。实施绿色低碳先进技术示范工程，加快先进适用技术示范应用和推广。完善绿色低碳技术评估、交易体系和科技创新服务平台，探索有利于绿色低碳新产业新业态发展的商业模式，加强绿色低碳技术知识产权创造、保护、运用，激发全社会创新活力。

十、完善绿色转型政策体系

（二十四）健全绿色转型财税政策。积极构建有利于促进绿色低碳发展和资源高效利用的财税政策体系，支持新型能源体系建设、传统行业改造升级、绿色低碳科技创新、能源资源节约集约利用和绿色低碳生活方式推广等领域工作。落实环境保护、节能节水、资源综合利用、新能源和清洁能源车船税收优惠。完善绿色税制，全面推行水资源费改税，完善环境保护税征收体系，研究支持碳减排相关税收政策。

（二十五）丰富绿色转型金融工具。延长碳减排支持工具实施年限至 2027 年年末。研究制定转型金融标准，为传统行业领域绿色低碳转型提供合理必要的金融支持。鼓励银行在合理评估风险基础上引导信贷资源绿色化配置，有条件的地方可通过政府性融资担保机构支持绿色信贷发展。鼓励地方政府通过多种方式降低绿色债券融资成本。积极发展绿色股权融资、绿色融资租赁、绿色信托等金融工具，有序推进碳金融产品和衍生工具创新。发展绿色保险，探索建立差别化保险费率机制。

（二十六）优化绿色转型投资机制。创新和优化投资机制，鼓励各类资本提升绿色低碳领域投资比例。中央预算内投资对绿色低碳先进技术示范、重点行业节能降碳、资源高效循环利用、环境基础设施建设等领域重点项目积极予以支持。引导和规范社会资本参与绿色低碳项目投资、建设、运营，鼓励社会资本以市场化方式设立绿色低碳产业投资基金。支持符合条件的新能源、生态环境保护等绿色转型相关项目发行基础设施领域不动产投资信托基金（REITs）。

（二十七）完善绿色转型价格政策。深化电力价格改革，完善鼓励灵活性电源参与系统调节的价格机制，实行煤电容量电价机制，研究建立健全新型储能价格形成机制，健全阶梯电价制度和分时电价政策，完善高耗能行业阶梯电价制度。完善居民阶梯水价、非居民用水及特种用水超定额累进加价政策，推进农业水价综合改革。支持地方完善收费模式，推进生活垃圾处理收费方式改革，建立城镇生活垃圾分类和减量激励机制。

（二十八）健全绿色转型市场化机制。健全资源环境要素市场化配置体系，完善交易制度规范及登记、出让、转让、抵押等配套制度，探索基于资源环境权益的融资工具。健全横向生态保护补偿机制，完善生态产品价值实现机制。推进全国碳排放权交易市场和温室气体自愿减排交易市场建设，健全法规制度，适时有序扩大交易行业范围。完善绿色电力证书交易制度，加强绿电、绿证、碳交易等市场化机制的政策协同。

（二十九）构建绿色发展标准体系。建立碳达峰碳中和标准体系，推进基础通用标准及碳减排、碳清除相关标准制定修订，制定企业碳排放和产品碳足迹核算、报告、核查等标准。加快节能标准更新升级，提升重点产品能耗限额要求，扩大能耗限额标准覆盖范围。完善可再生能源标准体系和工业绿色低碳标准体系，建立健全氢能“制储输用”标准。

十一、加强绿色转型国际合作

（三十）参与引领全球绿色转型进程。秉持人类命运共同体理念，积极参与应对气候变化、海洋污染治理、生物多样性保护、塑料污染治理等领域国际规则制定，推动构建公平合理、合作共赢的全球环境气候治理体系。推动落实全球发展倡议，加强南南合作以及同周边国家合作，在力所能及范围内为发展中国家提供支持。

（三十一）加强政策交流和务实合作。拓展多双边对话合作渠道，加强绿色发展领域的多边合作平台建设，大力宣传中国绿色转型成效，积极借鉴国际经验。加强绿色投资和贸易合作，推进“绿色丝绸之路”建设，深化与有关国家务实合作，提高境外项目环境可持续性，鼓励绿色低碳产品进出口。加强绿色技术合作，鼓励高校、科研机构与外方开展学术交流，积极参与国际大科学工程。加强绿色标准与合格评定国际合作，参与相关国际标准制定修订，推动与主要贸易伙伴在碳足迹等规则方面衔接互认。

十二、组织实施

（三十二）坚持和加强党的全面领导。在党中央集中统一领导下，加快推进经济社会发展全面绿色转型，把党的领导贯彻到工作的全过程和各方面。各地区各部门要明确本地区本部门绿色转型的重点任务，结合实际抓好本意见贯彻落实。各相关单位、人民团体、社会组织要积极推进本领域绿色转型工作。国家发展改革委要加强统筹协调，会同有关部门建立能耗双控向碳排放双控全面转型新机制，制定实施碳达峰碳中和综合评价考核制度，科学开展考核，加强评价考核结果应用。重要情况及时按程序向党中央、国务院请示报告。

（三十三）加强法治保障。各有关单位要加快推进生态环境法典和能源法、节约能源法、电力法、煤炭法、可再生能源法、循环经济促进法等法律法规制定修订工作，研究制定应对气候变化和碳达峰碳中和专项法律。落实民法典绿色原则，引导民事主体节约能源资源、保护生态环境。健全行政执法与刑事司法衔接机制。依法开展生态环境损害赔偿诉讼、生态环境和资源保护领域公益诉讼，完善生态环境损害赔偿和修复机制。

国务院关于印发《2024—2025 年节能降碳行动方案》的通知

（国发〔2024〕12 号）

各省、自治区、直辖市人民政府，国务院各部委、各直属机构：

现将《2024—2025 年节能降碳行动方案》印发给你们，请认真贯彻执行。

国务院

2024 年 5 月 23 日

（本文有删减）

2024—2025年节能降碳行动方案

节能降碳是积极稳妥推进碳达峰碳中和、全面推进美丽中国建设、促进经济社会发展全面绿色转型的重要举措。为加大节能降碳工作推进力度，采取务实管用措施，尽最大努力完成“十四五”节能降碳约束性指标，制定本方案。

一、总体要求

以习近平新时代中国特色社会主义思想为指导，深入贯彻党的二十大精神，全面贯彻习近平经济思想、习近平生态文明思想，坚持稳中求进工作总基调，完整、准确、全面贯彻新发展理念，一以贯之坚持节约优先方针，完善能源消耗总量和强度调控，重点控制化石能源消费，强化碳排放强度管理，分领域分行业实施节能降碳专项行动，更高水平更高质量做好节能降碳工作，更好发挥节能降碳的经济效益、社会效益和生态效益，为实现碳达峰碳中和目标奠定坚实基础。

2024年，单位国内生产总值能源消耗和二氧化碳排放分别降低2.5%左右、3.9%左右，规模以上工业单位增加值能源消耗降低3.5%左右，非化石能源消费占比达到18.9%左右，重点领域和行业节能降碳改造形成节能量约5000万吨标准煤、减排二氧化碳约1.3亿吨。

2025年，非化石能源消费占比达到20%左右，重点领域和行业节能降碳改造形成节能量约5000万吨标准煤、减排二氧化碳约1.3亿吨，尽最大努力完成“十四五”节能降碳约束性指标。

二、重点任务

（一）化石能源消费减量替代行动

1. 严格合理控制煤炭消费。加强煤炭清洁高效利用，推动煤电低碳化改造和建设，推进煤电节能降碳改造、灵活性改造、供热改造“三改联动”。严格实施大气污染防治重点区域煤炭消费总量控制，重点削减非电力用煤，持续推进燃煤锅炉关停整合、工业窑炉清洁能源替代和散煤治理。对大气污染防治重点区域新建和改扩建用煤项目依法实行煤炭等量或减量替代。合理控制半焦（兰炭）产业规模。到2025年底，大气污染防治重点区域平原地区散煤基本清零，基本淘汰35蒸吨/小时及以下燃煤锅炉及各类燃煤设施。

2. 优化油气消费结构。合理调控石油消费，推广先进生物液体燃料、可持续航空燃料。加快页岩油（气）、煤层气、致密油（气）等非常规油气资源规模化开发。有序引导天然气消费，优先保障居民生活和北方地区清洁取暖。除石化企业现有自备机组外，不得采用高硫石油焦作为燃料。

（二）非化石能源消费提升行动

1. 加大非化石能源开发力度。加快建设以沙漠、戈壁、荒漠为重点的大型风电光伏基地。合理有序开发海上风电，促进海洋能规模化开发利用，推动分布式新能源开发利用。有序建设大型水电基地，积极安全有序发展核电，因地制宜发展生物质能，统筹推进氢能发展。到 2025 年底，全国非化石能源发电量占比达到 39%左右。

2. 提升可再生能源消纳能力。加快建设大型风电光伏基地外送通道，提升跨省跨区输电能力。加快配电网改造，提升分布式新能源承载力。积极发展抽水蓄能、新型储能。大力发展微电网、虚拟电厂、车网互动等新技术新模式。到 2025 年底，全国抽水蓄能、新型储能装机分别超过 6200 万千瓦、4000 万千瓦；各地区需求响应能力一般应达到最大用电负荷的 3%～5%，年度最大用电负荷峰谷差率超过 40%的地区需求响应能力应达到最大用电负荷的 5%以上。

3. 大力促进非化石能源消费。科学合理确定新能源发展规模，在保证经济性前提下，资源条件较好地区的新能源利用率可降低至 90%。“十四五”前三年节能降碳指标进度滞后地区要实行新上项目非化石能源消费承诺，“十四五”后两年新上高耗能项目的非化石能源消费比例不得低于 20%，鼓励地方结合实际提高比例要求。加强可再生能源绿色电力证书（以下简称绿证）交易与节能降碳政策衔接，2024 年底实现绿证核发全覆盖。

（三）钢铁行业节能降碳行动

1. 加强钢铁产能产量调控。严格落实钢铁产能置换，严禁以机械加工、铸造、铁合金等名义新增钢铁产能，严防“地条钢”产能死灰复燃。2024 年继续实施粗钢产量调控。“十四五”前三年节能降碳指标完成进度滞后的地区，“十四五”后两年原则上不得新增钢铁产能。新建和改扩建钢铁冶炼项目须达到能效标杆水平和环保绩效 A 级水平。

2. 深入调整钢铁产品结构。大力发展高性能特种钢等高端钢铁产品，严控低附加值基础原材料产品出口。推行钢铁、焦化、烧结一体化布局，大幅减少独立焦化、烧结和热轧企业及工序。大力推进废钢循环利用，支持发展电炉短流程炼钢。到 2025 年底，电炉钢产量占粗钢总产量比例力争提升至 15%，废钢利用量达到 3 亿吨。

3. 加快钢铁行业节能降碳改造。推进高炉炉顶煤气、焦炉煤气余热、低品位余热综合利用，推广铁水一罐到底、铸坯热装热送等工序衔接技术。加强氢冶金等低碳冶炼技术示范应用。到 2025 年底，钢铁行业能效标杆水平以上产能占比达到 30%，能效基准水平以下产能完成技术改造或淘汰退出，全国 80%以上钢铁产能完成超低排放改造；与 2023 年相比，吨钢综合能耗降低 2%左右，余热余压余能自发电率提高 3 个百分点以上。2024—2025 年，钢铁行业节能降碳改造形成节能量约 2000 万吨标准煤、减排二氧化碳约

5300万吨。

（四）石化化工行业节能降碳行动

1. 严格石化化工产业政策要求。强化石化产业规划布局刚性约束。严控炼油、电石、磷铵、黄磷等行业新增产能，禁止新建用汞的聚氯乙烯、氯乙烯产能，严格控制新增延迟焦化生产规模。新建和改扩建石化化工项目须达到能效标杆水平和环保绩效A级水平，用于置换的产能须按要求及时关停并拆除主要生产设施。全面淘汰200万吨/年及以下常减压装置。到2025年底，全国原油一次加工能力控制在10亿吨以内。

2. 加快石化化工行业节能降碳改造。实施能量系统优化，加强高压低压蒸汽、弛放气、余热余压等回收利用，推广大型高效压缩机、先进气化炉等节能设备。到2025年底，炼油、乙烯、合成氨、电石行业能效标杆水平以上产能占比超过30%，能效基准水平以下产能完成技术改造或淘汰退出。2024—2025年，石化化工行业节能降碳改造形成节能量约4000万吨标准煤、减排二氧化碳约1.1亿吨。

3. 推进石化化工工艺流程再造。加快推广新一代离子膜电解槽等先进工艺。大力推进可再生能源替代，鼓励可再生能源制氢技术研发应用，支持建设绿氢炼化工程，逐步降低行业煤制氢用量。有序推进蒸汽驱动改电力驱动，鼓励大型石化化工园区探索利用核能供汽供热。

（五）有色金属行业节能降碳行动

1. 优化有色金属产能布局。严格落实电解铝产能置换，从严控制铜、氧化铝等冶炼新增产能，合理布局硅、锂、镁等行业新增产能。大力发展再生金属产业。到2025年底，再生金属供应占比达到24%以上，铝水直接合金化比例提高到90%以上。

2. 严格新增有色金属项目准入。新建和改扩建电解铝项目须达到能效标杆水平和环保绩效A级水平，新建和改扩建氧化铝项目能效须达到强制性能耗限额标准先进值。新建多晶硅、锂电池正负极项目能效须达到行业先进水平。

3. 推进有色金属行业节能降碳改造。推广高效稳定铝电解、铜锍连续吹炼、竖式还原炼镁、大型矿热炉制硅等先进技术，加快有色金属行业节能降碳改造。到2025年底，电解铝行业能效标杆水平以上产能占比达到30%，可再生能源使用比例达到25%以上；铜、铅、锌冶炼能效标杆水平以上产能占比达到50%；有色金属行业能效基准水平以下产能完成技术改造或淘汰退出。2024—2025年，有色金属行业节能降碳改造形成节能量约500万吨标准煤、减排二氧化碳约1300万吨。

（六）建材行业节能降碳行动

1. 加强建材行业产能产量调控。严格落实水泥、平板玻璃产能置换。加强建材行业产量监测预警，推动水泥错峰生产常态化。鼓励尾矿、废石、废渣、工业副产石膏等综合利用。到2025年底，全国水泥熟料产能控制在18亿吨左右。

2. 严格新增建材项目准入。新建和改扩建水泥、陶瓷、平板玻璃项目须达到能效标杆水平和环保绩效 A 级水平。大力发展绿色建材，推动基础原材料制品化、墙体保温材料轻型化和装饰装修材料装配化。到 2025 年底，水泥、陶瓷行业能效标杆水平以上产能占比达到 30%，平板玻璃行业能效标杆水平以上产能占比达到 20%，建材行业能效基准水平以下产能完成技术改造或淘汰退出。

3. 推进建材行业节能降碳改造。优化建材行业用能结构，推进用煤电气化。加快水泥原料替代，提升工业固体废弃物资源化利用水平。推广浮法玻璃一窑多线、陶瓷干法制粉、低阻旋风预热器、高效篦冷机等节能工艺和设备。到 2025 年底，大气污染防治重点区域 50%左右水泥熟料产能完成超低排放改造。2024—2025 年，建材行业节能降碳改造形成节能量约 1000 万吨标准煤、减排二氧化碳约 2600 万吨。

（七）建筑节能降碳行动

1. 加快建造方式转型。严格执行建筑节能降碳强制性标准，强化绿色设计和施工管理，研发推广新型建材及先进技术。大力发展装配式建筑，积极推动智能建造，加快建筑光伏一体化建设。因地制宜推进北方地区清洁取暖，推动余热供暖规模化发展。到 2025 年底，城镇新建建筑全面执行绿色建筑标准，新建公共机构建筑、新建厂房屋顶光伏覆盖率力争达到 50%，城镇建筑可再生能源替代率达到 8%，新建超低能耗建筑、近零能耗建筑面积较 2023 年增长 2000 万平方米以上。

2. 推进存量建筑改造。落实大规模设备更新有关政策，结合城市更新行动、老旧小区改造等工作，推进热泵机组、散热器、冷水机组、外窗（幕墙）、外墙（屋顶）保温、照明设备、电梯、老旧供热管网等更新升级，加快建筑节能改造。加快供热计量改造和按热量收费，各地区要结合实际明确量化目标和改造时限。实施节能门窗推广行动。到 2025 年底，完成既有建筑节能改造面积较 2023 年增长 2 亿平方米以上，城市供热管网热损失较 2020 年降低 2 个百分点左右，改造后的居住建筑、公共建筑节能率分别提高 30%、20%。

3. 加强建筑运行管理。分批次开展公共建筑和居住建筑节能督查检查。建立公共建筑运行调适制度，严格公共建筑室内温度控制。在大型公共建筑中探索推广用电设备智能群控技术，合理调配用电负荷。

（八）交通运输节能降碳行动

1. 推进低碳交通基础设施建设。提升车站、铁路、机场等用能电气化水平，推动非道路移动机械新能源化，加快国内运输船舶和港口岸电设施匹配改造。鼓励交通枢纽场站及路网沿线建设光伏发电设施。加强充电基础设施建设。因地制宜发展城市轨道交通、快速公交系统，加快推进公交专用道连续成网。完善城市慢行系统。

2. 推进交通运输装备低碳转型。加快淘汰老旧机动车，提高营运车辆能耗限值准入标准。逐步取消各地新能源汽车购买限制。落实便利新能源汽车通行等支持政策。推动公共领域车辆电动化，有序推广新能源中重型货车，发展零排放货运车队。推进老旧运输船舶报废更新，推动开展沿海内河船舶电气化改造工程试点。到2025年底，交通运输领域二氧化碳排放强度较2020年降低5%。

3. 优化交通运输结构。推进港口集疏运铁路、物流园区及大型工矿企业铁路专用线建设，推动大宗货物及集装箱中长距离运输“公转铁”、“公转水”。加快发展多式联运，推动重点行业清洁运输。实施城市公共交通优先发展战略。加快城市货运配送绿色低碳、集约高效发展。到2025年底，铁路和水路货运量分别较2020年增长10%、12%，铁路单位换算周转量综合能耗较2020年降低4.5%。

（九）公共机构节能降碳行动

1. 加强公共机构节能降碳管理。严格实施对公共机构的节能目标责任评价考核，探索能耗定额预算制度。各级机关事务管理部门每年要将机关节能目标责任评价考核结果报告同级人民政府。到2025年底，公共机构单位建筑面积能耗、单位建筑面积碳排放、人均综合能耗分别较2020年降低5%、7%、6%。

2. 实施公共机构节能降碳改造。实施公共机构节能降碳改造和用能设备更新清单管理。推进煤炭减量替代，加快淘汰老旧柴油公务用车。到2025年底，公共机构煤炭消费占比降至13%以下，中央和国家机关新增锅炉、变配电、电梯、供热、制冷等重点用能设备能效先进水平占比达到80%。

（十）用能产品设备节能降碳行动

1. 加快用能产品设备和设施更新改造。动态更新重点用能产品设备能效先进水平、节能水平和准入水平，推动重点用能设备更新升级，加快数据中心节能降碳改造。与2021年相比，2025年工业锅炉、电站锅炉平均运行热效率分别提高5个百分点以上、0.5个百分点以上，在运高效节能电机、高效节能变压器占比分别提高5个百分点以上、10个百分点以上，在运工商业制冷设备、家用制冷设备、通用照明设备中的高效节能产品占比分别达到40%、60%、50%。

2. 加强废旧产品设备循环利用。加快废旧物资循环利用体系建设，加强废旧产品设备回收处置供需对接。开展企业回收目标责任制行动。加强工业装备、信息通信、风电光伏、动力电池等回收利用。建立重要资源消耗、回收利用、处理处置、再生原料消费等基础数据库。

三、管理机制

（一）强化节能降碳目标责任和评价考核。落实原料用能和非化石能源不纳入能源消耗总量和强度调控等政策，细化分解各地区和重点领域、重点行业节能降碳目标任务。

严格实施节能目标责任评价考核，统筹考核节能改造量和非化石能源消费量。加强节能降碳形势分析，实施能耗强度降低提醒预警，强化碳排放强度降低进展评估。压实企业节能降碳主体责任。在中央企业负责人经营业绩考核中强化节能降碳目标考核。

（二）严格固定资产投资项目节能审查和环评审批。加强节能审查源头把关，切实发挥能耗、排放、技术等标准牵引作用，坚决遏制高耗能、高排放、低水平项目盲目上马。建立重大项目节能审查权限动态调整机制，研究按机制上收个别重点行业特大型项目节能审查权限，加强节能审查事中事后监管。将碳排放评价有关要求纳入固定资产投资项目节能审查，对项目用能和碳排放情况开展综合评价。严格落实建设项目环境影响评价制度，开展重点行业建设项目温室气体排放环境影响评价。重大能源工程建设依法开展规划环境影响评价。

（三）加强重点用能单位节能降碳管理。建立重点用能单位节能管理档案，强化能源利用状况报告报送审查，完善能耗在线监测系统建设运行。开展重点领域能效诊断，建立健全节能降碳改造和用能设备更新项目储备清单。将可再生能源电力消纳责任权重分解至重点用能单位。实行重点用能单位化石能源消费预算管理，超出预算部分通过购买绿电绿证进行抵消。

（四）加大节能监察力度。加快健全省、市、县三级节能监察体系，统筹运用综合行政执法、市场监管执法、特种设备监察、信用管理等手段，加强节能法律法规政策标准执行情况监督检查。到 2024 年底，各地区完成 60%以上重点用能单位节能监察；到 2025 年底，实现重点用能单位节能监察全覆盖。

（五）加强能源消费和碳排放统计核算。建立与节能降碳目标管理相适应的能耗和碳排放统计快报制度，提高数据准确性和时效性。夯实化石能源、非化石能源、原料用能等统计核算基础。积极开展以电力、碳市场数据为基础的能源消费和碳排放监测分析。

四、支撑保障

（一）健全制度标准。推动修订节约能源法，适时完善固定资产投资项目节能审查办法、重点用能单位节能管理办法、节能监察办法等制度，强化激励约束，实施能源消费全链条管理。完善全国碳市场法规体系。结合推动大规模设备更新和消费品以旧换新，对标国内国际先进水平，加快强制性节能标准制修订，扩大标准覆盖范围。按照相关行业和产品设备能效前 5%、前 20%、前 80%水平，设置节能标准 1 级、2 级、3 级（或 5 级）指标。

（二）完善价格政策。落实煤电容量电价，深化新能源上网电价市场化改革，研究完善储能价格机制。严禁对高耗能行业实施电价优惠。强化价格政策与产业政策、环保政策的协同，综合考虑能耗、环保绩效水平，完善高耗能行业阶梯电价制度。深化供热计量收费改革，有序推行两部制热价。

（三）加强资金支持。发挥政府投资带动放大效应，积极支持节能降碳改造和用能设备更新，推动扩大有效投资。鼓励各地区通过现有资金渠道，支持节能降碳改造、用能设备更新、能源和碳排放统计核算能力提升。落实好有利于节能降碳的财税政策。发挥绿色金融作用，引导金融机构按照市场化法治化原则为节能降碳项目提供资金支持。

（四）强化科技引领。充分发挥国家重大科技专项作用，集中攻关一批节能降碳关键共性技术。扎实推进绿色低碳先进技术示范工程建设。修订发布绿色技术推广目录，倡导最佳节能技术和最佳节能实践。积极培育重点用能产品设备、重点行业企业和公共机构能效“领跑者”。

（五）健全市场化机制。积极推广节能咨询、诊断、设计、融资、改造、托管等“一站式”综合服务模式。推进用能权有偿使用和交易，支持有条件的地区开展用能权跨省交易。稳妥扩大全国碳排放权交易市场覆盖范围，逐步推行免费和有偿相结合的碳排放配额分配方式。对纳入全国碳排放权交易市场的重点排放单位实施碳排放配额管理。有序建设温室气体自愿减排交易市场，夯实数据质量监管机制。加快建设绿证交易市场，做好与碳市场衔接，扩大绿电消费规模。

（六）实施全民行动。结合全国生态日、全国节能宣传周、全国低碳日等活动，加大节能降碳宣传力度，倡导简约适度、绿色低碳的生活方式，增强全民节能降碳意识和能力。充分发挥媒体作用，完善公众参与制度，加大对能源浪费行为的曝光力度，营造人人、事事、时时参与节能降碳的新风尚。

各地区、各部门要在党中央集中统一领导下，锚定目标任务，加大攻坚力度，狠抓工作落实，坚持先立后破，稳妥把握工作节奏，在持续推动能效提升、排放降低的同时，着力保障高质量发展用能需求，尽最大努力完成“十四五”节能降碳约束性指标。国家发展改革委要加强统筹协调，做好工作调度，强化节能目标责任评价考核。生态环境部要加强“十四五”碳排放强度降低目标管理。各有关部门要按照职责分工细化举措，压实责任，推动各项任务落实落细。地方各级人民政府对本行政区域节能降碳工作负总责，主要负责同志是第一责任人，要细化落实方案，强化部署推进。重大事项及时按程序请示报告。

国家发展改革委等部门关于支持内蒙古绿色低碳高质量发展若干政策措施的通知

（发改环资〔2024〕379号）

内蒙古自治区发展改革委、工业和信息化厅、自然资源厅、生态环境厅、能源局、林草局：

为深入贯彻落实《国务院关于推动内蒙古高质量发展　奋力书写中国式现代化新篇章的意见》（国发〔2023〕16号），支持内蒙古大力发展以绿色低碳为鲜明特征的新质生产力，进一步推动内蒙古绿色低碳高质量发展，提出以下措施。

一、加快能源绿色低碳转型

（一）以更大力度发展新能源。以库布其、乌兰布和、腾格里、巴丹吉林沙漠为重点，规划建设大型风电光伏基地，同步开展规划环评，切实发挥规划引领作用，积极发展光热发电。重点在沙漠、戈壁、荒漠地区、边境地区、采煤沉陷区、露天矿排土场等合理布局新能源项目。鼓励央地企业合作、各类所有制企业开展合作，联合建设运营风光基地。

（二）大力推进煤炭绿色开采和清洁高效利用。优化鄂尔多斯、呼伦贝尔、锡林郭勒煤炭产能，有序推进通辽等地区先进产能建设，保护性管理利用稀有煤种。支持内蒙古全面实施煤电机组节能降碳改造、供热改造、灵活性改造“三改联动”，推进煤电低碳化示范项目建设，多措并举逐步减少非电行业燃料煤用量。切实落实鼓励煤矸石综合利用的政策措施，推动矿井水达标处理后用于流域生态补水，协同开展露天煤矿污染治理与生态修复，妥善解决矿区现有生态环境问题，加大煤矿瓦斯抽采利用，降低煤炭开采甲烷排放，提升煤炭绿色开发水平。

（三）加大油气资源绿色开发和增储上产力度。加强含油气盆地地质勘查，推进老油气区深度挖潜，加大非常规天然气勘探力度。实施巴彦、吉兰泰等油田增产工程，苏里格、大牛地、东胜等气田稳产工程，呼伦贝尔、锡林郭勒等煤层气开发利用工程。支持油气勘探开发与新能源深度融合发展。加大天然气中氦气等共伴生资源的综合利用。

（四）加强电网基础设施建设。强化蒙西、蒙东电网500千伏主干网架，加快规划建设电力外送通道，满足新能源大规模发展和负荷快速增长需求。提升现有外送通道新能源电量输送规模和能力，推进蒙西至京津冀风光火储输电通道按期建成投产。

（五）推进智能电网综合示范。建设适应高比例新能源、源网荷协调互动的电力智慧调度系统，开展电网侧、新能源侧、储能侧、用户侧调度运行系统智能化改造。积极发展以新能源为主体的智能微电网，实现与大电网兼容互补。推进呼和浩特、包头、鄂尔多斯等智能电网综合示范区建设。

（六）创新能源绿色低碳发展体制机制。支持内蒙古因地制宜探索有利于新能源高水平开发利用的差别化政策。支持煤电企业和新能源企业实质性联营，落实煤电容量电价机制相关要求，促进煤电企业可持续健康发展。创新可再生能源高比例消纳利用模式，有序推进高耗能企业绿电替代。支持内蒙古开展绿色电力交易试点，适时将内蒙古电力交易中心纳入国家绿色电力证书交易平台。推动完善内蒙古地区电力市场建设，以市场化方式促进新能源的健康发展和高效消纳。

二、构建绿色低碳现代产业体系

（七）加快产业结构转型升级。支持内蒙古建设现代产业体系，做优做强重点产业集群和重点产业链，积极培育战略性新兴产业和现代服务业，持续优化产业结构。支持内蒙古深入实施增品种提品质创品牌“三品”行动，培育创建消费品工业“三品”战略示范城市。

（八）推动传统产业转型升级。坚持绿色低碳导向，依托资源优势和产业基础，在落实生态环境分区管控和环境影响评价制度的基础上，高标准建设蒙东承接产业转移示范区。支持和引导企业实施节能降碳改造，持续提升重点行业绿色低碳发展水平。推动火力发电等行业企业运用依法披露的环境信息，开展环境、社会和公司治理评价。推动现代煤化工产业高端化、多元化、低碳化发展，高质量建设鄂尔多斯现代煤化工产业示范区和煤制油气战略基地，探索现代煤化工与绿氢、碳捕集利用与封存耦合发展模式，积极推进煤基特种燃料、煤基生物可降解材料等技术研发和工业化应用。

（九）加快发展新能源产业。支持内蒙古探索新能源产业创新发展模式，在保障消纳前提下，高质量发展风机、光伏、光热、氢能、储能等产业集群，做大做强碳纤维等碳基材料产业。支持内蒙古打造国家新能源与先进高载能产业融合发展集聚区。

（十）推进数字化绿色化协同转型发展。加快推进“东数西算”工程，建设国家算力网络枢纽节点和面向全国的算力保障基地。支持大数据产业园建设增量配电网，为算力产业提供长期稳定绿色能源保障。培育壮大人工智能、大数据、区块链、云计算等新兴数字产业，推动数字经济赋能绿色发展。

（十一）提升农牧业绿色低碳发展水平。支持内蒙古大力培育传统优势食品产区和地方特色食品产业，推进奶业、肉牛、肉羊、羊绒、马铃薯、饲草等产业高质量发展，打造全球一流乳业全产业链生态圈。鼓励内蒙古符合条件的农业产业项目按程序申报农业产业强镇、国家现代农业产业园、农村产业融合发展示范园和优势特色产业集群，支持锡林郭勒建设华西牛种源基地。

三、推动重点领域绿色发展

（十二）开展碳达峰碳中和先行先试。支持内蒙古围绕推动能耗双控转向碳排放双控先行探索，夯实碳排放统计核算工作基础，加快构建碳排放双控制度和配套政策。支持鄂尔多斯、包头、内蒙古赤峰高新技术产业开发区等建设国家碳达峰试点。支持内蒙古建设国家碳计量中心。将温室气体管控纳入环评管理，开展产业园区和重点行业建设项目温室气体排放环评试点，推进源头降碳。鼓励鄂尔多斯蒙苏经济开发区零碳产业园等绿色园区、低碳园区、零碳园区建设。支持内蒙古大力发展绿色金融，强化金融支持低碳转型经济活动力度，开展绿色金融支持项目环境效益事前、事后评估，探索创新碳账户、碳普惠等模式。

（十三）全面加强资源节约。鼓励内蒙古健全资源节约集约评价指标体系。推动重点行业节能降碳改造，协同推进固定资产投资项目节能审查和碳排放评价。支持呼和浩特、鄂尔多斯、乌兰察布等建设国家节水型城市，鼓励开展跨省区、跨盟市水权交易。开展绿色低碳生活全民行动，深入推进全民节能、节水、节材、节粮。优化土地资源要素配置，完善城镇低效用地再开发政策，多措并举盘活利用低效用地。支持内蒙古提高矿产资源开采效率，加强低品位资源利用。

（十四）大力发展循环经济。支持内蒙古实施大规模设备更新和消费品以旧换新，加强标准引领，畅通资源循环利用链条。支持内蒙古全面推进园区循环化改造，实施废弃物综合利用、能量梯级利用、水资源循环利用。支持建设城市废弃物分类回收利用设施，推进呼和浩特废旧物资循环利用体系重点城市建设。推进鄂尔多斯市、托克托县、乌拉特前旗等工业资源综合利用基地建设。强化粉煤灰、煤矸石等大宗固体废弃物综合利用，畅通井下充填、生态修复、路基材料等利用消纳渠道。强化退役动力电池、光伏组件、风电机组叶片等新兴产业废弃物循环利用。

（十五）提升城乡建设低碳发展水平。加快发展绿色建筑，鼓励超低能耗建筑、近零能耗建筑示范。结合城市更新行动等工作，支持老旧小区和供热管网等改造升级。稳妥有序开展清洁供暖试点城市建设，支持工业余热供暖规模化应用，在热力管网无法达到的老旧城区、城乡接合部和农村牧区等，鼓励推广应用热泵技术，支持分散式可再生能源采暖。有序推进供热计量改造，稳步推进供热计量收费。

（十六）加快交通运输绿色低碳转型。支持内蒙古构建低碳交通运输体系，实施公共交通优先发展战略，完善有利于引导绿色出行的现代交通系统。因地制宜推广新能源和清洁能源运输工具，鼓励纯电重卡、换电重卡等替代燃油重卡，加强矿区专用铁路建设。

支持内蒙古完善充换电站、加氢站等基础设施体系，强化交通、电力和能源设施深度融合。

四、强化绿色低碳科技创新

（十七）加强科技创新能力建设。支持内蒙古科研单位和企业与国内优势科研团队开展合作，强化绿色低碳科技创新。支持内蒙古地区优势科技力量参与相关国家实验室、全国重点实验室建设。支持呼和浩特、包头和鄂尔多斯三地的国家高新区按程序联合创建呼包鄂国家自主创新示范区。

（十八）推进绿色低碳技术示范应用。支持内蒙古参与绿色低碳先进技术示范工程建设，充分发挥资源禀赋和应用场景优势，实施一批技术水平领先、减排效果突出的示范项目，加强先进绿色低碳技术推广应用。支持内蒙古建设区域绿色技术交易平台，推进先进适用技术成果产业化应用。

（十九）加强绿色低碳领域人才培养。支持内蒙古绿色低碳技术相关学科专业建设，健全多层次人才培养体系。鼓励内蒙古高校、科研机构加强与国内外大学和学术机构交流合作，开展人才联合培养。鼓励企业以多种方式引才聚才。鼓励规范开展绿色低碳相关领域社会化培训。

五、全面提升生态环境质量和稳定性

（二十）加强荒漠化综合防治和推进“三北”等重点生态工程建设。坚持“以水定绿”，科学推进“三北”等重点生态工程建设。打好黄河“几字弯”攻坚战、科尔沁和浑善达克沙地歼灭战、河西走廊—塔克拉玛干沙漠边缘阻击战等三大标志性战役，积极探索推广光伏治沙模式，持续巩固退耕还林还草成果、提质增效。

（二十一）创新生态保护修复模式。探索森林、草原、湿地、荒漠高水平保护和可持续利用新路径，完善征占用草原管理制度，实施森林、湿地生态保护补偿，实施草原生态保护补助奖励政策，支持开展生态环境导向的开发项目，打造生态产品区域公用品牌。对污染程度严重的历史遗留矿山开展污染治理，按照“先治污、再修复、后评估”的原则，协同开展矿山污染治理和生态修复。支持内蒙古建设国家生态文明试验区，创建贺兰山、大青山等国家公园。

（二十二）巩固提升生态系统碳汇能力。支持开展森林、草原、湿地、荒漠、土壤等碳汇本底调查、碳储量评估、潜力分析。支持内蒙古加强林草碳汇试点建设，鼓励符合条件的灌木造林等项目开发为全国温室气体自愿减排项目，健全体现碳汇价值的生态保护补偿机制，创新生态产品价值实现方式。

（二十三）持续改善大气环境质量。推进呼包鄂、乌海及周边地区大气污染联防联控联治和重点行业大气污染深度治理，实施重污染天气重点行业绩效分级、差异化管控，鼓励重点企业开展“创 A 行动”。加强沙尘天气监测预警，完善沙源区及沙尘路径区气象、空气质量等监测网络建设。

（二十四）加强水生态保护和水污染治理。加强重点河湖生态保护修复，保障河湖生态用水，科学合理配置林草生态用水。支持内蒙古实施小流域综合治理提质增效、坡耕地综合整治、新建淤地坝和拦沙坝、东北黑土区侵蚀沟治理等国家水土保持重点工程。加强城镇和工业园区污水处理基础设施建设，推进重点行业企业污水治理和排放水平绩效分级，提高煤矿矿井水综合利用率。

（二十五）推动土壤污染防治和固体废物治理。实施农用地土壤污染源头防治行动，加强受污染耕地、建设用地等土壤风险管控和修复，鼓励绿色低碳修复。支持包头、呼和浩特、鄂尔多斯建设“无废城市”，推进包头大宗固体废弃物综合利用示范基地建设。

六、深化区域全方位开放合作

（二十六）加强绿色低碳发展区域协作。推进内蒙古与沿黄省区及毗邻区域合作，加强生态环境共保和水污染共治，推进毛乌素沙地、腾格里沙漠、浑善达克—科尔沁沙地南缘等区域联防联控，持续推进临哈铁路等运输网络升级完善，协同推动清洁能源输送走廊建设。推进长春—石家庄天然气管道内蒙古段建设。支持内蒙古融入京津冀协同发展，在产业发展、能源保障等方面创新合作模式。鼓励通过共建园区、飞地经济、异地孵化等方式，加强与长三角、粤港澳大湾区、东北三省等区域互惠合作。

（二十七）拓展绿色低碳国际合作。支持内蒙古融入共建绿色丝绸之路，深化与俄蒙等国绿色低碳务实合作。加强能源基础设施互联互通，探索中蒙电力多点联网，支持二连浩特等地与蒙古国毗邻地区试点开展风光项目等合作。加强跨境生态环境保护及荒漠化防治合作，支持二连浩特与蒙古国扎门乌德围绕共建生态文明、推进绿色发展开展合作。鼓励内蒙古优势企业“走出去”，通过多种方式开展绿色低碳领域国际合作。

七、保障措施

（二十八）坚持和加强党的全面领导。认真贯彻落实党中央、国务院关于内蒙古绿色低碳发展的各项决策部署，坚持党政同责，把生态优先、绿色发展的理念贯穿于内蒙古经济社会发展的全过程和各方面。充分发挥基层党组织战斗堡垒作用，调动广大党员干部干事创业的积极性、主动性、创造性，不断增强推动绿色低碳发展的本领。

（二十九）加强资金保障。中央财政对内蒙古生态屏障、民族地区、边境地区等给予支持，落实好现有对内蒙古冬季清洁取暖、可再生能源开发利用、节能与新能源汽车推广等方面的支持政策。在有效防范化解地方债务风险前提下，统筹用好中央预算内投资、地方政府专项债券支持内蒙古符合条件的产业转型升级、节能减排降碳、环境基础设施、生态保护修复等重大项目建设。

（三十）健全工作机制。内蒙古要落实主体责任，完善工作机制，推动各项工作取得扎实成效，切实提高绿色低碳发展水平。国家发展改革委会同有关部门加强工作协调、完善政策举措，支持内蒙古落实各项目标任务，积极推动解决内蒙古绿色低碳高质量发展过程中遇到的难点堵点，及时总结提炼经验做法。

国家发展改革委
工业和信息化部
自然资源部
生态环境部
国家能源局
国家林草局
2024 年 3 月 26 日

国务院关于印发“十四五”节能减排综合工作方案的通知

（国发〔2021〕33号）

各省、自治区、直辖市人民政府，国务院各部委、各直属机构：

现将《“十四五”节能减排综合工作方案》印发给你们，请结合本地区、本部门实际，认真贯彻落实。

国务院

2021年12月28日

（本文有删减）

“十四五”节能减排综合工作方案

为认真贯彻落实党中央、国务院重大决策部署，大力推动节能减排，深入打好污染防治攻坚战，加快建立健全绿色低碳循环发展经济体系，推进经济社会发展全面绿色转型，助力实现碳达峰、碳中和目标，制定本方案。

一、总体要求

以习近平新时代中国特色社会主义思想为指导，全面贯彻党的十九大和十九届历次全会精神，深入贯彻习近平生态文明思想，坚持稳中求进工作总基调，立足新发展阶段，完整、准确、全面贯彻新发展理念，构建新发展格局，推动高质量发展，完善实施能源消费强度和总量双控（以下称能耗双控）、主要污染物排放总量控制制度，组织实施节能减排重点工程，进一步健全节能减排政策机制，推动能源利用效率大幅提高、主要污染物排放总量持续减少，实现节能降碳减污协同增效、生态环境质量持续改善，确保完成“十四五”节能减排目标，为实现碳达峰、碳中和目标奠定坚实基础。

二、主要目标

到 2025 年，全国单位国内生产总值能源消耗比 2020 年下降 13.5%，能源消费总量得到合理控制，化学需氧量、氨氮、氮氧化物、挥发性有机物排放总量比 2020 年分别下降 8%、8%、10%以上、10%以上。节能减排政策机制更加健全，重点行业能源利用效率和主要污染物排放控制水平基本达到国际先进水平，经济社会发展绿色转型取得显著成效。

三、实施节能减排重点工程

（一）重点行业绿色升级工程。以钢铁、有色金属、建材、石化化工等行业为重点，推进节能改造和污染物深度治理。推广高效精馏系统、高温高压干熄焦、富氧强化熔炼等节能技术，鼓励将高炉—转炉长流程炼钢转型为电炉短流程炼钢。推进钢铁、水泥、焦化行业及燃煤锅炉超低排放改造，到 2025 年，完成 5.3 亿吨钢铁产能超低排放改造，大气污染防治重点区域燃煤锅炉全面实现超低排放。加强行业工艺革新，实施涂装类、化工类等产业集群分类治理，开展重点行业清洁生产和工业废水资源化利用改造。推进新型基础设施能效提升，加快绿色数据中心建设。“十四五”时期，规模以上工业单位增加值能耗下降 13.5%，万元工业增加值用水量下降 16%。到 2025 年，通过实施节能降碳行动，钢铁、电解铝、水泥、平板玻璃、炼油、乙烯、合成氨、电石等重点行业产能和数据中心达到能效标杆水平的比例超过 30%。（工业和信息化部、国家发展改革委、生态环境部、市场监管总局、国家能源局等按职责分工负责，地方各级人民政府负责落实。以下均需地方各级人民政府落实，不再列出）

（二）园区节能环保提升工程。引导工业企业向园区集聚，推动工业园区能源系统整体优化和污染综合整治，鼓励工业企业、园区优先利用可再生能源。以省级以上工业园区为重点，推进供热、供电、污水处理、中水回用等公共基础设施共建共享，对进水浓度异常的污水处理厂开展片区管网系统化整治，加强一般固体废物、危险废物集中贮存和处置，推动挥发性有机物、电镀废水及特征污染物集中治理等“绿岛”项目建设。到 2025 年，建成一批节能环保示范园区。（国家发展改革委、工业和信息化部、生态环境部等按职责分工负责）

（三）城镇绿色节能改造工程。全面推进城镇绿色规划、绿色建设、绿色运行管理，推动低碳城市、韧性城市、海绵城市、“无废城市”建设。全面提高建筑节能标准，加快发展超低能耗建筑，积极推进既有建筑节能改造、建筑光伏一体化建设。因地制宜推动北方地区清洁取暖，加快工业余热、可再生能源等在城镇供热中的规模化应用。实施绿色高效制冷行动，以建筑中央空调、数据中心、商务产业园区、冷链物流等为重点，更新升级制冷技术、设备，优化负荷供需匹配，大幅提升制冷系统能效水平。实施公共供水管网漏损治理工程。到 2025 年，城镇新建建筑全面执行绿色建筑标准，城镇清洁取暖比例和绿色高效制冷产品市场占有率大幅提升。（住房城乡建设部、生态环境部、国家发展改革委、自然资源部、交通运输部、市场监管总局、国家能源局等按职责分工负责）

（四）交通物流节能减排工程。推动绿色铁路、绿色公路、绿色港口、绿色航道、绿色机场建设，有序推进充换电、加注（气）、加氢、港口机场岸电等基础设施建设。提高城市公交、出租、物流、环卫清扫等车辆使用新能源汽车的比例。加快大宗货物和中长途货物运输“公转铁”、“公转水”，大力发展铁水、公铁、公水等多式联运。全面实施汽车国六排放标准和非道路移动柴油机械国四排放标准，基本淘汰国三及以下排放标准汽车。深入实施清洁柴油机行动，鼓励重型柴油货车更新替代。实施汽车排放检验与维护制度，加强机动车排放召回管理。加强船舶清洁能源动力推广应用，推动船舶岸电受电设施改造。提升铁路电气化水平，推广低能耗运输装备，推动实施铁路内燃机车国一排放标准。大力发展智能交通，积极运用大数据优化运输组织模式。加快绿色仓储建设，鼓励建设绿色物流园区。加快标准化物流周转箱推广应用。全面推广绿色快递包装，引导电商企业、邮政快递企业选购使用获得绿色认证的快递包装产品。到 2025 年，新能源汽车新车销售量达到汽车新车销售总量的 20%左右，铁路、水路货运量占比进一步提升。（交通运输部、国家发展改革委牵头，工业和信息化部、公安部、财政部、生态环境部、住房城乡建设部、商务部、市场监管总局、国家能源局、国家铁路局、中国民航局、国家邮政局、中国国家铁路集团有限公司等按职责分工负责）

（五）农业农村节能减排工程。加快风能、太阳能、生物质能等可再生能源在农业生产和农村生活中的应用，有序推进农村清洁取暖。推广应用农用电动车辆、节能环保农机和渔船，发展节能农业大棚，推进农房节能改造和绿色农房建设。强化农业面源污染防治，推进农药化肥减量增效、秸秆综合利用，加快农膜和农药包装废弃物回收处理。深入推进规模养殖场污染治理，整县推进畜禽粪污资源化利用。整治提升农村人居环境，提高农村污水垃圾处理能力，基本消除较大面积的农村黑臭水体。到2025年，农村生活污水治理率达到40%，秸秆综合利用率稳定在86%以上，主要农作物化肥、农药利用率均达到43%以上，畜禽粪污综合利用率达到80%以上，绿色防控、统防统治覆盖率分别达到55%、45%，京津冀及周边地区大型规模化养殖场氨排放总量削减5%。（农业农村部、生态环境部、国家能源局、国家乡村振兴局牵头，国家发展改革委、工业和信息化部、住房城乡建设部、水利部、市场监管总局等按职责分工负责）

（六）公共机构能效提升工程。加快公共机构既有建筑围护结构、供热、制冷、照明等设施设备节能改造，鼓励采用能源费用托管等合同能源管理模式。率先淘汰老旧车，率先采购使用节能和新能源汽车，新建和既有停车场要配备电动汽车充电设施或预留充电设施安装条件。推行能耗定额管理，全面开展节约型机关创建行动。到2025年，创建2000家节约型公共机构示范单位，遴选200家公共机构能效领跑者。（国管局、中直管理局等按职责分工负责）

（七）重点区域污染物减排工程。持续推进大气污染防治重点区域秋冬季攻坚行动，加大重点行业结构调整和污染治理力度。以大气污染防治重点区域及珠三角地区、成渝地区等为重点，推进挥发性有机物和氮氧化物协同减排，加强细颗粒物和臭氧协同控制。持续打好长江保护修复攻坚战，扎实推进城镇污水垃圾处理和工业、农业面源、船舶、尾矿库等污染治理工程，到2025年，长江流域总体水质保持为优，干流水质稳定达到Ⅱ类。着力打好黄河生态保护治理攻坚战，实施深度节水控水行动，加强重要支流污染治理，开展入河排污口排查整治，到2025年，黄河干流上中游（花园口以上）水质达到Ⅱ类。（国家发展改革委、生态环境部、工业和信息化部、水利部牵头，住房城乡建设部、交通运输部、国家能源局等按职责分工负责）

（八）煤炭清洁高效利用工程。要立足以煤为主的基本国情，坚持先立后破，严格合理控制煤炭消费增长，抓好煤炭清洁高效利用，推进存量煤电机组节煤降耗改造、供热改造、灵活性改造“三改联动”，持续推动煤电机组超低排放改造。稳妥有序推进大气污染防治重点区域燃料类煤气发生炉、燃煤热风炉、加热炉、热处理炉、干燥炉（窑）

以及建材行业煤炭减量，实施清洁电力和天然气替代。推广大型燃煤电厂热电联产改造，充分挖掘供热潜力，推动淘汰供热管网覆盖范围内的燃煤锅炉和散煤。加大落后燃煤锅炉和燃煤小热电退出力度，推动以工业余热、电厂余热、清洁能源等替代煤炭供热（蒸汽）。到 2025 年，非化石能源占能源消费总量比重达到 20%左右。“十四五”时期，京津冀及周边地区、长三角地区煤炭消费量分别下降 10%、5%左右，汾渭平原煤炭消费量实现负增长。（国家发展改革委、生态环境部、工业和信息化部、住房城乡建设部、市场监管总局、国家能源局等按职责分工负责）

（九）挥发性有机物综合整治工程。推进原辅材料和产品源头替代工程，实施全过程污染物治理。以工业涂装、包装印刷等行业为重点，推动使用低挥发性有机物含量的涂料、油墨、胶粘剂、清洗剂。深化石化化工等行业挥发性有机物污染治理，全面提升废气收集率、治理设施同步运行率和去除率。对易挥发有机液体储罐实施改造，对浮顶罐推广采用全接液浮盘和高效双重密封技术，对废水系统高浓度废气实施单独收集处理。加强油船和原油、成品油码头油气回收治理。到 2025 年，溶剂型工业涂料、油墨使用比例分别降低 20 个百分点、10 个百分点，溶剂型胶粘剂使用量降低 20%。（工业和信息化部、生态环境部等按职责分工负责）

（十）环境基础设施水平提升工程。加快构建集污水、垃圾、固体废物、危险废物、医疗废物处理处置设施和监测监管能力于一体的环境基础设施体系，推动形成由城市向建制镇和乡村延伸覆盖的环境基础设施网络。推进城市生活污水管网建设和改造，实施混错接管网改造、老旧破损管网更新修复，加快补齐处理能力缺口，推行污水资源化利用和污泥无害化处置。建设分类投放、分类收集、分类运输、分类处理的生活垃圾处理系统。到 2025 年，新增和改造污水收集管网 8 万公里，新增污水处理能力 2000 万立方米/日，城市污泥无害化处置率达到 90%，城镇生活垃圾焚烧处理能力达到 80 万吨/日左右，城市生活垃圾焚烧处理能力占比 65%左右。（国家发展改革委、住房城乡建设部、生态环境部等按职责分工负责）

四、健全节能减排政策机制

（一）优化完善能耗双控制度。坚持节能优先，强化能耗强度降低约束性指标管理，有效增强能源消费总量管理弹性，加强能耗双控政策与碳达峰、碳中和目标任务的衔接。以能源产出率为重要依据，综合考虑发展阶段等因素，合理确定各地区能耗强度降低目标。国家对各省（自治区、直辖市）“十四五”能耗强度降低实行基本目标和激励目标双目标管理，由各省（自治区、直辖市）分解到每年。完善能源消费总量指标确定方式，各省（自治区、直辖市）根据地区生产总值增速目标和能耗强度降低基本目标确定年度能源消费总量目标，经济增速超过预期目标的地区可相应调整能源消费总量目标。对能耗强度降低达到国家下达的激励目标的地区，其能源消费总量在当期能耗双控考核中免予考核。各地区“十四五”时期新增可再生能源电力消费量不纳入地方能源消费总量考核。原料用能不纳入全国及地方能耗双控考核。有序实施国家重大项目能耗单列，支持国家重大项目建设。加强节能形势分析预警，对高预警等级地区加强工作指导。推动科学有序实行用能预算管理，优化能源要素合理配置。（国家发展改革委牵头，国家统计局、国家能源局等按职责分工负责）

（二）健全污染物排放总量控制制度。坚持精准治污、科学治污、依法治污，把污染物排放总量控制制度作为加快绿色低碳发展、推动结构优化调整、提升环境治理水平的重要抓手，推进实施重点减排工程，形成有效减排能力。优化总量减排指标分解方式，按照可监测、可核查、可考核的原则，将重点工程减排量下达地方，污染治理任务较重的地方承担相对较多的减排任务。改进总量减排核算方法，制定核算技术指南，加强与排污许可、环境影响评价审批等制度衔接，提升总量减排核算信息化水平。完善总量减排考核体系，健全激励约束机制，强化总量减排监督管理，重点核查重复计算、弄虚作假特别是不如实填报削减量和削减来源等问题。（生态环境部负责）

（三）坚决遏制高耗能高排放项目盲目发展。根据国家产业规划、产业政策、节能审查、环境影响评价审批等政策规定，对在建、拟建、建成的高耗能高排放项目（以下称“两高”项目）开展评估检查，建立工作清单，明确处置意见，严禁违规“两高”项目建设、运行，坚决拿下不符合要求的“两高”项目。加强对“两高”项目节能审查、环境影响评价审批程序和结果执行的监督评估，对审批能力不适应的依法依规调整上收审批权。对年综合能耗 5 万吨标准煤及以上的“两高”项目加强工作指导。严肃财经纪律，指导金融机构完善“两高”项目融资政策。（国家发展改革委、工业和信息化部、生态环境部牵头，人民银行、市场监管总局、银保监会、国家能源局等按职责分工负责）

（四）健全法规标准。推动制定修订资源综合利用法、节约能源法、循环经济促进法、清洁生产促进法、环境影响评价法及生态环境监测条例、民用建筑节能条例、公共机构节能条例等法律法规，完善固定资产投资项目节能审查、电力需求侧管理、非道路移动机械污染防治管理等办法。对标国际先进水平制定修订一批强制性节能标准，深入开展能效、水效领跑者引领行动。制定修订居民消费品挥发性有机物含量限制标准和涉挥发性有机物重点行业大气污染物排放标准，进口非道路移动机械执行国内排放标准。研究制定下一阶段轻型车、重型车排放标准和油品质量标准。（国家发展改革委、生态环境部、司法部、工业和信息化部、财政部、住房城乡建设部、交通运输部、市场监管总局、国管局等按职责分工负责）

（五）完善经济政策。各级财政加大节能减排支持力度，统筹安排相关专项资金支持节能减排重点工程建设，研究对节能目标责任评价考核结果为超额完成等级的地区给予奖励。逐步规范和取消低效化石能源补贴。扩大中央财政北方地区冬季清洁取暖政策支持范围。建立农村生活污水处理设施运维费用地方各级财政投入分担机制。扩大政府绿色采购覆盖范围。健全绿色金融体系，大力发展绿色信贷，支持重点行业领域节能减排，用好碳减排支持工具和支持煤炭清洁高效利用专项再贷款，加强环境和社会风险管理。鼓励有条件的地区探索建立绿色贷款财政贴息、奖补、风险补偿、信用担保等配套支持政策。加快绿色债券发展，支持符合条件的节能减排企业上市融资和再融资。积极推进环境高风险领域企业投保环境污染责任保险。落实环境保护、节能节水、资源综合利用税收优惠政策。完善挥发性有机物监测技术和排放量计算方法，在相关条件成熟后，研究适时将挥发性有机物纳入环境保护税征收范围。强化电价政策与节能减排政策协同，持续完善高耗能行业阶梯电价等绿色电价机制，扩大实施范围、加大实施力度，落实落后“两高”企业的电价上浮政策。深化供热体制改革，完善城镇供热价格机制。建立健全城镇污水处理费征收标准动态调整机制，具备条件的东部地区、中西部城市近郊区探索建立受益农户污水处理付费机制。（国家发展改革委、财政部、人民银行、银保监会、证监会、工业和信息化部、生态环境部、住房城乡建设部、税务总局、国家能源局等按职责分工负责）

（六）完善市场化机制。深化用能权有偿使用和交易试点，加强用能权交易与碳排放权交易的统筹衔接，推动能源要素向优质项目、企业、产业及经济发展条件好的地区流动和集聚。培育和发展排污权交易市场，鼓励有条件的地区扩大排污权交易试点范围。推广绿色电力证书交易。全面推进电力需求侧管理。推行合同能源管理，积极推广节能咨询、诊断、设计、融资、改造、托管等“一站式”综合服务模式。规范开放环境治理市场，推行环境污染第三方治理，探索推广生态环境导向的开发、环境托管服务等新模式。强化能效标识管理制度，扩大实施范围。健全统一的绿色产品标准、认证、标识体系，推行节能低碳环保产品认证。（国家发展改革委、生态环境部、工业和信息化部、财政部、市场监管总局、国家能源局等按职责分工负责）

（七）加强统计监测能力建设。严格实施重点用能单位能源利用状况报告制度，健全能源计量体系，加强重点用能单位能耗在线监测系统建设和应用。完善工业、建筑、交通运输等领域能源消费统计制度和指标体系，探索建立城市基础设施能源消费统计制度。优化污染源统计调查范围，调整污染物统计调查指标和排放计算方法。构建覆盖排污许可持证单位的固定污染源监测体系，加强工业园区污染源监测，推动涉挥发性有机物排放的重点排污单位安装在线监控监测设施。加强统计基层队伍建设，强化统计数据审核，防范统计造假、弄虚作假，提升统计数据质量。（国家统计局、国家发展改革委、生态环境部、工业和信息化部、住房城乡建设部、交通运输部、市场监管总局等按职责分工

负责）

（八）壮大节能减排人才队伍。健全省、市、县三级节能监察体系，加强节能监察能力建设。重点用能单位按要求设置能源管理岗位和负责人。加强县级及乡镇基层生态环境监管队伍建设，重点排污单位设置专职环保人员。加大政府有关部门及监察执法机构、企业等节能减排工作人员培训力度，通过业务培训、比赛竞赛、经验交流等方式提高业务水平。开发节能环保领域新职业，组织制定相应职业标准。（国家发展改革委、生态环境部、工业和信息化部、人力资源社会保障部等按职责分工负责）

五、强化工作落实

（一）加强组织领导。各地区、各部门和各有关单位要充分认识节能减排工作的重要性和紧迫性，把思想和行动统一到党中央、国务院关于节能减排的决策部署上来，立足经济社会发展大局，坚持系统观念，明确目标责任，制定实施方案，狠抓工作落实，确保完成“十四五”节能减排各项任务。地方各级人民政府对本行政区域节能减排工作负总责，主要负责同志是第一责任人，要切实加强组织领导和部署推进，将本地区节能减排目标与国民经济和社会发展五年规划及年度计划充分衔接，科学明确下一级政府、有关部门和重点单位责任。要科学考核，防止简单层层分解。中央企业要带头落实节能减排目标责任，鼓励实行更严格的目标管理。国家发展改革委、生态环境部要加强统筹协调，做好工作指导，推动任务有序有效落实，及时防范化解风险，重大情况及时向国务院报告。（国家发展改革委、生态环境部牵头，各有关部门按职责分工负责）

（二）强化监督考核。开展“十四五”省级人民政府节能减排目标责任评价考核，科学运用考核结果，对工作成效显著的地区加强激励，对工作不力的地区加强督促指导，考核结果经国务院审定后，交由干部主管部门作为对省级人民政府领导班子和领导干部综合考核评价的重要依据。完善能耗双控考核措施，增加能耗强度降低约束性指标考核权重，加大对坚决遏制“两高”项目盲目发展、推动能源资源优化配置措施落实情况的考核力度，统筹目标完成进展、经济形势及跨周期因素，优化考核频次。继续开展污染防治攻坚战成效考核，把总量减排目标任务完成情况作为重要考核内容，压实减排工作责任。完善中央生态环境保护督察制度，深化例行督察，强化专项督察。（国家发展改革委、生态环境部牵头，中央组织部等按职责分工负责）

（三）开展全民行动。深入开展绿色生活创建行动，增强全民节约意识，倡导简约适度、绿色低碳、文明健康的生活方式，坚决抵制和反对各种形式的奢侈浪费，营造绿色低碳社会风尚。推行绿色消费，加大绿色低碳产品推广力度，组织开展全国节能宣传周、世界环境日等主题宣传活动，通过多种传播渠道和方式广泛宣传节能减排法规、标准和知识。加大先进节能减排技术研发和推广力度。发挥行业协会、商业团体、公益组织的作用，支持节能减排公益事业。畅通群众参与生态环境监督渠道。开展节能减排自愿承诺，引导市场主体、社会公众自觉履行节能减排责任。（中央宣传部、中直管理局、国家发展改革委、科技部、生态环境部、国管局、全国妇联等按职责分工负责）

国家发展改革委 国家能源局关于开展全国煤电机组改造升级的通知

（发改运行〔2021〕1519号）

各省、自治区、直辖市发展改革委、经信委（工信委、工信厅）、能源局，北京市城市管理委员会，国家能源局各派出能源监管机构，国家电网有限公司、中国南方电网有限责任公司，中国华能集团有限公司、中国大唐集团有限公司、中国华电集团有限公司、国家电力投资集团有限公司、国家能源投资集团有限责任公司、国家开发投资集团有限公司、华润集团有限公司：

为认真贯彻落实《中共中央 国务院关于完整准确全面贯彻新发展理念做好碳达峰碳中和工作的意见》精神，推动能源行业结构优化升级，进一步提升煤电机组清洁高效灵活性水平，促进电力行业清洁低碳转型，助力全国碳达峰、碳中和目标如期实现，国家发展改革委、国家能源局会同有关方面制定了《全国煤电机组改造升级实施方案》（以下简称《实施方案》），现印发你们，请遵照执行。现将有关落实事项通知如下：

一、高度重视。我国力争实现2030年前碳达峰和努力争取2060年前碳中和的目标，对优化能源结构和煤炭清洁高效利用提出了更高要求。煤电机组改造升级是提高电煤利用效率、减少电煤消耗、促进清洁能源消纳的重要手段，对推动碳达峰碳中和目标如期实现具有重要意义。各地、各企业要高度重视，将煤电机组改造升级作为一项重要工作抓好抓实抓细，切实提高煤电机组运行水平。

二、扎实推进。各地政府主管部门要会同有关方面，完整、准确、全面贯彻新发展理念，按照《实施方案》要求，科学确定本地煤电机组改造升级目标和实施路径，研究制定本省（区、市）煤电机组改造升级实施方案，于11月底前报送国家发展改革委、国家能源局，经国家发展改革委、国家能源局组织第三方综合评估论证后，于年底前形成操作性实施方案。

三、加强统筹。各地在推进煤电机组改造升级工作过程中，需统筹考虑煤电节能降耗改造、供热改造和灵活性改造制造，实现“三改”联动。同时，要合理安排机组改造时序，保证本地电力安全可靠供应。

四、完善政策。各地要结合本地实际，在财政、金融、价格等方面健全完善相关政策，对煤电机组改造升级工作予以支持，提高企业改造积极性，保证改造工作平稳推进。

五、明确分工。各地要明确牵头部门，与相关部门明确责任分工形成合力，共同推进煤电机组改造升级工作。中央发电企业要与各地政府主管部门做好充分沟通，保证集团煤电机组改造升级工作与地方有效衔接。电网企业要合理安排煤电机组检修方案，保证各地煤电机组改造过程中电网安全平稳运行。

附件：全国煤电机组改造升级实施方案

国家发展改革委

国家能源局

2021 年 10 月 29 日

附件：

全国煤电机组改造升级实施方案

为贯彻落实《中共中央 国务院关于完整准确全面贯彻新发展理念做好碳达峰碳中和工作的意见》精神，进一步降低煤电机组能耗，提升灵活性和调节能力，提高清洁高效水平，促进电力行业清洁低碳转型，助力全国碳达峰、碳中和目标如期实现，制定全国煤电机组改造升级实施方案如下。

一、充分认识煤电机组改造升级的重要意义

电力行业是煤炭消耗的主要行业之一，是国家节能减排工作重点管控行业。“十一五”“十二五”“十三五”期间，电力行业按照国家的要求和部署，深入实施煤电节能减排升级改造，火电供电煤耗持续下降。2020 年全国 6000 千瓦及以上火电厂供电煤耗为 305.5 克标准煤/千瓦时，比 2015 年下降 9.9 克/千瓦时，比 2010 年下降 27.5 克/千瓦时，比 2005 年下降 64.5 克/千瓦时。以 2005 年为基准年，2006—2020 年，供电煤耗降低累计减少电力二氧化碳排放 66.7 亿吨，对电力二氧化碳减排贡献率为 36%，有效减缓了电力二氧化碳排放总量的增长。与此同时也要看到，目前我国发电和供热行业二氧化碳排放量占全国排放量的比重超过 40%，是全国二氧化碳排放的重点行业。因此，进一步推进煤电机组节能降耗是提高能源利用效率的有效手段，对实现电力行业碳排放达峰，乃至全国碳达峰、碳中和目标具有重要意义。

二、总体要求

（一）指导思想。

以习近平新时代中国特色社会主义思想为指导，全面贯彻党的十九大和十九届二中、三中、四中、五中全会精神，深入贯彻习近平生态文明思想，完整、准确、全面贯彻新发展理念，处理好发展和减排、整体和局部、短期和中长期的关系，推行更严格能效环保标准，推动煤电行业实施节能降耗改造、供热改造和灵活性改造制造“三改联动”，严控煤电项目，持续优化能源电力结构和布局，深入推进煤电清洁、高效、灵活、低碳、智能化高质量发展，努力实现我国煤电行业碳达峰目标。

（二）基本原则。

坚持底线思维，确保电力安全。坚守能源电力安全稳定供应底线，统筹好发展和安全、增量和存量的关系，准确把握并科学发挥煤电的兜底保障作用和灵活调节能力，为加快构建以新能源为主体的新型电力系统做出积极贡献。

坚持统筹联动，实现降耗减碳。统筹推进节能改造、供热改造和灵活性改造，鼓励企业采取先进技术，持续降低碳排放、污染物排放和能耗水平，提供综合服务，实现角色转变，不断提升清洁低碳、高效灵活发展能力。

坚持政策引导，合理把握节奏。进一步完善鼓励企业改造的产业政策、市场机制和配套措施，合理保障煤电企业存续发展条件。

坚持分类施策、分企施策、一厂一策、一机一策，指导企业科学编制改造方案，并结合电力供需情况合理把握节奏、稳妥有序实施。

坚持市场导向，经济技术可行。优先推广使用成熟适用技术进行煤电节能减排改造，进一步加强新装备、新技术研发和试验示范工作，推动行业整体节能降耗。充分尊重企业市场主体地位，制定切实可行的改造目标和任务，统筹兼顾安全、技术和经济目标。

（三）主要目标。

全面梳理煤电机组供电煤耗水平，结合不同煤耗水平煤电机组实际情况，探索多种技术改造方式，分类提出改造实施方案。统筹考虑大型风电光伏基地项目外送和就近消纳调峰需要，以区域电网为基本单元，在相关地区妥善安排配套煤电调峰电源改造升级，提升煤电机组运行水平和调峰能力。按特定要求新建的煤电机组，除特定需求外，原则上采用超超临界、且供电煤耗低于 270 克标准煤/千瓦时的机组。设计工况下供电煤耗高于 285 克标准煤/千瓦时的湿冷煤电机组和高于 300 克标准煤/千瓦时的空冷煤电机组不允许新建。到 2025 年，全国火电平均供电煤耗降至 300 克标准煤/千瓦时以下。

节煤降耗改造。对供电煤耗在 300 克标准煤/千瓦时以上的煤电机组，应加快创造条件实施节能改造，对无法改造的机组逐步淘汰关停，并视情况将具备条件的转为应急备用电源。“十四五”期间改造规模不低于 3.5 亿千瓦。

供热改造。鼓励现有燃煤发电机组替代供热，积极关停采暖和工业供汽小锅炉，对具备供热条件的纯凝机组开展供热改造，在落实热负荷需求的前提下，“十四五”期间改造规模力争达到 5000 万千瓦。

灵活性改造制造。存量煤电机组灵活性改造应改尽改，“十四五”期间完成 2 亿千瓦，增加系统调节能力 3000 万～4000 万千瓦，促进清洁能源消纳。“十四五”期间，实现煤电机组灵活制造规模 1.5 亿千瓦。

三、推动煤电机组节能提效升级和清洁化利用

（一）开展汽轮机通流改造。进一步提升煤电机组能效水平，重点针对服役时间较长、通流效率低、热耗高的 60 万千瓦及以下等级亚临界、超临界机组，推广采用汽轮机通流部分改造技术，因厂制宜开展综合性、系统性节能改造，改造后供电煤耗力争达到同类型机组先进水平。

（二）开展锅炉和汽轮机冷端余热深度利用改造。大力推广煤电机组冷端优化和烟气余热深度利用技术。鼓励采取成熟适用的改造措施，提高机组运行真空，提升节能提效水平。鼓励现役机组应用烟气余热深度利用技术。

（三）开展煤电机组能量梯级利用改造。鼓励有条件的机组结合实际情况对锅炉尾部烟气余热利用系统与锅炉本体烟风系统、汽机热力系统等进行综合集成优化。

（四）探索高温亚临界综合升级改造。探索创新煤电机组节能改造技术，及时总结高温亚临界综合升级改造示范项目先进经验，适时向全国推广应用。梳理排查具备改造条件的亚临界煤电机组，统筹衔接上下游设备供应能力和电力电量供需平衡，科学制定改造实施方案，有序推进高温亚临界综合升级改造。

（五）推动煤电机组清洁化利用。新建燃煤发电机组应同步建设先进高效的脱硫、脱硝和除尘设施，确保满足最低技术出力以上全负荷范围达到超低排放要求。支持有条件的发电企业同步开展大气污染物协同脱除，减少三氧化硫、汞、砷等污染物排放。对于环保约束条件较严格的区域，鼓励新建机组实现适度优于超低排放限值的水平。

四、开展煤电机组供热改造

（一）全力拓展集中式供热需求。着力整合供热资源，支持配套热网工程建设和老旧管网改造工程，加快推进供热区域热网互联互通，尽早实现各类热源联网运行，充分发挥热电联产机组供热能力。鼓励热电联产机组在技术经济合理的前提下，适当发展长输供热项目，吸引工业热负荷企业向存量煤电企业周边发展，扩大供热范围。同步推进小热电机组科学整合，鼓励有条件的地区通过替代建设高效清洁供热热源等方式，逐步淘汰单机容量小、能耗高、污染重的燃煤小热电机组。

（二）推动具备条件的纯凝机组开展热电联产改造。优先对城市或工业园区周边具备改造条件且运行未满 15 年的在役纯凝发电机组实施采暖供热改造。因厂制宜采用打孔抽气、低真空供热、循环水余热利用等成熟适用技术，鼓励具备条件的机组改造为背压热电联产机组，加大力度推广应用工业余热供热、热泵供热等先进供热技术。

（三）优化已投产热电联产机组运行。鼓励对热电联产机组实施技术改造，充分回收利用电厂余热，进一步提高供热能力，满足新增热负荷需求。继续实施煤电机组灵活性制造和灵活性改造，综合考虑技术可行性、经济性和运行安全性，现役机组灵活性改造后，最小发电出力达到 30%左右额定负荷。

五、加快实施煤电机组灵活性制造灵活性改造

（一）新建机组全部实现灵活性制造。新建煤电机组纯凝工况调峰能力的一般化要求为最小发电出力达到 35%额定负荷，采暖热电机组在供热期运行时要通过热电解耦力争

实现单日6小时最小发电出力达到40%额定负荷的调峰能力，其他类型机组应采取措施尽量降低最小发电出力。鼓励通过技术创新示范，探索进一步降低机组最小发电出力的可靠措施。

（二）现役机组灵活性改造应改尽改。纯凝工况调峰能力的一般要求为最小发电出力达到35%额定负荷，采暖热电机组在供热期运行时要通过热电解耦力争实现单日6小时最小发电出力达到40%额定负荷的调峰能力。

六、淘汰关停低参数小火电

（一）加快淘汰煤电落后产能。落实《国家发展改革委 国家能源局关于深入推进供给侧结构性改革进一步淘汰煤电落后产能促进煤电行业优化升级的意见》（发改能源〔2019〕431号）等相关文件要求，加大淘汰煤电落后产能工作力度，倒逼煤电产业结构优化调整。淘汰关停的煤电机组“关而不拆”，原则上全部创造条件转为应急备用和调峰电源，确有必要进行拆除的，需报国家发展改革委和国家能源局同意。淘汰关停的煤电机组，可用于容量替代新建清洁高效煤电机组。

（二）合理安排关停机组纳入应急备用。符合能效、环保、安全等政策和标准要求的机组，在无需原址重建、“退城进郊”异地建设等情况下，可“关而不拆”，作为应急备用电源发挥作用。科学认定和退出应急备用机组，严格应急备用电源运行调度管理，常态下停机备用，应急状态下启动，顶峰运行后停机，在发挥保供作用的同时为降低整体能耗和排放作出贡献。“十四五”期间，形成并保持1500万千瓦的应急备用能力。

七、规范燃煤自备电厂运行

（一）全面清理违法违规燃煤自备电厂。对违规核准、未核先建、批建不符、擅自变更或超出自备机组配套项目转供电等违法违规问题进行严肃查处。禁止以各种名义将公用电厂转为燃煤自备电厂。健全机制，引导自备电厂与清洁能源开展替代发电。

（二）加大自备煤电机组节能减排力度。加强监管，确保自备电厂严格执行公用燃煤电厂的最新大气污染物排放标准和总量控制要求，污染物排放不符合环保要求的要限产或停产改造。严格按照国家能耗、环保政策和相关标准梳理不达标机组，对于符合淘汰条件的自备机组应限时实施淘汰关停，并做好电源热源衔接，排放和能耗水平偏高的自备机组要加快实施超低排放和节能改造。

八、优化煤电机组运行管理

（一）提升大容量高参数机组负荷利用率。提高电网调度的灵活性和智能化水平，优化机组运行和开机方式，合理利用系统内各类调峰资源，充分发挥60万千瓦及以上大容量高参数机组承担基本负荷时的清洁高效优势。充分发挥负荷侧调节能力，发展各类灵活性用电负荷，通过完善市场机制和价格机制引导用户错峰用电，实现快速灵活的需求侧响应。通过优化整合本地电源侧、电网侧、负荷侧资源，依托“云大物移智”等技术，进一步加强源网荷储多项互动和高度融合。

（二）提升煤电企业管理水平。各发电企业应采用专业化运营模式，提高煤电项目的专业化运行管理水平，确保项目安全高效运行。加强燃煤发电机组综合诊断，积极开展运行优化试验，科学制定优化运行方案，合理确定运行方式和参数，使机组在各种负荷范围内保持最佳运行状态。扎实做好燃煤发电机组设备运行维护，提高机组安全健康水平和设备可用率。鼓励有条件的发电企业积极探索节能降耗路径，提高机组的生产效率和经济效益，进一步提升电厂清洁高效发展水平。

（三）提升电煤煤质。通过优先释放煤矿项目优质产能、保障煤炭跨区运输铁路运力等措施，提高电煤产运需保障水平。同等条件下，优先保障能效水平先进的燃煤发电机组的燃料供应。充分发挥市场作用，平抑电煤价格大幅波动，确保电厂燃用设计煤种，最大限度避免因燃料品质波动造成的机组实际运行能耗增加。

九、严格新增煤电机组节能降耗标准

（一）严格能效准入门槛。加强对新增煤电项目设计煤耗水平的管控，鼓励煤电项目的前期论证、设备选择、工艺设计等各个环节提高标准，设计工况下供电煤耗高于285克标准煤/千瓦时的湿冷煤电机组和高于300克标准煤/千瓦时的空冷煤电机组不允许建设投产。

（二）提高机组参数水平。新建非热电联产燃煤发电项目原则上采用60万千瓦及以上超超临界机组。机组设计供电煤耗结合出力系数、深度调峰、煤质等因素进行修正后，应不高于《常规燃煤发电机组单位产品能源消耗限额》（GB 21258）、《热电联产单位产品能源消耗限额》（GB 35574）中新（改、扩）建机组能耗准入值，并根据国家标准的最新要求实时调整。

十、加大对节能降耗改造机组政策支持

（一）加强煤电技术攻关。实行揭榜挂帅制度，结合行业技术成熟度和应用需求，进一步加大对煤电节能减排重大关键技术和设备研发支持力度，提升技术装备自主化水平。稳步推进650℃等级超超临界燃煤发电技术、低成本超低排放循环流化床锅炉发电技术、智能电厂技术、燃煤电厂大规模二氧化碳捕集利用与封存技术、整体煤气化燃料电池发电集成优化技术、综合能源基地一体化集成技术，以及亚临界机组升级改造等节能减排突出技术的集中攻关和试点示范，条件成熟的适时推广应用。建立发电企业、电网企业、

设备制造企业、设计单位和研究机构多方参与的技术创新应用体系，推动产学研联合，鼓励各发电企业充分发挥主观能动性积极提高节能减排水平，加强低碳发展意识和能力建设，积极推进煤电节能减排和绿色低碳转型先进技术集成应用示范项目建设和科研创新成果产业化。积极开展先进技术经验交流，实现技术共享。

（二）加大财政、金融等方面支持力度。统筹运用相关资金，对煤电节能减排综合升级改造重大技术研发和示范项目建设适当给予资金支持。鼓励各地因地制宜制定背压式热电机组支持政策以及燃煤耦合生物质发电项目电量奖补政策等。鼓励社会资本等各类投资主体以多种投融资模式进入煤电节能减排综合升级改造领域。引导金融机构加大对煤电节能减排综合升级改造项目给予优惠信贷等投融资支持力度。拓宽煤电节能减排综合升级改造投融资渠道，为煤电节能减排综合升级改造提供资金支持。支持符合条件的企业发行企业债券，募集资金用于煤电节能减排综合升级改造等领域。鼓励发电企业与有关技术服务机构合作，通过合同能源管理等第三方投资模式推进煤电节能减排综合升级改造。

（三）健全市场化交易机制。在交易组织、合同签订、合同分解执行等环节中，充分考虑煤电机组煤耗水平，引导节能减排指标好的煤电机组多签市场化合同。加强优化运行调度，建立机组发电量与能耗水平挂钩机制，促进供电煤耗低的煤电机组多发电。加快健全完善辅助服务市场机制，使参与灵活性改造制造的调峰机组获得相应收益。

国家发展改革委等部门关于发布《工业重点领域能效标杆水平和基准水平（2023年版）》的通知

（发改产业〔2023〕723号）

各省、自治区、直辖市及计划单列市、新疆生产建设兵团发展改革委、工业和信息化主管部门、生态环境厅（局）、市场监管局（厅、委）、能源局：

为贯彻党的二十大关于统筹产业结构调整、推动制造业绿色发展、推进工业等领域清洁低碳转型的精神，落实中央经济工作会议关于推动传统产业改造升级的要求，按照《关于严格能效约束推动重点领域节能降碳的若干意见》（发改产业〔2021〕1464号），经商有关方面，现发布《工业重点领域能效标杆水平和基准水平（2023年版）》，并就有关事项通知如下。

一、拓展重点领域范围

结合工业重点领域产品能耗、规模体量、技术现状和改造潜力等，进一步拓展能效约束领域。在此前明确炼油、煤制焦炭、煤制甲醇、煤制烯烃、煤制乙二醇、烧碱、纯碱、电石、乙烯、对二甲苯、黄磷、合成氨、磷酸一铵、磷酸二铵、水泥熟料、平板玻璃、建筑陶瓷、卫生陶瓷、炼铁、炼钢、铁合金冶炼、铜冶炼、铅冶炼、锌冶炼、电解铝等25个重点领域能效标杆水平和基准水平的基础上，增加乙二醇，尿素，钛白粉，聚氯乙烯，精对苯二甲酸，子午线轮胎，工业硅，卫生纸原纸、纸巾原纸，棉、化纤及混纺机织物，针织物、纱线，粘胶短纤维等11个领域，进一步扩大工业重点领域节能降碳改造升级范围。

二、强化能效水平引领

对标国内外生产企业先进能效水平，确定工业重点领域能效标杆水平。根据行业实际情况、发展预期、生产装置整体能效水平等，统筹考虑如期实现碳达峰目标、保持生产供给平稳、便于企业操作实施等因素，结合各行业能耗限额标准制修订工作，科学划定各行业能效基准水平。重点领域能效标杆水平、基准水平视行业发展和标准制修订情况进行动态调整。强化能效标杆引领作用和基准约束作用，鼓励和引导行业企业立足长远发展，高标准实施节能降碳改造升级。

三、推动分类改造升级

依据能效标杆水平和基准水平，分类实施改造升级。对拟建、在建项目，应对照能效标杆水平建设实施，推动能效水平应提尽提，力争全面达到标杆水平。对能效介于标杆水平和基准水平之间的存量项目，鼓励加强绿色低碳工艺技术装备应用，引导企业应改尽改、应提尽提，带动全行业加大节能降碳改造力度，提升整体能效水平。对能效低于基准水平的存量项目，各地要明确改造升级和淘汰时限，制定年度改造和淘汰计划，引导企业有序开展节能降碳技术改造或淘汰退出，在规定时限内将能效改造升级到基准水平以上，对于不能按期改造完毕的项目进行淘汰。对此前明确的炼油、煤制焦炭、煤制甲醇、煤制烯烃、煤制乙二醇、烧碱、纯碱、电石、乙烯、对二甲苯、黄磷、合成氨、磷酸一铵、磷酸二铵、水泥熟料、平板玻璃、建筑陶瓷、卫生陶瓷、炼铁、炼钢、铁合金冶炼、铜冶炼、铅冶炼、锌冶炼、电解铝等 25 个领域，原则上应在 2025 年底前完成技术改造或淘汰退出；对本次增加的乙二醇，尿素，钛白粉，聚氯乙烯，精对苯二甲酸，子午线轮胎，工业硅，卫生纸原纸、纸巾原纸，棉、化纤及混纺机织物，针织物、纱线，粘胶短纤维等 11 个领域，原则上应在 2026 年底前完成技术改造或淘汰退出。

四、做好工作统筹衔接

各地要及时总结前期在重点领域能效摸底、技术改造实施方案制定、重点节能降碳项目推进等方面相关工作经验，结合重点领域能效水平范围拓展，根据当地产业发展条件，及时将新增领域纳入本地区重点领域节能降碳工作，做到统筹考虑、稳扎稳打、有序衔接、压茬推进。要不断优化完善本地区节能降碳技术改造实施方案，逐步建立动态更新调整机制，确保政策衔接有序，方案稳步实施，形成一批可借鉴、可复制、可推广的典型经验，扎实有序推动各重点领域节能降碳改造升级。

五、完善相关配套政策

充分利用已有政策工具，通过中长期贷款、绿色信贷、绿色债券、气候投融资、阶梯电价、工业节能监察、环保监督执法等手段，加大节能降碳市场调节和督促落实力度。推动金融机构在风险可控、商业可持续的前提下，向节能降碳改造升级项目提供高质量金融服务，落实节能专用装备、技术改造、资源综合利用等税收优惠政策，加快企业改造升级步伐，提升行业整体能效水平。

各地方要深刻认识、高度重视严格能效约束推动重点领域节能降碳工作的重要性，立足本地发展实际，坚持系统观念，尊重市场规律，细化工作要求，强化责任落实，稳妥有序推动节能降碳技术改造，切实避免“一刀切”管理和“运动式”减碳，确保产业链供应链稳定和经济社会平稳运行。

本通知自印发之日起执行，《关于发布〈高耗能行业重点领域能效标杆水平和基准水平（2021 年版）〉的通知》（发改产业〔2021〕1609 号）同时废止。

附件：工业重点领域能效标杆水平和基准水平（2023 年版）

国家发展改革委
工业和信息化部
生态环境部
市场监管总局
国家能源局
2023 年 6 月 6 日

附件：

工业重点领域能效标杆水平和基准水平（2023年版）

序号	国民经济行业分类及代码			重点领域		指标名称	指标单位	标杆水平	基准水平	参考标准
	大类	中类	小类							
1	纺织业（17）	棉纺织及印染精加工（171）	棉印染精加工（1713）	★棉、化纤及混纺机织物		单位产品综合能耗	千克标煤/百米	28	36	《印染行业“十四五”发展指导意见》《印染行业规范条件（2017版）》《针织印染面料单位产品能源消耗限额》（FZ/T07019）
		化纤织造及印染精加工（175）	化纤织物染整精加工（1752）							
		针织或钩针编织物及其制品制造（176）	针织或钩针编织物印染精加工（1762）	★针织物、纱线		单位产品综合能耗	吨标煤/吨	1.0	1.3	
2	造纸和纸制品业（22）	造纸（222）	机制纸及纸板制造（2221）	★卫生纸原纸、纸巾原纸	木浆	单位产品能耗	千克标准煤/吨	450	520	GB 31825 注：不包括TAD等塑纹纸机生产的产品
					非木浆			510	560	
3	石油、煤炭及其他燃料加工业（25）	精炼石油产品制造（251）	原油加工及石油制品制造（2511）	炼油		单位能量因数综合能耗	千克标准油/吨·能量因数	7.5	8.5	GB 30251
		煤炭加工（252）	炼焦（2521）	煤制焦炭	顶装焦炉	单位产品能耗	千克标准煤/吨	110	135	GB 21342
					捣固焦炉			110	140	

序号	国民经济行业分类及代码			重点领域		指标名称	指标单位	标杆水平	基准水平	参考标准
	大类	中类	小类							
3	石油、煤炭及其他燃料加工业（25）	煤炭加工（252）	煤制液体燃料生产（2523）	煤制甲醇	褐煤	单位产品综合能耗	千克标准煤/吨	1550	2000	GB 29436
					烟煤			1400	1800	
					▲无烟煤			1250	1500	
				煤制烯烃	乙烯和丙烯	单位产品能耗	千克标准煤/吨	2800	3300	GB 30180
				煤制乙二醇	▲合成气法	单位产品综合能耗	千克标准煤/吨	1000	1300	GB 32048
4	化学原料和化学制品制造业（26）	基础化学原料制造（261）	无机碱制造（2612）	烧碱	离子膜法液碱（质量分数，下同）≥30%	单位产品综合能耗	千克标准煤/吨	315	350	GB 21257
					离子膜法液碱≥45%			420	470	GB 21257
					离子膜法固碱≥98%			620	685	
				纯碱	氨碱法（轻质）	单位产品能耗	千克标准煤/吨	320	370	GB 29140
					▲联碱法（轻质）			160	200	
					★天然碱法-碳化法（轻质）			410	440	
					★天然碱法-蒸发法（轻质）			360	390	
					▲氨碱法（重质）			365	420	
					▲联碱法（重质）			205	250	
					★天然碱法-碳化法（重质）			455	490	
					★天然碱法-蒸发法（重质）			405	440	
			无机盐制造（2613）	电石		单位产品综合能耗	千克标准煤/吨	805	940	GB 21343

序号	国民经济行业分类及代码			重点领域		指标名称	指标单位	标杆水平	基准水平	参考标准
	大类	中类	小类							
4	化学原料和化学制品制造业（26）	基础化学原料制造（261）	有机化学原料制造（2614）	乙烯	石脑油烃类	单位产品能耗	千克标准油/吨	590	640	GB 30250
				对二甲苯		单位产品能耗	千克标准油/吨	380	550	GB 31534
				★乙二醇		单位产品能耗	千克标准煤/吨	375	470	GB 32048
		基础化学原料制造（261）	其他基础化学原料制造（2619）	黄磷		单位产品综合能耗	千克标准煤/吨	2300	2800	GB 21345 注：对粉矿采用烧结或焙烧工艺的，能耗数值增加700千克标准煤/吨
		肥料制造（262）	氮肥制造（2621）	合成氨	优质无烟块煤	单位产品综合能耗	千克标准煤/吨	1100	1350	GB 21344
					非优质无烟块煤、型煤			1200	1520	
					粉煤（包括无烟粉煤、烟煤）			1350	1550	
					天然气			1000	1200	
				★尿素	汽轮机驱动	单位产品能耗	千克标准煤/吨	150	170	GB 32035
					电机驱动			138	165	
			磷肥制造（2622）	磷酸一铵	传统法（粒状）	单位产品综合能耗	千克标准煤/吨	255	275	GB 29138
					传统法（粉状）			240	260	
					料浆法（粒状）			170	190	
					料浆法（粉状）			165	185	
				磷酸二铵	传统法（粒状）	单位产品综合能耗	千克标准煤/吨	250	275	GB 29139
					料浆法（粒状）			185	200	

序号	国民经济行业分类及代码			重点领域		指标名称	指标单位	标杆水平	基准水平	参考标准
	大类	中类	小类							
4	化学原料和化学制品制造业（26）	涂料、油墨、颜料及类似产品制造（264）	工业颜料制造（2643）	★钛白粉	硫酸法金红石型	单位产品能耗	千克标准煤/吨	1000	1300	GB 32051
					硫酸法锐钛型			800	1000	
					氯化法			900	950	
		合成材料制造（265）	初级形态塑料及合成树脂制造（2651）	★聚氯乙烯	电石法（通用型）	单位产品能耗	千克标准煤/吨	193	270	GB 30527
					电石法（糊用型）			450	480	
					乙烯法（通用型）			620	635	
					乙烯法（糊用型）			950	1100	
			合成纤维单（聚合）体制造（2653）	★精对苯二甲酸		单位产品能耗	千克标准煤/吨	80	180	GB 31533
5	化学纤维制造业（28）	纤维素纤维原料及纤维制造（281）	人造纤维（纤维素纤维）制造（2812）	★粘胶短纤维		单位产品综合能耗	千克标准煤/吨	800	950	《绿色设计产品评价技术规范 粘胶纤维》（T/CNTAC 96）
6	橡胶和塑料制品业（29）	橡胶制品业（291）	★轮胎制造（2911）	全钢子午线轮胎		单位产品能耗	千克标准煤/吨	235	340	GB 29449
				半钢子午线轮胎				290	430	
7	非金属矿物制品业（30）	水泥、石灰和石膏制造（301）	水泥制造（3011）	水泥熟料		单位产品综合能耗	千克标准煤/吨	100	117	GB 16780

序号	大类	中类	小类	重点领域	指标名称	指标单位	标杆水平	基准水平	参考标准
7	非金属矿物制品业（30）	玻璃制造（304）	平板玻璃制造（3041）	平板玻璃（生产能力＞800 吨/天）	单位产品能耗	千克标准煤/重量箱	8	12	GB 21340 注：汽车用平板玻璃能耗修正系数参照此标准
				平板玻璃（500≤生产能力≤800 吨/天）			9.5	13.5	
		陶瓷制品制造（307）	建筑陶瓷制品制造（3071）	吸水率≤0.5%的陶瓷砖	单位产品综合能耗	千克标准煤/平方米	4	7	GB 21252
				0.5%＜吸水率≤10%的陶瓷砖			3.7	4.6	
				吸水率＞10%的陶瓷砖			3.5	4.5	
		陶瓷制品制造（307）	卫生陶瓷制品制造（3072）	卫生陶瓷	单位产品综合能耗	千克标准煤/吨	300	630	GB 21252
8	黑色金属冶炼和压延加工业（31）	炼铁（311）	炼铁（3110）	高炉工序	单位产品能耗	千克标准煤/吨	361	435	GB 21256
		炼钢（312）	炼钢（3120）	转炉工序	单位产品能耗	千克标准煤/吨	−30	−10	
				电弧炉冶炼 30 吨＜公称容量＜50 吨	单位产品能耗	千克标准煤/吨	67	86	GB 32050 注：电弧炉冶炼全不锈钢单位产品能耗提高 10%
				电弧炉冶炼 公称容量≥50 吨			61	72	
		铁合金冶炼（314）	铁合金冶炼（3140）	▲硅铁	单位产品综合能耗	千克标准煤/吨	1770	1850	GB 21341
				锰硅合金			860	950	
				高碳铬铁			710	800	

<table>
<tr><th rowspan="2">序号</th><th colspan="3">国民经济行业分类及代码</th><th colspan="2" rowspan="2">重点领域</th><th rowspan="2">指标名称</th><th rowspan="2">指标单位</th><th rowspan="2">标杆水平</th><th rowspan="2">基准水平</th><th rowspan="2">参考标准</th></tr>
<tr><th>大类</th><th>中类</th><th>小类</th></tr>
<tr><td rowspan="16">9</td><td rowspan="16">有色金属冶炼和压延加工业（32）</td><td rowspan="16">常用有色金属冶炼（321）</td><td rowspan="4">铜冶炼（3211）</td><td colspan="2">铜冶炼工艺（铜精矿-阴极铜）</td><td rowspan="4">单位产品综合能耗</td><td rowspan="4">千克标准煤/吨</td><td>260</td><td>380</td><td rowspan="4">GB 21248</td></tr>
<tr><td colspan="2">粗铜工艺（铜精矿-粗铜）</td><td>140</td><td>260</td></tr>
<tr><td colspan="2">阳极铜工艺（铜精矿-阳极铜）</td><td>180</td><td>290</td></tr>
<tr><td colspan="2">电解工序（阳极铜-阴极铜）</td><td>85</td><td>110</td></tr>
<tr><td rowspan="3">铅锌冶炼（3212）</td><td rowspan="3">铅冶炼</td><td>粗铅工艺</td><td rowspan="3">单位产品综合能耗</td><td rowspan="3">千克标准煤/吨</td><td>230</td><td>300</td><td rowspan="3">GB 21250</td></tr>
<tr><td>铅电解精炼工序</td><td>100</td><td>120</td></tr>
<tr><td>铅冶炼工艺</td><td>330</td><td>420</td></tr>
<tr><td rowspan="5">铅锌冶炼（3212）</td><td rowspan="5">锌冶炼</td><td>火法炼锌工艺：粗锌（精矿-粗锌）</td><td rowspan="5">单位产品综合能耗</td><td rowspan="5">千克标准煤/吨</td><td>1450</td><td>1620</td><td rowspan="5">GB 21249</td></tr>
<tr><td>火法炼锌工艺：锌（精矿-精馏锌）</td><td>1800</td><td>2020</td></tr>
<tr><td>湿法炼锌工艺：电锌锌锭（有浸出渣火法处理工艺）（精矿-电锌锌锭）</td><td>1100</td><td>1280</td></tr>
<tr><td>湿法炼锌工艺：电锌锌锭（无浸出渣火法处理工艺）（精矿-电锌锌锭）</td><td>800</td><td>950</td></tr>
<tr><td>湿法炼锌工艺：电锌锌锭（氧化锌精矿-电锌锌锭）</td><td>800</td><td>950</td></tr>
<tr><td>铝冶炼（3216）</td><td colspan="2">电解铝</td><td>铝液交流电耗</td><td>千瓦时/吨</td><td>13000</td><td>13350</td><td>GB 21346</td></tr>
<tr><td rowspan="3">硅冶炼（3218）</td><td rowspan="3">★工业硅</td><td>主要还原剂为木炭</td><td rowspan="3">单位产品综合能耗</td><td rowspan="3">千克标准煤/吨</td><td>2500</td><td>3300</td><td rowspan="3">GB 31338</td></tr>
<tr><td>主要还原剂为石油焦和煤</td><td>2700</td><td>3500</td></tr>
<tr><td>主要还原剂为煤</td><td>2800</td><td>3600</td></tr>
</table>

注：1. 各领域标杆水平和基准水平主要参考国家现行单位产品能耗限额标准的先进值和准入值、限定值，根据行业实际、发展预期、生产装置整体能效水平等确定。统计范围、计算方法等参考相应标准。

2. 表中的工业重点领域范围和标杆水平、基准水平，视行业发展和国家现行单位产品能耗限额标准制修订情况进行补充完善和动态调整。

3. 相较于《高耗能行业重点领域能效标杆水平和基准水平（2021 年版）》，新增加的重点领域用“★”标注，能效水平有调整的用“▲”标注。

国家发展改革委等部门关于发布《重点用能产品设备能效先进水平、节能水平和准入水平（2024 年版）》的通知

（发改环资规〔2024〕127 号）

各省、自治区、直辖市及计划单列市、新疆生产建设兵团发展改革委、工业和信息化主管部门、财政厅（局）、住房城乡建设厅（委、管委、局）、市场监管局（厅、委）、能源局：

为全面贯彻党的二十大精神，认真落实中央经济工作会议部署，大力推广节能减排降碳先进技术，加快提升产品设备节能标准，支撑重点领域节能改造，助力大规模设备更新和消费品以旧换新，推动完成“十四五”能耗强度下降约束性指标，经商有关方面，现发布《重点用能产品设备能效先进水平、节能水平和准入水平（2024 年版）》，并就有关事项通知如下。

一、扩大重点用能产品设备覆盖范围

根据应用场景和使用特性，用能产品设备主要分为工业设备、信息通信设备、交通运输设备、商用设备、家用电器、照明器具等 6 大类。综合考虑应用规模、能源消耗量和节能减排降碳工作需要，扩大重点用能产品设备覆盖范围，在 2022 年已明确能效水平的三相异步电动机、电力变压器、房间空气调节器等 20 种产品设备基础上，增加工业锅炉、数据中心、服务器、充电桩、通信基站、光伏组件等 23 种产品设备或设施，基本实现重点用能产品设备全覆盖，进一步支撑重点领域节能减排降碳。

二、加快提升产品设备节能标准

重点用能产品设备能效水平划分为先进水平、节能水平、准入水平三档。参考现行强制性能效标准要求，结合相关标准制修订情况和国内外同类产品设备技术现状，合理划定能效指标。准入水平为相关产品设备进入市场的最低能效水平门槛，数值与现行强制性能效标准限定值一致。能效指标引用推荐性国家标准、团体标准的产品设备不设定能效准入水平。节能水平不低于现行能效 2 级，与能效准入水平相比，更符合节能减排降碳工作要求。先进水平不低于现行能效 1 级，是当前相关产品设备所能达到的先进能效水平。根据行业技术进步和发展趋势，实行能效水平动态转化。适时将重点用能产品设备能效先进水平、节能水平分别转化为下一阶段的节能水平、准入水平。以能效水平

为重要依据，加快研究制定相关产品设备碳排放指标，综合评价产品设备节能减排降碳水平，推动能耗双控逐步转向碳排放双控。

三、统筹推进更新改造和回收利用

各地区要积极开展能效诊断，实施产品设备能效普查，推动相关企业实施产品设备更新改造，鼓励更新改造后达到能效节能水平，并力争达到能效先进水平。支持数据中心、通信基站、大型公建、产业园区、交通基础设施等持续提高能效先进水平产品设备应用比例。党政机关、体育场馆、学校、医院等公共机构要充分发挥示范带动作用，积极落实政府绿色采购政策。深入开展企业回收目标责任制行动，加强废旧工业设备、家电产品、光伏设备等回收利用，实现废旧产品设备规模化、规范化、清洁化再生利用。支持相关企业加大研发投入，集中突破高效低碳产品基础材料、关键部件、加工工艺、智能控制、数字化节能等关键共性技术，提升绿色产业竞争优势。

四、大力倡导绿色低碳消费

鼓励零售企业、电商平台联合生产企业通过设置产品专区、突出显示专有标识、发放绿色优惠券、开展产品设备减碳量自我声明等方式，引导消费者优先选购能效先进水平产品设备。鼓励有条件的地区对电子产品下乡、充电桩建设、家电“以旧换新”等按照能效水平予以差异化政策支持，为能效节能水平及以上产品设备提供适当补贴。积极推进产品设备国际节能减排降碳标准制定，加强能效标准标识国际互认，支持绿色产品贸易便利化。加强先进节能技术和产品推广国际合作，促进绿色低碳产品设备惠及全球。

五、加大应用实施和监督检查力度

将产品设备能效水平作为固定资产投资项目节能审查重要技术依据，企业新建、改扩建项目和获得中央预算内投资等财政资金支持的项目，主要用能产品设备能效必须达到节能水平，优先使用能效达到先进水平的产品设备。对于产能已经饱和的行业，主要用能产品设备能效原则上应达到先进水平。各级节能主管部门、工业和信息化主管部门要强化节能监察，督促企业加强产品设备能效管理，依法依规淘汰老旧落后用能产品设备。各级市场监管部门要加大质量监管力度，依法依规禁止能效低于准入水平的产品设备生产销售，严厉打击能效水平虚假宣传行为。各级财政部门要加强政府采购监管，公共机构要严格落实《节能产品政府采购品目清单》，做好节能产品采购工作。

六、强化综合性政策支持

结合产品设备能效水平实施情况，加快强制性能效标准更新升级，填补信息通信、交通运输、新型家电、可再生能源等领域强制性能效标准空白，稳步提升工业、商业等领域通用产品设备能效指标，加快制定泵、风机、空气压缩机等系统运行能效标准。按照“就高不就低”原则，做好强制性能效标准与重点用能产品设备能效先进水平、节能水平和准入水平的衔接协调。鼓励制定严于国家标准的地方标准、行业标准和团体标准。优先将能效先进水平及以上产品设备和相关生产技术工艺纳入《绿色低碳转型产业指导目录》《绿色技术推广目录》和《产业结构调整指导目录》鼓励类。完善绿色产品认证与标识体系，加大绿色产品供给，引导绿色消费。完善政府绿色采购相关政策，研究加大对能效达到节能水平产品设备的政府采购支持力度。统筹运用金融等政策，落实好环保节能相关税收优惠政策，支持企业开展产品设备节能减排降碳改造。鼓励金融机构为企业研发制造高能效产品设备提供中长期信贷支持，支持符合条件的企业发行债券融资。

上述规定自 2024 年 4 月 1 日起执行，《重点用能产品设备能效先进水平、节能水平和准入水平（2022 年版）》（发改环资规〔2022〕1719 号）同时废止，相关产品设备标准有特殊规定的，从其规定。各地区、各有关部门和行业要高度重视产品设备能效水平提升工作，细化工作要求，强化责任落实，推动制造业高端化、智能化、绿色化发展，加快形成绿色低碳的生产方式和生活方式，为积极稳妥推进碳达峰碳中和提供有力支撑。

关于“十四五”推进沿黄重点地区工业项目入园及严控高污染、高耗水、高耗能项目的通知

（发改办产业〔2021〕635 号）

山西省、内蒙古自治区、山东省、河南省、四川省、陕西省、甘肃省、青海省、宁夏回族自治区发展改革委、工业和信息化厅、生态环境厅、水利厅：

为贯彻落实习近平总书记系列重要讲话和指示批示精神，推进黄河流域生态环境治理和高质量发展，经推动黄河流域生态保护和高质量发展领导小组同意，现就“十四五”推进兰州、洛阳、郑州、济南等沿黄城市和干流沿岸县（以下简称沿黄重点地区）工业项目入园及严控高污染、高耗水、高耗能项目的有关事项通知如下：

一、进一步提高思想认识

习近平总书记指出，治理黄河，重在保护，要在治理。要坚持山水林田湖草综合治理、系统治理、源头治理，统筹推进各项工作，加强协同配合，推动黄河流域高质量发展。贯彻落实习近平总书记重要讲话和指示批示精神，推进沿黄重点地区工业项目入园和严控高污染、高耗水、高耗能项目，是实现黄河流域生态环境系统治理、源头治理的重要举措，是推动黄河流域高质量发展的有效途径。各有关地区要高度重视，建立工作机制，明确责任分工，抓好工作落实，确保取得实效。

二、梳理规范相关工业园区

各有关地区要对现有各级各类工业园区进行全面梳理，对不符合安全、环保、用地、取水等规定或手续不齐全的园区，要按相关规定责令其限期进行整改。在相关园区整改到位前，不得再落地新的工业项目（以 GB/T 4754—2017 的制造业口径为准，下同）。工业园区的梳理规范于 2021 年 10 月底前全面完成，并对每个工业园区逐一建立梳理档案备查。

三、全面清理规范拟建工业项目

各有关地区要坚持从严控制，对已备案但尚未开工的拟建工业项目，要指导督促和协调帮助企业将项目调整转入合规工业园区内建设。对不符合产业政策、“三线一单”生态环境分区管控方案、规划环评以及能耗、水耗等有关要求的工业项目，一律不得批

准或备案。拟建工业项目清理规范工作于 2021 年 12 月底前全部完成。“十四五”时期沿黄重点地区拟建的工业项目，一律按要求进入合规工业园区。

四、严控新上高污染、高耗水、高耗能项目

各有关地区对现有已备案但尚未开工的拟建高污染、高耗水、高耗能项目（对高污染、高耗水、高耗能项目的界定，按照生态环境部、水利部、国家发展改革委相关规定执行）要一律重新进行评估，确有必要建设且符合相关行业要求的方可继续推进。清理规范工作于 2021 年 12 月底前全部完成。“十四五”时期沿黄重点地区新建高污染、高耗水、高耗能项目，一律按本通知要求执行。

五、强化在建项目日常监管

各有关地区对正在建设（含已建成未投产）的工业项目以及其他高污染、高耗水、高耗能项目，要建立项目台账，加强日常监管。对不符合产业政策、“三线一单”生态环境分区管控方案、规划环评以及能耗、水耗等有关要求的项目，一律责令立即停止建设、投产，限期整改，在整改到位前，项目不得恢复建设、投产。对整改到位并恢复建设的项目，要继续加强监管，防范再次发生违法违规行为。

六、加强已建成项目监管

各有关地区要加强对已建成高污染、高耗水、高耗能项目的监管，全面梳理形成台账，逐一排查评估，有节能节水减排潜力的项目要改造升级，达不到国家或地方有关排放要求的要实施深度治理，属于落后产能的项目要坚决淘汰。对违反产业政策、未落实环评及其批复、区域削减措施、产能置换或煤炭减量替代要求、违规审批和建设的项目，坚决从严查处，并责令限期整改，逾期未完成整改或整改无望的坚决关停。

七、稳妥推进园区外工业项目入园

各有关地区要对合规工业园区外存在重大安全隐患、曾发生重大突发环境事件的已建成工业项目逐一建立档案，逐个进行梳理评估。对经评估需要实施搬迁入园的项目，按照“成熟一个、搬迁一个”的要求，逐一制定搬迁入园工作计划和实施细则，明确时间表和责任人，抓好项目搬迁入园工作。对其他建成工业项目，要加强监管，防范安全、环境风险，鼓励有条件的项目搬迁入园。

八、及时做好工作总结和报告

各有关地区发展改革委、生态环境厅、水利厅、青海省工业和信息化厅要按职责分工抓好工作落实，按时将工业园区梳理规范情况（2021 年 11 月底前）和拟建工业及高污染、高耗水、高耗能项目清理情况（2022 年 1 月底前）联合报送国家发展改革委、工业和信息化部、生态环境部、水利部。对园区外工业项目入园情况，按照“完成一个、报送一个”的要求，在项目入园工作完成后 3 个月内报送相关情况。自 2022 年起，每年 1 月、7 月分别报送上一年和本年度上半年工业项目和高污染、高耗水、高耗能项目监管、园区外工业项目入园等工作进展情况。

九、加强工作指导和督促检查

国家发展改革委、工业和信息化部、生态环境部、水利部将加强对各地区开展相关工作的指导，推动工作顺利实施，并根据工作进展情况，联合向推动黄河流域生态保护和高质量发展领导小组呈报工作总结。同时，采取多种形式加强对各有关地区工作进展的督促检查，对工作不力、进展缓慢的，有关情况将上报推动黄河流域生态保护和高质量发展领导小组。

特此通知。

国家发展改革委办公厅
工业和信息化部办公厅
生态环境部办公厅
水利部办公厅
2021 年 8 月 16 日

关于加强高耗能、高排放建设项目生态环境源头防控的指导意见

（环环评〔2021〕45号）

各省、自治区、直辖市生态环境厅（局），新疆生产建设兵团生态环境局：

为全面落实党的十九届五中全会关于加快推动绿色低碳发展的决策部署，坚决遏制高耗能、高排放（以下简称“两高”）项目盲目发展，推动绿色转型和高质量发展，现就加强“两高”项目生态环境源头防控提出如下指导意见。

一、加强生态环境分区管控和规划约束

（一）深入实施“三线一单”。各级生态环境部门应加快推进“三线一单”成果在“两高”行业产业布局和结构调整、重大项目选址中的应用。地方生态环境部门组织“三线一单”地市落地细化及后续更新调整时，应在生态环境准入清单中深化“两高”项目环境准入及管控要求；承接钢铁、电解铝等产业转移地区应严格落实生态环境分区管控要求，将环境质量底线作为硬约束。

（二）强化规划环评效力。各级生态环境部门应严格审查涉“两高”行业的有关综合性规划和工业、能源等专项规划环评，特别对为上马“两高”项目而修编的规划，在环评审查中应严格控制“两高”行业发展规模，优化规划布局、产业结构与实施时序。以“两高”行业为主导产业的园区规划环评应增加碳排放情况与减排潜力分析，推动园区绿色低碳发展。推动煤电能源基地、现代煤化工示范区、石化产业基地等开展规划环境影响跟踪评价，完善生态环境保护措施并适时优化调整规划。

二、严格“两高”项目环评审批

（三）严把建设项目环境准入关。新建、改建、扩建“两高”项目须符合生态环境保护法律法规和相关法定规划，满足重点污染物排放总量控制、碳排放达峰目标、生态环境准入清单、相关规划环评和相应行业建设项目环境准入条件、环评文件审批原则要求。石化、现代煤化工项目应纳入国家产业规划。新建、扩建石化、化工、焦化、有色金属冶炼、平板玻璃项目应布设在依法合规设立并经规划环评的产业园区。各级生态环境部门和行政审批部门要严格把关，对于不符合相关法律法规的，依法不予审批。

（四）落实区域削减要求。新建“两高”项目应按照《关于加强重点行业建设项目区域削减措施监督管理的通知》要求，依据区域环境质量改善目标，制定配套区域污染物

削减方案，采取有效的污染物区域削减措施，腾出足够的环境容量。国家大气污染防治重点区域（以下称重点区域）内新建耗煤项目还应严格按规定采取煤炭消费减量替代措施，不得使用高污染燃料作为煤炭减量替代措施。

（五）合理划分事权。省级生态环境部门应加强对基层“两高”项目环评审批程序、审批结果的监督与评估，对审批能力不适应的依法调整上收。对炼油、乙烯、钢铁、焦化、煤化工、燃煤发电、电解铝、水泥熟料、平板玻璃、铜铅锌硅冶炼等环境影响大或环境风险高的项目类别，不得以改革试点名义随意下放环评审批权限或降低审批要求。

三、推进“两高”行业减污降碳协同控制

（六）提升清洁生产和污染防治水平。新建、扩建“两高”项目应采用先进适用的工艺技术和装备，单位产品物耗、能耗、水耗等达到清洁生产先进水平，依法制定并严格落实防治土壤与地下水污染的措施。国家或地方已出台超低排放要求的“两高”行业建设项目应满足超低排放要求。鼓励使用清洁燃料，重点区域建设项目原则上不新建燃煤自备锅炉。鼓励重点区域高炉-转炉长流程钢铁企业转型为电炉短流程企业。大宗物料优先采用铁路、管道或水路运输，短途接驳优先使用新能源车辆运输。

（七）将碳排放影响评价纳入环境影响评价体系。各级生态环境部门和行政审批部门应积极推进“两高”项目环评开展试点工作，衔接落实有关区域和行业碳达峰行动方案、清洁能源替代、清洁运输、煤炭消费总量控制等政策要求。在环评工作中，统筹开展污染物和碳排放的源项识别、源强核算、减污降碳措施可行性论证及方案比选，提出协同控制最优方案。鼓励有条件的地区、企业探索实施减污降碳协同治理和碳捕集、封存、综合利用工程试点、示范。

四、依排污许可证强化监管执法

（八）加强排污许可证管理。地方生态环境部门和行政审批部门在“两高”企业排污许可证核发审查过程中，应全面核实环评及批复文件中各项生态环境保护措施及区域削减措施落实情况，对实行排污许可重点管理的“两高”企业加强现场核查，对不符合条件的依法不予许可。加强“两高”企业排污许可证质量和执行报告提交情况检查，督促企业做好台账记录、执行报告、自行监测、环境信息公开等工作。对于持有排污限期整改通知书或排污许可证中存在整改事项的“两高”企业，密切跟踪整改落实情况，发现未按期完成整改、存在无证排污行为的，依法从严查处。

（九）强化以排污许可证为主要依据的执法监管。各地生态环境部门应将“两高”企业纳入“双随机、一公开”监管。加大“两高”企业依证排污以及环境信息依法公开情况检查力度，特别对实行排污许可重点管理的“两高”企业，应及时核查排污许可证许

可事项落实情况，重点核查污染物排放浓度及排放量、无组织排放控制、特殊时段排放控制等要求的落实情况。严厉打击“两高”企业无证排污、不按证排污等各类违法行为，及时曝光违反排污许可制度的典型案例。

五、保障政策落地见效

（十）建立管理台账。各级生态环境部门和行政审批部门应建立“两高”项目管理台账，将自2021年起受理、审批环评文件以及有关部门列入计划的“两高”项目纳入台账，记录项目名称、建设地点、所属行业、建设状态、环评文件受理时间、审批部门、审批时间、审批文号等基本信息，涉及产能置换的还应记录置换产能退出装备、产能等信息。既有“两高”项目按有关要求开展复核。“两高”项目暂按煤电、石化、化工、钢铁、有色金属冶炼、建材等六个行业类别统计，后续对“两高”范围国家如有明确规定的，从其规定。省级生态环境部门应统筹调度行政区域内“两高”项目情况，于2021年10月底前报送生态环境部，后续每半年更新。

（十一）加强监督检查。各地生态环境部门应建立“两高”项目环评与排污许可监督检查工作机制。对基层生态环境部门和行政审批部门已批复环评文件的“两高”项目，省级生态环境部门应开展复核。对已开工在建的，要重点检查生态环境保护措施是否同时实施，是否存在重大变动。对已经投入生产或者使用的，还要重点检查环评文件及批复提出的生态环境保护措施和重点污染物区域削减替代等要求落实情况、排污许可证申领和执行情况。各地生态环境部门应将监督检查中发现的问题及时记入“两高”项目管理台账。生态环境部将进一步加强督促指导。

（十二）强化责任追究。“两高”项目建设单位应认真履行生态环境保护主体责任。对未依法报批环评文件即擅自开工建设的“两高”项目，或未依法重新报批环评文件擅自发生重大变动的，地方生态环境部门应责令立即停止建设，依法严肃查处；对不满足生态环境准入条件的，依法责令恢复原状。对不落实环评及“三同时”要求的“两高”项目，应责令按要求整改；造成重大环境污染或生态破坏的，依法责令停止生产或使用，或依法报经有批准权的人民政府责令关闭。对审批及监管部门工作人员不依法履职、把关不严的，依法给予处分，造成重大损失或影响的，依法追究相关责任人责任。地方政府落实“两高”项目生态环境防控措施不力问题突出的，依法实施区域限批，纳入中央和省级生态环境保护督察。

生态环境部

2021年5月30日

（此件社会公开）

国家发展改革委关于规范煤化工产业有序发展的通知

（发改产业〔2011〕635号）

各省、自治区、直辖市发展改革委：

我国煤炭资源虽然相对丰富，但人均资源占有量也仅占世界平均水平的 60%左右。科学合理开发、高效加工转化和最大限度地利用煤炭资源是一项长期艰巨的任务。2009 年，针对一些地区出现的不顾资源和环境承载能力，盲目规划、违规建设、无序发展煤化工问题，国务院及时下发了《国务院批转发展改革委等部门关于抑制部分行业产能过剩和重复建设引导产业健康发展若干意见的通知》（国发〔2009〕38 号），加强宏观调控和引导，对抑制煤化工产业的盲目发展发挥了积极作用。大部分地区已严格按照国务院文件要求，严格煤炭资源管理，严格项目审核，科学规范煤化工发展；但有些地方仍存在不顾条件大上煤化工的问题，且引发的不良后果已经开始显现。为了全面贯彻落实国务院通知精神和“十二五”规划纲要的要求，进一步规范煤化工产业有序发展，现就有关问题通知如下：

一、高度重视煤化工盲目发展带来的问题

一是加大产业风险。由于一些地区片面强调煤炭转化比例，部分项目重复引进未经验证的技术，致使建成后不能正常生产，巨额资金投入不能发挥效益；有的项目盲目上马，产品缺乏竞争力，市场开发滞后，目前全国甲醇装置开工率只有 50%左右，二甲醚装置也大量闲置，相当一部分企业面临破产倒闭；还有的项目不核算煤炭资源完全成本，不落实节能减排责任，不分析煤炭的全过程转化效率，只强调加工工序的效率和效益；还有的企业以发展煤化工为名，行圈占煤炭资源之实，项目盲目布局，造成大量重复建设。

二是加剧煤炭供需矛盾。据不完全统计，目前全国在建和已批待建煤化工项目新增用煤已超过亿吨，各地规划拟建项目新增用煤总量还有几亿吨。尤其值得关注的是，一些煤炭净调入地区在现有火电厂供煤已十分紧张的情况下，还在积极发展煤化工产业。煤化工盲目建设和过度发展不仅加剧了煤炭供需矛盾，也直接影响到全国合理控制能源消费总量。

三是增加节能减排工作难度。煤化工属高耗能、高排放产业，受技术制约，煤炭在整体产业链中的能源转换效率不高，能源消耗和二氧化碳排放强度均高出全国平均水平

的 10 倍以上。煤化工的无序发展必将直接影响节能减排目标的实现。

四是引发区域水资源供需失衡。我国煤炭资源与水资源呈逆向分布，主要蕴藏在水资源短缺地区。大部分煤化工属高耗水产品，发展规模必须量水而行。但一些地区不顾水资源供给约束发展煤化工；一些企业片面强调经济效益，节水意识淡薄，继续采用高耗水技术装备，严重浪费水资源，这将对区域水资源平衡和生态环境保护造成难以估量的后果。

二、切实加强煤化工产业的调控和引导

各地要进一步贯彻落实国务院国发〔2009〕38 号文件精神，加大对贯彻落实情况的督促检查，加强对煤化工产业发展的宏观调控和引导，现就有关政策重申如下：

（一）严格产业准入政策。在国家相关规划出台之前，暂停审批单纯扩大产能的焦炭、电石项目，禁止建设不符合准入条件的焦炭、电石项目，加快淘汰焦炭、电石落后产能；对合成氨和甲醇实施上大压小、产能置换等方式，提高竞争力。煤化工示范项目要建立科学、严格的准入门槛。

（二）加强项目审批管理。各级发展改革部门要严格遵守国家对建设项目的相关管理规定和审批程序，进一步加强煤化工项目审批管理，不得下放审批权限，严禁化整为零，违规审批。在新的核准目录出台之前，禁止建设以下项目：年产 50 万吨及以下煤经甲醇制烯烃项目，年产 100 万吨及以下煤制甲醇项目，年产 100 万吨及以下煤制二甲醚项目，年产 100 万吨及以下煤制油项目，年产 20 亿立方米及以下煤制天然气项目，年产 20 万吨及以下煤制乙二醇项目。上述标准以上的大型煤炭加工转化项目，须报经国家发展改革委核准。

（三）强化要素资源配置。进一步加强煤化工生产要素资源配置，要积极推动区域产业规划的环境影响评价和节能评估，严格项目环境评价审核和节能审查，对主要污染物排放总量超标和节能评估审查不合格的地区，暂停审批新增主要污染物的煤化工项目；煤炭供应要优先满足群众生活和发电需要，严禁挤占生活、生态和农业用水发展煤化工，对取水量已达到或超过控制指标的地区，暂停审批煤化工项目新增取水；对不符合产业政策等规定的煤化工项目，一律不批准用地，不得发放贷款，不得通过资本市场融资，严格防止财政性资金流向产能过剩的煤化工项目。

（四）落实行政问责制。各有关部门及金融机构要按照国发〔2009〕38 号文相关要求，认真履行职责，依法依规把好土地、节能、环保、信贷、产业政策和项目审批关，坚决遏制煤化工盲目发展的势头。对违反国家土地、节能、环保法律法规和信贷、产业政策规定，工作严重失职或失误造成重大损失或恶劣影响的行为要进行问责，严肃处理。

三、统筹规划，做好试点示范工作

国家发展改革委、国家能源局正在组织编制《煤炭深加工示范项目规划》和《煤化工产业政策》，经批准后将尽快组织实施。其政策取向：

一是贯彻落实科学发展观和党的十七届五中全会精神，按照“十二五”规划纲要的要求，统筹国内外两种资源，在科学发展石油化工的同时，合理开发和利用好宝贵的煤炭资源，走高效率、低排放、清洁加工转化利用的现代煤化工发展之路；按照可持续发展的循环经济理念，统筹规划、合理布局，科学引导产业有序发展，使我国现代煤化工技术走在世界前沿。“十二五”重点组织实施好现代煤化工产业的升级示范项目建设。

二是加强煤化工产业规划与国民经济社会发展总体规划及相关产业规划衔接，认真落实总体规划对产业发展在节能减排等方面的要求，积极推动煤化工与煤炭、电力、石油化工等产业协调发展，努力做好煤炭供需平衡。切实落实中发〔2011〕1号文件精神，加强水资源和水源地保护，严格控制缺水地区高耗水煤化工项目的建设。

三是煤炭净调入地区要严格控制煤化工产业，煤炭净调出地区要科学规划、有序发展，做好总量控制。新上示范项目要与淘汰传统落后的煤化工产能相结合，尽可能不增加新的煤炭消费量。推行煤炭资源分类使用和优化配置政策，炼焦煤（包括气煤、肥煤、焦煤、瘦煤）优先用于煤焦化工业。

四是提高转换效率。新上示范项目必须核算从煤炭开发到终端使用全周期的能源转换效率，并与其他转换加工方式进行科学比选和评估，全周期煤炭转换效率应明显高于行业现有水平，煤炭资源价格必须按市场价格测算，特别是对二氧化碳排放及捕捉要有明确的责任，新上示范项目应具有大幅减少二氧化碳排放的能力。

五是严格产业准入标准，确保项目科学、高效率，高效益。示范项目建设要按照石化产业的布局原则，实现园区化，建在煤炭和水资源条件具备的地区；项目业主应同时具有资本、技术和资源方面的优势，工程建设方案和市场开发方案必须做到资源利用合理、竞争能力强，并经过充分比选论证。

六是示范项目的实施主要为了探索和开发出科学高效的煤化工技术，培育具有知识产权和竞争能力的市场主体。因此，原则上，一个企业承担一个示范项目，有条件发展煤化工的地区在产品和示范项目上也有严格的数量限制。工程建成后要严格考核验收，及时总结。

国家发展改革委

2011年3月23日

国务院关于化解产能严重过剩矛盾的指导意见

（国发〔2013〕41号）

各省、自治区、直辖市人民政府，国务院各部委、各直属机构：

化解产能严重过剩矛盾是当前和今后一个时期推进产业结构调整的工作重点。为积极有效地化解钢铁、水泥、电解铝、平板玻璃、船舶等行业产能严重过剩矛盾，同时指导其他产能过剩行业化解工作，特制定本意见。

一、充分认识化解产能严重过剩矛盾的重要性和紧迫性

在市场经济条件下，供给适度大于需求是市场竞争机制发挥作用的前提，有利于调节供需，促进技术进步与管理创新。但产品生产能力严重超过有效需求时，将会造成社会资源巨大浪费，降低资源配置效率，阻碍产业结构升级。

受国际金融危机的深层次影响，国际市场持续低迷，国内需求增速趋缓，我国部分产业供过于求矛盾日益凸显，传统制造业产能普遍过剩，特别是钢铁、水泥、电解铝等高消耗、高排放行业尤为突出。2012年底，我国钢铁、水泥、电解铝、平板玻璃、船舶产能利用率分别仅为72%、73.7%、71.9%、73.1%和75%，明显低于国际通常水平。钢铁、电解铝、船舶等行业利润大幅下滑，企业普遍经营困难。值得关注的是，这些产能严重过剩行业仍有一批在建、拟建项目，产能过剩呈加剧之势。如不及时采取措施加以化解，势必会加剧市场恶性竞争，造成行业亏损面扩大、企业职工失业、银行不良资产增加、能源资源瓶颈加剧、生态环境恶化等问题，直接危及产业健康发展，甚至影响到民生改善和社会稳定大局。

当前，我国出现产能严重过剩主要受发展阶段、发展理念和体制机制等多种因素的影响。在加快推进工业化、城镇化的发展阶段，市场需求快速增长，一些企业对市场预期过于乐观，盲目投资，加剧了产能扩张；部分行业发展方式粗放，创新能力不强，产业集中度低，没有形成由优强企业主导的产业发展格局，导致行业无序竞争、重复建设严重；一些地方过于追求发展速度，过分倚重投资拉动，通过廉价供地、税收减免、低价配置资源等方式招商引资，助推了重复投资和产能扩张；与此同时，资源要素市场化改革滞后，政策、规划、标准、环保等引导和约束不强，投资体制和管理方式不完善，监督检查和责任追究不到位，导致生产要素价格扭曲，公平竞争的市场环境不健全，市场机制作用未能有效发挥，落后产能退出渠道不畅，产能过剩矛盾不断加剧。

产能严重过剩越来越成为我国经济运行中的突出矛盾和诸多问题的根源。企业经营困难、财政收入下降、金融风险积累等，都与产能严重过剩密切相联。化解产能严重过剩矛盾必然带来阵痛，有的行业甚至会伤筋动骨，但从全局和长远来看，遏制矛盾进一步加剧，引导好投资方向，对加快产业结构调整，促进产业转型升级，防范系统性金融风险，保持国民经济持续健康发展意义重大。因此，要坚决控制增量、优化存量，深化体制改革和机制创新，加快建立和完善以市场为主导的化解产能严重过剩矛盾长效机制。这是一项复杂的系统工程，任务十分艰巨，要精心谋划、总体部署、统筹安排，积极稳妥加以推进。

二、总体要求、基本原则和主要目标

（一）总体要求。

全面贯彻落实党的十八大精神，以邓小平理论、“三个代表”重要思想、科学发展观为指导，坚持以转变发展方式为主线，把化解产能严重过剩矛盾作为产业结构调整的重点，按照尊重规律、分业施策、多管齐下、标本兼治的总原则，立足当前，着眼长远，着力加强宏观调控和市场监管，坚决遏制产能盲目扩张；着力发挥市场机制作用，完善配套政策，“消化一批、转移一批、整合一批、淘汰一批”过剩产能；着力创新体制机制，加快政府职能转变，建立化解产能严重过剩矛盾长效机制，推进产业转型升级。

（二）基本原则。

——坚持尊重市场规律与改善宏观调控相结合。发挥企业市场主体作用，强化企业责任意识；加强市场供需趋势研判和信息引导，综合运用法律、经济以及必要的宏观调控手段，加强政策协调，形成化解产能严重过剩矛盾、引导产业健康发展的合力。

——坚持开拓市场需求与产业转型升级相结合。保持投资合理增长，培育新的消费增长点，扩大国内市场规模，巩固拓展国际市场，消化国内过剩产能。强化需求升级导向，培育高端产品市场，促进产能结构优化，带动产业转型升级。

——坚持严格控制增量与调整优化存量相结合。严格要素供给和投资管理，遏制盲目扩张和重复建设；推进企业兼并重组，整合压缩过剩产能；实施境外投资和产业重组，转移国内过剩产能；强化资源能源和环境硬约束，加快淘汰落后产能；统筹区域协调发展，优化产业布局。

——坚持完善政策措施与深化改革创新相结合。完善和细化化解产能严重过剩矛盾的配套政策措施，建立中央和地方联动机制，加强协调服务，发挥部门合力，落实地方责任；深化重点领域改革和体制机制创新，形成有利于发挥市场竞争机制作用、有效化解产能严重过剩的体制机制环境。

（三）主要目标。

通过 5 年努力，化解产能严重过剩矛盾工作取得重要进展：

——产能规模基本合理。钢铁、水泥、电解铝、平板玻璃、船舶等行业产能总量与环境承载力、市场需求、资源保障相适应，空间布局与区域经济发展相协调，产能利用率达到合理水平。

——发展质量明显改善。兼并重组取得实质性进展，产能结构得到优化；清洁生产和污染治理水平显著提高，资源综合利用水平明显提升；经济效益实现好转，盈利水平回归合理，行业平均负债率保持在风险可控范围内，核心竞争力明显增强。

——长效机制初步建立。公平竞争的市场环境得到完善，企业市场主体作用充分发挥。过剩行业产能预警体系和监督机制基本建立，资源要素价格、财税体制、责任追究制度等重点领域改革取得重要进展。

三、主要任务

（一）坚决遏制产能盲目扩张。

严禁建设新增产能项目。严格执行国家投资管理规定和产业政策，加强产能严重过剩行业项目管理，各地方、各部门不得以任何名义、任何方式核准、备案产能严重过剩行业新增产能项目，各相关部门和机构不得办理土地（海域）供应、能评、环评审批和新增授信支持等相关业务。

分类妥善处理在建违规项目。对未按土地、环保和投资管理等法律法规履行相关手续或手续不符合规定的违规项目，地方政府要按照要求进行全面清理。凡是未开工的违规项目，一律不得开工建设；凡是不符合产业政策、准入标准、环保要求的违规项目一律停建；对确有必要建设的项目，在符合布局规划和环境承载力要求，以及等量或减量置换原则等基础上，由地方政府提出申请报告，报发展改革委、工业和信息化部并抄报国土资源部、环境保护部等相关职能部门，发展改革委、工业和信息化部商国土资源部、环境保护部等职能部门，在委托咨询机构评估的基础上出具认定意见，各相关部门依法依规补办相关手续。对未予认定的在建违规项目一律不得续建，由地方政府自行妥善处理；对隐瞒不报在建违规项目，一经查实，立即停建，金融机构停止发放贷款，国土、环保部门依据土地管理法、环境保护法等法律法规予以处理，对涉及失职渎职和权钱交易等问题的予以严肃查处，对监管不力的要严肃追究相关人员的责任。同时，按照谁违规谁负责的原则，做好债务、人员安置等善后工作。所有在建违规项目的处理结果均应向社会公开。

（二）清理整顿建成违规产能。

全面清理整顿。各省级人民政府依据行政许可法、土地管理法、环境保护法等法律法规，以及能源消耗总量控制指标、产业结构调整指导目录、行业规范和准入条件、环保标准等要求，对产能严重过剩行业建成违规项目进行全面清理，提出整顿方案并向社会公示后，报发展改革委、工业和信息化部、国土资源部、环境保护部等部门备案；对不符合备案要求的，各有关部门要及时反馈意见。

加强规范管理。各级政府要加强对建成违规产能的规范管理，工业主管部门加强行业规范和准入管理，国土、环保部门严格监督检查，质检部门进行质量保障能力综合评价，依法颁发产品生产许可证。对工艺装备落后、产品质量不合格、能耗及排放不达标的项目，列入淘汰落后年度任务加快淘汰。

（三）淘汰和退出落后产能。

坚决淘汰落后产能。分解落实年度目标，在提前一年完成“十二五”钢铁、电解铝、水泥、平板玻璃等重点行业淘汰落后产能目标任务基础上，通过提高财政奖励标准，落实等量或减量置换方案等措施，鼓励地方提高淘汰落后产能标准，2015 年底前再淘汰炼铁 1500 万吨、炼钢 1500 万吨、水泥（熟料及粉磨能力）1 亿吨、平板玻璃 2000 万重量箱。“十三五”期间，结合产业发展实际和环境承载力，通过提高能源消耗、污染物排放标准，严格执行特别排放限值要求，加大执法处罚力度，加快淘汰一批落后产能。中央企业在淘汰和退出落后产能方面要发挥示范带头作用。

引导产能有序退出。完善激励和约束政策，研究建立过剩产能退出的法律制度，引导企业主动退出过剩行业。分行业制修订并严格执行强制性能耗限额标准，对超过能耗限额标准和环保不达标的企业，实施差别电价和惩罚性电价、水价等差别价格政策。产能严重过剩行业项目建设，须制定产能置换方案，实施等量或减量置换，在京津冀、长三角、珠三角等环境敏感区域，实施减量置换。项目所在地省级人民政府须制定产能等量或减量置换方案并向社会公示，行业主管部门对产能置换方案予以确认并公告，同时将置换产能列入淘汰名单，监督落实。鼓励各地积极探索政府引导、企业自愿、市场化运作的产能置换指标交易，形成淘汰落后与发展先进的良性互动机制。

（四）调整优化产业结构。

推进企业兼并重组。完善和落实促进企业兼并重组的财税、金融、土地等政策措施。协调解决企业跨地区兼并重组重大问题，理顺地区间分配关系，促进行业内优势企业跨地区整合过剩产能。支持兼并重组企业整合内部资源，优化技术、产品结构，压缩过剩产能。鼓励和引导非公有制企业通过参股、控股、资产收购等多种方式参与企业兼并重组。研究出台促进企业做优做强的指导意见，推动优强企业引领行业发展，支持和培育优强企业发展壮大，提高产业集中度，增强行业发展的协调和自律能力。

优化产业空间布局。科学制定产业布局规划，在坚决遏制产能盲目扩张和严控总量的前提下，有序推进产业布局调整和优化。按照区域发展总体战略要求，适应城镇化发展需要，结合地方环境承载力、资源能源禀赋、产业基础、市场空间、物流运输等条件，有序推进产业梯度转移和环保搬迁、退城进园，防止落后产能转移。支持跨地区产能置换，引导国内有效产能向优势企业和更具比较优势的地区集中，推动形成分工合理、优势互补、各具特色的区域经济和产业发展格局。

（五）努力开拓国内市场需求。

扩大国内有效需求。适应工业化、城镇化、信息化、农业现代化深入推进的需要，挖掘国内市场潜力，消化部分过剩产能。推广钢结构在建设领域的应用，提高公共建筑和政府投资建设领域钢结构使用比例，在地震等自然灾害高发地区推广轻钢结构集成房屋等抗震型建筑；推动建材下乡，稳步扩大钢材、水泥、铝型材、平板玻璃等市场需求。优化航运运力结构，加快淘汰更新老旧运输船舶。

着力改善需求结构。强化需求升级导向，实施绿色建材工程，发展绿色安全节能建筑，制修订相关标准规范，提高建筑用钢、混凝土以及玻璃等产品使用标准，带动产品升级换代。推动节能、节材和轻量化，促进高品质钢材、铝材的应用，满足先进制造业发展和传统产业转型升级需要。加快培育海洋工程装备、海上工程设施市场。

（六）积极拓展对外发展空间。

巩固扩大国际市场。鼓励企业积极参加各类贸易促进活动，创新国际贸易方式。拓展对外工程承包领域，提升对外承包工程质量和效益，积极承揽重大基础设施和大型工业、能源、通信、矿产资源开发等项目，带动国内技术、装备、产品、标准和服务等出口，培育“中国建设”国际品牌。适应国际新规范、新公约、新标准要求，增强节能环保船舶设计制造能力，稳定船舶出口市场。

扩大对外投资合作。鼓励优势企业以多种方式“走出去”，优化制造产地分布，消化国内产能。建立健全贸易投资平台和“走出去”投融资综合服务平台。推动设立境外经贸合作区，吸引国内企业入园。按照优势互补、互利共赢的原则，发挥钢铁、水泥、电解铝、平板玻璃、船舶等产业的技术、装备、规模优势，在全球范围内开展资源和价值链整合；加强与周边国家及新兴市场国家投资合作，采取多种形式开展对外投资，建设境外生产基地，提高企业跨国经营水平，拓展国际发展新空间。

（七）增强企业创新驱动发展动力。

突破核心关键技术。利用市场机制和经济杠杆倒逼企业增强技术创新的内在动力，推动企业转型和产业升级，提升以产品质量、标准、技术为核心要素的市场竞争力。着力构建以企业为主体、市场为导向、产学研相结合的技术创新体系，集中精力突破、掌握一批关键共性技术。鼓励企业实施技术改造，推广应用更加节能、安全、环保、高效的钢铁、电解铝、水泥、平板玻璃工艺技术，提升高技术船舶、海洋工程装备设计制造能力。

加强企业管理创新。深化国有企业改革，引导国有资本从产能严重过剩行业向战略性新兴产业和公共事业领域转移。鼓励企业强化战略管理、培育知名品牌，加强产品创新、组织创新、商业模式创新，提升有效供给，创造有效需求。提高企业管理信息化水平，推进精细化管理。注重发挥企业家才能，加强创新型人才队伍建设，完善以人为本的企业人才激励机制。总结推广企业管理创新优秀成果，实施企业管理创新示范工程。

（八）建立长效机制。

创新政府管理。加强产业、土地、环保、节能、金融、质量、安全、进出口等部门协调配合，强化用地、用海和岸线审查，严格环保和质量监督管理，坚持银行独立审贷，形成法律法规约束下责任清晰的市场监管机制。深化投资体制改革，强化事中和事后纵横协管。加强对产能严重过剩行业动态监测分析，建立产能过剩信息预警机制。

营造公平环境。保障各种所有制经济依法平等使用生产要素、公平参与市场竞争、同等受到法律保护。切实减少对企业生产经营活动的行政干预，坚决清理废除地方政府在招商引资中采取土地、资源、税收、电价等损害公平竞争的优惠政策，以及地方保护、市场分割的限制措施。加强知识产权保护和质量体系建设，打击假冒伪劣产品，整顿规范市场秩序，形成有利于创新创业的市场环境。

完善市场机制。推进资源税改革和环境保护税立法。理顺资源、要素价格的市场形成机制，完善差别化价格政策，提高产业准入的能耗、物耗、水耗和生态环保标准，切实发挥市场配置资源的基础性作用。以资源环境承载力上限，倒逼超标产能退出、节能减排达标和自然环境改善。完善转移支付制度，建立生态环保补偿责任制。

四、分业施策

对产能严重过剩行业，要根据行业特点，开展有选择、有侧重、有针对性的化解工作。

钢铁。重点推动山东、河北、辽宁、江苏、山西、江西等地区钢铁产业结构调整，充分发挥地方政府的积极性，整合分散钢铁产能，推动城市钢厂搬迁，优化产业布局，压缩钢铁产能总量8000万吨以上。逐步提高热轧带肋钢筋、电工用钢、船舶用钢等钢材产品标准，修订完善钢材使用设计规范，在建筑结构纵向受力钢筋中全面推广应用400兆帕及以上强度高强钢筋，替代335兆帕热轧带肋钢筋等低品质钢材。加快推动高强钢筋产品的分类认证和标识管理。落实公平税赋政策，取消加工贸易项下进口钢材保税政策。

水泥。加快制修订水泥、混凝土产品标准和相关设计规范，推广使用高标号水泥和高性能混凝土，尽快取消32.5复合水泥产品标准，逐步降低32.5复合水泥使用比重。鼓励依托现有水泥生产线，综合利用废渣发展高标号水泥和满足海洋、港口、核电、隧道等工程需要的特种水泥等新产品。支持利用现有水泥窑无害化协同处置城市生活垃圾和产业废弃物，进一步完善费用结算机制，协同处置生产线数量比重不低于 10%。强化氮氧化物等主要污染物排放和能源、资源单耗指标约束，对整改不达标的生产线依法予以淘汰。

电解铝。2015 年底前淘汰 16 万安培以下预焙槽，对吨铝液电解交流电耗大于 13700 千瓦时，以及 2015 年底后达不到规范条件的产能，用电价格在标准价格基础上上浮 10%。严禁各地自行出台优惠电价措施，采取综合措施推动缺乏电价优势的产能逐步退出，有序向具有能源竞争优势特别是水电丰富地区转移。支持电解铝企业与电力企业签订直购电长期合同，推广交通车辆轻量化用铝材产品的开发和应用。鼓励国内企业在境外能源丰富地区建设电解铝生产基地。

平板玻璃。制修订平板玻璃和制品标准和应用规范，在新建建筑和既有建筑改造中使用符合节能标准的门窗，鼓励采用低辐射中空玻璃，支持既有生产线升级改造，提高优质浮法玻璃原片比重。发展功能性玻璃，鼓励原片生产深加工一体化，平板玻璃深加工率达到 50%以上，培育玻璃精深加工基地。加快河北、广东、江苏、山东等重点产区和环境敏感区域结构调整。支持联合重组，形成一批产业链完整、核心竞争力强的企业集团。

船舶。提高海洋开发装备水平，加强海洋保障能力建设，充分挖掘航运、海洋工程、渔业、行政执法、应急救援等领域船舶装备的国内需求潜力，调整优化船舶产品结构。加大出口船舶信贷金融扶持，鼓励有实力的企业建立海外销售服务基地。提高满足国际新规范、新公约、新标准的船舶产品研发和建造能力，鼓励现有造船产能向海洋工程装备领域转移，支持中小企业转型转产，提升高端产能比重。提高行业准入标准，对达不到准入条件和一年以上未承接新船订单的船舶企业实施差别化政策。支持企业兼并重组，提高产业集中度。

五、政策措施

（一）完善行业管理。充分发挥行业规划、政策、标准的引导和约束作用，落实工业转型升级规划和行业发展规划，修订完善钢铁、水泥产业政策和铝、水泥、平板玻璃、船舶行业准入条件。加强行业准入和规范管理，公告符合条件的生产线和企业名单。适时发布产能严重过剩行业产能利用、市场供需等相关信息。定期发布淘汰落后产能企业名单。加强产品质量管理，推行产能严重过剩行业产品质量分类监管。发挥行业协会在行业自律、信息服务等方面的重要作用。

（二）强化环保硬约束监督管理。加强环保准入管理，严格控制区域主要污染物排放总量，完善区域限批措施。抓紧研究完善污染物排放和环境质量标准，特别是对京津冀等环境敏感区域要提高相关环境标准。开展环境质量、重点污染源排放情况动态监测，对污染物排放超标企业实施限产、停产等措施。对产能严重过剩行业企业强化执法监督检查，曝光环境违法企业名单，加大处罚力度，责令限期整改，污染排放严重超标的企业要停产整顿，对经整改整顿仍不符合污染物排放标准和特别排放限值等相关规定的企业，予以关停。

（三）加强土地和岸线管理。强化项目用地、岸线管理，对产能严重过剩行业企业使用土地、岸线进行全面检查，对违规建设项目使用土地、岸线进行清理整顿，对发现的土地违法行为依法进行查处。加强对产能严重过剩行业新增使用土地、岸线的审核，对未经核准、备案的项目，一律不得批准使用土地、岸线。各地要取消产能严重过剩行业项目用地优惠政策。政府土地储备机构有偿收回企业环保搬迁、兼并重组、淘汰落后等退出的土地，按规定支付给企业的土地补偿费，可以用于支持企业做好善后处理工作和转型发展。

（四）落实有保有控的金融政策。对产能严重过剩行业实施有针对性的信贷指导政策，加强和改进信贷管理。对未取得合法手续的建设项目，一律不得放贷、发债、上市融资。依法保护金融债权。鼓励商业银行按照风险可控和商业可持续原则，加大对产能严重过剩行业企业兼并重组整合过剩产能、转型转产、产品结构调整、技术改造和向境外转移产能、开拓市场的信贷支持。对整合过剩产能的企业，积极稳妥开展并购贷款业务，合理确定并购贷款利率，贷款期限可延长至 7 年。大力发展各类机构投资，鼓励创新基金品种，开拓企业兼并重组融资渠道。加大企业“走出去”的贷款支持力度、适当简化审批程序，完善海外投资保险产品，研究完善“走出去”投融资服务体系，支持产能向境外转移。

（五）完善和规范价格政策。按照体现资源稀缺性和环境成本的原则，深化资源性产品价格改革。继续实施并完善非居民用水超定额加价和环保收费政策。完善差别电价政策，各地对产能严重过剩行业优惠电价政策进行清理整顿，禁止自行实行电价优惠和电费补贴。对钢铁、水泥、电解铝、平板玻璃等高耗能行业，能耗、电耗、水耗达不到行业标准的产能，实施差别电价和惩罚性电价、水价。

（六）完善财税支持政策。中央财政加大对产能严重过剩行业实施结构调整和产业升级的支持力度，各地财政结合实际安排专项资金予以支持。中央财政利用淘汰落后产能奖励资金等现有资金渠道，适当扩大资金规模，支持产能严重过剩行业压缩过剩产能。完善促进企业兼并重组的税收政策，鼓励企业重组，提高市场竞争力。对向境外转移过剩产能的企业，其出口设备及产品可按现行规定享受出口退税政策。修订完善资源综合利用财税优惠政策，支持生产高标号水泥、高性能混凝土以及利用水泥窑处置城市垃圾、污泥和产业废弃物。

（七）落实职工安置政策。各级政府要切实负起责任，将化解产能严重过剩矛盾中企业下岗失业人员纳入就业扶持政策体系。落实促进自主创业、鼓励企业吸纳就业和帮扶就业困难人员就业等各项政策，加强对下岗失业人员的免费职业介绍、职业指导等服务，提供职业培训，开展创业指导和创业培训，落实自主创业税费减免、小额担保贷款等政策，扶持下岗失业人员以创业带动就业。切实做好下岗失业人员社会保险关系接续和转移，按规定落实好其社会保障待遇，依法妥善处理职工劳动关系。

（八）建立项目信息库和公开制度。建立全国统一的投资项目信息库，充分发挥信息化在市场监管中的作用。结合取消和下放项目行政审批，以及加强事中、事后监管的要求，率先建立钢铁、电解铝等产能严重过剩行业项目信息库，涵盖现有生产企业在建项目和已核准或备案项目的动态情况。加强建设项目信息公开和服务，并与国土、环保、金融等信息系统互联互通，形成协同监管机制。同时，建立和完善举报查处制度，鼓励和引导社会参与监管。

（九）强化监督检查。把化解产能严重过剩矛盾工作列为落实中央重大决策部署监督检查的重要内容，加强对本意见贯彻落实情况的监督检查，落实地方政府主体责任。认真执法问责，对工作开展不力的地方和部门，进行通报批评，建立健全责任延伸制度。强化案件查办，对违法违规建设产能严重过剩行业项目监管不力的，按照国家有关规定追究相关责任人的责任。将遏制重复建设、化解产能严重过剩矛盾工作列入地方政府政绩考核指标体系。及时公开化解产能严重过剩进展情况，发挥新闻媒体舆论引导和社会公众的监督作用。

六、实施保障

各地区、各部门要进一步提高认识，把思想和行动统一到中央的决策部署上来，切实履行职责，加强协调配合，以高度的责任感、使命感和改革创新精神，合力推进化解产能严重过剩矛盾各项工作。国土资源部门要进一步加强供地用地管理，把好土地关口；环境保护部门要继续强化环境监管，管好环保门槛；金融部门要改进和加强信贷管理，用好信贷闸门。各有关部门要按照本意见的要求，根据职责分工抓紧制定配套文件，完善配套政策，确保各项任务得到贯彻实施。各省级人民政府对本地区化解产能严重过剩矛盾工作负总责，结合实际制定具体实施方案并组织实施，高度重视和有效防范社会风险，切实加强组织领导和监督检查，稳扎稳打做好化解产能严重过剩工作，保障本意见各项任务顺利实施。加强宣传引导，做好政策解读，营造化解产能严重过剩矛盾的良好社会氛围。

国务院

2013 年 10 月 6 日

（此件有删减）

工业和信息化部关于印发《水泥玻璃行业产能置换实施办法（2024 年本）》的通知

（工信部原〔2024〕206 号）

各省、自治区、直辖市及新疆生产建设兵团工业和信息化主管部门：

现将《水泥玻璃行业产能置换实施办法（2024 年本）》印发给你们，自 2024 年 11 月 1 日起施行，请认真抓好贯彻落实。

工业和信息化部

2024 年 10 月 17 日

水泥玻璃行业产能置换实施办法（2024年本）

第一章 总 则

第一条 为进一步巩固水泥玻璃行业去产能成果，优化产业布局，促进市场供需动态平衡，推动水泥玻璃行业高质量发展，依据《中共中央 国务院关于完整准确全面贯彻新发展理念做好碳达峰碳中和工作的意见》《中共中央 国务院关于加快经济社会发展全面绿色转型的意见》《国务院关于印发2030年前碳达峰行动方案的通知》等文件要求，制定本办法。

第二章 适用范围

第二条 本办法适用于中华人民共和国境内各类所有制企业新建、改建水泥熟料、平板玻璃项目。

第三条 严禁备案新增产能的水泥熟料、平板玻璃项目。确有必要新建、改建的，必须制定产能置换方案，实施等量或减量产能置换。以下情形可不制定产能置换方案：

（一）依托现有水泥窑和玻璃熔窑实施减污降碳、节能降耗、资源节约高效利用、协同处置等不扩大产能的技术改造项目。

（二）新建熔窑能力不超过150吨/天的工业用平板玻璃项目。

第四条 新建生产线应当达到现行版《工业重点领域能效标杆水平和基准水平》中水泥玻璃行业能效标杆水平，环保绩效水平应当达到A级。国家大气污染防治重点区域严禁新增水泥熟料、平板玻璃产能。

第五条 存在下列情形之一的，不能用于产能置换：

（一）按照现行版《产业结构调整指导目录》要求，属于国家淘汰类的产能；已享受退出资金奖补（因职工安置、土地回收的补偿和奖励除外）的产能；备案、环评等审批手续不全、未依法取得排污许可证或许可证过期的产能；无水泥产品生产许可证或许可证过期的水泥熟料产能。

（二）不在各省级工业和信息化主管部门每年向工业和信息化部报送的合规清单范围内水泥熟料、平板玻璃产能。

（三）能效达不到现行版《工业重点领域能效标杆水平和基准水平》基准水平要求的水泥熟料、平板玻璃产能。

（四）2013 年以来连续停产两年及以上的水泥熟料、平板玻璃产能（因省级主管部门制定或同意的错峰生产方案以及因地方规划调整导致此情况的除外），或 2024 年以来连续两年每年运转天数不足 90 天的水泥熟料产能。

（五）未开展产能置换的光伏压延玻璃产能，或不超过 150 吨/天的工业用平板玻璃产能。

（六）因债务纠纷等原因导致设备无法拆除的或存在法院查封情况的水泥熟料、平板玻璃产能。

第六条 用于置换的产能数量，严格依据项目备案（核准）文件明确的产能确定，年产能天数按照 300 天计算。

第七条 用于新建项目置换的水泥熟料产能不能拆分转让，用于改建或补齐已建成项目的水泥熟料产能拆分转让不能超过两个项目。

第八条 因不可抗力原因被地方政府要求停产超过两年的平板玻璃生产线，其产能于 2025 年 12 月底前可用于置换，2026 年 1 月 1 日后将不能用于置换。

第三章 置换比例

第九条 水泥熟料产能置换比例：

位于国家大气污染防治重点区域和非大气污染防治重点区域产能置换建设项目置换比例分别不低于 2∶1 和 1.5∶1。产能置换比例按建设地点区域界定。大气污染防治重点区域依据《空气质量持续改善行动计划》以及国务院相关文件界定。使用国家产业结构调整目录限制类和用于跨省置换的水泥熟料产能，产能置换比例不低于 2∶1。

以下情形除外：

（一）同一法人同一厂区内产能置换比例为 1∶1。

（二）西藏自治区区内产能置换比例为 1∶1。

（三）满足第十一条情况的。

第十条 平板玻璃产能置换比例：

位于国家大气污染防治重点区域和非大气污染防治重点区域平板玻璃产能置换比例分别不低于 1.25∶1 和 1∶1，产能置换比例按建设地点区域界定。

以下情形除外：

（一）同一法人同一厂区内产能置换比例为 1∶1。

（二）鼓励光伏压延玻璃项目通过产能置换予以建设。通过产能置换方式建设的置换比例按照上述规定执行，该产能可用于再次置换。

（三）满足第十一条情况的。

第十一条 确因国家、省级的土地、交通、环保等规划或地级市总体规划调整，导致不属于国家明令淘汰产能且未享受退出产能资金奖补（因职工安置、土地回收的补偿和奖励除外）的项目搬迁，搬迁地在同一地级市（州、盟、区等）范围内，可按照 1∶1 开展产能置换。

第十二条 湖北、云南、贵州、四川、安徽等五省新建水泥窑生产线处置磷（钛、氟）石膏，且替代石灰石原料 70%以上的，可以在省内以 2020 年为基数的水泥熟料产能总量不增加的条件下，由本省统筹调节全省产能，根据磷（钛、氟）石膏的处置量，科学合理确定新上项目数量和布局，实施等量置换。未经产能置换的新建磷（钛、氟）石膏生产水泥熟料生产线产能不得用于产能置换，通过产能置换建设的生产线产能可继续用于产能置换。

第十三条 位于国家大气污染防治重点区域或前三年水泥熟料平均产能利用率低于 50%的省份水泥熟料生产线开展产能置换，原则上不得从省外置换产能。

第十四条 白色硅酸盐水泥、硫铝酸盐、铁铝酸盐水泥熟料建设项目实施等量置换，且熟料产能再次置换时只能置换为同类产品。其他特种水泥产能置换比例与通用水泥相同。

第四章 置换流程

第十五条 建设项目产能置换方案（附件 1）由项目建设企业制定，报项目建设地省级工业和信息化主管部门审核后公示、公告。

项目建设地省级工业和信息化主管部门负责核实确认产能置换方案的真实性、合规性，在门户网站上公示不少于 10 个工作日，无异议后予以公告。

第十六条 跨省置换的，除位于国家大气污染防治重点区域或同一法人企业集团内部的产能转出外，其他须由产能转出企业制定转出方案（附件 2），报产能转出地省级工业和信息化主管部门公示、公告。产能转出地省级工业和信息化主管部门核实转出产能情况，并将拟建设项目基本情况一并在门户网站上公告。

第十七条 位于国家大气污染防治重点区域或同一法人企业集团内部的产能转出可不报产能转出地省级工业和信息化主管部门，须转出产能先停产，同时产能转入企业应与产能转出企业签订合同，要求产能转出企业签订承诺书（附件 3），并确保产能转出企业主体设备按期拆除，做好善后处理工作。项目建设地省级工业和信息化主管部门负责核实产能置换方案，并将产能置换方案、承诺书一并在门户网站上公示、公告。

第十八条 产能置换方案主要包括但不限于以下内容：

（一）建设项目所属企业的名称，设计产能，建设地点，主体设备规格型号及数量，能耗和排放总量，计划点火投产时间。

（二）产能转出企业名称，统一社会信用代码，主体设备规格型号及数量，地址，备案或核准文件，计划关停时间和计划拆除退出时间，生产许可证等。

第十九条 跨省新建项目的，项目建设地省级工业和信息化主管部门在公示产能置换方案前，应委托行业组织或中介机构召开听证会。听证会参会人员一般由政府、协会、企业、公众、媒体等代表组成，充分论证产能置换方案是否符合国家相关政策和区域发展要求。

第二十条 用于置换的产能，必须在建设项目投产前关停并拆除窑炉等主体设备，注销或变更生产许可证、排污许可证。企业利用原设备留作工业遗产（工业旅游）的，在确保不生产水泥或平板玻璃的情况下，一事一议报省级工业和信息化主管部门审定。

第二十一条 产能置换方案未实施或内容发生重大变更的，经产能转出企业和受让企业协商一致，省级工业和信息化主管部门核实确认后对方案予以撤销或变更，并向社会公告。方案予以变更、撤销和失效的，符合要求的产能可以继续转出。

第二十二条 产能置换方案自公告之日起两年内，项目建设企业应完成备案和环评等手续，三年内完成项目建设并点火投产，逾期产能置换方案失效。

第二十三条 已经完成产能置换方案公告的，在本办法实施前未开工建设的项目，应于 2026 年 12 月底前完成点火投产；未完成的，2027 年 1 月 1 日后产能置换方案失效。

第五章 监督管理

第二十四条 项目建设地省级工业和信息化主管部门会同相关部门按职责分工，负责监督产能置换方案的落实，如存在弄虚作假等行为，提请相关部门依照投资、环保等有关政策法规要求进行处理，并要求项目整改到位前不得点火投产。会同有关部门定期开展抽查，对于未按本办法要求执行的建设项目，应及时撤销产能置换方案。

第二十五条 除第十七条规定的不报转出地省级工业和信息化主管部门产能外，产能转出地省级工业和信息化主管部门应督促产能转出企业按承诺时间要求关停和拆除用于产能置换的生产线，并组织实地核查，将关停和拆除情况向社会公告。位于国家大气污染防治重点区域或同一法人企业集团内部的产能转出，如涉及跨省置换，项目建设地省级工业和信息化主管部门应将产能转出情况函告转出产能地省级工业和信息化主管部门，现场核实停产、确认企业完成善后处理工作后公示产能置换方案，现场核实设备拆除后方可同意建设项目点火生产。

第二十六条 各地工业和信息化主管部门要进一步畅通举报渠道，及时在门户网站上向社会公开电话、传真、电子邮箱、网络等多种举报形式，接受社会监督。鼓励协会、企业、公众、媒体等对产能置换方案执行情况和建设项目情况开展监督。

第二十七条 工业和信息化部会同有关部门组织抽查产能置换方案及执行情况，对产能置换方案核实把关不严、监督落实不到位的地区，责令限期整改。各地有关部门对未按产能置换政策执行的企业，应依法依规进行处理，并追究相关人员责任。

第二十八条 本办法自 2024 年 11 月 1 日起施行。《水泥玻璃行业产能置换实施办法》（工信部原〔2021〕80 号）同时废止。

附件：1. ××公司日产××吨（水泥熟料/平板玻璃）项目产能置换方案

2. ××公司日产××吨（水泥熟料/平板玻璃）产能转出方案

3. 企业承诺书

附件 1：

××公司日产××吨（水泥熟料/平板玻璃）项目产能置换方案

<table>
<tr><td colspan="8">所属情形：是否属于位于国家规定大气污染防治重点区域或同一法人企业集团内部的产能转出</td></tr>
<tr><td colspan="8">拟建项目情况</td></tr>
<tr><td>企业名称</td><td>股东名称（同一法人企业情形填写）</td><td colspan="4">项目名称</td><td colspan="2">建设地点</td></tr>
<tr><td></td><td></td><td colspan="4"></td><td colspan="2"></td></tr>
<tr><td colspan="2">主体设备规格型号及数量</td><td>能耗和排放总量</td><td>设计产能（t/d）</td><td>置换产能（t/d）</td><td>置换比例</td><td>计划开工建设时间</td><td>计划点火投产时间</td></tr>
<tr><td colspan="2"></td><td></td><td></td><td></td><td></td><td></td><td></td></tr>
<tr><td colspan="8">转出产能情况</td></tr>
<tr><td>企业名称</td><td>股东名称（同一法人企业情形填写）</td><td>地址</td><td>统一社会信用代码</td><td colspan="2">备案或核准文件</td><td colspan="2">生产许可证号（有效期）（水泥填写）</td></tr>
<tr><td></td><td></td><td></td><td></td><td colspan="2"></td><td colspan="2"></td></tr>
<tr><td colspan="2">主体设备规格型号及数量</td><td colspan="4">备案或核准文件设计产能（t/d）</td><td colspan="2">用于本项目置换产能（t/d）</td></tr>
<tr><td colspan="2"></td><td colspan="4"></td><td colspan="2"></td></tr>
<tr><td colspan="2">是否享受奖补资金</td><td colspan="2">产能是否重复使用</td><td>排污许可证号（有效期）</td><td>计划关停时间</td><td colspan="2">计划拆除退出时间（新线点火投产前）</td></tr>
<tr><td colspan="2"></td><td colspan="2"></td><td></td><td></td><td colspan="2"></td></tr>
</table>

附件 2：

××公司日产××吨（水泥熟料/平板玻璃）产能转出方案

转出产能情况				
企业名称	地址	统一社会信用代码	备案或核准文件	生产许可证号（有效期）（水泥填写）
主体设备规格型号及数量	备案或核准文件设计产能（t/d）			用于本项目置换产能（t/d）
是否享受奖补资金	产能是否重复使用	排污许可证号（有效期）	计划关停时间	计划拆除退出时间（新线点火投产前）
拟建项目情况				
企业名称	项目名称			建设地点
主体设备规格型号及数量	设计产能（t/d）	置换产能（t/d）	置换比例	计划点火投产时间

附件 3：

企业承诺书

（不报产能转出省份公示公告的企业须有该承诺书）

我司郑重承诺提供的材料真实、有效，并对提供材料内容的真实、有效性负责，如有虚假愿承担由此产生的一切法律责任。企业须提供的材料（包括但不限于以下内容）：

1. 转出产能详细情况，转出产能生产线停产时间，承诺按时间要求关停和拆除生产线。

2. 在产能接收企业新线投产前拆除主体设备情况。

3. 善后处理工作情况，确保已完成善后处理工作。

企业法定代表人签字：

企业名称（加盖公章）

日　期

工业和信息化部关于印发钢铁行业产能置换实施办法的通知

（工信部原〔2021〕46号）

各省、自治区、直辖市及新疆生产建设兵团工业和信息化主管部门，中国宝武钢铁集团有限公司、鞍钢集团有限公司、中国五矿集团有限公司、新兴际华集团有限公司：

经商国家发展改革委、国务院国资委，现将修订后的《钢铁行业产能置换实施办法》印发给你们，自2021年6月1日起施行，请认真抓好贯彻落实。

附件：钢铁行业产能置换实施办法

工业和信息化部

2021年4月17日

附件：

钢铁行业产能置换实施办法

第一条 为巩固钢铁行业化解过剩产能工作成效，推动行业高质量发展，按照《国务院关于化解产能严重过剩矛盾的指导意见》（国发〔2013〕41 号）和《国务院关于钢铁行业化解过剩产能实现脱困发展的意见》（国发〔2016〕6 号），结合钢铁行业发展新形势，制定本办法。

第二条 本办法适用于中华人民共和国境内各类所有制钢铁企业建设炼铁、炼钢冶炼设备的项目。钢铁企业建设冶炼项目须按程序公示公告产能置换方案。

第三条 本办法所称的等量置换是指建设产能等于退出产能；减量置换是指建设产能小于退出产能；置换比例是指退出产能与建设产能之比。

第四条 本办法所称的大气污染防治重点区域是指京津冀、长三角、珠三角、汾渭平原等地区以及其他“2+26”大气通道城市。其中，京津冀地区是指北京市、天津市、河北省；长三角地区是指上海市、江苏省、浙江省、安徽省；珠三角地区是指广东省的广州、深圳、珠海、佛山、江门、东莞、中山、惠州、肇庆等 9 市；汾渭平原是指山西省晋中、运城、临汾、吕梁市，河南省洛阳、三门峡市，陕西省西安、铜川、宝鸡、咸阳、渭南市以及杨凌示范区等。其他“2+26”大气通道城市是指山西省太原、阳泉、长治、晋城市，山东省济南、淄博、济宁、德州、聊城、滨州、菏泽市，河南省郑州、开封、安阳、鹤壁、新乡、焦作、濮阳市。

第五条 用于产能置换的冶炼设备须在 2016 年国务院国资委、各省级人民政府上报国务院备案去产能实施方案的钢铁行业冶炼设备清单内，2016 年及以后建成的合法合规冶炼设备也可用于产能置换。列入钢铁去产能任务的产能、享受奖补资金支持的退出产能、“地条钢”产能、落后产能、未重组或未清算的僵尸企业产能、铸造和铁合金等非钢铁行业冶炼设备产能，不得用于置换。

第六条 建设炼铁、炼钢产能均须分别实施产能置换。置换过程中的退出产能数量，按照 2016 年国务院国资委、各省级人民政府上报国务院备案去产能实施方案的钢铁行业冶炼设备清单内产能数量核定；对 2016 年及以后建成的合法合规冶炼设备，退出产能数量按照《产能核算表》（附件 1）进行核定。置换过程中的建设产能数量，按照《产能核算表》进行核定。企业建设脱磷转炉须履行产能置换手续。建设非高炉炼铁、提钒转炉、回转窑-矿热炉（RKEF）等设备，产能核定须“一事一议”上报工业和信息化部。

第七条 大气污染防治重点区域严禁增加钢铁产能总量。未完成钢铁产能总量控制目标的省（区、市），不得接受其他地区出让的钢铁产能。长江经济带地区禁止在合规园区外新建、扩建钢铁冶炼项目。大气污染防治重点区域置换比例不低于 1.5∶1，其他地区置换比例不低于 1.25∶1。为鼓励企业兼并重组，提高产业集中度，对完成实质性兼并重组（实现实际控股且完成法人或法人隶属关系、股权关系、章程等工商变更）后取得的合规产能用于项目建设时，大气污染防治重点区域的置换比例可以不低于 1.25∶1，其他地区的置换可以不低于 1.1∶1。

以下六种情形可实施等量置换：

（一）企业内部退出转炉建设电炉且一并退出配套的烧结、焦炉、高炉等设备项目的炼钢产能。

（二）退出和建设冶炼设备均为电炉的项目。

（三）不改变冶炼设备类型、容量（积）、数量的厂区内部技术改造项目。

（四）退出配套烧结、焦炉、高炉等设备建设氢冶金和 Corex、Finex、HIsmelt 等非高炉炼铁项目的炼铁产能。

（五）对利用回转窑-矿热炉-AOD 炉工艺生产不锈钢的炼钢产能。

（六）青海、西藏地区建设的钢铁冶炼项目。

第八条 建设钢铁冶炼项目企业按照本办法相关条款规定，制定产能置换方案。方案主要包括建设项目和退出项目情况，须明确以下内容：

（一）建设项目所在地区、企业名称、拟建的冶炼设备（包括相应预处理及精炼设施）型号、数量和产能，计划开工和投产时间。

（二）退出项目所在地区、企业名称、退出的冶炼设备型号、数量和产能，拆除时间安排。涉及跨省（区、市）产能置换，须附产能出让公告（附件 2）。

同一冶炼设备产能原则上不得拆分出让，确有必要拆分的，最多不超过 2 家受让企业。对同一冶炼设备产能出让至不同企业的，产能出让方应明确所有产能受让方，在产能出让公告、产能置换方案公告（附件 3）中一并列明，对暂不能明确受让方的产能须说明原因。

第九条 建设钢铁冶炼项目企业按各省（区、市）相关要求，将产能置换方案报送建设项目所在地省级工业和信息化主管部门。省级工业和信息化主管部门按照本办法相关条款规定进行受理，可在委托具有冶金专业甲级资信等级的工程咨询单位对建设项目企业报送的产能置换方案进行第三方评估的基础上，核实产能置换方案的真实性、合规性，在省级工业和信息化主管部门门户网站向社会公示，产能置换方案的公示期限原则上不少于 20 个工作日，无异议后予以公告。

第十条 跨省（区、市）产能出让方为中央企业下属公司的，所属中央企业可在委托具有冶金专业甲级资信等级的工程咨询单位对产能置换方案进行第三方评估的基础上，核实出让产能真实性、合规性，报国务院国资委确认后，在中央企业门户网站向社会公示。产能出让方为其他企业的，出让方所在地省级工业和信息化主管部门可在委托具有冶金专业甲级资信等级的工程咨询单位对产能置换方案进行第三方评估的基础上，核实出让产能真实性、合规性，在省级工业和信息化主管部门门户网站向社会公示。公示期限原则上不少于20个工作日，无异议后公布产能出让公告。

第十一条 产能置换方案公告后须严格执行，确有必要进行调整的须严格执行变更程序。对建设项目备案前拟建（或退出）冶炼设备数量或产能发生变更的，建设项目企业须按照本办法第八条和第九条有关规定重新制定、报送产能置换方案，省级工业和信息化主管部门按照本办法第九条有关规定重新受理。变更后的产能置换方案公告时，原产能置换方案须同时撤销。对项目备案前建设项目地址、企业名称发生变化的产能置换方案，建设项目企业须函告省级工业和信息化主管部门，省级工业和信息化主管部门经审核后及时在门户网站作出说明。

第十二条 建设项目投产前产能出让方须拆除用于置换的退出设备，使其不具备恢复生产条件。对同一台冶炼设备的产能拆分出让的情形，建设项目投产时间以第一个实际建成投产项目的时间为准，相关设备须按要求拆除到位。

按照公告的产能置换方案，省级工业和信息化主管部门负责监督落实，确保退出设备拆除到位。涉及跨省（区、市）产能置换，产能出让方所在地省级工业和信息化主管部门（所属中央企业），负责监督退出设备拆除到位。对于确需保留冶炼设备的特殊情形，如用于工业遗址公园等，须由产能出让方所在地省级工业和信息化主管部门（所属中央企业）“一事一议”上报工业和信息化部，工业和信息化部会同有关部门统筹研究提出处理意见。

第十三条 在建设项目建成投产前，建设项目所在地省级工业和信息化主管部门可在委托具有冶金专业甲级资信等级的工程咨询单位进行第三方评估的基础上，核实建设项目所在地区、企业名称、拟建的冶炼设备型号、数量、产能与已公告产能置换方案的一致性。对建设项目冶炼设备型号、数量、产能与已公告产能置换方案不一致的，由省级工业和信息化主管部门责令企业限期整改，整改未到位之前，建设项目不得投产。

第十四条 工业和信息化部组织对各省（区、市）公告的产能置换方案进行抽查，同时积极发挥行业组织、媒体等社会各界监督作用。对钢铁产能置换过程中存在弄虚作假行为并导致不良社会影响的企业、设计咨询单位和评估机构，依法实施联合惩戒。对审核把关不严、监督落实不到位的地区和中央企业，责令限期整改，情节严重的向全国通报，并依照法律法规追究相关责任人的责任。

第十五条 按照《关于完善钢铁产能置换和项目备案工作的通知》（发改电〔2020〕19号），2020年1月24日之前已经省级工业和信息化主管部门公示、公告且无异议的产能置换方案，以及已完成省级工业和信息化主管部门产能出让公告的跨省转移产能，可以按原办法继续执行。对本办法发布之后，按照《关于印发部分产能严重过剩行业产能置换实施办法的通知》（工信部产业〔2015〕127 号）、《工业和信息化部关于印发钢铁水泥玻璃行业产能置换实施办法的通知》（工信部原〔2017〕337 号）公示、公告的产能置换方案发生本办法第十一条变更情形的，须遵照本办法实施。

第十六条 本办法自 2021 年 6 月 1 日起施行，后续根据产业发展情况适时修订。2017 年 12 月 31 日发布的《钢铁行业产能置换实施办法》（工信部原〔2017〕337 号）同时废止。

附件：1. 产能核算表

2. ×××企业产能出让公告

3. ×××建设项目产能置换方案公告

附件 1：

产能核算表

一、炼铁

表 1 高炉产能核算

序号	有效容积（立方米）	产能（万吨/年）
1	420	50
2	450	55
3	480	57
4	530	62
5	550	65
6	580	68
7	600	70
8	630	73
9	750	80
10	850	90
11	1000	100
12	1080	104
13	1200	113
14	1250	115
15	1280	118
16	1350	122
17	1500	133
18	1580	137
19	1780	152
20	2000	170
21	2200	187
22	2500	213
23	2580	215
24	2650	221
25	2750	229
26	2800	234
27	2850	238
28	3200	267
29	3800	304
30	4000	320

序号	有效容积（立方米）	产能（万吨/年）
31	4350	347
32	4747	379
33	5100	405
34	5500	439
35	5800	463

备注：高炉有效容积在上表中两档之间的，按插值法计算其产能，建设高炉的有效容积须为 10 的整数倍。

二、炼钢

（一）转炉

表 2　转炉产能核算

序号	公称容量（吨）	产能（万吨/年）
1	35	55
2	40	60
3	50	76
4	60	85
5	70	95
6	80	100
7	90	105
8	100	115
9	120	135
10	150	160
11	180	190
12	200	200
13	210	210
14	250	240
15	260	250
16	300	300
17	350	350

备注：转炉公称容量在上表中两档之间的，按插值法计算其产能，建设转炉的公称容量须为 10 的整数倍。
作为不锈钢冶炼设备的 AOD 炉，按上表标准的 60%计算其产能。

（二）电炉

表 3 电炉产能核算

序号	公称容量（吨）	产能（万吨/年）
1	40	26
2	50	36
3	60	46
4	70	50
5	80	65
6	100	75
7	120	90
8	140	110
9	150	120
10	160	130
11	220	180

备注：电炉公称容量在上表中两档之间的，按插值法计算其产能，建设电炉的公称容量须为 5 的整数倍。

附件 2：

×××企业产能出让公告

按照《国务院关于化解产能严重过剩矛盾的指导意见》《国务院关于钢铁行业化解过剩产能实现脱困发展的意见》和《钢铁行业产能置换实施办法》要求，现将×××企业产能出让情况予以公告，欢迎社会公众进行监督。

<table>
<tr><th colspan="9">出让产能企业情况</th></tr>
<tr><th rowspan="2">省（区、市）</th><th rowspan="2">企业名称</th><th rowspan="2">地址</th><th colspan="5">冶炼设备情况</th><th rowspan="2">备注</th></tr>
<tr><th>类别
（高炉/转炉/电炉等）</th><th>型号
（容积/容量等）</th><th>单位
（立方米/吨/千伏安等）</th><th>设备数量</th><th>出让产能（万吨/年）</th></tr>
<tr><td>示例</td><td>××</td><td>××</td><td>高炉</td><td>1280</td><td>立方米</td><td>1</td><td>××</td><td></td></tr>
<tr><td>…</td><td></td><td></td><td></td><td></td><td></td><td></td><td></td><td></td></tr>
<tr><td>合计</td><td></td><td></td><td></td><td></td><td></td><td></td><td></td><td></td></tr>
</table>

<table>
<tr><th colspan="7">受让产能企业情况</th></tr>
<tr><th>序号</th><th>省（区、市）</th><th>企业名称</th><th>地址</th><th>建设项目名称</th><th>受让产能（万吨）</th><th>备注</th></tr>
<tr><td>1</td><td></td><td></td><td></td><td></td><td></td><td></td></tr>
<tr><td>2</td><td></td><td></td><td></td><td></td><td></td><td></td></tr>
<tr><td>合计</td><td></td><td></td><td></td><td></td><td></td><td></td></tr>
</table>

备注：1. 不同冶炼设备应逐一列出对应出让产能数量。

2. 对同一冶炼设备产能出让至不同企业的，应列明所有产能受让方。对暂不能明确受让方的产能须说明原因。原则上，同一冶炼设备产能最多出让至 2 家企业。

附件 3：

×××建设项目产能置换方案公告

按照《国务院关于化解产能严重过剩矛盾的指导意见》《国务院关于钢铁行业化解过剩产能实现脱困发展的意见》和《钢铁行业产能置换实施办法》要求，现将×××建设项目产能置换方案予以公告，欢迎社会公众进行监督。

建设项目情况

企业名称	建设地点	冶炼设备情况					拟开工时间	拟投产时间	置换比例	备注
		类别（高炉/转炉/电炉等）	型号（容积/容量等）	单位（立方米/吨/千伏安等）	设备数量	建设产能（万吨/年）				
示例	××	高炉	1280	立方米	××	××	×年×月	×年×月		
…										
合计										

退出项目情况

序号	省（区、市）	企业名称	冶炼设备情况					启动拆除时间	拆除到位时间	备注
			类别（高炉/转炉/电炉等）	型号（容积/容量等）	单位（立方米/吨/千伏安等）	设备数量	退出产能（万吨/年）			
示例	××	××	高炉	1280	立方米	××	××	×年×月	×年×月	
…										
合计	/	/	/					/	/	

备注：1. 退出设备的部分产能用于本项目，备注该设备产能数、剩余产能数及明确用途。

2. 涉及跨省（区、市）产能置换的退出设备，备注对应产能出让公告网址。

3. 企业内退出转炉等量置换建设电炉的项目，须说明与转炉配套的烧结、焦炉、高炉等设备退出计划安排。

国家发展改革委等部门关于印发《电解铝行业节能降碳专项行动计划》的通知

（发改环资〔2024〕972号）

各省、自治区、直辖市、新疆生产建设兵团发展改革委、工业和信息化主管部门、生态环境厅（局）、市场监管局（厅、委）、能源局：

为全面贯彻党的二十大精神，认真落实党中央、国务院决策部署，实施全面节约战略，加大节能降碳工作力度，深入推进电解铝行业节能降碳改造和用能设备更新，支撑完成“十四五”能耗强度降低约束性指标，国家发展改革委、工业和信息化部、生态环境部、市场监管总局、国家能源局等部门制定了《电解铝行业节能降碳专项行动计划》。现印发给你们，请认真抓好落实。

国家发展改革委
工业和信息化部
生态环境部
市场监管总局
国家能源局
2024年7月3日

电解铝行业节能降碳专项行动计划

电解铝行业是我国重要的基础原材料产业，也是能源消耗和二氧化碳排放的重点领域。为深入挖掘电解铝行业节能降碳潜力，加快电解铝行业节能降碳改造和用能设备更新，支撑完成“十四五”能耗强度降低约束性指标，制定本行动计划。

一、主要目标

到2025年底，电解铝行业能效标杆水平以上产能占比达到30%，能效基准水平以下产能完成技术改造或淘汰退出，行业可再生能源利用比例达到25%以上，再生铝产量达到1150万吨。通过实施节能降碳改造，电解铝行业2024—2025年形成节能量约250万吨标准煤、减排二氧化碳约650万吨。

到2030年底，电解铝行业单位产品能耗和碳排放明显下降，可再生能源使用进一步提升，低温铝电解、新型连续阳极电解槽、惰性阳极铝电解、再生铝保级利用等节能降碳技术取得重要突破，高端铝产品供给能力大幅提升，行业绿色低碳发展取得显著成效。

二、重点任务

（一）优化产业布局和产能调控。严格执行电解铝产能置换政策，大气污染防治重点区域不再新增电解铝产能。新建和改扩建电解铝项目须达到能效标杆水平和环保绩效A级水平，主要用能设备须达到能效先进水平。综合运用环保、节能、安全、技术、质量等手段，依法依规退出和处置电解铝落后低效产能，加快淘汰200kA以下预焙阳极铝电解槽。产能退出项目须符合拆除动力装置、封存电解槽、限期拆除等要求。合理调控铝锭等高耗能、低附加值产品出口。（国家发展改革委、工业和信息化部牵头，生态环境部、商务部、海关总署按职责分工负责）

（二）大力推进节能降碳改造。推动铝电解槽大型化，支持实施新型稳流保温铝电解槽节能改造。鼓励采用高强度钢材、低摩擦轴承、高效电机等材料设备优化电解槽结构，加强铝电解槽能量流优化及余热回收。推广应用高效稳定铝电解、电解槽运行优化、石墨化阴极及磷生铁浇注降低阴极压降、降低电解质压降等节能技术。鼓励应用高质量阳极材料、阳极表面涂层技术等，减少阳极消耗。推进电解铝行业用能设备更新升级，推广高效整流设备、智能槽控系统、在线监测装备、多功能智能天车等先进装备，加快淘汰低效落后风机、电机、水泵等用能设备。（国家发展改革委、工业和信息化部按职责分工负责）

（三）实施非化石能源替代。积极支持电解铝企业扩大风电、光伏、水电、生物质能等非化石能源应用，原则上不再新增自备燃煤机组，支持既有自备燃煤机组实施清洁能源替代。鼓励电解铝企业参与建设以消纳可再生能源为主的微电网，探索应用铝电解虚拟储能及柔性调控技术，提高项目用电负荷调节匹配能力。支持电解铝企业通过绿证绿电交易、建设可再生能源发电项目等方式，积极增加可再生能源消费。推动电解铝企业结合实际推广应用封闭式皮带廊道、新能源车船、铁路、水路等清洁低碳运输方式。到2025年，清洁运输比例达到70%左右，大气污染防治重点区域比例达到80%左右。（国家能源局牵头，国家发展改革委、工业和信息化部、生态环境部按职责分工负责）

（四）推动产业链协同绿色发展。引导电解铝企业优化升级原材料方案，通过控制氧化铝等原材料质量、降低氧化铝杂质含量、净化阳极覆盖料等方式，提升氧化铝、铝用阳极和阴极等产品质量。鼓励电解铝企业延伸产业链条，加快发展铝合金材料、铝基复合材料、深加工铝材等高端绿色产品。支持再生铝产业发展，健全铝产品回收体系，制定炉渣、铝产品下料、铝制品回收等环节标准，提高废铝、大修渣、铝灰渣、炭渣等综合利用水平。到2025年，铝水直接合金化比例达到90%以上。（国家发展改革委、工业和信息化部按职责分工负责）

（五）推动数字化智能化升级。加快5G、大数据、人工智能、云计算、物联网等新一代信息技术在电解铝行业的创新应用，推动产业数字化智能化升级。支持企业开展电解铝生产线智能化升级改造，推广应用数字化智能电解槽、智能检测、焙烧堆垛天车无人驾驶、焙烧块和残极在线自动清理，提升电解槽自适应控制和优化调节能力。支持企业建设能源管理系统，加强电解、出铝、产成品、计量、质检、检修等全流程信息采集、计量监测、智能分析和精细管理。（国家发展改革委、工业和信息化部、市场监管总局按职责分工负责）

三、政策保障

（一）强化激励约束。支持达到能效标杆水平且环保绩效A级水平的电解铝企业合理释放产能，加快能效低于基准水平或环保绩效C级的电解铝企业改造升级。严格执行电解铝行业阶梯电价政策，加强阶梯电价执行情况监督检查。严禁出台电解铝行业优惠电价政策。对电解铝企业等重点用能单位实施化石能源消费预算管理。（国家发展改革委、工业和信息化部、生态环境部按职责分工负责）

（二）加大政策支持。发挥好政府投资带动放大效应，积极支持电解铝行业节能降碳关键技术攻关和重大示范项目建设。鼓励各地区按规定统筹利用既有资金渠道，积极支持电解铝行业节能降碳重大项目建设。落实好现行节能节水、资源综合利用等相关税收优惠政策。积极发展绿色金融和转型金融产品服务，依托扩大制造业中长期贷款投放专项工作，畅通银企对接，引导各类金融机构按照市场化法治化原则，为符合条件的电解铝行业节能降碳改造和用能设备更新项目提供资金支持。（国家发展改革委、财政部、生态环境部、中国人民银行、税务总局、金融监管总局等按职责分工负责）

（三）推进标准提升。严格执行《电解铝和氧化铝单位产品能源消耗限额》。建立健全电解铝行业碳排放标准体系，推动制定碳排放核算、低碳工艺技术等标准和技术规范。推动电解铝能效对标指南、能效标杆评估规范、节能监察等推荐性标准制修订工作。鼓励各地区结合实际制定更加严格的节能标准，完善标准采信机制。鼓励行业协会、企业、标准化机构等积极参与国际标准化活动。（市场监管总局牵头，国家发展改革委、工业和信息化部、生态环境部按职责分工负责）

（四）加快技术创新。推进产学研融合，依托科研机构、行业协会、骨干企业和产业技术创新平台等，加强新型连续阳极电解槽、惰性阳极铝电解、废铝高值化再生利用等节能降碳先进技术攻关，加快研发成果转化，形成一批具有自主知识产权和核心竞争力的先进技术。将电解铝行业先进适用节能低碳技术装备纳入绿色技术推广目录等，加快推动科技创新成果产业化应用。（国家发展改革委、工业和信息化部、生态环境部按职责分工负责）

四、组织实施

（一）加强组织领导。国家发展改革委会同工业和信息化部、生态环境部、市场监管总局、国家能源局等部门加强协调配合，形成工作合力，共同抓好本行动计划各项目标任务落实落细。各地区要充分认识推动电解铝行业节能降碳的重要意义，结合实际细化工作措施，分解任务，压实责任，扎实有序抓好本行动计划贯彻落实。充分发挥行业协会、研究机构等作用，加强对电解铝企业的服务指导，助力电解铝行业绿色低碳转型。

（二）加快项目实施。各省级节能主管部门要深入开展电解铝行业能效诊断，全面摸排本地区电解铝企业能源消费量、能源消费结构、单位产品综合能耗、主要装置和用能设备能效水平，加强电解铝行业节能降碳改造和用能设备更新项目储备，制定改造计划、明确改造时限。国家发展改革委会同有关部门建立重点行业节能降碳改造和用能设备更新项目储备库，按照成熟一批、支持一批的原则，压茬推进项目建设，尽快形成实际节能降碳效果。

（三）严格监督管理。各级节能主管部门、工业和信息化主管部门要加大电解铝行业节能监察和监督检查力度，将节能审查制度执行情况和节能审查意见落实情况纳入节能监察范围，依法依规严肃处理违规新增产能、落后产能淘汰不力、节能降碳量造假等行为。

（四）加强宣传引导。依托全国生态日、全国节能宣传周等重要平台，加大电解铝行业节能降碳先进经验宣传力度。鼓励电解铝行业国有企业、龙头企业发挥引领带动作用，积极开展节能降碳自愿承诺和实践，营造推动电解铝行业绿色低碳高质量发展的良好氛围。

第二节 内蒙古自治区相关政策文件

内蒙古自治区发展改革委 工业和信息化厅 能源局印发《关于确保完成“十四五”能耗双控目标若干保障措施》的通知

（内发改环资字〔2021〕209号）

各盟行政公署、市人民政府，自治区各有关部门：

经自治区领导同意，现将《关于确保完成“十四五”能耗双控目标若干保障措施》印发给你们，请认真贯彻执行。

内蒙古自治区发展和改革委员会
内蒙古自治区工业和信息化厅
内蒙古自治区能源局
2021年3月9日

关于确保完成“十四五”能耗双控目标任务若干保障措施

为深入贯彻落实党中央、国务院关于能耗双控决策部署，确保完成自治区“十四五”能耗双控目标任务，加快推动高质量发展，促进生态文明建设，特制定以下保障措施。

一、坚持和完善能耗双控制度

1．严格落实目标责任。先行确定 2021 年全区能耗双控目标为单位 GDP 能耗下降 3%，能耗增量控制在 500 万吨标准煤左右，能耗总量增速控制在 1.9%左右，单位工业增加值能耗（等价值）下降 4%以上。先行分解下达各盟市 2021 年能耗双控目标任务，待国务院正式下达自治区“十四五”能耗双控目标后，及时分解下达各盟市。

2．严格节能审查约束。强化新建高耗能项目对“十四五”能耗双控影响评估和用能指标来源审查，未落实用能指标的高耗能项目，节能审查一律不予批准。完善项目审批和节能审查协调联动机制，对能耗双控形势严峻、用能空间不足的地区，实行高耗能项目审批、核准、备案和节能审查缓批限批，确有必要建设的，须实行能耗减量置换。加强事中事后监管，强化项目建设投产节能验收。探索建立能耗产出效益评价制度。

对实施固定资产投资项目节能审查以来（《国家发展和改革委员会固定资产投资项目节能评估和审查暂行办法》2010 年第 6 号令实施起），对未进行节能审查等违规建设的高耗能项目进行清理整顿，分类处理。

违规开工项目一律停止建设，确有必要续建的，需纳入本地区能耗预算管理，满足本地区能耗双控目标要求，在落实用能指标、实施惩罚性措施、补办相关手续后方可继续建设。违规建成投产项目一律停止生产，在落实用能指标，实施惩罚性措施、补办相关手续后方可继续生产。

3．全面实施用能预算管理。建立旗县、盟市、自治区三级能耗双控分级预算管理机制，编制五年和年度用能预算管理方案，将国家下达的新增用能空间和节能挖潜、淘汰落后等腾出的用能空间纳入用能预算管理，新建高耗能项目必须满足所在地区能耗总量控制和单位 GDP 能耗下降要求。

4．强化责任落实。确立“自治区统筹、盟市负总责、部门落实行业责任、企业落实主体责任”的能耗双控管理体制。制定实施自治区《政府及有关部门能耗双控工作职责》，压实各级政府、相关部门责任。强化通报、约谈、督导、考核机制，完善盟市行署、政府能耗双控目标责任评价考核指标体系，强化能耗双控考核结果运用。

5．压实盟市能耗双控责任。各盟行政公署、市人民政府对本地区能耗双控工作负总责，行署、政府主要领导是第一责任人。要切实发挥政府主导作用，从严从紧谋划“十四五”能耗双控工作，将能耗双控贯穿于经济社会发展全过程和各领域，综合运用经济、法律、标准、市场和必要的行政手段，切实抓好能耗双控工作。要坚持“节能优先，量能而行”，各地区在谋划产业、引进项目时，要坚持将能耗双控约束挺在前面，坚决遏制高耗能产业盲目发展和低水平重复建设，从严控制存量高耗能企业新增用能，合理安排新建成高耗能项目投产时序，坚决守住能耗双控底线，确保完成“十四五”，尤其是2021 年能耗双控目标任务。

6．落实重点用能单位节能主体责任。落实《内蒙古自治区重点用能单位节能管理实施细则》《内蒙古自治区节能失信行为认定和记录办法》等，加强重点用能单位节能目标责任考核，完善能源利用状况报告制度，推动建立健全能源管理体系和能源计量体系，组织开展能源审计、节能自愿承诺活动，推动重点用能单位提高能效水平。

二、加快推进高耗能行业结构调整

7．控制高耗能行业产能规模。从 2021 年起，不再审批焦炭（兰炭）、电石、聚氯乙烯（PVC）、合成氨（尿素）、甲醇、乙二醇、烧碱、纯碱（《西部地区鼓励类产业目录（2020 年本）》中内蒙古鼓励类项目除外）、磷铵、黄磷、水泥（熟料）、平板玻璃、超高功率以下石墨电极、钢铁（已进入产能置换公示阶段的，按国家规定执行）、铁合金、电解铝、氧化铝（高铝粉煤灰提取氧化铝除外）、蓝宝石、无下游转化的多晶硅、单晶硅等新增产能项目，确有必要建设的，须在区内实施产能和能耗减量置换。除国家规划布局和自治区延链补链的现代煤化工项目外，“十四五”期间原则上不再审批新的现代煤化工项目。合理有序控制数据中心建设规模，严禁新建虚拟货币挖矿项目。

8．提高产业准入标准。新建高耗能项目，在满足本地区能耗双控要求的前提下，工艺技术装备须达到国内先进水平、能源利用效率须达到国家先进标准。改建钢铁、电解铝、铁合金、水泥、焦炭、电石项目要严格执行《关于提高部分行业建设项目准入条件规定的通知》（内工信原工字〔2019〕454 号）文件规定。有序提高自治区高耗能行业能耗限额地方性标准。

9．加快淘汰化解落后和过剩产能。引导产能过剩行业限制类产能（装备）有序退出，实施产能置换升级改造。列入《国家产业政策指导目录》（2019 版）淘汰类和 2020 年连续停产 1 年以上的企业（装备）不得进行产能置换。具体按照以下原则实施：

钢铁：有效容积 1200 立方米以下炼钢用生铁高炉、公称容量 100 吨以下炼钢转炉、公称容量 100 吨（合金钢 50 吨）以下电弧炉原则上 2023 年底前全部退出；符合条件的可以按国家标准实施产能置换。

铁合金：25000 千伏安及以下矿热炉（特种铁合金除外，具体特种铁合金种类由工信厅认定），原则上 2022 年底前全部退出；符合条件的可以按 1.25∶1 实施产能减量置换。

电石：30000千伏安以下矿热炉，原则上2022年底前全部退出；符合条件的可以按1.25∶1实施产能减量置换。

焦炭：炭化室高度小于6.0米顶装焦炉、炭化室高度小于5.5米捣固焦炉、100万吨/年以下焦化项目，原则上2023年底前全部退出；符合条件的可以按国家标准实施产能置换。

石墨电极：普通功率和高功率石墨电极压型设备、焙烧设备和生产线，直径600毫米（不含）以下石墨电极生产线原则上2021年底前全部退出。

火电：不具备供热改造条件的单机5万千瓦及以下纯凝煤电机组、大电网覆盖范围内单机10万千瓦及以下纯凝煤电机组、大电网覆盖范围内单机20万千瓦及以下设计寿命期满纯凝煤电机组，原则上2023年底前全部退出。

虚拟货币挖矿：全面清理关停虚拟货币挖矿项目，2021年4月底前全部退出。

10．加快重点高耗能行业节能技术改造步伐。2021—2023年重点对钢铁、电解铝、铁合金、电石、铜铅锌、化工、建材等高耗能行业重点用能企业实施节能技术改造，各盟市分年度至少按照40%、40%、20%的进度完成全部改造任务，加快火电机组实施灵活性节能改造，力争改造后单位产品能耗达到国家能耗限额标准先进值。

三、引导能耗要素合理流动

11．实施绿色电价政策。落实自治区发展改革委、工业和信息化厅《关于调整部分行业电价政策和电力市场交易政策的通知》（内发改价费〔2021〕115号）。

12．实施节能量交易制度。制定实施《内蒙古自治区节能量交易暂行办法》，在全区范围内实施节能量交易，发挥市场配置能源资源的有效作用。

四、提高可再生能源消纳比重

13．提高可再生能源消纳比重。继续推进风电和太阳能发电基地建设，促进集中式风电和太阳能发电快速发展，因地制宜发展分布式太阳能发电和分散式风电，力争到2025年可再生能源装机突破1亿千瓦，力争可再生能源电力消纳责任权重达到国家下达的激励性目标。

14．坚持和完善风电、太阳能发电消纳机制。完善调度和运行机制，推动自备火电机组和采暖供热机组参与调峰，实施孤网运行的火电机组购买绿色证书制度，推动形成体现风电和太阳能发电环保正效益的配套价格体系。

五、强化能力建设

15．强化监测预警和应急调控。落实能耗双控监测预警和会商调度机制，实行月度监测、季度预警。落实自治区能耗双控应急预案，及时对能耗双控目标完成滞后地区进行预警并启动应急响应机制。加强重点用能单位能耗在线监测系统建设及应用。

16．健全能耗双控管理体制机制。统一节能审查主管部门。加强节能监察队伍和能力建设，建立全区统一的全社会节能监察机构。强化节能法规标准落实情况的监督检查，严肃查处违规违法用能行为。各级政府要建立健全能耗双控工作财政投入保障机制。

内蒙古自治区发展和改革委员会 工业和信息化厅 能源局关于修订《确保完成“十四五”能耗双控目标任务若干保障措施》的通知

（内发改环资字〔2022〕1128 号）

各盟行政公署、市人民政府，自治区各有关委、办、厅、局，各有关事业单位：

经自治区人民政府同意，现决定对自治区发展改革委、工信厅、能源局《关于确保完成“十四五”能耗双控目标任务若干保障措施》（内发改环资字〔2021〕209 号，以下简称《若干保障措施》）部分内容进行修订。现将修订有关事宜通知如下。

一、将《若干保障措施》“二、加快推进高耗能行业结构调整”中的“7.控制高耗能行业产能规模。从 2021 年起，不再审批焦炭（兰炭）、电石、聚氯乙烯（PVC）、合成氨（尿素）、甲醇、乙二醇、烧碱、纯碱（《西部地区鼓励类产业目录（2020 年本）》中内蒙古鼓励类项目除外）、磷铵、黄磷、水泥（熟料）、平板玻璃、超高功率以下石墨电极、钢铁（已进入产能置换公示阶段的，按国家规定执行）、铁合金、电解铝、氧化铝（高铝粉煤灰提取氧化铝除外）、蓝宝石、无下游转化的多晶硅、单晶硅等新增产能项目，确有必要建设的，须在区内实施产能和能耗减量置换。除国家规划布局和自治区延链补链的现代煤化工项目外，‘十四五’期间原则上不再审批新的现代煤化工项目。合理有序控制数据中心建设规模，严禁新建虚拟货币挖矿项目”，修改为：

7. 控制高耗能行业产能规模。从 2021 年起，不再审批焦炭、兰炭、电石、聚氯乙烯、烧碱（废盐综合利用的离子膜烧碱装置除外）、纯碱（《西部地区鼓励类产业目录（2020 年本）》中内蒙古鼓励类项目除外）、合成氨（确有必要建设的焦炉煤气综合利用制合成氨、可再生能源制氢制合成氨除外）、尿素、磷铵、甲醇（确有必要建设的焦炉煤气综合利用制甲醇、可再生能源制氢制甲醇除外）、乙二醇、黄磷、水泥（熟料）、平板玻璃、超高功率以下石墨电极、钢铁（已进入产能置换公示阶段的，按国家规定执行）、铁合金（作为多晶硅配套原料、可再生能源电力使用比例达到 60%以上的工业硅除外）、电解铝（国家批复同意的高铝粉煤灰提取氧化铝配套电解铝除外）、氧化铝（高铝粉煤灰提取氧化铝除外）、蓝宝石等新增产能项目；确有必要建设的，须在区内实施产能减量或等量置换。除纳入国家规划布局和自治区延链补链的现代煤化工项目外，“十四五”期间原则上不再审批新的现代煤化工项目。严禁新建虚拟货币“挖矿”项目。

二、将《若干保障措施》“二、加快推进高耗能行业结构调整”部分“9.加快淘汰化解落后和过剩产能”中的“电石：30000千伏安以下矿热炉，原则上2022年底前全部退出；符合条件的可以按1.25∶1实施产能减量置换”，修改为：

电石：30000千伏安以下矿热炉，原则上2022年底前全部退出；符合条件的可按1.25∶1在区内实施产能减量置换（作为国家鼓励类产业原料的电石，产能置换可不受“2020年连续停产1年以上”限制）；现有电石企业内部已配套形成PVC等下游产业的自有限制类电石产能升级改造，可按照与配套下游产能匹配的原则实施产能等量置换。

三、将《若干保障措施》“二、加快推进高耗能行业结构调整”部分“9.加快淘汰化解落后和过剩产能”中的“焦炭：炭化室高度小于6.0米顶装焦炉、炭化室高度小于5.5米捣固焦炉，100万吨/年以下焦化项目，原则上2023年底前全部退出；符合条件的可以按国家标准实施产能置换”，修改为：

焦炭：炭化室高度小于6.0米顶装焦炉、炭化室高度小于5.5米捣固焦炉、100万吨/年以下焦化项目，原则上2023年底前全部退出；符合条件的可按照自治区相关规定在区内实施产能减量置换；现有焦化企业内部已配套形成煤焦油深加工、焦炉煤气综合利用等下游产业的自有限制类焦炭产能升级改造，可按照与配套下游产能匹配的原则实施产能等量置换。

四、在《若干保障措施》中增加“加强能耗量较大的新兴产业统筹管理”，具体内容如下：

1. 新建、改扩建单晶硅项目原则上要配套切片、太阳能电池组件等下游加工生产线，多晶硅（颗粒硅）项目区内下游转化率原则上要达到70%以上（半导体级多晶硅除外）。

2. 优化数据中心建设布局。新建大型、超大型数据中心原则上应布局在全国一体化算力网络内蒙古枢纽节点和林格尔数据中心集群起步区范围内（和林格尔新区和集宁大数据产业园），项目建设主体原则上为数据中心相关行业骨干企业。和林格尔数据中心集群内新建数据中心电能利用效率（PUE值）须控制在1.2以下，其他地区新建数据中心电能利用效率（PUE值）须控制在1.3以下。

本通知自印发之日起执行，由自治区发展改革委、工信厅、能源局负责解释。

内蒙古自治区发展和改革委员会
内蒙古自治区工业和信息化厅
内蒙古自治区能源局
2022年7月14日

内蒙古自治区发展和改革委员会关于完善能耗强度和总量双控政策 保障“稳中求进”高质量发展的通知

（内发改环资字〔2022〕1143号）

各盟行政公署、市人民政府，自治区各有关委、办、厅、局，各有关事业单位：

为深入贯彻中央经济工作会议精神，落实自治区党委、政府工作部署，根据国务院《“十四五”节能减排综合工作方案》（国发〔2021〕33号）、国家发展改革委《完善能源消费强度和总量双控制度方案》（发改环资〔2021〕1310号）及自治区《2022年坚持稳中求进推动产业高质量发展政策清单》（内政发〔2022〕7号），经自治区人民政府同意，现就优化完善能耗强度和总量双控制度、保障“稳中求进”高质量发展有关事宜通知如下。

一、总体原则

坚持稳字当头、稳中求进，统筹处理好节能降耗和经济社会发展的关系，按照“能耗强度严格控制、能耗总量弹性管理”的原则，进一步优化完善能耗强度和总量双控制度，加强能耗强度约束性管理，有效增强能耗总量管理弹性，合理保障重大项目用能需求，坚决遏制“两高”项目低水平盲目发展，强化能耗双控对高质量发展的支撑保障，健全激励约束机制，确保完成“十四五”能耗强度降低目标任务，推动全区坚定不移走好以生态优先、绿色发展为导向的高质量发展新路子。

二、优化能耗双控目标管理方式

（一）优化盟市能耗强度目标设置。自治区对各盟市“十四五”能耗强度降低实行“基本目标+激励目标”双目标管理，其中能耗强度降低基本目标为约束性指标。以能源产出率为重要依据，综合考虑发展阶段等因素，科学合理分解确定各盟市“十四五”能耗强度降低目标，确保各盟市支撑自治区完成“十四五”能耗强度降低约束性目标。自治区按照各盟市“十四五”目标完成进度，分解下达各盟市年度能耗强度降低目标任务。

（二）完善盟市能耗总量指标确定方式。各盟市根据自治区下达的能耗强度降低年度目标和本地区生产总值增速年度目标，合理确定本地区能耗总量年度目标。能耗总量目标为预期性指标，经济增速超过预期目标的盟市可相应调整能耗总量目标。

三、实行能耗总量弹性管理

（三）落实国家重大项目能耗单列政策。对纳入国家能耗单列范围的重大项目，其由国家承担的能耗量不计入所在盟市“十四五”期间能耗强度和总量双控考核。

（四）实行自治区重大项目能耗单列。制定自治区《“十四五”重大项目能耗单列实施方案》，加强自治区重大项目能耗指标统筹。自治区层面预留一定的能耗强度指标，对符合条件的国家或自治区规划布局的重大项目实行能耗单列，单列项目由自治区承担的能耗量不计入所在盟市“十四五”期间能耗强度和总量双控考核。

（五）实行能耗强度降低激励性考核政策。对能耗强度降低达到自治区下达激励目标的盟市，其能耗总量在“十四五”期间能耗双控考核中免予考核。

（六）新增可再生能源消费量不纳入能耗总量考核。以各盟市 2020 年可再生能源电力消费量为基数，对各盟市“十四五”期间新增的可再生能源电力消费量，在能耗总量考核时予以扣除。

（七）原料用能不纳入能耗强度和总量双控考核。“十四五”期间，对各盟市原料用能不纳入能耗强度和总量双控考核。原料用能具体包括生产烯烃、芳烃、化肥、农药、醇类等产品过程中作为原料或辅助材料使用、不作为燃料和动力使用的煤炭、石油、天然气等能源产品消费。

四、优化评价考核和监测预警

（八）优化能耗双控评价考核方式。调整优化能耗双控考核频次，实行“年度评价、中期评估、五年考核”，能耗强度目标在“十四五”规划期内统筹考核。

（九）优化能耗双控监测预警方式。充分考虑市场“淡旺季”、用能“峰谷季”等客观规律，实行“季度监测、半年研判”，增强监测预警的灵活性，加强对高预警地区的窗口指导，避免采取短期简单化行为。

五、改革完善固定资产投资项目节能审查制度

（十）强化新上项目能耗强度标杆引导。以确保自治区完成“十四五”能耗强度降低约束性目标为核心，按照“一盟（市）一策，标杆引导”的原则，对标各盟市 2025 年单位 GDP 能耗目标值，分盟市设置新上项目能耗强度标杆值，合理保障低能耗强度优质项目用能需求，有效化解高能耗强度项目对地区能耗强度的影响，强化新上项目对地区能耗强度的影响评估，切实做好项目节能审查与地区能耗双控目标的衔接。

（十一）合理保障低能耗强度优质项目用能需求。对各盟市单位增加值能耗达到或低于本地区能耗强度标杆值、有利于促进能耗强度降低的新上项目，原则上不需落实能耗

指标。

（十二）有效化解高能耗强度项目对地区能耗强度的影响。对各盟市单位增加值能耗高于本地区能耗强度标杆值的新上项目，须通过削减能耗存量、原料用能核减、“高低搭配”（配套上马“十四五”投产达产的低能耗强度项目）等方式，对冲化解高能耗强度项目对本地区能耗强度的影响。

（十三）严格“两高”项目节能审查。各盟市新上列入自治区《坚决遏制“两高”项目低水平盲目发展管控目录》（以下简称《管控目录》）的“两高”项目，在申请自治区办理节能审查时，需对项目建设必要性、产业政策符合性以及对地区能耗双控的影响等进行评估论证。新建、改扩建《管控目录》中的“两高”项目，在符合新增产能管控要求的前提下，必须达到“两个先进”（即工艺技术装备达到同行业先进水平，单位产品能耗达到国家能效标杆水平或先进标准）；必须按照自治区和所在盟市“双重标杆”（即项目单位增加值能耗既要达到所在盟市标杆值，也要达到自治区平均标杆值），通过削减能耗存量、原料用能核减等方式，化解对自治区和所在盟市能耗强度的影响；必须通过削减能耗存量、原料用能核减、可再生能源利用等方式，全额落实能耗指标。

（十四）充分保障社会民生环保项目用能需求。对无增加值或低增加值的社会民生和环保改造类项目，不需落实能耗指标。

（十五）强化项目能耗强度审核评估。强化新上项目对地区能耗强度的影响评估，将项目增加值审核评估纳入节能审查第三方评审范围，从计算方法规范性、产品价格、成本合理性等方面对项目增加值严格审核把关。工业生产性项目，增加值原则上采用生产法计算；其他项目，增加值原则上采用收入法计算。

（十六）落实能耗强度核减政策。对新上项目原料用能等不纳入地区能耗强度考核的能耗量，在项目节能审查能耗强度影响评估时不计入单位增加值能耗，不需化解对地区能耗强度的影响。

（十七）落实能耗总量弹性管理要求。根据各盟市“十四五”经济增长预期目标，统筹考虑经济超预期增长因素、预计新增可再生能源消费量情况，对各盟市“十四五”能耗总量按照区间值实行弹性管理（能耗总量区间值逐年滚动调整），对各盟市新上项目节能审查实行能耗总量影响弹性评估。

（十八）合理释放能耗削减量指标。各盟市可对标本地区新上项目能耗强度标杆值，对已批复节能审查意见的“十四五”拟投产达产项目能耗强度情况进行评估，经自治区节能审查机关审核后，为低能耗强度项目配置的能耗削减量指标，以及为高能耗强度项目配置的低于标杆值部分的能耗削减量指标，可合理予以释放。新释放的能耗削减量指标优先支持符合高质量发展导向、达到行业先进水平的重点产业链关键性项目。

（十九）落实不需办理节能审查的项目政策。做好项目节能审查“放管服”，按照国家发展改革委《不单独进行节能审查的行业目录》（发改环资规〔2017〕1975 号）相关规定，对风电站、光伏电站（光热）、水电站、抽水蓄能电站、核电站、生物质能、地热能、电网工程、输油管网、输气管网、水利、铁路（含独立铁路桥梁、隧道）、公路、城市道路、信息（通信）网络（不含数据中心）、电子政务、卫星地面系统项目，不需办理节能审查。

（二十）严格项目节能验收管理。项目建设单位应在项目建成试生产之日起 6 个月内，自行或委托第三方机构对项目节能审查意见落实情况进行验收，并向节能审查意见批复机关报送节能验收报告。盟市、旗县节能审查机关合规批复的设计能耗（等价值）1 万吨标准煤以上的“十四五”建成投产项目，节能验收报告须同步报送自治区节能主管部门。对自治区节能审查机关 2021 年以来批复的项目，盟市节能审查机关应会同相关部门对项目能耗指标承诺或化解能耗强度措施落实情况进行核查，出具核查意见并报自治区节能审查机关。未履行节能验收程序、未落实能耗指标承诺或化解能耗强度影响措施的项目，不得投产运行。设计能耗（等价值）1 万吨标准煤以上的重点用能项目，建成投产后要及时纳入自治区能耗在线监测平台，实行动态监测管理。

（二十一）实行项目节能审查与地区能耗双控目标完成情况挂钩机制。强化“十四五”能耗双控年度评价和中期评估结果运用，对能耗强度降低目标完成进度严重滞后、能耗总量已接近或突破“十四五”弹性管理区间值的地区，实施《管控目录》“两高”项目和高能耗强度项目缓批限批，直至能耗双控形势好转后予以解除。

（二十二）推动已批复节能审查意见项目加快开工建设。各地区要加强对已批复节能审查意见项目的调度监测，做好督促指导，推动各项前期手续齐备的项目尽早开工建设，加快形成有效投资。对批复节能审查意见后“应开未开”“开而不建”的项目，自治区节能审查机关将视情研究将项目列入预回收库，防止“批而不建”、空置能耗指标现象。

六、完善用能预算管理制度

（二十三）完善以能耗强度平衡为核心的用能预算管理制度。在自治区《能耗预算管理实施方案（2021 年版）》的基础上，以能耗强度平衡为核心，进一步改进完善用能预算管理制度。各盟市须将本地区“十四五”拟投产达产的重点用能项目全部纳入能耗强度预算管理，通过削减能耗存量、原料用能核减、低能耗强度项目对冲等方式，确保重点用能项目单位增加值能耗与本地区“十四五”能耗强度降低目标平衡衔接。

七、严格“两高”项目管理

（二十四）完善细化“两高”项目范围边界。科学准确把握坚决遏制高耗能、高排放项目低水平盲目发展工作要求，以石化、焦化、化工、煤化工、建材、钢铁、有色、煤电八大行业设计能耗（等价值）5 万吨标准煤以上的生产性项目为重点，区分遏制和鼓励、上游和下游（初级原料和延伸加工）、传统低端和新型高端、高能耗强度和低能耗强度，完善细化“两高”项目范围边界和甄别标准，强化精准识别管理。

（二十五）调整优化“两高”项目准入管理。坚持“严控增量、优化存量”的总体要求，建立自治区《坚决遏制“两高”项目低水平盲目发展管控目录》，继续对部分传统低端“两高”行业实施新增产能管控政策。适应国家新兴产业发展政策导向、环保政策要求、初级产品供给保障和产业链供应链稳定需要，调整修订自治区《关于确保完成“十四五”能耗双控目标任务若干保障措施》。

八、强化节能事中事后监管

（二十六）加大节能监察力度。各级节能主管部门要加强对节能监察工作的统筹协调和组织推动，探索建立跨部门联动的节能监察工作机制，形成工作合力。各级节能监察机构要结合地区实际制定年度节能监察计划，聚焦“两高”项目节能审查制度执行情况、单位产品能耗限额标准及高耗能行业重点领域能效标杆水平和基准水平执行情况、用能设备和生产工艺淘汰制度执行情况、重点用能单位节能管理制度执行情况、节能服务机构开展服务情况等重点内容，以年综合能源消费量 10 万吨标准煤及以上的重点用能单位和 5 万吨标准煤及以上的固定资产投资项目为重点对象，强化常态化节能执法监察，提升监察效能。依法依规严肃查处各类违法违规用能行为，综合运用行政处罚、信用惩戒、阶梯电价等手段，增强节能监察约束力，坚决杜绝“未批先建”、越权审批、超批复用能、超限额用能等违法违规问题。

九、健全节能激励约束机制

（二十七）强化淘汰改造激励约束。充分利用自治区重点产业发展专项资金、工业园区发展专项资金、高耗能行业阶梯电价加价电费资金等渠道，积极争取中央预算内投资相关专项、国家节能工作专项奖励资金等，加大对节能改造、淘汰化解落后和过剩产能的资金支持力度。对未按期完成自治区下达的淘汰落后和化解过剩产能、节能改造任务的地区实施《管控目录》“两高”项目和高能耗强度项目节能审查缓批限批。

（二十八）实施更加有力的节能电价政策。调整完善高耗能行业电价政策和电力市场交易政策。加快取消蒙东地区大工业用电倒阶梯输配电价政策。10 千伏及以上高耗能行业用户全部进入电力市场，自治区确定的高耗能行业用电企业交易电价上浮不受限制。整合差别电价、阶梯电价、惩罚性电价等差别化电价政策，建立统一的高耗能行业阶梯电价制度，对能效达到基准水平的存量企业和能效达到标杆水平的在建、拟建企业用电不加价，未达到的根据能效水平差距实行阶梯电价；对高耗能行业限制类产能（装置）

用电继续实行惩罚性交易电价。加价电费专项用于支持企业节能减污降碳技术改造。

（二十九）推行节能市场化机制。鼓励各地区建立节能量指标有偿收储机制，加强能耗削减量指标区域统筹。探索开展节能量指标市场化交易，逐步形成“用能者付费、节能者受益”的用能成本收益机制。

2022 年将召开党的二十大，做好经济工作具有特殊重要的意义。要坚持稳字当头、稳中求进，统筹处理好能耗双控与经济社会发展及保障国家能源安全、粮食安全、产业安全和产业链供应链稳定的关系，把握好能耗双控政策的时、度、效，强化对高质量发展的支撑保障，全力推动经济稳定增长和高质量发展。要始终保持战略定力，坚持以碳达峰碳中和目标为引领，稳妥有序推进节能降碳，坚持遏制“两高”项目低水平盲目发展不动摇，更加注重通过调结构、转功能、提质量稳定经济运行，确保完成“十四五”能耗强度降低目标任务，推动全区扎实走好以生态优先、绿色发展为导向的高质量发展新路子。后续国家和自治区对能耗双控、遏制“两高”项目盲目发展相关政策有调整的，按照最新规定和要求执行。

附件：各盟市“十四五”新上项目能耗强度标杆值

内蒙古自治区发展和改革委员会

2022 年 7 月 1 日

附件：

各盟市“十四五”新上项目能耗强度标杆值

地区	“十四五”新上项目能耗强度标杆值（等价值，吨标准煤/万元）
呼和浩特市	0.56
包头市	1.45
呼伦贝尔市	0.92
兴安盟	0.86
通辽市	1.50
赤峰市	0.92
锡林郭勒盟	1.14
乌兰察布市	2.10
鄂尔多斯市	1.70
巴彦淖尔市	0.99
乌海市	2.20
阿拉善盟	2.00

注：自治区“十四五”新上项目能耗强度平均标杆值为1.33吨标准煤/万元。

内蒙古自治区人民政府关于印发自治区“十四五”节能减排综合工作实施方案的通知

（内政发〔2022〕17号）

各盟行政公署、市人民政府，各旗县人民政府，自治区各委、办、厅、局，各大企业、事业单位：

现将《内蒙古自治区“十四五”节能减排综合工作实施方案》印发给你们，请结合实际，认真贯彻落实。

2022年5月25日

（此件公开发布）

内蒙古自治区“十四五”节能减排综合工作实施方案

为贯彻落实《国务院关于印发“十四五”节能减排综合工作方案的通知》（国发〔2021〕33号）精神，大力推动节能减排，助力实现碳达峰、碳中和目标，结合自治区实际，制定本方案。

一、总体要求

以习近平新时代中国特色社会主义思想为指导，全面贯彻党的十九大和十九届历次全会精神，深入学习贯彻习近平生态文明思想，全面落实习近平总书记对内蒙古重要讲话重要指示批示精神，坚持稳字当头、稳中求进工作总基调，扎实走好以生态优先、绿色发展为导向的高质量发展新路子，深入打好污染防治攻坚战，加快建立健全绿色低碳循环发展经济体系，推进经济社会发展全面绿色低碳转型，确保完成自治区“十四五”节能减排目标，实现降碳、减污、扩绿、增长协同推进，筑牢我国北方重要生态安全屏障。

二、主要目标

到2025年，全区单位地区生产总值能源消耗比2020年下降15%，能源消费总量得到合理控制，化学需氧量、氨氮、氮氧化物、挥发性有机物排放总量比2020年分别下降8%、8%、10%、10%以上。节能减排政策措施和体制机制更加健全，能源利用效率和主要污染物排放控制水平明显提升，重点行业能效和主要污染物排放基本达到国内先进水平，经济社会发展由资源依赖型向创新驱动型转变、由粗放高碳型向绿色低碳型转变、由分散低效型向集约高效型转变取得显著成效。

三、实施节能减排重点工程

（一）重点行业绿色升级工程。以化工、钢铁、有色、建材、焦化、煤化工等高耗能高排放行业为重点，全面推进节能改造和污染物深度治理，制定节能技术改造实施方案，组织实施重大节能减排项目。加强重点用能行业节能技术装备创新和应用，推广高效精馏系统、高温高压干熄焦、富氧强化熔炼等节能技术，鼓励将高炉—转炉长流程炼钢转型为电炉短流程炼钢。推进钢铁、水泥、焦化行业及燃煤锅炉超低排放改造，到2025年，全区80%以上的钢铁产能完成超低排放改造，重点区域保留的燃煤锅炉以及其他地区65蒸吨/小时及以上燃煤锅炉（含电力）全面实现超低排放。开展重点行业清洁生产和工业废水资源化利用改造。推进新型基础设施能效提升，推动既有数据中心绿色节能改造，鼓励绿电替代，推广高效制冷技术、先进通风技术、余热利用技术、能耗管理系统等。优化数据中心规划布局，新建大型、超大型数据中心原则上布局在国家枢纽节点数据中心集群范围内，达到绿色数据中心建设标准，PUE 值（电能利用效率）不超过 1.3。“十四五”时期，规模以上工业单位增加值能耗下降 20%，万元工业增加值用水量下降 13%。到 2025 年，通过实施节能降碳行动，钢铁、电解铝、水泥、平板玻璃、乙烯、合成氨、电石等重点行业产能和数据中心达到能效标杆水平的比例超过 30%。（自治区工业和信息化厅、发展改革委、生态环境厅、市场监管局、能源局、大数据中心等按职责分工负责，各盟行政公署、市人民政府，各旗县级人民政府负责落实。以下均需各盟行政公署、市人民政府，各旗县级人民政府负责落实，不再列出）

（二）园区节能环保提升工程。开展园区绿色低碳循环发展综合诊断，在绿色产业集聚、能源资源利用、清洁生产等方面查找薄弱环节，系统挖掘园区绿色发展潜力。新建高耗能高排放项目原则上要进园区，推进工业企业向园区集聚。推动工业园区能源系统整体优化，鼓励优先利用可再生能源。对园区内污水处理、中水回用等公共基础设施共建共享，对进水浓度异常的污水处理厂开展片区管网系统化整治。推进工业固体废物综合利用，提升危险废物集中贮存和处置能力。推动挥发性有机物、电镀废水及特征污染物集中治理等“绿岛”项目建设。鼓励基础设施完善、用电负荷较大、自主调峰能力较强的工业园区开展低碳示范建设。到 2025 年，自治区级以上工业园区循环化水平、节能环保水平显著提升，建成一批具有代表性的节能环保示范园区。（自治区发展改革委、工业和信息化厅、生态环境厅等按职责分工负责）

（三）城镇绿色节能改造工程。倡导绿色规划设计理念，全面推进城镇绿色规划、建设、运行管理。严格执行新建建筑节能强制性标准，开展超低能耗建筑、近零能耗建筑、零碳建筑等示范项目。在城镇建筑中推广太阳能光伏一体化应用。组织实施中央空调、数据中心、产业园区、冷链物流等绿色改造重点示范工程，大幅提升制冷系统能效水平，推动清洁取暖、工业余热、可再生能源等在城镇供热中的规模化应用，城镇清洁取暖比例和绿色高效制冷产品市场占有率大幅提升。开展公共供水管网漏损治理，争取国家试点建设。到 2025 年，城镇新建建筑全面执行绿色建筑标准，既有居住建筑节能改造完成 1000 万平方米，绿色建筑从单体、组团向小区化、区域化发展；培育低碳城市、海绵城市、“无废城市”各 1～2 个示范试点。（自治区住房城乡建设厅、生态环境厅、发展改革委、自然资源厅、交通运输厅、市场监管局、能源局等按职责分工负责）

（四）交通物流节能减排工程。开展绿色综合交通体系建设，完善充换电、加注（气）、加氢、机场岸电等基础设施，加快运输结构转型和出行方式转变，实施清洁能源替代。落实“公交优先”战略，引导公众优先选择绿色低碳出行方式。持续推动大宗货物运输

“公转铁”，提高清洁运输比例。提升铁路电气化水平，推广低能耗运输装备。严格执行老旧交通运输工具报废、更新制度。全面实施汽车国六排放标准和非道路移动柴油机械国四排放标准，大力推进老旧机动车提前淘汰更新。深入实施清洁柴油机行动，鼓励重型柴油货车更新替代。实施汽车排放检验与维护制度，加强机动车排放召回管理。大力发展智能交通，积极运用大数据优化运输组织模式。加快绿色仓储建设，鼓励建设绿色物流园区。加快标准化物流周转箱推广应用。全面推广绿色快递包装，引导电商企业、邮政快递企业选购使用获得绿色认证的快递包装产品。到 2025 年，基本淘汰国三及以下排放标准的柴油汽车，全区新能源及清洁能源公交车比例达到 80%，铁路货运量比 2020 年增长 10%左右；12 个盟市主城区公共交通出行率达到 20%，城市主城区交通绿色出行率达到 65%。（自治区交通运输厅、发展改革委、工业和信息化厅、公安厅、财政厅、生态环境厅、住房城乡建设厅、商务厅、市场监管局、能源局，内蒙古邮政管理局、中国铁路呼和浩特局集团有限公司、内蒙古集通铁路〔集团〕有限责任公司等按职责分工负责）

（五）农牧业节能减排工程。推广使用节油、环保农机和设备，发展节能农业大棚，鼓励农村住房采用新型建造技术，使用绿色建材，运用光伏发电系统，使用清洁取暖设备。开展农村人居环境整治提升行动，提高农村生活污水垃圾处理能力，基本消除较大面积的农村黑臭水体，村容村貌显著提升。强化农业面源污染防治，推进化肥化学农药减量化、秸秆综合利用，加快农膜和农药包装废弃物回收处理。深入推进规模养殖场畜禽粪污综合利用。到 2025 年，农村生活污水治理率达到 32%左右，秸秆综合利用率稳定在 90%以上，主要农作物化肥、农药利用率均达到 43%以上，畜禽粪污综合利用率达到 84%以上，绿色防控、统防统治覆盖率分别达到 55%、45%。（自治区农牧厅、生态环境厅、能源局、乡村振兴局牵头，自治区发展改革委、工业和信息化厅、住房城乡建设厅、水利厅、市场监管局等按职责分工负责）

（六）公共机构能效提升工程。加快公共机构既有建筑围护结构、供热、制冷、照明等设施设备节能改造，推广使用节能新产品新技术。创新公共机构节能管理模式，鼓励采用能源费用托管等合同能源管理模式。提高公共机构办公、生活用能清洁化水平，推广使用太阳能、风能等清洁能源。积极开展绿色低碳技术应用示范案例宣传，促进绿色低碳技术应用。严格执行节能环保产品优先采购和强制采购制度，公共机构带头采购节能、低碳、循环再生等绿色产品。率先淘汰老旧车，率先采购使用节能和新能源汽车，新建和既有停车场要配备电动汽车充电设施或预留充电设施安装条件。积极推广节能高效的办公设备，合理使用空调、电梯等耗能设备。持续开展示范创建活动，积极遴选节约型公共机构示范单位创建和能效“领跑者”。到 2025 年，力争 80%以上党政机关创建为节约型机关，充分发挥公共机构示范引领作用。（自治区机关事务管理局、住房城乡

建设厅、教育厅、科技厅、卫生健康委、体育局等按职责分工负责）

（七）重点区域污染物减排工程。持续推进大气污染防治重点区域秋冬季攻坚行动，加大重点行业结构调整和污染治理力度。以自治区中西部地区为重点，着力推进挥发性有机物和氮氧化物协同减排，加强细颗粒物和臭氧协同控制。推进黄河流域生态保护和高质量发展，扎实推进城镇污水垃圾处理和工业、农业面源、尾矿库等污染治理工程，着力打好黄河生态保护治理攻坚战；实施深度节水控水行动，加强重要支流污染治理，开展入河排污口排查整治，到 2025 年，黄河干流水质达到Ⅱ类。（自治区生态环境厅、工业和信息化厅、水利厅牵头，自治区发展改革委、住房城乡建设厅、交通运输厅、能源局等按职责分工负责）

（八）煤炭清洁高效利用工程。立足内蒙古作为国家重要能源和战略资源基地的定位，在保障国家能源安全、电力供应安全的前提下，坚持先立后破，严格合理控制煤炭消费增长，抓好煤炭清洁高效利用，稳妥有序推进存量煤电机组节煤降耗改造、供热改造、灵活性改造“三改联动”，持续推动煤电机组超低排放改造。加大燃煤小锅炉和落后燃煤小热电（含自备电厂）淘汰力度，完成 30 万千瓦及以上热电联产电厂供热半径 15 公里范围内的燃煤锅炉关停整合任务。加强钢铁、铸造、建材等重点耗煤行业管理，推进电能替代。持续扩大热电联产集中供热面积，推广工业余热集中供热，科学有序推进“散煤双替代”，在城乡接合部和热力管网无法到达的老旧城区，推广应用电锅炉、热泵、分散式电采暖，减少取暖用煤需求。到 2025 年，完成煤电机组节能改造 2000 万千瓦、灵活性改造 3000 万千瓦；推进包头市、呼和浩特市、乌兰察布市、巴彦淖尔市等清洁供暖示范城市建设，推进“气化内蒙古”行动，内蒙古西部地区基本实现管道天然气“县县通气”、东部地区实现管道天然气“市市通气”；全区煤炭消费比重降至 75%以下，非化石能源占能源消费比重达到 18%左右。（自治区能源局、生态环境厅、工业和信息化厅、住房城乡建设厅、市场监管局等按职责分工负责）

（九）挥发性有机物综合整治工程。推进低 VOCs 原辅材料和产品源头替代工程，实施全过程污染物治理。以工业涂装、包装印刷等行业为重点，推动使用低挥发性有机物含量的涂料、油墨、胶粘剂、清洗剂。深化石化、化工等行业挥发性有机物污染治理，全面提升废气收集率、治理设施同步运行率和去除率。对易挥发有机液体储罐实施改造，对浮顶罐推广采用全接液浮盘和高效双重密封技术，对废水系统高浓度废气实施单独收集处理。到 2025 年，溶剂型工业涂料、油墨使用比例分别降低 20 个百分点、10 个百分点，溶剂型胶粘剂使用量降低 20%。（自治区工业和信息化厅、生态环境厅等按职责分工负责）

（十）环境基础设施水平提升工程。加快推进城镇排水管网建设，推动老旧管网更新改造，大力推进黄河干流沿线城市建成区管网混错接改造，因地制宜推进雨污分流改造。

加快构建集污水、垃圾、固体废物、危险废物、医疗废物处理处置设施和监测监管能力于一体的环境基础设施体系，提高可回收物再生利用和资源化水平。持续推进工业园区工业固体废物处置及综合利用设施建设，加强可回收物回收、分拣、处置设施建设。推进厨余垃圾处理设施建设。建设完善生活垃圾分类制度体系和分类投放、收集、运输、处理系统，补齐分类收集转运设施短板。到2025年，城市污泥无害化处置率达到90%以上，城市生活垃圾焚烧处理能力占比达到 65%左右。（自治区发展改革委、住房城乡建设厅、生态环境厅等按职责分工负责）

四、健全节能减排政策机制

（一）优化完善能耗双控制度。坚持节能优先，强化能耗强度约束性指标管理，以能源产出率为重要依据，综合考虑发展阶段等因素，合理确定各盟市能耗强度降低目标。有效增强能源消费总量管理弹性，各盟市根据自治区下达的能耗强度降低年度目标和本地区生产总值增速年度目标，合理确定本地区能耗总量年度目标；能耗总量目标为预期性指标，经济增速超过预期目标的盟市可相应调整能耗总量目标。对完成能耗强度降低激励目标的盟市，能源消费总量免予考核。各地区“十四五”时期新增可再生能源电力消费量不纳入能耗总量考核，原料用能不纳入能耗强度和总量双控考核。落实国家和自治区重大项目能耗单列政策，对列入能耗单列范围的重大项目，其由国家和自治区承担的部分能耗在能耗双控考核中予以核减。完善用能预算管理制度，实现能耗总量控制向能耗强度平衡转变，强化新上项目能耗强度标杆引导，合理保障低能耗强度优质项目用能需求，有效化解高能耗强度项目对地区能耗强度的影响。优化能耗双控考核频次，实行“年度评价、中期评估、五年考核”，能耗强度目标在“十四五”规划期内统筹考核。加强能耗双控政策与碳达峰、碳中和目标任务的衔接。（自治区发展改革委牵头，自治区工业和信息化厅、统计局、能源局等按职责分工负责）

（二）健全污染物排放总量控制制度。坚持精准治污、科学治污、依法治污，把污染物排放总量控制制度作为加快绿色低碳发展、推动结构优化调整、提升环境治理水平的重要抓手，推进实施重点减排工程，形成有效减排能力。优化总量减排指标分解方式，按照可监测、可核查、可考核的原则，编制“十四五”主要污染物总量减排行动方案，将重点工程减排量下达地方，污染治理任务较重的地方承担相对较多的减排任务。指导各地区按年度落实减排工程，强化总量减排核查核算。在国家统一安排部署下推进与排污许可、环境影响评价审批等制度衔接。（自治区生态环境厅负责）

（三）坚决遏制高耗能高排放低水平项目盲目发展。从产业准入、节能审查、环境影响评价、产业链四方面严控高耗能高排放项目（以下简称“两高”项目）。除列入国家产业规划布局方案外，严格按照自治区《关于确保完成“十四五”能耗双控目标任务若干保障措施》《坚决遏制“两高”项目低水平盲目发展管控目录》规定，严控“两高”行业新增产能、新建项目。建立“两高”项目管理台账，以石化、焦化、化工、煤化工、建材、钢铁、有色、煤电八大行业设计能耗（等价值）5 万吨标准煤以上项目为重点，全面梳理在建、拟建、存量“两高”项目，实行清单管理、分类处置、动态监控。按照《内蒙古自治区关于严格能效约束推动重点领域节能降碳工作的实施方案》，建立企业能效清单，对于低于行业能效基准水平的存量项目，要通过技术改造全部达到国家基准水平；对于能效介于标杆水平和基准水平之间的项目，鼓励参照国家标杆水平实施改造升级，争取进入行业能效“领跑者”名单；对于新建项目，全部按照国家能效标杆水平设计建设；对于不能按期完成改造的项目坚决予以淘汰，淘汰时限不超过 3 年。加强“两高”项目全过程监管，对不符合政策要求、违规审批、未批先建、批建不符、超批复用能、超标排放的“两高”项目坚决叫停、坚决拿下，依法依规严肃查处。严肃财经纪律，完善“两高”项目融资政策。（自治区发展改革委、工业和信息化厅、生态环境厅、能源局牵头，自治区市场监管局、地方金融监管局，人民银行呼和浩特中心支行、内蒙古银保监局等按职责分工负责）

（四）健全法规和标准体系。贯彻落实《中华人民共和国节约能源法》《中华人民共和国循环经济促进法》《中华人民共和国清洁生产促进法》《中华人民共和国环境影响评价法》及《生态环境监测条例》《民用建筑节能条例》《公共机构节能条例》等法律法规。修订一批“两高”行业自治区节能地方标准，修订《内蒙古自治区实施〈中华人民共和国节约能源法〉办法》《内蒙古自治区固定资产投资项目节能审查实施办法》等。按照国家要求，深入开展能效、水效“领跑者”引领行动。严格执行能耗限额标准和污染物排放标准，严格执行国家居民消费品挥发性有机物含量限制标准和涉挥发性有机物重点行业大气污染排放标准，进口非道路移动机械和发动机执行国家现行新生产设备排放标准。（自治区发展改革委、生态环境厅、司法厅、工业和信息化厅、财政厅、住房城乡建设厅、交通运输厅、市场监管局、机关事务管理局等按职责分工负责）

（五）完善经济政策机制。落实节能减排财政支持政策，统筹安排专项资金，加大对节能改造、综合能效提升、淘汰落后和化解过剩产能、重大节能技术研发和产业化示范等节能减排重点工程的资金支持力度。积极争取中央预算内投资相关专项、国家节能工作专项奖励资金等，对节能目标责任评价考核结果为超额完成等级的地区给予奖励。实施更加有力的节能电价政策，调整完善高耗能行业电价政策和电力市场交易政策，10 千伏及以上高耗能行业用户全部进入电力市场，自治区确定的高耗能行业用电企业交易电价上浮不受限制。整合差别化电价政策，建立统一的高耗能行业阶梯电价制度，对能效达到基准水平的存量企业和能效达到标杆水平的在建、拟建企业用电不加价，未达到的根据能效水平差距实行阶梯电价；对高耗能行业限制类产能（装置）用电继续实行惩罚性交易电价。加价电费专项用于支持企业节能减污降碳技术改造。健全绿色金融体系，大力发展绿色信贷，支持重点行业领域节能减排，用好碳减排支持工具和支持煤炭清洁高效利用专项再贷款。鼓励有条件的地区探索建立绿色贷款财政贴息、奖补、风险补偿、信用担保等配套支持政策。加快绿色债券发展，支持符合条件的企业发行绿色公司债券。支持符合条件的节能减排企业上市融资和再融资。积极推进环境高风险领域企业投保环境污染责任保险。落实环境保护、节能节水、资源综合利用税收优惠政策。配合国家完善挥发性有机物监测技术和排放量计算方法。深化供热体制改革，完善城镇供热价格机制。建立健全城镇污水处理费征收标准动态调整机制，探索建立受益农户污水处理付费机制。（自治区发展改革委、财政厅、工业和信息化厅、生态环境厅、住房城乡建设厅、地方金融监管局、能源局，人民银行呼和浩特中心支行、内蒙古银保监局、内蒙古证监局、内蒙古税务局等按职责分工负责）

（六）健全节能减排市场化机制。鼓励各地区建立节能量指标有偿收储机制，加强能耗削减量指标区域统筹。探索开展节能量指标市场化交易，逐步形成“用能者付费、节能者受益”的用能成本收益机制，推动能源要素向优质项目、企业、产业及经济发展条件好的地区流动和集聚。积极对接全国碳排放交易市场，培育和发展自治区碳排放市场。培育和发展排污权交易市场，鼓励有条件的地区扩大排污权交易试点范围。推广绿色电力证书交易，鼓励市场主体通过绿色电力证书交易方式完成可再生能源电力消纳。推行能源费用托管等合同能源管理模式，积极推广节能咨询、诊断、设计、融资、改造、托管等“一站式”综合服务模式。发挥自治区碳达峰、碳中和专家库作用。推进工业园区环境综合治理第三方托管服务，引导各类资本参与节能降碳管理、环境治理与服务、投资建设、运行。落实能效标识管理制度，推动绿色产品认证、节能低碳环保产品认证。（自治区发展改革委、生态环境厅、工业和信息化厅、财政厅、市场监管局、能源局等按职责分工负责）

（七）加强统计监测能力建设。严格落实重点用能单位能源利用状况报告制度，加强重点用能单位能耗在线监测系统建设和应用，提升能源消费监测分析能力。加强能源计量器具监管，健全能源计量技术规范和标准体系，强化用能单位计量主体责任，加强统计能力建设。完善细化能源品种分类统计，健全工业、建筑、交通等领域能源消费统计指标和方法体系，健全规范能源统计工作机制，保证统计数据全面真实客观。构建覆盖排污许可持证单位的固定污染源监测体系，加强工业园区污染源监测，推动涉挥发性有机物排放的重点排污单位安装在线监控监测设施。加强统计基层队伍建设，强化统计数据审核，防范统计造假、弄虚作假，提升统计数据质量。（自治区统计局、发展改革委、生态环境厅、工业和信息化厅、住房城乡建设厅、交通运输厅、市场监管局、能源局等按职责分工负责）

（八）壮大节能减排人才队伍。加强节能监察队伍和基础能力建设，健全完善自治区、盟市、旗县（市、区）三级节能监察体系，推动节能监察机构不健全的盟市、旗县（市、区）设立节能监察机构，配备相应节能监察人员和设备。重点用能单位按要求设置能源管理岗位和负责人。加强旗县级及苏木乡镇基层生态环境监管队伍建设，重点排污单位设置专职环保人员。加大政府有关部门及监察执法机构、企业等节能减排工作人员培训力度，通过业务培训、比赛竞赛、经验交流等方式提高业务水平。（自治区发展改革委、生态环境厅、工业和信息化厅、人力资源社会保障厅等按职责分工负责）

（九）加大节能减排先进技术研发和推广应用力度。强化新能源与新型电力系统、碳捕集利用与封存（CCUS）技术研发，支持发展低碳化转型技术，加强生态系统增汇技术研究，探索非电可再生能源利用技术研发。围绕电力、钢铁、化工、有色、建筑等重点行业，推进余热回收、能源梯级利用等技术开发和应用。提高煤炭清洁高效利用的自主研发能力，开展燃煤锅炉节能环保综合提升、电机系统能效提升关键技术研究，深化智慧能源管理，全面提升节能减排能力。（自治区科技厅、发展改革委、工业和信息化厅、生态环境厅、能源局等按职责分工负责）

五、强化工作落实

（一）加强组织领导。各盟市、各部门和各有关单位要坚决贯彻落实国家关于节能减排的决策部署和自治区工作要求，坚持系统观念，明确目标责任，制定年度计划，狠抓工作落实，确保完成“十四五”节能减排各项任务。各级人民政府对本行政区域内的节能减排工作负总责，主要负责人为第一责任人，要切实加强组织领导和部署推进，将本地区节能减排目标与国民经济和社会发展五年规划及年度计划充分衔接，科学明确下一级人民政府、有关部门和重点单位责任。要科学考核，防止目标任务简单层层分解。国有企业要带头落实节能减排目标责任，鼓励实行更严格的目标管理。自治区发展改革委、生态环境厅要加强统筹协调，做好工作指导，推动任务有序有效落实，及时防范化解风险，重大情况及时向自治区人民政府报告。（自治区发展改革委、生态环境厅牵头，自治区各有关部门按职责分工负责）

（二）强化监督考核。严格“十四五”节能减排目标责任评价考核，强化考核结果运用，对工作成效显著的地区加强激励，对工作不力的地区加强督促指导，考核结果经自治区人民政府审定后，交由干部主管部门作为对盟行政公署、市人民政府领导班子和领导干部综合考核评价的重要依据。完善能耗双控考核措施，增加能耗强度降低约束性指标考核权重，加大对坚决遏制“两高”项目低水平盲目发展、推动能源资源优化配置措施、公共机构节能措施落实情况的考核力度，充分考虑市场“淡旺季”、用能“峰谷季”等，统筹目标完成进度、经济形势及跨周期因素，优化考核频次。将总量减排目标任务

完成情况作为重要考核内容，压实减排工作责任。（自治区发展改革委、生态环境厅牵头，自治区党委组织部等按职责分工负责）

（三）开展全民行动。在全社会开展绿色生活创建行动，倡导简约适度、绿色低碳、文明健康的生活方式，营造绿色低碳社会风尚。组织开展节能宣传周、低碳日、环境日等主题宣传活动，加强日常性节能减排宣传教育。积极培育绿色消费市场，引导消费者购买节能与新能源汽车、高效家电、节水型器具等绿色低碳产品，引导绿色消费理念。大力推广绿色低碳出行，倡导绿色生活和休闲模式。充分发挥行业协会、商业团体、公益组织作用，发展节能减排公益事业，鼓励公众参与节能减排公益活动。开展节能自愿承诺活动，引导公众自觉履行节能减排责任。（自治区党委宣传部、发展改革委、科技厅、生态环境厅、机关事务管理局、妇联等按职责分工负责）

附件：1. “十四五”各盟市能耗强度降低目标

2. 内蒙古自治区“十四五”主要行业节能指标

附件 1：

“十四五”各盟市能耗强度降低目标

地　区	能耗强度降低 基本目标（%）	能耗强度降低 激励目标（%）
呼和浩特市	12	13.6
包头市	16.5	18.7
呼伦贝尔市	14	15.9
兴安盟	12	13.6
通辽市	16.5	18.7
赤峰市	14	15.9
锡林郭勒盟	15.5	17.6
乌兰察布市	18	20.4
鄂尔多斯市	16.5	18.7
巴彦淖尔市	15.5	17.6
乌海市	18	20.4
阿拉善盟	18	20.4

附件 2：

内蒙古自治区“十四五”主要行业节能指标

指　标	单　位	2020 年实际值	2025 年指标	
			目标值	变化幅度/变化率
能　源				
火电平均供电煤耗	克标准煤/千瓦时	321	305	−16
非化石能源占能源消费总量比重	%	11.2	18	7.8
可再生能源电力消纳权重	%	20.1	35	14.9
工　业				
焦炭单位产品综合能耗（捣固焦炉）	千克标准煤/吨	143	135	[−5.7%]
水泥熟料单位产品综合能耗	千克标准煤/吨	118	117	[−1%]
炼铁高炉工序综合能耗	千克标准煤/吨	443	435	[−1.8%]
炼钢转炉工序综合能耗	千克标准煤/吨	−10	−11	[−10%]
硅铁单位产品综合能耗	千克标准煤/吨	1919	1900	[−1%]
高碳铬铁单位产品综合能耗	千克标准煤/吨	808	800	[−1%]
电解铝铝液交流电耗	千瓦时/吨	13700	13350	[−2.5%]
大型和超大型数据中心电能利用效率		1.33	1.3	[−2%]
建　筑				
城镇新建建筑执行绿色建筑标准比例	%		100	
交　通				
营运车辆单位运输周转量能耗				[−4%]
公共机构				
公共机构单位建筑面积能耗	千克标准煤/平方米	28.99	27.54	[−5%]
公共机构人均综合能耗	千克标准煤/人	514.3	483.44	[−6%]

注：[　] 内为变化率。

内蒙古自治区工业和信息化厅 发展改革委 应急管理厅 生态环境厅关于印发内蒙古自治区进一步规范化工行业项目建设的若干规定的通知

（内工信原工字〔2019〕269号）

各盟市行政公署、市人民政府，自治区各委、办、厅、局：

为提升化工行业安全发展、绿色发展水平，推动化工行业高质量发展，经自治区人民政府同意，现将《内蒙古自治区进一步规范化工行业项目建设的若干规定》印发给你们，请认真贯彻执行。

附件：内蒙古自治区进一步规范化工行业项目建设的若干规定

内蒙古自治区工业和信息化厅

内蒙古自治区发展和改革委

内蒙古自治区应急管理厅

内蒙古自治区生态环境厅

2019年5月30日

附件：

内蒙古自治区进一步规范化工行业项目建设的若干规定

为深入贯彻落实习近平总书记在参加十三届全国人大一次会议、二次会议内蒙古代表团审议时的重要讲话、视察内蒙古重要讲话精神和对江苏响水“3·21”特别重大爆炸事故重要批示精神，全面落实新发展理念，坚持安全第一，坚持生态优先、绿色发展，进一步提升化工行业安全发展、绿色发展水平，推动化工行业高质量发展，现提出如下意见：

一、科学规划空间布局

（一）严守“三区三线”。严格执行划定的生态空间、农业空间、城镇空间和生态保护红线、永久基本农田、城镇开发边界等控制线，“三区三线”内不得核准、备案新（改、扩）建化工项目。

（二）推动项目向园区集中。除现有化工园区外，不再布局新的化工园区。现有园区扩大面积的，要与松花江、海河、辽河、黄河中上游四大重点流域内蒙古段及主要支流岸线至少保持 1 公里距离。对现有化工园区开展安全风险评估，科学确定区域风险等级和风险容量。未按规定进行整体性安全风险评估或评估不达标的化工园区，不得新（改、扩）建化工项目，严禁在安全容量超控的园区新（改、扩）建化工项目，劳动密集型的非化工企业不得与化工企业混建在同一园区内。

二、严格产业准入

（三）严格政策规划约束。严格按照《内蒙古自治区国家重点生态功能区产业准入负面清单（试行）》（内政发〔2018〕11 号）有关规定核准、备案新（改、扩）建化工项目。严格控制焦炭、电石、PVC、烧碱（天然碱除外）、纯碱（天然碱除外）、尿素、磷铵、黄磷等行业新增产能，确有必要建设的项目实行等量或减量置换。

（四）严格基础化工行业技术标准。焦炭：新（改、扩）建捣固焦炉碳化室高度不低于 5.5 米，项目建设规模不低于 300 万吨/年。电石：新建或技改电石生产装置单炉容量不低于 4 万千伏安，项目建设规模不低于 30 万吨/年。PVC、烧碱：新建 PVC、烧碱项目产能均不低于 30 万吨/年，鼓励使用无汞触媒。新建煤制天然气、煤制甲醇、煤制烯烃、煤制乙二醇项目规模分别不低于 20 亿标立方米/年、100 万吨/年、60 万吨/年、20 万吨/年，新建单系列合成氨规模不低于 1000 吨/日（综合利用和联产项目除外）。

（五）严格安全标准。新（改、扩）建危险化学品项目，严格按照《危险化学品建设项目安全监督管理办法》要求，履行建设项目安全审查，严禁未批先建。禁止建设达不到安全标准的落后生产工艺、未委托具有相应资质设计单位进行工艺设计、搬迁使用旧设备的新（改、扩）建项目。新（改、扩）建精细化工项目，必须完成反应安全风险评估，禁止反应工艺危险度5级、严格限制4级的项目。化工园区应当根据风险大小、企业数量、生产工艺要求等，优化园区内企业布局，建立健全与之配套的安全监管、隐患排查、风险评估、应急救援等机制，有效控制和降低整体安全风险。已建成的化工园区，原则上不得变更规划园区的性质及周边安全防护距离内的区域功能。

（六）严格环保准入。新（改、扩）建化工项目必须符合规划环评及审查意见相关要求，必须与居民区或城市规划的居住用地保持足够的缓冲距离。要执行或参照执行特别排放限值，采取切实有效措施从严控制特征污染物的逸散与排放，生产废水严禁直接外排，产生的生化污泥或盐泥要按照危险废物进行处理，蒸发塘、晾晒池、氧化塘、暂存池等要按照危险废物填埋场标准进行建设。

三、推动产业改造升级

（七）加快现有化工企业技术改造。对不符合能耗、环保、安全、技术、质量标准或列入《产业结构调整指导目录》淘汰类范围的企业进行限期改造，整改仍不达标的依法实施关闭退出。支持利用清洁生产、智能控制等先进技术改造提升现有生产装置，支持在高温、高压、易燃、易爆、易中毒、有腐蚀性刺激性等化工高危生产工序和环节，实施“机器换人、自动化减人”。

（八）加快危险化学品企业搬迁改造。对危险化学品生产企业进行逐一筛查，及时将存在重大安全隐患、不符合安全距离和卫生防护距离的企业列入搬迁改造名单。没有制定搬迁改造方案的盟市和企业必须于2019年6月底前完成方案制定，严格按照时间节点推进搬迁改造任务。各地要研究制定补偿方案，帮助企业通过土地置换等多种方式拓宽资金筹措渠道。

四、提高安全及环境管理水平

（九）完善化工园区安全环保设施。化工园区必须建设集中式污水处理厂及配套管网，实现废水分类收集、分质预处理。加强对废气特别是有毒及恶臭气体的收集和处置，严格控制挥发性有机物（VOCs）排放。固体废物产生量大的化工园区应配套建设固体废物处置设施。规范危险化学品及其废弃物运输管理，设置危险化学品运输车辆专用停车场、洗车场，逐步实现封闭管理。

（十）建设危险化学品监管信息共享平台。建立危险化学品生产（含进口）、储存、使用、经营、运输和废弃处置企业大数据库，形成政府建设管理、企业申报信息、数据共建共享、部门分工监管的综合信息平台，实现在线监测、信息共享。化工企业必须建设企业安全管理信息平台，并接入全区监管信息共享平台。

（十一）加强安全培训。以新员工、农民工、临时聘用人员和特种作业人员为重点，立即开展全区化工生产企业“三级”安全教育全员培训，提高从业人员安全生产意识和识危避险能力。

五、落实分级负责制

（十二）落实企业主体责任。企业对本单位项目建设和安全、环保工作负全面责任。企业必须建立应急预案，必须配备熟悉安全操作技能和应急处理措施的专业技术人员或团队，对没有技术力量又没有聘请专业技术团队的，要坚决停产整改。

（十三）落实党政领导责任。盟市和旗县（市、区）党委、政府对化工项目建设管理负领导责任，党政主要领导是第一责任人，对引进的化工项目达不到环保安全等要求的，要按照有关规定严肃追究相关人员责任。重点化工旗县（市、区）必须配备 2 名至 3 名危化监管专业人员，解决基层监管能力不足问题。

（十四）落实部门监管责任。发改、工信部门要加强项目投资管理，严格产业政策审查和节能审查。应急管理部门要依法依规履行化工行业安全生产职责，强化监管执法。生态环境部门要加强环评审批管理和日常监管。其他部门按照职责分工落实监管责任。对监管不到位的要从严追责问责。

内蒙古自治区人民政府办公厅关于印发自治区“十四五”工业和信息化发展规划的通知

（内政办发〔2021〕63号）

各盟行政公署、市人民政府，自治区各委、办、厅、局，各大企业、事业单位：

经自治区人民政府同意，现将《内蒙古自治区“十四五”工业和信息化发展规划》印发给你们，请结合实际，认真贯彻落实。

2021年10月22日

（此件公开发布）

内蒙古自治区“十四五”工业和信息化发展规划

“十四五”时期是开启全面建设社会主义现代化国家新征程的第一个五年，是自治区工业和信息化谱写高质量发展新篇章的关键五年。为贯彻落实《内蒙古自治区国民经济和社会发展第十四个五年规划和2035年远景目标纲要》，牢牢立足“两个屏障”“两个基地”和“一个桥头堡”战略定位，促进工业转型升级，推动工业化与信息化深度融合，结合自治区实际，编制本规划。

第一章 发展基础

第一节 发展成就

“十三五”时期，面对国际国内经济发展的复杂形势、经济下行压力持续加大的严峻挑战、新冠肺炎疫情的严重冲击，全区上下认真贯彻落实党的十九大和十九届二中、三中、四中、五中全会和习近平总书记对内蒙古重要讲话重要指示批示精神，围绕做好“六稳”工作、落实“六保”任务，实施了一系列稳增长、调结构、促改革政策措施，工业和信息化发展取得新成就。

工业发展基础进一步稳固。总量规模不断做大，工业增加值达到5500亿元以上，年均增长4.5%左右。建成重点工业项目1240个（50亿元以上重大项目34个），工业固定资产投资累计完成9300亿元。能源和基础原材料保障能力稳步增强，煤炭、焦炭、PVC、甲醇、烯烃、电解铝、铁合金等大宗工业产品全国市场占有率达到28.3%、7.8%、20.3%、21.9%、33.4%、14.3%、26.5%，分别比2015年提高4个、1个、6.1个、4个、11.9个、6个和10个百分点，稀土化合物市场占有率突破70%。

产业结构进一步优化。过剩产能、落后产能有序退出，累计化解煤炭过剩产能4639万吨、钢铁过剩产能346万吨，取缔“地条钢”243万吨，退出水泥熟料产能1070万吨。资源就地加工转化水平稳步提高，煤炭、甲醇、电石、电解铝、稀土、农畜产品就地转化率分别达到38%、89%、75%、65%、70%和64%。制造业稳步发展，增加值年均增长8%左右，高于工业增加值年均增速3.5个百分点。新兴产业快速发展，增加值年均增长13%左右，高于工业增加值年均增速8.5个百分点。

绿色发展取得新成效。实施“能效领跑者”专项行动，原煤、水泥、硅铁、烧碱等单位产品综合能耗达到3.6、79.4、1763.6、381.7千克标准煤/吨，分别比国家能耗限额标准先进值低 1.5、8.6、6.4、118.4 千克标准煤/吨。工业用水持续下降，万元工业增加值用水量 15.7 立方米，比 2015 年下降 34.8%。绿色制造体系初步建立，创建绿色工厂 102 家、绿色产品 31 个、绿色供应链 4 条、绿色园区 15 个，制定绿色制造标准 23 项，其中，3 项成为国家标准。自然保护区内工业企业全部退出，危险化学品企业搬迁改造任务全部完成。

信息化水平进一步提升。信息基础设施优化升级，建成呼和浩特国家级互联网骨干直联点、中蒙俄国际光缆和乌兰察布直通北京光缆，全区网络出区带宽达到 22.5Tbps，4G 无线网络覆盖率达到 98%。5G 基站突破 1 万座，率先在矿产资源开发领域推广应用 5G 技术。“互联网+先进制造业”稳步推进，两化（工业化、信息化）融合水平指数达到 50.3，实现规模以上工业企业对标全覆盖；建成特色工业互联网平台 11 个，接入企业 1872 户；实施“万企登云”行动，登云企业达到 1.3 万户。大数据中心建设稳步推进，服务器装机能力达到 120 万台，居全国首位，和林格尔新区大数据产业核心区、乌兰察布大数据产业园初具规模。无线电频谱资源配置进一步优化，无线电频率使用总体安全。

工业园区承载能力进一步增强。经济规模不断壮大，工业园区总产值接近 1.2 万亿元，产值超百亿的 38 个，超 500 亿元的 6 个。园区布局整合优化，园区数量由 112 个整合为 56 个，规划面积由 7285.5 平方公里减少至 5077.8 平方公里，工业园区亩均产值达到 55 万元。基础设施进一步完善，污水处理、集中供热、渣场设施实现自治区级以上工业园区全覆盖，新增污水处理能力 81.3 万吨/日、固废集中存储能力 15.5 亿吨、供热面积 2465.9 万平方米，建成管网 10683 千米、标准厂房 216 万平方米。

中小企业发展进一步加快。中小企业发展环境明显改善，出台《内蒙古自治区中小企业促进条例》，清理拖欠民营企业中小企业账款 1062.4 亿元，建立起防止拖欠民营企业中小企业账款长效机制；累计安排“助保贷”资金 14 亿元，为 1331 户中小企业担保贷款 129 亿元；开办“中小企业政策大讲堂”，建成“14+N”中小微企业服务体系，搭建中小企业公共服务平台，1951 家服务机构、2.6 万户中小企业入驻平台。

总体看，“十三五”以来自治区工业和信息化发展成就突出，站上发展新台阶，但也面临一些突出问题。一是制造业发展不充分。制造业占 GDP 比重 13.3%，不到全国平均水平的一半，新兴产业规模小、贡献少，转方式调结构任务艰巨。二是创新支撑能力不足。2019 年规模以上工业企业研发经费支出占营业收入比重 0.7%，约为全国平均水平的一半；规模以上工业企业中开展科技研发活动的占比 9.9%，低于全国平均水平 24.3 个百分点。三是能源消费增长过快。“十三五”能源消费增量 8119 万吨标准煤，超过国家下达能耗增量 1.3 倍，单位 GDP 能耗不降反升，五年累计增长超过 15%。

第二节　面临形势

我国经济已经转向高质量发展阶段，“十四五”时期，自治区工业和信息化发展环境发生深刻变化，既有发展新机遇，也面临许多风险挑战。

从机遇看，国家深入推进生态文明建设，促进经济社会发展全面绿色转型，自治区坚定不移走以生态优先、绿色发展为导向的高质量发展新路子，有利于促进制造业清洁化生产、绿色化改造、低碳化发展，构建绿色制造体系。国家实施制造强国、网络强国战略，自治区把发展先进制造业、推进产业数字化转型作为今后一个时期的重大部署，为推动制造业高质量发展、工业化和信息化深度融合带来重大历史机遇。国家加快构建以国内大循环为主体、国内国际双循环相互促进的新发展格局，自治区推动“两个基地”绿色化高质量发展，促进产业链供应链现代化，有利于更多“蒙字号”工业产品拓展市场，开辟发展新空间、催生发展新机遇、培育发展新业态。

从挑战看，经济发展不稳定性不确定性因素增加，新冠肺炎疫情影响广泛深远，经济下行压力依然较大，“稳增长”面临更大压力。产业结构倚能倚重，转方式调结构提质效十分紧迫。投资结构偏能偏重，在能耗“双控”、环境约束全面趋紧背景下，“稳投资”面临严峻挑战。5G网络技术应用、工业互联网、大数据应用、人工智能等工业领域数字经济发展相对滞后，产业智能化升级、数字化赋能任务艰巨。

“十四五”时期必须进一步解放思想，切实增强大局意识、紧迫意识和忧患意识，抢抓机遇，破解难题，持之以恒推动工业和信息化高质量发展。

第二章　发展思路、原则和目标

第一节　指导思想

高举中国特色社会主义伟大旗帜，以习近平新时代中国特色社会主义思想为指导，深入贯彻党的十九大和十九届二中、三中、四中、五中全会精神，全面落实习近平总书记对内蒙古重要讲话重要指示批示精神，完整、准确、全面贯彻新发展理念，以深入推进供给侧结构性改革为主线，以改革创新为根本动力，以调结构、转功能、提质效为主攻方向，锚定碳达峰、碳中和目标，统筹发展和安全，高质量建设“两个基地”，高标准培育五大先进制造业集群，高水平打造若干优势产业链，持续推动产业高端化、绿色化、智能化发展，主动融入以国内大循环为主体、国内国际双循环相互促进的发展新格局，加快建设现代化产业体系，努力走出一条符合战略定位、体现内蒙古特色，以生态优先、绿色发展为导向的高质量发展新路子。

第二节 基本原则

——坚持调结构转功能。完整、准确、全面理解和贯彻新发展理念，找准在全国构建新发展格局中的定位，围绕基础产业促延伸、传统产业搞升级、特色产业增动能，立足绿色低碳、高附加值特征谋划、储备、实施项目，加快培育增长新引擎，持续提升发展质量效益。

——坚持创新驱动发展。坚持把创新驱动作为推动工业和信息化高质量发展的战略支撑，促进创新链、产业链、政策链、资金链深度融合，搭建技术创新平台、技术转化平台，提升企业创新能力，促进发展方式由要素驱动向创新驱动转变，由外延扩张向内涵提升转变。

——坚持绿色安全发展。坚持生态优先、绿色发展导向，牢固树立生态环境底线思维，严格按照“三线一单”要求布局工业生产力。围绕碳达峰、碳中和目标，落实能耗、水耗“双控”目标任务，推动全产业链、全生命周期绿色低碳循环安全发展，打造能源梯度利用、资源接续保护、生态环境友好的绿色制造体系。

——坚持统筹协调发展。锻长板、补短板，延链补链强链，培育先进制造业集群，促进产业间协调发展，提升产业链供应链现代化水平。增强链主企业、龙头企业带动作用，培育“专精特新”中小企业，推动大中小企业融通创新。落实东北振兴、西部大开发、黄河流域生态保护和高质量发展战略，推动呼包鄂乌一体化发展，促进自治区东、中、西部地区差异化协调发展。

——坚持深化改革开放。聚焦补短板深化供给侧结构性改革，增加先进产能供给，提高供给质量。推进关键政策、重点领域改革，形成有利于发展活力充分释放、资源要素高效配置、发展环境更加优化的政策体系。积极融入国内大循环、国内国际双循环，增强内蒙古制造影响力。

第三节 主要目标

质量效益目标。发展基础更加稳固，新兴产业和先进制造业快速发展，产业结构和布局进一步优化，产业链供应链现代化水平进一步提高，高质量发展取得新成效。“十四五”期间，工业增加值年均增长 6%，工业固定资产投资累计完成 1.2 万亿元，制造业增加值占 GDP 比重达到 16%，工业园区亩均产值较 2020 年增长 18%左右，链主企业、大型骨干企业、“专精特新”中小企业、“小巨人”企业数量明显增加，带动力明显增强。

“双碳双控”目标。“双碳”阶段性目标和能耗“双控”目标全面落实，倚能倚重发展模式明显转变，重点用能行业单位产品能耗优于国家能耗限额先进值，工业用水强度继续下降，绿色发展水平实现新提高。到 2025 年，单位工业增加值能耗、单位工业增加值 CO_2 排放和污染物排放指标完成国家下达目标任务，单位工业增加值用水量较 2020 年下降 10%。

科技创新目标。创新体系更加协同高效，企业研发投入稳步增长，企业技术创新实现新突破。到 2025 年，规模以上工业企业研发经费支出占营业收入比重达到 1%，高新技术企业和科技型中小企业实现倍增，分别达到 2000 家和 4000 家。

数字化发展目标。5G 等新一代信息基础设施更加完善，信息化与制造业深度融合，5G 技术应用、智能制造、工业互联网、智慧园区等重点领域信息化建设取得新成效，产业智能化升级、数字化赋能取得新进步。到 2025 年，建成 3～5 个国家工业互联网二级综合标识解析节点，“登云”企业实现倍增，规模以上工业企业生产设备数字化率达到 60%、工业互联网平台普及率达到 35%，工业园区全部建成智慧园区。

专栏 1 “十四五”时期主要预期指标

类别	指标	2020 年	2025 年
质量效益	工业增加值平均增速（%）	4.5	6
	工业固定资产投资五年累计（亿元）	9300	12000
	制造业增加值占 GDP 比重（%）	13.3	16
	工业园区亩均产值增长率（%）	—	18
	百亿以上骨干企业（家）	14	20
	“专精特新”中小企业数量（家）	—	200
	“小巨人”企业数量（家）	—	80
科技创新	规模以上工业企业研发经费支出占营业收入比重（%）	0.72*	1
	高新技术企业数量（家）	1000	2000
	科技型中小企业（家）	2000	4000
双碳双控	单位工业增加值能耗累计降幅（%）	—	完成国家目标任务
	单位工业增加值 CO_2 排放累计降幅降低（%）	—	
	单位工业增加值用水量累计降幅（%）	38.2	10
数字化发展	规模以上工业企业生产设备数字化率（%）	46.8	60
	工业互联网平台普及率（%）	10	35
	智慧工业园区覆盖率（%）	—	100

注：*为预计数，统计部门尚未正式公布。

第三章 高质量建设“两大基地”

统筹产业发展和生态环境保护，推进能源和战略资源基地建设，延伸农畜产品加工产业链条，提升农畜产品精深加工水平和附加值，更好保障国家生态安全、能源和战略资源安全，稳定农畜产品供给。

第一节 优化升级能源和战略资源基地

依据生态环境承载力，有序高效开发能源资源，大力发展现代能源经济，推动形成多能互补、综合利用、集约高效的能源生产供应方式，保护性开发稀土等战略资源，高值化利用战略资源，为确保国家能源和战略资源安全、满足自治区经济发展需求提供坚实有力支撑。

煤炭。统筹生态环境保护与煤炭开发生产，科学确定煤炭开发布局、开发秩序和开发强度，加快淘汰煤炭落后产能，有序释放先进产能，稳定煤炭产量，增强供给、储备和调节能力，推进煤炭清洁高效利用。加快建设绿色煤矿、智能煤矿，到2025年生产煤矿全部达到绿色矿山标准、智能煤矿标准。

电力。优化电力结构，大力发展可再生能源，建设千万千瓦级新能源基地，进一步提高非化石能源装机比重。坚持就地消纳与外送并举，集中式与分布式开发并举，促进可再生能源高比例发展。建设“风光氢储一体化”“源网荷储一体化”示范项目，最大化开发利用风光资源。围绕满足区内需求、外送配套，适度布局火电项目。实施传统燃煤机组改造，降低煤耗水耗和污染物排放。

油、气和氢能。加大油气资源勘探开发力度，推动区内油气增储上产，提高油气资源接续能力和自给能力。落实国家油气产能储备和替代要求，重点在鄂尔多斯适度布局煤制油、煤制气项目，增强油气保障能力。抢抓氢能产业进入市场化临界点战略性机遇，推进氢气制取、存储、运输、应用一体化发展，支持鄂尔多斯、乌海申报加入国家氢燃料电池汽车示范城市群。

稀土等战略资源。以战略高度、全球视野、全局观念，加强稀土资源勘查和储量评价，增强储备能力，加大保护力度。绿色高效开发稀土资源，严格总量控制，保障原料供给，提高稀土资源综合利用率，建设世界最强的稀土原料基地。推广应用冶炼分离新技术、新工艺、新设备，打造稀土勘查、开发、利用、回收全产业链，逐步实现稀土集约节约和循环高效利用，保障稀土资源和产业安全。支持北方稀土做大做强，完善和提升包头稀土产品交易所功能，建设世界最大的稀土交易中心。对晶质石墨、萤石等极具潜在优势的战略性矿产资源，在未实现高端化技术应用期间，实施生产总量控制。加大铜、铁、锡、镍、钾盐、磷等紧缺矿产勘查力度，优化开发铜、镍、铬、锰、金、银、钾盐、天然碱等矿产资源。落实生态环保要求，同步推进绿色矿山建设。

第二节 做优做精绿色农畜产品加工基地

围绕建设农畜产品生产基地，突出绿色、天然、有机等品质特点，发挥龙头企业和优势品牌引领作用，推动基地建设、行业整合和品牌运营，做优做精绿色农畜产品加工产业。农畜产品加工业与农牧业产值比例由2020年的1.3∶1提高到2025年的2.8∶1。

乳品加工。重点在嫩江、西辽河、黄河流域和呼伦贝尔、锡林郭勒草原等优势奶源区集中布局一批鲜奶加工项目，到2025年，新增鲜奶加工转化能力300万吨，基本与1000万吨鲜奶产量相匹配。支持伊利现代智慧健康谷和蒙牛中国乳业产业园建设，提升核心竞争力，打造世界级企业和国际品牌。优化产品结构，发展高端液态乳、低温发酵乳、乳粉、奶酪等产品。扩大特色奶制品生产能力，推动呼伦贝尔、兴安盟、通辽、赤峰、锡林郭勒盟等重点地区民族传统奶制品加工业向“精优强”转变。

肉类加工。支持肉业品牌龙头企业整合中小型牛羊肉加工企业，培育大型加工企业，提高产业集中度，提升区域品牌影响力。重点在兴安盟、通辽、赤峰、锡林郭勒盟、巴彦淖尔等地区布局20万头牛、100万只羊、200万头生猪屠宰加工项目。发展精深加工和副产品加工利用产业，培育高、低温肉制品和保健类肉制品龙头企业，提高产品附加值和副产品综合利用率。

羊绒加工。支持鄂尔多斯、巴彦淖尔、阿拉善盟等地区打造白绒山羊养殖基地，提高优质原绒保障能力。推动区内羊绒收购、梳绒、纺纱、针织等上下游企业协作配套，形成区域联动互补发展格局。支持羊绒制品龙头企业发展基于用户需求的规模化定制服务，提高产能利用率。完善山羊绒制品地方标准体系，促进羊绒制品设计创新、产品创新。鼓励羊绒企业境外建厂，瞄准国际市场开展品牌化经营，提升品牌影响力。

马铃薯加工。重点在呼伦贝尔、赤峰、乌兰察布等马铃薯主产区布局马铃薯加工项目，提高就地加工能力，到2025年新增马铃薯加工转化能力120万吨，达到400万吨以上。推动马铃薯主粮化，适度扩大淀粉、全粉、薯条薯片等优势产品规模，发展鲜醋、饴糖等高附加值产品。壮大马铃薯初级加工业，引导企业前瞻布局马铃薯变性淀粉及衍生物、以马铃薯为主要原料的生物可降解制品等产业。鼓励中小型加工企业兼并重组，提升生产规模和产品档次。支持乌兰察布打造“中国薯都”品牌。

玉米加工。重点在呼伦贝尔、兴安盟、通辽等地区布局玉米加工项目，建设玉米氨基酸、玉米淀粉、生物燃料乙醇等项目。鼓励发展淀粉糖、小品种氨基酸、黄原胶、山梨醇等高附加值生物发酵产品，发展玉米油、鲜食玉米、休闲食品，布局木糖醇、饲料等副产品综合利用项目，打造“玉米种植—玉米淀粉—淀粉衍生物—副产品综合利用”产业链。到2025年新增玉米加工能力600万吨，达到1200万吨。

甜菜制糖。适度扩大产能规模，重点在呼伦贝尔、兴安盟、赤峰等甜菜主产区布局甜菜制糖项目。鼓励现有企业建设规模化、机械化甜菜种植基地，发展低聚果糖、保健糖、功能糖、甜菜碱等高附加值产品，布局饲料、肥料、酒精、糖蜜、乙醛等副产品综合利用项目，打造“种植—收储—制糖—后加工”一体化产业链。到2025年，甜菜日加工能力突破7万吨，实现甜菜全部就地加工转化，甜菜糖产能突破120万吨，巩固甜菜制糖全国领先优势。

支持巴彦淖尔粮油、葵花籽、番茄等特色加工产业发展，打造“天赋河套”区域品牌，建设河套全域绿色有机高端农畜产品生产加工输出基地。在呼和浩特、呼伦贝尔、兴安盟、通辽、赤峰、巴彦淖尔等地规划建设粮油及秸秆资源开发利用项目，培育打造优势饲料加工产业集聚区。支持兴安盟大米加工示范基地建设，支持锡林郭勒盟亚麻籽加工基地建设。支持有条件的地区依托沙漠、山区、林下、河湖等特色动植物资源发展深加工产业。

第四章　提升产业链供应链水平

围绕调结构、转功能、提质效，大力发展战略性新兴产业和先进制造业，高标准培育现代装备制造、新型化工、有色金属加工、新材料、生物医药五大先进制造业集群，打造新能源汽车制造、风电装备制造、光伏装备制造、现代煤化工、有色金属加工（含铝后加工、铜后加工两条子产业链）、稀土、石墨（烯）、中蒙医药等具有区域比较优势的特色产业链，持续推动产业链向下游延伸、价值链向中高端攀升，提升产业链供应链现代化水平，构建绿色低碳、特色明显、优势突出、布局合理的现代制造业体系。

第一节　培育现代装备制造产业集群

通过以市场换项目、以项目育产业等方式，迅速培育新能源装备制造龙头企业，加快引进配套零部件生产企业，打造新能源汽车制造、风电装备制造、光伏设备制造三条新能源装备制造产业链，大力发展氢能装备、储能装备、工程机械、应急装备和电子装备等制造业。推动新产品研发及新技术产业化应用，推动传统制造向高端制造、智能制造、服务型制造转型。

专栏 2　新能源装备制造产业集群发展任务
打造新能源汽车制造产业链。围绕电动重卡替代传统燃油载重车，重点在呼包鄂等地区集中布局新能源汽车装配及动力电池项目，打造形成涵盖动力电池、电机、电控系统、动力总成、配套零部件及整车研发生产的新能源汽车全产业链，建成重要的区域性新能源汽车生产基地。到 2025 年，新能源汽车产能达到 10 万辆。加快推广新能源汽车，大力淘汰国Ⅲ以下老旧车辆，落实充电优惠电价、路权优先等支持政策，力争到 2025 年全区新能源汽车保有量达到 15 万辆。支持有条件的地区发展氢燃料电池、氢燃料汽车及配套产业。 打造风电装备制造产业链。围绕风电项目建设，以市场换项目方式，适度发展风电整机制造，重点发展叶片、发电机、轮毂、轴承、控制系统等核心配套零部件，提高零部件区内配套能力，发展故障诊断、设备维护等衍生产业，打造形成“风机制造—配套零部件—设备维修—风电基地”产业链。到 2025 年，新增整机产能 2000 台套，达到 7000 台套以上；新增发电机 1000 台套以上，力争实现倍增；新增叶片 1200 套，达到 4000 套以上；新增塔筒 40 万吨，达到 90 万吨；力争新增齿

轮箱 1600 台套，达到 2000 台套以上；形成轮毂产能 6000 台套、轴承 6000 台套、控制系统 4000 套。

打造光伏装备制造产业链。围绕满足光伏电站建设需求，支持现有单晶硅、多晶硅生产企业发展太阳能电池组件产品，引进电池片、光伏玻璃、背板、EVA 胶膜、逆变器和风光互补设备制造项目，形成“光伏材料—电池组件—光伏电站”产业链，填补自治区光伏设备制造空白。到 2025 年，力争形成电池片产能 400 万千瓦、光伏玻璃 2000 万平方米以上、EVA 胶膜 5000 万平方米、光伏背板 2000 万平方米以上、逆变器 400 万千瓦。

发展氢能装备制造业。依托丰富的能源资源和氢能应用场景，强化氢能装备技术创新，重点发展电解水制氢和工业副产氢提纯装备制造、氢能储运装备制造、氢燃料电池制造等产业，实现氢能装备制造新突破。到 2025 年，力争形成碱性电解水制氢设备 50 万方/小时、PEM（质子交换膜）制氢设备 10 万方/小时、工业副产氢提纯装备 100 万方/小时，氢气储运装备生产容量 1000 吨。

发展储能装备制造业。依托锂离子电池正、负极材料、石墨电极、隔膜等产业基础，重点发展储能电池、储能控制系统制造业，培育发展配套产业，最大限度满足区内储能需求。引进掌握核心技术企业，鼓励发展先进电化学储能、压缩空气储能、飞轮储能、电磁储能等先进装备制造业。到 2025 年，形成储能电池 1000 万千瓦。

发展工程机械制造业。支持矿用车、推土机、挖掘机等工程机械产业转型升级，推进电动轮矿用车电驱动系统国产化，推动工程机械新能源化发展。依托自治区绿色矿山建设，稳步提高矿用车更新车辆中的新能源矿用车比重。到 2025 年，新增新能源矿用车产能 7000 台，在鄂尔多斯及周边地区推广新能源矿用车 1 万台。

发展应急装备制造业。高标准建设包头国家应急产业示范基地，推进应急工程及矿山抢险装备、草原森林消防应急装备、高机动应急救援装备、先进社会安全保障装备、医疗救援装备制造业发展。到 2025 年，形成森林消防车辆产能 1300 辆、履带式推土机 1000 台、各类远程灭火炮 500 台套、医疗救护车 500 台、防暴岗舱 450 台套、道路抢通车 200 辆、医用核磁共振成像系统 100 台套。

发展电子装备制造业。支持赤峰拓佳电子产业园承接主板、导光板、FPC 软性电路板、液晶显示模组等项目。依托源盛光电等企业，扩大新型有机发光显示器生产规模，培育百亿元级电子制造企业。依托创维电子、TCL 等企业，发展智能电视、云电视等高端产品。围绕大数据产业发展，配套引进服务器制造和运维项目。

第二节 培育新型化工产业集群

严格控制化工上游产业规模，大力发展下游延伸加工产业，促进产业融合，推动产业向化工园区集中集聚，打造绿色化、精细化、循环化现代煤化工产业链。大力发展精细化工产业，促进焦化、氯碱化工、氟化工、硅化工等产业横向耦合、纵向延伸，提高就地转化增值水平。优化危险化学品生产、储存项目布局。

专栏 3 新型化工产业集群发展任务

打造现代煤化工产业链。围绕高标准建设鄂尔多斯国家现代煤化工产业示范区，统筹水、能耗、排放等资源要素配置，按照产业园区化、装置大型化、产品多元化要求，集中在鄂尔多斯布局现代煤化工升级示范项目，“十四五”期间力争新增煤制油产能 200 万吨、煤制天然气 43.5 亿立方米、煤制乙二醇 250 万吨、煤制烯烃 400 万吨，到 2025 年煤制油产能达到 460 万吨、煤制天然气 60 亿立方米、煤制烯烃 780 万吨、煤制乙二醇 400 万吨左右。除在建项目和列入国家规划项目外，原则上不再新批单纯煤制甲醇、煤制烯烃等项目，确需建设的必须配套下游延伸加工项目，打造“煤制油-费托合成系列产品、轻烯烃、特种燃料等”“甲醇—烯烃—聚酯类、纤维类”和“乙二醇—醇醚类”等产业链。

大力发展精细化工产业。以乌海及周边地区为重点，推动焦化、氯碱化工、硅化工产业链延伸融合，促进甲醇、煤焦油、粗苯、液碱、液氯、有机硅等化工副产品和初级产品延伸加工，发展医药农药系列、染料系列、有机硅系列等精细化工产品。以鄂尔多斯、呼和浩特为重点，推动甲醇、烯烃、芳烃、乙二醇和基础油等现代煤化工产品延伸加工，发展精细化工产品，提高产品附加值和市场灵活性。以乌兰察布、赤峰等地区为重点，集中布局含氟化合物项目，打造氟化工产业集聚区。“十四五”期间力争新增医药农药系列产品产能 20 万吨、染料系列产品产能 10 万吨、有机硅系列产品产能 50 万吨、含氟化学品产能 10 万吨、其他精细化工产品产能 60 万吨，到 2025 年各类精细化工产品总产能达到 300 万吨。

第三节　培育新材料产业集群

依托石英、冶金、化工初级产品等资源和原材料优势，围绕国家战略需要、信创替代和市场急需产品，依靠技术创新和应用，打造稀土、石墨（烯）两条产业链，大力发展光伏材料、金属（合金）材料、先进高分子材料等产业，推动新材料产业规模化、集群化发展。

专栏 4　新材料产业集群发展任务

打造稀土新材料产业链。支持包头国家稀土功能材料创新中心、白云鄂博稀土资源研究和综合利用国家重点实验室等国家级创新平台，开展重大技术研发和成果转化应用，促进稀土资源高值化延伸加工。支持包头建设高性能稀土永磁材料产业化基地，开发新能源汽车、风电用稀土磁性材体，发展永磁电机产业，打造“中国磁都”。扩大稀土催化材料应用，推广稀土基 SCR 催化材料在钢铁、水泥、玻璃、汽车、火电、石油化工等行业应用，开发国Ⅵ标准汽车尾气催化剂等产品。发展混合动力车用高容量低自放电、低成本稀土储氢材料及器件，开发与新型燃料电池汽车相配套的固态储氢材料。到 2025 年稀土冶炼分离产能达到 20 万吨，稀土永磁材料 15 万吨、储氢材料 1 万吨、抛光材料 5 万吨、功能助剂 1 万吨，稀土功能材料及稀土应用产品占稀土产业产值比重达到 65%，稀土就地加工转化率达到 80%以上，形成“稀土资源—冶炼分离—功能材料—应用产品”产业链，建设全国最大的稀土功能材料基地，全国领先的稀土应用基地，全国领先的稀土创新中心。

打造石墨（烯）材料产业链。支持乌兰察布、巴彦淖尔、包头发展石墨新材料产业，到 2025 年新增石墨高功率电极、石墨负极材料产能 32 万吨和 30 万吨，总量分别达到 60 万吨和 50 万吨以上。支持乌兰察布石墨（烯）新材料创新中心、石墨新材料院士工作站、瑞盛天然石墨应用技术研究院、蒙京石墨新材料科技研究院与企业联合推动科研成果转化，建设石墨新材料研发生产基地。支持巴彦淖尔建设石墨小镇，引进石墨精深加工项目及石墨新材料项目。

发展光伏材料。重点在呼包鄂以及巴彦淖尔地区适度布局单晶硅、多晶硅项目，新增产能综合电耗达到国内同行业先进水平，原则上必须配套切片、太阳能电池组件等下游加工生产线，到 2025 年新增单（多）晶硅产能 21 万吨，达到 55 万吨。

发展金属（合金）材料。依托钢铁和铝、铜等产业基础，以轻质、高强、大规格、耐高温、耐腐蚀、耐疲劳为发展方向，开发高端钢铁、高纯铝、稀土铝合金、高品质铝合金焊丝、双零铝箔、高强高韧铝合金、金属靶材、铜合金、镁合金等高附加值产品，满足轨道交通、航空航天、电子信息等产业发展需求。到2025年，高性能钢铁板材产能达到180万吨、高性能管材产能180万吨、先进轨道交通材料产能100万吨，高性能铝材产能200万吨以上、高性能铜材产能60万吨以上。 发展先进高分子材料。推动鄂尔多斯、乌海及周边地区等有条件的地方，依托富集的烯烃（乙烯、丙烯）、芳烃、乙二醇、有机硅等化工上游产品延伸加工，发展聚碳酸酯、ABS 树脂、聚对苯二甲酸、丁二醇酯、聚苯硫醚、硅橡胶等特种树脂，腈纶、氨纶、涤纶等高性能合成纤维，以及污水处理用高通量纳滤膜、高性能反渗透膜和电池用封装胶膜、隔膜等功能性膜材料。鼓励在自治区范围内整合电石、乙炔等上游产能，发展1,4-丁二醇、可降解塑料产业，支持乌海建设国家重要的生物可降解塑料生产基地。到2025年，新增高性能树脂产能186万吨、达到197万吨，新增高端功能性膜材料2万吨、达到3万吨以上。 鼓励发展陶瓷基复合纤维、人造金刚石、电子元器件用石英晶体、碳纳米管、针状焦、碳纤维、蓝宝石等无机非金属材料。

第四节　培育有色金属加工产业集群

提升有色金属技术装备水平、延伸加工能力，丰富终端产品种类，打造铝后加工、铜后加工两条子产业链，推动“煤电冶加”“探采选冶加”一体化发展。

专栏5　有色金属加工产业集群发展任务
打造铝后加工产业链。重点在包头、通辽等电解铝产业集聚区配套布局一批板、带、材、棒、管、箔等铝后加工项目，到2025年新增铝后加工产能140万吨，电解铝就地加工转化率达到75%，形成“电解铝—铝板—铝带—铝箔”“电解铝—铝合金—轮毂、铝型材、铝线材”“电解铝—高纯铝—化成箔”产业链。围绕准格尔地区高铝粉煤灰综合利用，努力攻克废渣综合利用难题，争取国家支持我区建设“粉煤灰提取氧化铝—电解铝—铝后加工”循环产业示范基地。 打造铜后加工产业链。支持赤峰铜冶炼企业搬迁改造、扩能升级，围绕进口铜矿资源就地加工转化，重点在蒙西地区适度布局精铜冶炼项目，新增精铜冶炼产能35万吨，到2025年铜冶炼总产能达到100万吨左右。鼓励粗铜精炼，新建铜冶炼项目原则上配套精炼装置，配套布局一批铜导线、铜杆、铜合金等延伸加工项目，形成“粗铜—精铜—铜线、铜管、铜箔等系列产品”产业链。 依据生态环境容量，围绕保障国家战略需求，在资源富集地区适度布局锌、镁、铅、锡、钨等开采冶炼及配套延伸加工项目。

第五节　培育生物医药产业集群

充分发挥道地药材禀赋和优势，建设中药蒙药产业链，扩大原料药化学药、动物疫苗、微生态制剂生产规模，大力培育产业布局更优、规模更大、集聚程度更高、竞争力更强的生物医药产业集群。

专栏6 生物医药产业集群发展任务
打造中药蒙药产业链。依托道地药材种植基地集中布局药材加工项目，推动切片向单味小包装、营养食品、保健品等方向发展，基本实现道地药材就地加工转化，打造形成“道地药材—药材初加工—饮片、配方颗粒—中药蒙药制剂”产业链。鼓励龙头企业兼并重组，强强联合，形成大型企业集团，引导基本药物生产向优势企业集中，提高市场竞争力。健全中药蒙药临床诊疗、传统疗术技术操作和疗效评价、蒙药材、蒙药炮制规范标准，完善中药蒙药标准体系。支持中药蒙药质量和品牌建设。 发展生物制剂产业。扩大动物疫苗生产规模，重点在呼和浩特建设动物疫苗、宠物疫苗项目，到2025年新增布病细菌灭活疫苗4.2亿头份、奶牛乳房炎灭活疫苗4500万头份、宠物疫苗1000万头份，依托兽用疫苗国家工程实验室和动物疫苗创新中心，研制非洲猪瘟、牛结节病等急需疫苗，打造全球领先的动物疫苗研发生产基地。支持企业筛选和开发新型益生菌菌种、发酵剂和益生菌制剂，扩大金双歧、定君生等微生态制剂药物生产规模，巩固和提高特色微生态制剂比较优势。 发展化学药产业。稳定阿莫西林、麻黄素、灰黄霉素等产品产量，适度扩大金霉素、土霉素、维生素等生产规模，增加市场供给，支持通辽、呼和浩特、巴彦淖尔等地区建设强力霉素、利福霉素、土霉素碱、他挫巴坦等原料药项目，到2025年新增原料药产能10万吨以上，达到25万吨左右，打造国家重要的原料药生产基地。推动原料药向下游药品制剂延伸，扩大雷蒙欣、他尔特、地红霉素等普药生产规模，新建盐酸氯丙嗪、阿尼芬净、抗肿瘤抗感染注射液等项目，研发小分子抗肿瘤药、特应性皮炎治疗药等创新药，构建上下游配套循环产业链。推动甲硝唑片、尼群地平片、吲达帕胺片、布洛芬片等开展仿制药一致性评价，增加药品生产种类，提高药品生产质量和竞争力。

第五章 提高技术创新能力

落实“科技兴蒙”行动要求，有效整合各类创新资源，建设企业技术中心、制造业创新中心、工业设计中心等以企业为主导的各类技术创新平台，加强科技创新成果转化应用，促进创新链、产业链、政策链、资金链深度融合，提升创新对工业和信息化发展支撑力。

第一节 强化企业创新主体地位

提升企业技术创新能力，促进各类创新要素向企业集聚，推进产学研深度融合，鼓励企业牵头组建创新联合体、建设共性技术平台、承担重大科技项目，支持驻区央企在内蒙古设立研发中心。实施高新技术企业和科技型中小企业“双倍增”行动，到2025年分别达到2000家和4000家。完善科技任务组织实施机制，实行竞争立项、定向委托、“揭榜挂帅”“赛马”等制度，推动重点创新领域项目、基地、人才、资金一体化配置。发展专业化众创空间，鼓励大众创业、万众创新。健全人才培养、引进、使用、评价、流动和激励机制，激发人才创新活力。

第二节　支持创新平台建设

支持企业建立技术中心、创建制造业创新中心，培育一批技术创新示范企业，鼓励企业增加创新投入，提高自主创新能力。

企业技术中心。重点支持新型化工、高端钢铁、有色金属、农畜产品加工等传统产业和现代装备制造、新材料、生物医药、电子信息、节能环保等新兴产业的龙头骨干企业建立企业技术中心，到2025年力争新培育自治区级企业技术中心100家，国家级企业技术中心5家。

制造业创新中心。支持国家稀土功能材料创新中心和石墨（烯）新材料、中蒙医药、生物疫苗3个自治区级创新中心高效持续运营，增加创新供给。整合各类创新资源，重点在乳品加工、现代煤化工、氯碱化工、光伏材料、合金材料、羊绒制品等优势特色领域，组建一批创新联合体，建设一批制造业创新中心，到2025年力争新培育自治区级制造业创新中心6家，积极争创国家级制造业创新中心。

技术创新示范企业。重点在稀土功能材料、石墨（烯）材料、碳捕集封存、制氢储氢、储能、生物科技、先进高分子材料、高端合金等前沿领域，培育一批具有较强的带动性技术创新示范企业，抢占发展制高点，到2025年力争新培育国家技术创新示范企业5家。

第三节　加强科技创新和成果转化

支持企业、高校、科研院所等各类创新机构，围绕“两个基地”建设，加强关键技术、“卡脖子”技术攻关，推进各类创新主体之间的“网链式”连接和深度互动，以点带面提升技术水平和创新水平，增强自主创新能力。建立新技术转化应用项目库，遴选推广一批自主研发重点领域关键技术，引进消化一批与我区产业发展相适应的新技术，推动实施一批完成中试、相对成熟的技术成果产业化应用项目，形成产学研用深度融合、引进消化吸收再创新良性循环的技术创新模式，有效提升技术创新支撑能力。继续对主导或参与国家标准制定项目给予奖励，对装备首台套产品、新材料首批次产品给予保险补贴。

专栏7　关键技术攻克和推广应用重点
加强关键技术、“卡脖子”技术攻关。支持企业等各类创新机构，集聚技术、资源、人才、资金优势，围绕高比例可再生能源并网与智慧运维，可再生能源高效、稳定和低成本利用，氢能制、储、运和利用，碳捕集利用与封存，高稳定性、高综合性能永磁材料制备技术，高容量、宽温型、低自放电、长寿命稀土储氢材料，高端稀土抛光材料制备工艺和形态控制技术，电化学石墨烯制备，高档数控机床、工业机器人、增材制造和“互联网+制造”，大数据采集、存储、清洗、智能分析处理，高

活性复合益生菌发酵乳和高端奶酪加工，宰后胴体品质调控等关键技术、“卡脖子”技术开展攻关。

加快推广应用先进适用技术。钢铁：高效绿色电炉冶炼技术、高效低成本洁净钢冶炼技术、钢铁窑炉烟尘细颗粒物超低排放预荷电袋滤技术、节能高效轧制及后续处理技术，富氢还原高炉和氢气气基竖炉直接还原等工艺技术。有色金属：电解铝电解槽智能化及近零排放技术、低成本短流程铜（铅、锑）清洁冶炼技术、低品位多金属及难选矿资源高效选矿技术。化工：绿色高效焦化工艺集成技术、CO_2捕集运输埋藏资源化利用技术、聚氯乙烯低汞（无汞）清洁生产技术、流化床多晶硅生产、新一代分离膜及膜器等新工艺及装备。稀土：稀土高效分离技术和高端稀土功能材料制备技术。装备制造：重型车辆、煤矿机械、农牧业机械、高效数控机床等智能化升级技术。生物技术：生物酶制取木质纤维素技术、发酵技术、酶生产技术、活性物质提纯技术。节能环保：磁悬浮离心鼓风机综合节能技术，集成模块化窑衬节能技术，基于干态气化分相燃烧煤粉工业锅炉技术；焦炉炉头除尘技术，单体大容量固态聚合物锂离子电池技术，应用复杂多金属物料协同冶炼及综合回收关键技术，钢铁行业重点工序多污染物超低排放控制耦合技术，利用 CO_2 发泡生产环保挤塑板技术；高效 PERC 单晶太阳能电池及组件应用技术。

第六章　推动制造业绿色发展

落实能耗“双控”政策要求，坚决遏制“两高”项目盲目发展，加快淘汰落后产能，改造提升传统产能，构建高效、清洁、低碳、循环的绿色制造体系，逐步形成绿色生产方式，助力碳达峰、碳中和。

第一节　严格控制“两高”行业规模

落实能源消费总量和强度双控及碳排放强度控制要求，坚持将能耗约束、环境约束挺在前面，坚决遏制“两高”项目盲目发展。严格控制“两高”行业新增产能规模，除合规在建项目和已完成产能置换项目外，原则上不再审批“两高”行业新增产能项目，确需建设的须实施产能和能耗减量或等量置换。严格“两高”项目准入，确需新建的“两高”项目，在开展前期工作过程中，深入论证建设必要性、可行性，项目布局符合“三线一单”要求，工艺技术装备达到国内先进水平，能源消费符合地方能源消费总量和强度要求，单位产品能耗达到国家先进值；污染物排放符合区域碳排放、污染物排放削减要求。鼓励有条件的地区“建绿网、用绿电”，实施“绿电替代”。

专栏 8　“两高”主要行业规模控制和改造升级任务

钢铁：严格控制钢铁新增产能，除已完成产能置换的项目外，不再审批新增钢铁产能项目，“十四五”期间钢铁总产能控制在 3600 万吨左右。扩大高纯铁、不锈钢、稀土钢、硅钢等特种钢和重轨型材、钢结构建筑型材、高端板材等高附加值钢材规模，开发高强度、高耐磨性、高耐蚀性等节材型、长寿命型绿色钢材产品，到 2025 年高端钢铁、高品质钢材产品比重提高到 50%。支持现有钢铁企业改造升级，推动包钢集团改革发展、提质增效转型。持续严厉打击“地条钢”，严防死灰复燃。

电解铝：围绕准格尔地区高铝煤炭资源（高铝粉煤灰）综合利用，积极争取国家支持，在包头、鄂尔多斯适度布局“粉煤灰提取氧化铝—电解铝—铝后加工”循环产业链项目。除已完成产能置换的项目外，不再审批单纯新增电解铝产能项目，“十四五”期间电解铝总产能控制在700万吨左右（不包括“粉煤灰提取氧化铝—电解铝”循环产业链上电解铝产能）。支持赤峰发展氧化铝产业。

铁合金：严格控制铁合金新增产能，不再审批新增铁合金产能项目，“十四五”期间铁合金总产能控制在1400万吨左右。

焦化：不再审批新增焦炭（兰炭）产能项目，淘汰落后产能、化解过剩产能、改造存量产能、整合在建产能，“十四五”期间焦炭产能控制在6000万吨左右。鼓励焦化上下游企业整合重组，打造“煤—焦—化”一体、“煤—焦—钢”一体产业链，塑造产业链整体竞争优势。

电石：除已批合规在建项目外，不再审批新增电石产能项目，“十四五”期间电石产能控制在1500万吨以内。

电石法PVC：除已批合规在建项目外，不再审批电石法PVC新增产能项目，“十四五”电石法PVC产能控制在500万吨左右。优化氯碱化工产品结构，重点发展PVC用树脂、氯化法钛白粉、氯化高聚物等高附加值含氯产品。鼓励企业采用新一代国产化离子膜、减汞和汞污染防治、工业废盐制碱和电石渣制氧化钙等技术，提高行业清洁生产水平。

水泥：不再审批水泥新增产能项目，鼓励水泥产能向外转移，“十四五”期间水泥熟料有效产能控制在5000万吨以内。推进水泥企业联合重组，到2025年水泥熟料产能集中度达到70%以上。逐步取消32.5等级水泥品种，发展高性能水泥、专用水泥、特种水泥，开发适用于装配式建筑的水泥基材料及制品，推广应用高性能混凝土，优化供给结构，提高供给质量。

普通平板玻璃：不再通过产能置换审批建设普通平板玻璃项目，“十四五”期间普通平板玻璃保持在1500万重量箱左右。鼓励发展超薄、超厚、超白等优质浮法玻璃，发展光伏玻璃、汽车玻璃等高性能和高附加值产品。支持玻璃现有生产企业进行技术改造升级，发展玻璃精深加工产业。

新型墙体材料：适应绿色建筑和装配式建筑发展需求，发展以大宗工业固废为原料的轻质、高强、耐久、自保温、部品化烧结类墙体材料，发展加气混凝土砌块、防水防腐保温复合一体化装配式建筑墙体板材等非烧结类墙体材料，以及真空绝热板、发泡材料等安全、节能、绿色保温材料，发展绿色建材和建材部品部件，到2025年绿色建材应用率达到40%以上，绿色建材标识评价涵盖85%以上建材产品品种。大力发展陶瓷产业，支持鄂尔多斯建设建筑陶瓷、日用陶瓷生产基地，到2025年建筑陶瓷产能达到5000万平方米、日用陶瓷产能达到3.5亿件（套）。支持乌兰察布建设陶瓷保温材料生产基地，到2025年陶瓷保温材料产能达到100万立方米。

第二节 加快淘汰落后产能

统筹产业政策和能耗、环保、质量、安全等方面技术标准，综合运用法律法规、经济手段和必要的行政手段，依法依规、坚决有序淘汰高耗能行业落后产能。对列入淘汰范围的落后产能相关企业，不得参与电力市场交易；对未按期完成淘汰任务的盟市实行“区域能耗限批”；对未按期完成淘汰任务的企业实施更加严厉的惩罚性电价政策，必要时依法责令停产或关闭。力争利用三年时间，列入淘汰范围的落后产能基本退出。

专栏 9　落后产能淘汰范围和标准
钢铁：有效容积 1200 立方米以下炼钢用生铁高炉、公称容量 100 吨以下炼钢转炉、公称容量 100 吨（合金钢 50 吨）以下电弧炉原则上 2023 年底前全部退出，符合条件的可以按国家标准实施产能置换。 铁合金：25000 千伏安及以下矿热炉（特种铁合金除外，具体特种铁合金种类由自治区认定），原则上 2022 年底前全部退出，符合条件的可以按 1.25∶1 实施产能减量置换。 电石：30000 千伏安以下矿热炉，原则上 2022 年底前全部退出，符合条件的可以按 1.25∶1 实施产能减量置换。 焦炭：炭化室高度小于 6.0 米顶装焦炉、炭化室高度小于 5.5 米捣固焦炉、100 万吨/年以下焦化项目，原则上 2023 年底前全部退出，符合条件的可以按国家标准实施产能置换。 石墨电极：普通功率和高功率石墨电极压型设备、焙烧设备和生产线，直径 600 毫米（不含）以下石墨电极生产线原则上 2021 年底前全部退出。 火电：不具备供热改造条件的单机 5 万千瓦及以下纯凝煤电机组、大电网覆盖范围内单机 10 万千瓦及以下纯凝煤电机组、大电网覆盖范围内单机 20 万千瓦及以下设计寿命期满纯凝煤电机组，原则上 2023 年底前全部退出。

第三节　加大绿色化改造力度

对标国家先进标准或同行业先进标准，重点实施节能、节水和超低排放技术改造，推进大宗工业固废综合利用，支持高效节能、节水、环保技术和产品装备产业化，努力提高制造业绿色发展水平。

节能技术改造。制定节能技术改造行动计划，对标先进标准，重点对火电、钢铁、电解铝、铁合金、电石、铜铅锌冶炼、煤化工、建材等高耗能行业重点用能企业实施节能改造，改造后产品单耗力争达到国家能耗限额标准先进值。对能耗超限额企业实行更加严格的惩罚性电价政策。开展重点用能企业节能诊断，加大节能技术改造项目支持力度。鼓励第三方机构在化工、冶金、建材等高耗能企业实施电机系统节能、能量系统优化、余热余压利用等合同能源管理项目。推动开展碳排放交易、用能权交易。

专栏 10　节能技术改造重点任务
推广新技术新工艺。钢铁行业：重点推广经济炼焦配煤、干法熄焦、长寿高炉、新一代控轧控冷、超高强度钢热冲压成形、真空高压铸造、超高真空薄壁铸造等技术。有色行业：推广粗铜连续吹炼、铅富氧闪速熔炼、精炼炉底吹富氧燃烧、高辐射覆层、高纯铝连续旋转偏析法提纯节能技术。化工行业：推广大型粉煤加压气化、烯烃原料轻质化、水煤浆气化、硝酸综合处理、高效流体传输、高效低能耗合成尿素工艺技术等技术改造。建材行业：推广高固气比熟料煅烧、无球化粉磨、大推力多通道燃烧、玻璃窑炉富氧（全氧）燃烧及余热发电等技术。 改造终端用能设备。电机系统：推广永磁同步伺服电机、高压变频调速、永磁涡流柔性传动、冷

却塔用混流式水轮机等技术。配电系统：推广非晶合金变压器、有载调容调压、系统无功补偿及参数优化等技术。炉窑系统：推广富氧助燃、蓄热式燃烧、循环水系统防垢提效等技术改造。

推进余热余压余气回收利用。钢铁企业：余热余压能量回收同轴机组应用、烧结矿显热回收利用、副产煤气高值利用、高炉上升管余热回收、转炉烟气余热回收、乏汽余热供暖等技术。铁合金企业：实施全密闭改造，推广矿热炉高温烟气净化回收利用。化工企业：鼓励使用生产过程中释放出的副产热能、压差能及回收可燃气体。加大蒸汽余热梯度利用、非稳态余热回收等相关技术的研发应用力度。推广普及中低品位余热余压发电、制冷、供热及循环利用。

节水技术改造。落实以水定产要求，以黄河流域、西辽河、“一湖两海”地区为重点，在钢铁、煤化工、羊绒纺织、食品加工、生物制药等高耗水行业全面实施工业节水改造，引导企业实施循环水梯级利用和中水、高盐水、冷凝水回用改造，推进钢铁冷却水高效循环、煤化工污水深度处理、食品加工冷却水零排放、制药污水膜法处理及回用节水改造，进一步完善工业园区污水处理设施，到2025年，工业中水回用率由77%提高到82%，规模以上工业用水重复利用率达到92%，单位工业增加值用水量累计下降10%。加大节水技术改造项目支持力度。

超低排放技术改造。重点在火电、钢铁、焦化、水泥、玻璃等高排放行业，推广应用高效除尘、脱硫、脱硝、低氮燃烧、分级燃烧、智能控制等新技术，采取催化再生烟气脱硫脱硝、硫黄回收装置达标改造、VOCs综合治理、硫黄尾气超低排放、加热炉及锅炉烟气达标排放治理等措施，降低工业废气、废水、废料和二氧化碳排放量。到2023年底，乌海及周边地区现有炭化室高度5.5米的焦炉全部完成干熄焦改造；到2025年，地级城市建成区内所有燃煤发电机组全部完成超低排放改造，重点排放行业、重点排放企业污染物排放符合国家相关标准。

工业固废综合利用。鼓励利用粉煤灰、煤矸石、脱硫石膏、冶炼废渣等大宗工业固废生产水泥、新型墙体材料、路面基层材料、土壤改良剂、复合肥、陶瓷，提取有价金属。支持乌海大宗固废综合利用基地和托克托工业园区、乌拉特前旗工业资源综合利用基地建设。在废钢铁、废有色金属、废旧轮胎、废塑料、废弃电子产品等重点领域实施资源再生利用重大示范工程建设。

第四节 构建绿色制造体系

围绕提升能源资源利用效率和清洁生产水平，以促进全产业链和产品全生命周期绿色发展为目标，以标杆引领、示范带动为路径，继续创建一批绿色产品、绿色工厂、绿色园区、绿色供应链，制定若干绿色制造标准，打造一批绿色示范标杆。

绿色产品。对标《生态设计产品评价通则》（GB/T 32611）和生态设计产品评价规范系列国家标准（GB/T 32163），引导企业在钢铁、有色、化工、建材、农畜产品加工等行业开发稀土钢、多晶硅、聚氯乙烯、陶瓷、氨基酸、甜菜糖、羊绒制品等能源消耗最低、生态环境影响最小、可再生率最大的绿色产品。到2025年，争取新创建绿色产品20个。

绿色工厂。重点在钢铁、有色、化工、建材、装备制造、农畜产品加工、医药、电子信息等行业选择一批基础好、代表性强的骨干企业，通过采用绿色建筑技术建设（改造）厂房，提高可再生能源消纳比例。鼓励企业合理布局厂区内能量流、物质流路径，淘汰落后工艺设备，建立资源回收循环利用系统，采用先进适用的清洁生产工艺技术装备，推动用能结构优化，创建具备用地集约化、生产洁净化、废物资源化、能源低碳化等特点的绿色工厂、绿色数据中心。到2025年，新创建绿色工厂50个。

绿色园区。全力推进工业园区绿色能源革命，实施园区控煤减碳工程，鼓励有条件的园区率先开展零碳产业园应用示范，启动实施零碳供电系统和智慧用电项目，实施源网荷储工程，开展绿电消纳行动。鼓励园区高耗能企业采用新能源供能方式进行电能替代，探索建设“碳达峰、碳中和”先行示范项目，构建园区绿色发展模式和发展格局。在自治区境内的黄河、辽河、海河、松花江流域选取一批工业基础好、基础设施完善、绿色水平高的园区，在园区层面推动基础设施共建共享，加强余热、余压、废热资源和水资源循环利用，在企业层面促进废物资源交换利用，补齐完善园区内绿色产业链条，建设一批布局集聚化、结构绿色化、链接生态化的绿色园区。到2025年，新创建绿色园区15个。

绿色供应链。重点在乳品加工、肉类加工、羊绒制品、医药、电子电器、机械制造等行业培育一批代表性强、行业影响力大、经营实力雄厚、管理水平高的龙头企业，建立以资源节约、环境友好为导向的采购、生产、营销、回收及物流体系，推动上下游企业共同提升能源资源利用效率，逐步实现资源利用高效化、环境影响最小化、链上企业绿色化目标，带动上下游企业绿色发展。

绿色制造标准。落实《工业节能与绿色标准化行动计划》，整合行业协会、科研院所、绿色评价机构和重点企业创新资源，支持企业制定一批自治区级重点行业绿色制造、能耗地方标准，参与国家标准制定，逐步建立健全工业绿色标准化体系，扩大标准覆盖面。

第七章　推动产业数字化转型

以扩大新基建领域投资规模为核心，加快建设5G基础设施、工业大数据中心、具有地方特色的工业互联网、智慧工业园区，实施数字化改造工程，持续推动数字产业化和产业数字化，促进工业化和信息化深度融合。

第一节 加快完善新一代信息基础设施

深入推进大数据基础设施统筹发展类综合试验区建设，以 5G 基础设施、大数据中心、工业互联网建设和宽带普及提速、融合发展为重点，加快构建高速、融合、安全、泛在的信息通信基础设施。

5G 基础设施。加快布局 5G 网络基础设施，到 2025 年建成 5G 基站 3 万个左右，实现盟市、旗县（市、区）政府所在地、重点乡镇、工业园区、大型工矿企业 5G 信号有效覆盖，推广面向智慧矿山、智能制造等 5G 技术应用场景。

网络基础设施。实施工业互联网 IPv6 升级改造，到 2025 年 IPv6 活跃用户全面提升，工业领域网络、应用、终端全面支持 IPv6。启动双千兆光纤网络建设，推动骨干网、城域网与接入网同步扩容提速，提高固定宽带网络接入能力。优化布局 Wi-Fi6 设施，实现重点公共场所免费 Wi-Fi 网络全覆盖。支持基础电信企业推进网络技术研究和基础设施建设，实现传统网络及链路提速升级。鼓励重点工业企业对内部网络实施以太网化、无线化改造，推动工业企业、工业互联网平台、标识解析节点、安全设施等接入外网。支持卫星网络发展，鼓励利用内蒙古遥感卫星及北斗数据资源共享与应用中心、国家北斗导航（内蒙古）数据中心和数据运营服务中心等各类数据服务工业数字化转型。

大数据中心。以乌兰察布、和林格尔为重点集中布局大数据中心，到 2025 年力争大数据装机能力突破 300 万台。加强分布式供能、自然冷源、直流供电等技术在数据中心建设中的应用，推进整机柜服务器、规模化数据中心、绿色智能服务器等新型 IT 设备在数据中心中的应用，提升风电、光伏等新能源在数据中心供电中所占比例，到 2025 年，全区大型数据中心平均 PUE 值降至 1.3 以下，寒冷及极寒地区力争降到 1.25 以下。建设国家基础数据备份中心、容灾备份中心和企业数据灾备中心、国家政务云北方节点、北斗内蒙古分中心。支持国家算力枢纽节点建设，支持旷世超算平台、国家超算无锡中心内蒙古分中心、内蒙古高性能计算公共服务平台二期工程等项目建设，打造国家重要的高性能超算基地，推动实现“东数西算”。重点在呼和浩特、包头、鄂尔多斯、赤峰等地区，依托有条件的企业，利用绿色数据资源在能源、钢铁、稀土、化工、装备、乳业等行业建设大数据中心。

第二节 推动新一代信息技术和大数据应用

围绕数字经济发展，以数据应用为重点，大力推动 5G 技术、大数据在智慧矿山、工业互联网、智慧园区、智能工厂等方面的应用，大力发展软件服务业和服务型制造，促进产业数字化转型、智能化升级。

建设智慧矿山。重点在大型露天煤矿和井工煤矿打造不同条件、场景、模式下的“5G+

无人驾驶”“5G+无人采掘示范项目”，挂牌一批“5G+智慧矿山示范基地”。到2025年，分布在重点露天煤矿的1200个矿用车实现无人驾驶，全区井工煤矿采掘面全部实现智能化作业。

建设工业互联网平台。重点在能源、化工、冶金、建材、现代装备制造、绿色农畜产品加工和新兴产业等领域，建设企业级、行业级、区域级工业互联网平台，到2025年，全区建成投入运行工业互联网平台30个，实现1000家规模以上工业企业上平台，工业互联网平台普及率达到35%。着力在能源、现代装备制造、乳业、农畜产品加工等行业建设工业互联网标识二级解析节点，开展基于标识服务的关键产品追溯、全生命周期管理、供应链协同等应用创新，到2025年力争建成3～5个国家工业互联网二级综合标识解析节点。继续实施万户企业登云行动，按照“企业出一点、服务商让一点、政府补一点”的原则，为登云企业提供更多优质服务，到2025年，培育新增50家以上登云服务商，“登云企业”实现倍增，打造20家以上“登云标杆企业”。

建设智慧园区。按照“政府主导、市场参与、整合资源、分步实施”的原则，以新一代信息技术和智慧应用为支撑，全面整合园区内外资源，重点打造“一平台、两中心、六系统”（数据感知平台，智慧运营中心、数据存储中心，经济运行监测系统、能源消耗监测系统、安全应急管理系统、环境保护监测系统、交通物流监测系统、综合服务系统），到2025年，力争全区工业园区全部建成智慧园区，实现园区内企业生产、环保、安全、能耗、物流等关键数据敏捷采集、传输、存储、分析和智能响应，水电气消耗、污水处理排放、污染物排放、危险物处置等实时自动监测，管道、闸门、压力容器等安全敏感区域智能预警，园区内基础设施网络化、开发管理信息化、功能服务精细化、产业发展智能化水平大幅提升。

建设智能工厂。支持企业应用智能设备、数控机床、自动化技术、自动识别技术、AGV等技术，促进车间计划排产、加工装配、检验检测、能耗管理等各生产环节的智能协作与联动，建设数字化车间。鼓励骨干企业在数字化车间的基础上，运用生产过程数据采集和分析、制造执行、企业资源计划、产品全生命周期管理、智能生产管控等新一代信息技术手段，推动企业智能管理和决策，建设智能工厂。到2025年，打造15个智能工厂、40个数字化车间，规模以上工业企业生产设备数字化率达到60%。在铁合金、电石、民爆等行业的高危、高劳动强度以及作业环境恶劣的生产单元实施“机器换人”，到2025年，民爆行业装车环节“机器换人”达到100%，电石、铁合金行业3万吨以上矿热炉出炉环节“机器换人”分别达到100%、60%以上。深入推进“两化融合”，建立数字化转型诊断对标工作机制，定期开展诊断对标，保持“两化融合”对标规模以上工业企业全覆盖，推动规模以上工业企业“两化融合”贯标，到2025年，实现100家工业企业贯标。

大力发展软硬件研发设计产业。支持呼和浩特、包头、赤峰等软件和信息技术服务企业拓展业务、研发新品、提升层次。吸引国内外大型软件企业落户，培育一批创新能力强、品牌贡献大、发展速度快的龙头企业。支持围绕工业企业研发设计、生产制造、运营维护和经营管理等关键业务环节，开发特定场景的工业 App，提升产品设计、企业管理、生产控制等环节数字化、网络化和智能化水平。到 2025 年，培育使用工业 App 数量 300 个以上，至少培育 20 个特定领域、特定场景的专用工业 App。

推广服务型制造新模式。建设工厂大数据系统和互联网平台，围绕产品全生命周期，实现从设计研发、原材料采购、生产组织、产品销售到物流与售后服务的精益化管理。推动产业链之间的信息共享与业务协同，加快发展个性化定制、远程运维和网络协同制造等新模式、新业态，实现从生产制造向服务型制造的跨越式发展。

第三节　提升安全保障能力

制定企业设备、控制、网络、平台、应用、数据等安全防护标准，开展关键设备、平台及工业 App 动态安全检测评估，实施达标自评估和安全改造，培育一批网络安全示范企业，树标杆、推经验。开展“工控安全深度行”活动。建立健全工业互联网安全监督检查、风险评估、信息共享和通报、应急处置、数据保护等工作机制，编制重点行业工业互联网安全防护指南。

第八章　促进企业融通发展

贯彻落实《中华人民共和国中小企业促进法》和《内蒙古自治区中小企业促进条例》，大力培育龙头企业、骨干企业，促进中小企业与大企业协作配套、融通发展，完善服务体系，提升服务效能，弘扬企业家精神，营造更加有利于企业发展良好生态。

第一节　培育大型骨干企业

实施百户产业链骨干企业、龙头企业培育工程，坚持政府引导与企业自主发展相结合，培育一批自主创新能力强、主业突出、掌握核心关键技术、拥有自主知识产权和品牌优势、产品市场占有率国内领先甚至达到全球同行业前列的优势特色产业链领军企业、大型骨干企业。鼓励大企业利用“互联网+”等手段，搭建线上线下相结合的大中小企业创新协同、产能共享、供应链互通的新型产业创新生态，促进生产制造领域共享经济新模式新业态发展，重构产业组织模式，形成融通发展格局。到 2025 年，力争培育百亿元以上大型骨干企业 20 家。

第二节 提升中小企业专业化能力

基于“众创业、个转企、小升规、小巨人”的企业成长路径，支持中小企业专业化发展、精细化提质、特色化竞争和新颖化改造，培育一批产品质量优、创新能力强、市场占有率高、发展潜力大的中小企业。制定《“专精特新”中小企业培育方案》，按照“储备一批、培育一批、提升一批”的原则，认定和支持一批“专精特新”示范中小企业和细分领域的“小巨人”企业。鼓励中小企业发挥优势，主动融入产业链供应链，塑造分工明确、协作密切、整体竞争力稳步提升的企业集群发展良好生态。到2025年，培育“专精特新”示范中小企业200家、“小巨人”企业80家。

第三节 提升服务企业能力

进一步完善企业公共服务体系，切实帮助企业解难点、除痛点、疏堵点、补盲点，为企业可持续发展提供有力支撑和保障。

强化融资服务。推进自治区中小企业融资服务平台建设，进一步扩大信用融资规模。优化提升“助保贷”资金，适度扩大“助保贷”资金池规模，稳步扩大中小企业支持范围，提高先进制造业融资担保比例，到2025年，“助保贷”资金支持中小企业超过2300家。更多争取国家小微企业融资担保业务降费奖补支持，更多降低中小企业担保费率，更多减轻中小企业融资负担。深化产融合作，创新和完善政银企合作机制，定期举办融资对接活动，促进金融资源和资金需求有效衔接。鼓励金融机构创新适合中小企业需求的金融产品和服务。

强化公共服务。建立中小企业问题受理和协调解决机制，维护中小企业合法权益。落实支持中小企业发展各项政策，继续开办中小企业政策大讲堂，提高政策知晓率。建立政策、管理、法律服务咨询专家库，组织开展“为中小企业送管理、送服务”行动，针对中小企业成长问题，点对点、一对一提供个性化、精准化、系统化解决方案。开展产业链上下游项目配套对接活动，推动中小企业与大型骨干企业建立稳定协作配套关系。

强化平台服务。推动自治区中小企业公共服务平台网络向旗县（市、区）和工业园区延伸，形成以自治区、盟市、旗县（市、区）三级中小企业公共服务平台网络为主体架构的公共服务体系，为中小企业提供找得着、用得起、有保障的精准服务。健全中小企业公共服务平台服务规范和运行考核机制，提升平台服务效能。发挥国家和自治区级中小企业公共服务示范平台、小型微型企业创业创新示范基地等平台的资源整合和对接能力，畅通大中小企业融通发展渠道。设立“小巨人”企业展示窗口，多渠道、多层面、全方位提升企业知名度。

第九章 深化开放合作

坚持以合作共赢为战略支点和引领取向，主动融入国内大循环、畅通国内国际双循环，利用好“两个市场”“两种资源”，全方位加强区域合作和对外开放，拓展发展新空间，催生发展新动力。

第一节 深入推进对外开放

立足于自治区推动更高水平对外开放发展大局，找准定位，深度谋划，全面推进中俄蒙经济走廊建设，深度融入“一带一路”建设，深化能源资源、装备制造、信息技术、生物医药、新材料等领域务实合作，以高水平开放促进工业和信息化高质量发展。

加强与“一带一路”沿线国家合作。瞄准关键技术工艺、关键基础材料、核心零部件等领域，深化与“一带一路”沿线国家产业合作，构建全面经济伙伴关系。加大“走出去”步伐，鼓励高端装备、重型汽车、电子信息、新型化工、新能源、新材料、医药及医疗设备等优势企业建立国外研发中心，支持有实力的涉农企业与俄罗斯、中东欧等国家和地区开展合作，带动农机装备、肥料、农药等行业出口。支持有实力的企业设立海外数据中心，为“一带一路”合作提供基础云服务。

发展泛口岸经济。支持满洲里、二连浩特等口岸城市和“一带一路”重要枢纽节点地区发展过境资源加工产业，建设资源加工转化园中园，形成口岸带动、腹地支撑、边腹互动格局。扩大外向型企业落地规模，引导出口加工企业和木材、钾肥、粮食等进口加工企业落地发展。深化同俄罗斯、蒙古国合作，在满洲里和二连浩特开展互贸区落地加工先期试点。促进满洲里、二连浩特边境经济合作区发展，抓住满洲里、鄂尔多斯、呼和浩特综合保税区建设的有利契机，推动外向型高端加工制造业集聚发展。

提升国际合作水平。引导外资投向新一代信息技术、现代装备、新材料、生物医药等先进制造业领域，鼓励境外企业和科研机构来内蒙古设立研发机构。支持区内企业主动融入国际产业链、供应链、创新链，促进政策、规则、标准等方面“软联通”，推动产业合作由加工制造向研发设计、品牌培育等环节延伸，提升跨国经营能力和国际竞争力。

第二节 深入推进对内协作

落实国家区域发展重大战略，推进区域协调发展，健全区域产业合作机制，有序承接国内先进生产力转移，厚植发展基础，培育发展动能，在全方位融入国内市场中增创发展新优势。

积极融入国家区域发展战略。深入落实黄河流域生态保护和高质量发展战略，加强与沿黄省市、毗邻地区产业协作，一体推进沿黄生态经济带建设。积极融入京津冀协同发展战略，深化与长三角、粤港澳大湾区等地区合作交流，落实京蒙协作机制，统筹资源布局、地缘优势、交通条件、生态环境容量等因素，强化产业融合、产业转移合作，形成要素配置合理、生态友好协调、质效明显提升的互补互动发展格局。

统筹区内协调发展。促进东部盟市放大和发挥绿色生态优势推动高质量发展，高质量建设农畜产品加工基地，以绿色农畜产品加工为支柱构建绿色制造业体系，以满洲里、二连浩特口岸为支撑发展泛口岸经济，严格控制新上能源资源型产业项目，积极培育消耗低、排放少、质量效益高的新兴产业，形成绿色化、开放型经济发展特色优势。促进中部盟市扩大环境容量和生态空间，立足产业基础和产业集群优势推动高质量发展，提升产业层次和发展能级，增强协同创新发展能力，构建高效分工、错位发展、有序竞争、相互融合的现代产业体系，形成强劲活跃的增长带动极。促进西部盟市补齐生态环境短板推动高质量发展，优化产业布局，推动产业整合、延伸、升级，促进绿色化转型，推进河套灌区三次产业融合发展，增加绿色有机高端农畜产品供给，增强区域发展整体竞争力。

强化招商引资。建立顶格推进招商引资机制和模式，统筹当前和长远、锻长板和补短板，突出招大引强、招新引优，强化以商招商、产业链招商，精准谋划引进一批投资规模大、技术水平高、经济效益好、带动作用强的建链补链延链强链项目，打造在国际国内具有影响力和竞争力的优势产业链，以重点领域赶超和领跑带动整体工业提质增效。

第十章　实施保障

完善配套政策措施。围绕规划落实，制定稀土产业高质量发展规划，制定新能源装备制造、新能源汽车制造、化工转型升级、农畜产品加工、新材料、生物医药、产业数字化转型等实施方案，进一步明确重点、落细落实任务。绘制优势特色产业链全景图，制定优势特色产业链建设方案，坚持问题导向推动延链补链扩链强链，提升产业链供应链稳定性、竞争力。制定钢铁、化工、有色、建材等行业碳达峰实施方案，促进制造业绿色低碳发展。建立符合自治区实际的基于能效和环保的差别化电价机制，调整“两高”行业电力市场交易政策。清理取消“两高”项目不合理支持政策。

提升工业园区基础能力。制定工业园区基础能力提升规划，科学确定工业园区产业发展方向，以产业规划引导工业园区错位发展、有序竞争，推动工业园区高质量发展。围绕主导产业延链补链强链布局项目、整合园区，支持合作共建园区，促进产业集聚集群集约发展。完善工业园区基础设施，重点支持环保、标准厂房、道路、管网等基础设施建设，提高产业发展承载力，到2025年，一类工业园区全部实现“九通一平”，二类工业园区全部实现“七通一平”。加强考核引导和约束，建立以单位土地面积产值、税收贡献及创新驱动、绿色发展等为主要内容的考核指标体系，按年度对工业园区进行考核，引导工业园区集中精力抓项目建设、产业发展。

加强要素保障。以市场化方式推动用地、环境容量、排污总量、能耗指标、电力、水等要素指标向先进制造业和重大项目倾斜，进一步优化资源要素配置。加快推动用能权交易和碳排放交易，建立碳排放强度考核机制。完善经济运行监测预警预测体系和纠偏机制，加强煤电油气运综合协调保障。完善和落实安全生产责任制，全面推进安全生产质量标准化管理，加大监管执法力度，及时排查化解安全隐患，坚决防止重特大安全生产事故发生。扎实做好民爆行业安全生产监管工作。

大力优化营商环境。加快转变政府职能，推动简政放权，全面推广“蒙速办”，开辟项目审批绿色通道，推行审批承诺制、区域评估制、项目代办制，最大限度缩减项目前期手续办理时限。加强事中事后监管，确保项目合规建设。制定支持制造业高质量发展若干政策，增强财政资金对工业和信息化高质量发展引导作用。进一步规范涉企收费和行政执法行为，落实防止拖欠民营企业、中小企业账款长效机制，切实减轻企业负担。

实施重大项目滚动计划。坚持重大项目带动，以规划策划项目、以项目落实规划，建立重点项目库，加快推进重大项目储备、建设和投产。实施制造业重点项目五年滚动计划，对列入滚动计划的重大项目实行领导包联制，强化项目日常调度、动态管理、跟踪服务，确保重点项目早开工、早建成、早投产。

各地区各部门要高度重视本规划落实工作，明确职责任务，完善工作机制，落实工作责任，强化考核激励，形成部门协同、上下联动的工作机制。建立统计分析、绩效评估、中期评估、监督考核机制，开展规划实施的年度监测、中期评估和终期总结，适时对目标任务进行必要调整。按年度总结本规划重点任务落实情况，及时发现和解决规划实施过程中的突出问题，推动规划落实落地。本规划提出的预期性指标和产业发展、结构调整等领域目标任务，主要依靠发挥市场主体作用实现，各地区各部门要积极创造良好的政策环境、法治环境和营商环境，充分调动市场主体积极性，发挥政府部门引导作用，努力实现预期性目标任务。

内蒙古自治区发展和改革委员会 生态环境厅关于印发《内蒙古自治区坚决遏制“两高”项目低水平盲目发展管控目录》的通知

（内发改环资字〔2022〕1127号）

各盟行政公署、市人民政府，自治区各有关厅局：

为深入贯彻落实党中央、国务院坚决遏制高耗能、高排放、低水平项目盲目发展决策部署和自治区党委、政府工作要求，进一步精准细化“两高”低水平项目管控要求，强化源头和过程节能降碳、减排治污，推动全区扎实走好以生态优先、绿色发展为导向的高质量发展新路子，促进经济社会发展全面绿色低碳转型，经自治区人民政府同意，现将《内蒙古自治区坚决遏制“两高”项目低水平盲目发展管控目录》（以下简称《管控目录》）印发给你们，请认真贯彻执行。

一、总体要求

（一）产业准入方面

新建、改扩建《管控目录》中的“两高”项目，须符合以下要求：

1. 符合国家和自治区相关产业规划、产业政策、国土空间规划等。

2. 符合新增产能管控和产能置换要求。

3. 工艺技术装备须达到同行业先进水平。

4. 项目选址必须进园区。乌海及周边地区严格控制新增焦化产能，总体规模控制在“十三五”水平；确需新建的焦化项目，产能指标在区域内实行减量置换。海勃湾工业园区、蒙西高新技术工业园区原则上不得新建重化工项目，阿拉善高新技术产业开发区巴音敖包工业园区不再新上焦化项目。

（二）淘汰退出方面

现有已建成《管控目录》中的“两高”项目限制类及以下产能，须按照以下要求限期淘汰退出：

1. 焦炭、电石、铁合金、钢铁限制类产能，须按照自治区发展改革委、工信厅、能源局《关于确保完成“十四五”能耗双控目标任务若干保障措施》（内发改环资字〔2021〕209号）相关要求，按照规定时限淘汰退出。

2. 属于国家《产业结构调整指导目录（2019年本）》中淘汰类的产能（装置），须于2022年底前关停淘汰。

（三）节能方面

1. 新建、改扩建《管控目录》中的“两高”项目，节能方面须符合以下要求：

（1）单位产品能耗须达到国家发展改革委等部门《高耗能行业重点领域能效标杆水平和基准水平（2021 年版）》（发改产业〔2021〕1609 号）、《煤炭清洁高效利用重点领域标杆水平和基准水平（2022 年版）》（发改运行〔2022〕559 号）中的能效标杆水平或国家单位产品能耗限额标准先进值。

（2）项目节能审查须对照《管控目录》要求，按照自治区和所在盟市“双重标杆”（即项目单位增加值能耗既要达到所在盟市标杆值，也要达到自治区平均标杆值），通过削减能耗存量、原料用能核减等方式，化解对自治区和所在盟市能耗强度的影响；通过削减能耗存量、原料用能核减、可再生能源利用等方式，全额落实能耗指标（以《管控目录》中的“两高”产品或工序作为中间产品或中间工序的项目，按照“两高”产品或工序的单位增加值能耗化解能耗强度影响，按照“两高”产品或工序的能耗量全额落实能耗指标）。

2. 现有已建成《管控目录》中的“两高”项目，节能方面须落实以下要求：

（1）单位产品能耗须达到国家发展改革委等部门《高耗能行业重点领域能效标杆水平和基准水平（2021 年版）》（发改产业〔2021〕1609 号）、《煤炭清洁高效利用重点领域标杆水平和基准水平（2022 年版）》（发改运行〔2022〕559 号）中的能效基准水平或国家单位产品能耗限额标准限定值。

（2）按照国家发展改革委等部门《关于严格能效约束推动重点领域节能降碳的若干意见》（发改产业〔2021〕1464 号）、《高耗能行业重点领域节能降碳改造升级实施指南（2022 年版）》（发改产业〔2022〕200 号）、《全国煤电机组改造升级实施方案》（发改运行〔2021〕1519 号），以及自治区发展改革委、能源局等部门《关于严格能效约束推动重点领域节能降碳工作实施方案》（内发改产业字〔2022〕142 号）、《内蒙古自治区煤电节能降耗及灵活性改造行动计划（2021—2023 年）》（内能电力字〔2021〕372 号）、《内蒙古自治区煤电机组改造升级实施方案（2021—2025 年）》相关要求，积极开展节能降碳改造。到 2025 年，全区炼油、现代煤化工、合成氨、电石、烧碱、纯碱、磷铵、水泥、平板玻璃、钢铁、焦化、铁合金、有色金属、煤电等重点行业能效力争全部达到基准水平，达到标杆水平的产能不低于行业产能的 30%。

（四）环保方面

1. 新建、改扩建《管控目录》中的“两高”项目，环保方面须符合以下要求：

（1）须满足所在盟市“三线一单”生态环境分区管控要求。

（2）应布设在依法合规设立并经规划环评的工业园区，符合园区规划布局和产业结构。

（3）应配套主要污染物排放量区域削减方案，其中环境质量达标区实行区域等量削减，环境质量不达标区域实行区域倍量削减。

（4）重金属污染防控重点行业项目，应明确重点重金属污染物排放总量及来源，其中重点区域项目遵循减量替代原则，其他区域遵循等量替代原则。

（5）应开展碳排放影响评价。

（6）国家和地方有更严要求的，按其规定执行。

2. 现有已建成《管控目录》中的“两高”项目，环保方面须符合以下要求：

（1）在重污染天气应急期间，对属于重点行业的“两高”企业，一年内如存在“未批先建”、超过许可排放浓度或许可排放量排放大气污染物，未安装、使用大气污染物自动监测设备等环境违法行为，且受到行政处罚或构成犯罪的，从严执行应急减排要求。

（2）对存在无证排污、不按证排污等违法行为的“两高”企业，责令改正或者限制生产、停产整治，情节严重的，报经有批准权的人民政府批准，责令停业、关闭。

（3）按照《关于推进实施钢铁行业超低排放的意见》（环大气〔2019〕35号）要求，有序推进钢铁、焦化行业超低排放改造工作。2025年底前，全区80%以上的钢铁产能完成超低排放改造任务。2023年底前，乌海及周边地区焦化行业全部完成超低排放改造任务，其他地区有序推进。

二、具体管控措施

详见附表《内蒙古自治区坚决遏制“两高”项目低水平盲目发展管控目录》。

本《管控目录》由自治区发展改革委、生态环境厅负责解释，根据国家相关政策规定和自治区实际动态调整。

附件：内蒙古自治区坚决遏制“两高”项目低水平盲目发展管控目录

内蒙古自治区发展和改革委员会

内蒙古自治区生态环境厅

2022年7月14日

附件：

内蒙古自治区坚决遏制“两高”项目低水平盲目发展管控目录

行业	产品或工序	管控措施					
		产业准入	淘汰退出	节能		环保	
				新建、改扩建项目	现有已建成项目	新建、改扩建项目	现有已建成项目
石化	炼油	不得新建、改扩建未纳入国家有关领域产业规划的炼油项目	限期淘汰200万吨/年及以下常减压装置	炼油单位能量因数综合能耗须达到或低于7.5千克标准油/吨・能量因数	炼油单位能量因数综合能耗须达到或低于8.5千克标准油/吨・能量因数		
焦化	焦炭	1. 不再审批焦炭新增产能项目；确有必要建设的，须在区内实施产能减量置换。2. 新建、改扩建焦炭项目，捣固焦炉炭化室高度不低于6.25米，顶装焦炉炭化室高度不低于7米，须配套干熄焦装置。新建焦炭项目产能原则上不低于300万吨/年，改扩建焦炭项目产能不低于100万吨/年；单个焦化企业或园区焦炭总产能原则上不	1. 2023年底前全面淘汰退出炭化室高度小于6.0米顶装焦炉、炭化室高度小于5.5米捣固焦炉、100万吨/年以下焦化项目。符合条件的可按照自治区相关规定在区内实施产能减量置换；现有焦化企业内部已配套形成煤焦油深加工、焦炉煤气综合利用等下游产业的自有限制类焦炭产能升级改	1. 项目节能审查须按照自治区和所在盟市“双重标杆”（即项目单位增加值能耗既要达到所在盟市标杆值，也要达到自治区平均标杆值），通过削减能耗存量、原料用能核减等方式，化解对自治区和所在盟市能耗强度的影响；须通过削减能耗存量、原料用能核减、可再生能源利用等方式，全额落实能耗指标。	焦炭单位产品综合能耗须达到或低于135千克标准煤/吨（顶装焦炉）、140千克标准煤/吨（捣固焦炉）	项目应符合《关于推进实施钢铁行业超低排放的意见》（环大气〔2019〕35号）相关要求；水污染物排放项目符合《炼焦化学工业污染物排放标准》（GB 16171）水污染物特别排放限值；符合《清洁生产标准 炼焦行业》（HJ/T 126—2003）二级指标要求；BaP产生量（装煤）≤1.5克/吨，BaP产生量（推焦）≤0.04克/吨；固体废物综合利用、处置率达到100%	污染物排放符合排污许可相关要求；符合《清洁生产标准 炼焦行业》（HJ/T 126—2003）三级指标要求

行业	产品或工序	管控措施					
		产业准入	淘汰退出	节能		环保	
				新建、改扩建项目	现有已建成项目	新建、改扩建项目	现有已建成项目
焦化	焦炭	低于300万吨/年。 3. 原则上不再新（扩）建单纯炼焦项目，须有相应的下游产业与之配套	造，可按照与配套下游产能匹配的原则实施产能等量置换。国家《产业结构调整指导目录（2019年本）》淘汰类和2020年连续停产1年以上的焦炭产能（装置）不得进行产能置换。 2. 限期淘汰炭化室高度小于4.3米焦炉（3.8米及以上捣固焦炉除外）、未配套干熄焦装置的钢铁企业焦炉、产能＜40万吨/年热回收焦炉、未同步建设热能回收装置的焦炉；土法炼焦（含改良焦炉）	2. 焦炭单位产品综合能耗须达到或低于110千克标准煤/吨	焦炭单位产品综合能耗须达到或低于135千克标准煤/吨（顶装焦炉）、140千克标准煤/吨（捣固焦炉）	项目应符合《关于推进实施钢铁行业超低排放的意见》（环大气〔2019〕35号）相关要求；水污染物排放项目符合《炼焦化学工业污染物排放标准》（GB 16171）水污染物特别排放限值；符合《清洁生产标准 炼焦行业》（HJ/T 126—2003）二级指标要求；BaP产生量（装煤）≤1.5克/吨，BaP产生量（推焦）≤0.04克/吨；固体废物综合利用、处置率达到100%	污染物排放符合排污许可相关要求；符合《清洁生产标准 炼焦行业》（HJ/T 126—2003）三级指标要求

行业	产品或工序	管控措施					
		产业准入	淘汰退出	节能		环保	
				新建、改扩建项目	现有已建成项目	新建、改扩建项目	现有已建成项目
焦化	兰炭	1. 不再审批兰炭新增产能项目；确有必要建设的，须按照不低于1.25∶1的比例在区内实施产能减量置换。 2. 新建、改扩建半焦炉单炉产能须≥10万吨/年	限期淘汰单炉产能7.5万吨/年以下或无煤气、焦油回收利用和污水处理达不到焦化行业准入条件的半焦（兰炭）生产装置	1. 项目节能审查须按照自治区和所在盟市“双重标杆”（即项目单位增加值能耗既要达到所在盟市标杆值，也要达到自治区平均标杆值），通过削减能耗存量、原料用能核减等方式，化解对自治区和所在盟市能耗强度的影响；须通过削减能耗存量、原料用能核减、可再生能源利用等方式，全额落实能耗指标。 2. 兰炭单位产品综合能耗须达到或低于190千克标准煤/吨	兰炭单位产品综合能耗须达到或低于240千克标准煤/吨	污染物排放符合国家相关排放标准及环境管理政策要求；水污染物排放项目符合《炼焦化学工业污染物排放标准》（GB 16171）水污染物特别排放限值；固体废物综合利用、处置率达到100%	污染物排放符合排污许可相关要求
化工	电石	1. 不再审批电石新增产能项目；确有必要建设的，须按照不低于1.25∶1的比例在区内实施产能减量置换。	1. 2022年底前全面淘汰退出30000千伏安以下电石矿热炉。符合条件的可按照不低于1.25∶1的比例在区内实施产能减量置换；	1. 项目节能审查须按照自治区和所在盟市“双重标杆”（即项目单位增加值能耗既要达到所在盟市标杆值，也要达到自治区平均标杆值），	电石单位产品综合能耗须达到或低于940千克标准煤/吨	污染物排放符合国家相关排放标准及环境管理政策要求；符合《清洁生产标准 电石行业》（HJ/T 430—2008）二级指标要求；出炉口烟气粉尘≤0.005吨/吨；固体废物综合利用、处置率达到100%	污染物排放符合排污许可相关要求；符合《清洁生产标准 电石行业》（HJ/T 430—2008）三级指标要求

行业	产品或工序	管控措施					
		产业准入	淘汰退出	节能		环保	
				新建、改扩建项目	现有已建成项目	新建、改扩建项目	现有已建成项目
化工	电石	2. 新建、改扩建电石生产装置须采用先进的密闭式电石炉，单台炉容量不小于40000千伏安，建设总容量（一次性建成）大于15万千伏安（项目建设规模不低于30万吨/年）。 3. 原则上不再新（扩）建单纯电石项目，须有相应的下游产业与之配套	现有电石企业内部已配套形成PVC等下游产业的自有限制类电石产能升级改造，可按照与配套下游产能匹配的原则实施产能等量置换。国家《产业结构调整指导目录（2019年本）》淘汰类和2020年连续停产1年以上的电石产能（装置）不得进行产能置换（作为国家鼓励类产业项目原料的电石，产能置换可不受“2020年连续停产1年以上”限制）。 2. 限期淘汰单台炉容量小于12500千伏安的电石炉及开放式电石炉	通过削减能耗存量、原料用能核减等方式，化解对自治区和所在盟市能耗强度的影响；须通过削减能耗存量、原料用能核减、可再生能源利用等方式，全额落实能耗指标。 2. 电石单位产品综合能耗须达到或低于805千克标准煤/吨	电石单位产品综合能耗须达到或低于940千克标准煤/吨	污染物排放符合国家相关排放标准及环境管理政策要求；符合《清洁生产标准 电石行业》（HJ/T 430—2008）二级指标要求；出炉口烟气粉尘≤0.005吨/吨；固体废物综合利用、处置率达到100%	污染物排放符合排污许可相关要求；符合《清洁生产标准 电石行业》（HJ/T 430—2008）三级指标要求

行业	产品或工序	管控措施					
		产业准入	淘汰退出	节能		环保	
				新建、改扩建项目	现有已建成项目	新建、改扩建项目	现有已建成项目
化工	聚氯乙烯	1. 不再审批聚氯乙烯新增产能项目；确有必要建设的，须按照不低于1∶1的比例在区内实施产能置换。2. 新建、改扩建聚氯乙烯装置起始规模须达到30万吨/年及以上。电石法聚氯乙烯项目须同时配套建设电石渣制水泥等电石渣综合利用装置	限期淘汰使用高汞催化剂（氯化汞含量6.5%以上）的乙炔法聚氯乙烯生产装置	1. 项目节能审查须按照自治区和所在盟市“双重标杆”（即项目单位增加值能耗既要达到所在盟市标杆值，也要达到自治区平均标杆值），通过削减能耗存量、原料用能核减等方式，化解对自治区和所在盟市能耗强度的影响；须通过削减能耗存量、原料用能核减、可再生能源利用等方式，全额落实能耗指标。 2. 电石法聚氯乙烯树脂单位产品综合能耗须达到或低于193千克标准煤/吨（通用型）、450千克标准煤/吨（糊用型）	电石法聚氯乙烯树脂单位产品综合能耗须达到或低于285千克标准煤/吨（通用型）、500千克标准煤/吨（糊用型）	符合《烧碱、聚氯乙烯工业污染物排放标准》（GB 15581）特别排放限值要求；符合《清洁生产标准 氯碱工业（聚氯乙烯）》（HJ 476—2009）二级指标要求；固体废物综合利用、处置率达到100%	污染物排放符合排污许可相关要求；符合《清洁生产标准 氯碱工业（聚氯乙烯）》（HJ 476—2009）三级指标要求

行业	产品或工序	管控措施					
		产业准入	淘汰退出	节能		环保	
				新建、改扩建项目	现有已建成项目	新建、改扩建项目	现有已建成项目
化工	烧碱	1. 不再审批烧碱新增产能项目；确有必要建设的，须按照不低于1∶1的比例在区内实施产能置换（废盐综合利用的离子膜烧碱装置除外）。 2. 新建烧碱装置起始规模须达到30万吨/年及以上（老企业搬迁项目除外）	限期淘汰隔膜法烧碱生产装置（作为废盐综合利用的可以保留），使用汞或汞化合物的烧碱生产装置	1. 项目节能审查须按照自治区和所在盟市“双重标杆”（即项目单位增加值能耗既要达到所在盟市标杆值，也要达到自治区平均标杆值），通过削减能耗存量、原料用能核减等方式，化解对自治区和所在盟市能耗强度的影响；须通过削减能耗存量、原料用能核减、可再生能源利用等方式，全额落实能耗指标。 2. 离子膜法烧碱单位产品综合能耗须达到或低于315千克标准煤/吨（液碱≥30%）、420千克标准煤/吨（液碱≥45%）、620千克标准煤/吨（固碱≥98%）	离子膜法烧碱单位产品综合能耗须达到或低于350千克标准煤/吨（液碱≥30%）、470千克标准煤/吨（液碱≥45%）、685千克标准煤/吨（固碱≥98%）	符合《烧碱、聚氯乙烯工业污染物排放标准》（GB 15581）特别排放限值要求；符合《清洁生产标准 氯碱工业（烧碱）》（HJ 475—2009）氯碱工业（离子膜法烧碱）二级指标要求；固体废物综合利用、处置率达到100%	污染物排放符合排污许可相关要求；符合《清洁生产标准 氯碱工业（烧碱）》（HJ 475—2009）氯碱工业（离子膜法烧碱）三级指标要求

行业	产品或工序	管控措施					
		产业准入	淘汰退出	节能		环保	
				新建、改扩建项目	现有已建成项目	新建、改扩建项目	现有已建成项目
化工	纯碱	1. 不再审批纯碱新增产能项目；确有必要建设的，须按照不低于1∶1的比例在区内实施产能置换(《西部地区鼓励类产业目录（2020年本）》中内蒙古鼓励类项目除外）。 2. 新建、扩建纯碱项目：氨碱设计能力不得小于120万吨/年，其中重质纯碱设计能力不得小于80%；天然碱设计能力不得小于40万吨/年，其中重质纯碱设计能力不得小于80%		1. 项目节能审查须按照自治区和所在盟市“双重标杆”(即项目单位增加值能耗既要达到所在盟市标杆值，也要达到自治区平均标杆值），通过削减能耗存量、原料用能核减等方式，化解对自治区和所在盟市能耗强度的影响；须通过削减能耗存量、原料用能核减、可再生能源利用等方式，全额落实能耗指标（《西部地区鼓励类产业目录（2020年本）》中内蒙古鼓励类项目除外）。 2. 纯碱单位产品综合能耗：氨碱法须达到或低于320千克标准煤/吨（轻质）、390千克标准煤/吨（重质）	纯碱单位产品综合能耗：氨碱法须达到或低于370千克标准煤/吨（轻质）、420千克标准煤/吨（重质），联碱法须达到或低于245千克标准煤/吨（轻质）、295千克标准煤/吨（重质）	污染物排放符合国家相关排放标准及环境管理政策要求；符合《清洁生产标准 纯碱行业》（HJ 474—2009）二级指标要求；固体废物综合利用、处置率达到100%	污染物排放符合排污许可相关要求；符合《清洁生产标准 纯碱行业》(HJ 474—2009)三级指标要求

行业	产品或工序	管控措施					
		产业准入	淘汰退出	节能		环保	
				新建、改扩建项目	现有已建成项目	新建、改扩建项目	现有已建成项目
化工	合成氨、尿素	1. 不再审批合成氨、尿素新增产能项目；确有必要建设的，须按照不低于1∶1的比例在区内实施产能置换（确有必要建设的焦炉煤气综合利用制合成氨、可再生能源制氢制合成氨除外）。 2. 不得新建以天然气和无烟块煤为原料的合成氨装置（按照区域规划搬迁、综合利用项目除外）。新建合成氨生产装置单系列生产规模须不低于1000吨/日（综合利用和联产项目除外）。以煤为原料的新建合成氨装置应采用连续气化工艺	限期淘汰天然气常压间歇转化工艺制合成氨、没有配套工艺冷凝液水解解析装置的尿素生产设施	1. 项目节能审查须按照自治区和所在盟市“双重标杆”（即项目单位增加值能耗既要达到所在盟市标杆值，也要达到自治区平均标杆值），通过削减能耗存量、原料用能核减等方式，化解对自治区和所在盟市能耗强度的影响；须通过削减能耗存量、原料用能核减、可再生能源利用等方式，全额落实能耗指标。 2. 合成氨单位产品综合能耗须达到或低于1100千克标准煤/吨（优质无烟块煤）、1200千克标准煤/吨（非优质无烟块煤、型煤）、1350千克标准煤/吨（粉煤，包括无烟粉煤、烟煤）、1000千克标准煤/吨（天然气）	合成氨单位产品综合能耗须达到或低于1350千克标准煤/吨（优质无烟块煤）、1520千克标准煤/吨（非优质无烟块煤、型煤）、1550千克标准煤/吨（粉煤，包括无烟粉煤、烟煤）、1200千克标准煤/吨（天然气）	在煤化工行业污染物排放标准出台前，加热炉烟气、酸性气回收装置尾气以及 VOCs 等暂按《石油炼制工业污染物排放标准》（GB 31570）或《石油化学工业污染物排放标准》（GB 31571）特别排放限值相关要求进行控制；符合《合成氨工业水污染物排放标准》（GB 13458）特别排放限值；符合《清洁生产标准 氮肥制造业》（GB /T 188—2006）二级指标要求；吨氨废气含氨量≤10千克/吨；固体废物综合利用、处置率达到100%	污染物排放符合排污许可相关要求；符合《清洁生产标准 氮肥制造业》（GB /T 188—2006）三级指标要求

行业	产品或工序	管控措施					
		产业准入	淘汰退出	节能		环保	
				新建、改扩建项目	现有已建成项目	新建、改扩建项目	现有已建成项目
化工	磷铵	不再审批磷铵新增产能项目；确有必要建设的，须按照不低于1∶1的比例在区内实施产能置换		1. 项目节能审查须按照自治区和所在盟市“双重标杆”（即项目单位增加值能耗既要达到所在盟市标杆值，也要达到自治区平均标杆值），通过削减能耗存量、原料用能核减等方式，化解对自治区和所在盟市能耗强度的影响；须通过削减能耗存量、原料用能核减、可再生能源利用等方式，全额落实能耗指标。 2. 磷酸一铵单位产品综合能耗：传统法须达到或低于255千克标准煤/吨（粒状）、240千克标准煤/吨（粉状），料浆法须达到或低于170千克标准煤/吨（粒状）、165千克标准煤/吨（粉状）；磷酸二铵项目单位产品综合能耗：传统法须达到或低于250千克标准煤/吨（粒状），料浆法须达到或低于185千克标准煤/吨（粒状）	磷酸一铵单位产品综合能耗：传统法须达到或低于275千克标准煤/吨（粒状）、260千克标准煤/吨（粉状），料浆法须达到或低于190千克标准煤/吨（粒状）、185千克标准煤/吨（粉状）；磷酸二铵项目单位产品综合能耗：传统法须达到或低于275千克标准煤/吨（粒状），料浆法须达到或低于200千克标准煤/吨（粒状）	大气污染物排放指标符合国家相关排放标准及环境管理政策要求；符合《磷肥工业水污染物排放标准》（GB 15580）及其修改单特别排放限值；符合《肥料制造业（磷肥）清洁生产评价指标体系》Ⅱ级基准值；单位产品（DAP/MAP/T SP）废气中氟化物产生量≤43/45/49克/吨产品，（SSP/FCMP）单位产品废气中氟化物产生量≤45/44克/吨产品；固体废物综合利用、处置率达到100%	污染物排放符合排污许可相关要求；符合《肥料制造业（磷肥）清洁生产评价指标体系》Ⅲ级基准值

行业	产品或工序	管控措施					
		产业准入	淘汰退出	节能		环保	
				新建、改扩建项目	现有已建成项目	新建、改扩建项目	现有已建成项目
化工	甲醇	1. 不再审批甲醇新增产能项目；确有必要建设的，须按照不低于1∶1的比例在区内实施产能置换（确有必要建设的焦炉煤气综合利用制甲醇、可再生能源制氢制甲醇除外）。 2. 原则上不再新（扩）建单纯甲醇项目，须有相应的下游产业与之配套		1. 项目节能审查须按照自治区和所在盟市“双重标杆”（即项目单位增加值能耗既要达到所在盟市标杆值，也要达到自治区平均标杆值），通过削减能耗存量、原料用能核减等方式，化解对自治区和所在盟市能耗强度的影响；须通过削减能耗存量、原料用能核减、可再生能源利用等方式，全额落实能耗指标。 2. 天然气制甲醇单位产品综合能耗须达到或低于1150千克标准煤/吨；合成氨联产甲醇单位产品综合能耗须达到或低于1300千克标准煤/吨（优质无烟块煤）、1500千克标准煤/吨（非优质无烟块煤、型煤）；焦炉煤气制甲醇单位产品综合能耗须达到或低于1300千克标准煤/吨	天然气制甲醇单位产品综合能耗须达到或低于1460千克标准煤/吨；合成氨联产甲醇单位产品综合能耗须达到或低于1550千克标准煤/吨（优质无烟块煤）、1750千克标准煤/吨（非优质无烟块煤、型煤）；焦炉煤气制甲醇单位产品综合能耗须达到或低于1650千克标准煤/吨	煤化工行业污染物排放标准出台前，加热炉烟气、酸性气回收装置尾气以及VOCs等暂按《石油炼制工业污染物排放标准》（GB 31570）或《石油化学工业污染物排放标准》（GB 31571）特别排放限值相关要求进行控制；固体废物综合利用、处置率达到100%	污染物排放符合排污许可相关要求

行业	产品或工序	管控措施					
		产业准入	淘汰退出	节能		环保	
				新建、改扩建项目	现有已建成项目	新建、改扩建项目	现有已建成项目
化工	乙二醇	1. 不再审批乙二醇新增产能项目；确有必要建设的，须按照不低于1∶1的比例在区内实施产能置换。 2. 新建、改扩建乙二醇项目产能须达到20万吨/年及以上		1. 项目节能审查须按照自治区和所在盟市“双重标杆”（即项目单位增加值能耗既要达到所在盟市标杆值，也要达到自治区平均标杆值），通过削减能耗存量、原料用能核减等方式，化解对自治区和所在盟市能耗强度的影响；须通过削减能耗存量、原料用能核减、可再生能源利用等方式，全额落实能耗指标。 2. 合成气法乙二醇单位产品综合能耗须达到或低于1045千克标准煤/吨	合成气法乙二醇单位产品综合能耗须达到或低于1430千克标准煤/吨	煤化工行业污染物排放标准出台前，加热炉烟气、酸性气回收装置尾气以及VOCs等暂按《石油炼制工业污染物排放标准》（GB 31570）或《石油化学工业污染物排放标准》（GB 31571）特别排放限值相关要求进行控制；固体废物综合利用、处置率达到100%	污染物排放符合排污许可相关要求
	黄磷	1. 不再审批黄磷新增产能项目；确有必要建设的，须按照不低于1∶1的比例在区内实施产能置换。	限期淘汰单台产能5000吨/年以下和不符合准入条件的黄磷生产装置	1. 项目节能审查须按照自治区和所在盟市“双重标杆”（即项目单位增加值能耗既要达到所在盟市标杆值，也要达到	黄磷单位产品综合能耗须达到或低于2800千克标准煤/吨	污染物排放符合国家相关排放标准及环境管理政策要求；符合《黄磷工业清洁生产评价指标体系》Ⅱ级基准值；固体废物综合利用、处置率达到100%	污染物排放符合排污许可相关要求；符合《黄磷工业清洁生产评价指标体系》Ⅲ级基准值

行业	产品或工序	管控措施					
		产业准入	淘汰退出	节能		环保	
				新建、改扩建项目	现有已建成项目	新建、改扩建项目	现有已建成项目
化工	黄磷	2. 新建黄磷装置单台磷炉变压器容量须达到20000千伏安及以上、折设计生产能力达到1万吨/年及以上；新进入企业的起始产能规模须达到5万吨/年以上	限期淘汰单台产能5000吨/年以下和不符合准入条件的黄磷生产装置	自治区平均标杆值），通过削减能耗存量、原料用能核减等方式，化解对自治区和所在盟市能耗强度的影响；须通过削减能耗存量、原料用能核减、可再生能源利用等方式，全额落实能耗指标。 2. 黄磷单位产品综合能耗须达到或低于2300千克标准煤/吨	黄磷单位产品综合能耗须达到或低于2800千克标准煤/吨	污染物排放符合国家相关排放标准及环境管理政策要求；符合《黄磷工业清洁生产评价指标体系》Ⅱ级基准值；固体废物综合利用、处置率达到100%	污染物排放符合排污许可相关要求；符合《黄磷工业清洁生产评价指标体系》Ⅲ级基准值
煤化工	煤制甲醇、煤制乙二醇、煤制烯烃、煤制油、煤制天然气、煤制合成气	1. 不得新建未纳入国家有关领域产业规划的煤制烯烃项目；按照国家规划布局，合理控制煤制油气产能规模。 2. 新建、改扩建煤制甲醇生产装置产能须达到100万吨/年及以上。 3. 新建、改扩建煤制乙二醇项目产能须达到20万吨/年及以上。	限期淘汰没有配套建设吹风气余热回收、造气炉渣综合利用装置的固定层间歇式煤气化装置	1. 煤制甲醇单位产品综合能耗须达到或低于1550千克标准煤/吨（褐煤）、1400千克标准煤/吨（烟煤）、1250千克标准煤/吨（无烟煤）。 2. 煤制乙二醇（合成气法）单位产品综合能耗须达到或低于1000千克标准煤/吨。 3. 煤制烯烃（乙烯和丙烯）单位产品综合	1. 煤制甲醇单位产品综合能耗须达到或低于2000千克标准煤/吨（褐煤）、1800千克标准煤/吨（烟煤）、1600千克标准煤/吨（无烟煤）。 2. 煤制乙二醇（合成气法）单位产品综合能耗须达到或低于1350千克标准煤/吨。 3. 煤制烯烃（乙烯和丙烯）单位产品综合	煤化工行业污染物排放标准出台前，加热炉烟气、酸性气回收装置尾气以及 VOCs 等暂按《石油炼制工业污染物排放标准》（GB 31570）或《石油化学工业污染物排放标准》（GB 31571）特别排放限值相关要求进行控制；固体废物综合利用、处置率达到100%	污染物排放符合排污许可相关要求

行业	产品或工序	管控措施					
		产业准入	淘汰退出	节能		环保	
				新建、改扩建项目	现有已建成项目	新建、改扩建项目	现有已建成项目
煤化工	煤制甲醇、煤制乙二醇、煤制烯烃、煤制油、煤制天然气、煤制合成气	4. 新建、改扩建煤制烯烃项目，甲醇合成工艺中吨甲醇消耗新鲜气量不大于2250标准立方米，甲醇制烯烃（MTO）工艺吨烯烃消耗甲醇不大于3.06吨，甲醇制丙烯（MTP）工艺吨丙烯消耗甲醇不大于3.5吨。 5. 新建、改扩建煤制油项目产能须达到100万吨/年及以上。 6. 新建、改扩建煤制天然气项目产能须达到20亿立方米/年及以上	限期淘汰没有配套建设吹风气余热回收、造气炉渣综合利用装置的固定层间歇式煤气化装置	能耗须达到或低于2800千克标准煤/吨。 4. 煤制油单位产品综合能耗：煤直接液化须达到或低于1900千克标准煤/吨标准油，煤间接液化须达到或低于2200千克标准煤/吨标准油。 5. 煤制天然气单位产品综合能耗须达到或低于1.3千克标准煤/立方米。 6. 煤制合成气单位产品综合能耗：固定床须达到或低于640千克标准煤/千标方，流化床须达到或低于620千克标准煤/千标方，气流床须达到或低于590千克标准煤/千标方（水煤浆）、580千克标准煤/千标方（干粉）	能耗须达到或低于3300千克标准煤/吨。 4. 煤制油单位产品综合能耗：煤直接液化须达到或低于2200千克标准煤/吨标准油，煤间接液化须达到或低于2500千克标准煤/吨标准油。 5. 煤制天然气单位产品综合能耗须达到或低于1.5千克标准煤/立方米。 6. 煤制合成气单位产品综合能耗：固定床须达到或低于730千克标准煤/千标方，流化床须达到或低于730千克标准煤/千标方，气流床须达到或低于680千克标准煤/千标方（水煤浆）、670千克标准煤/千标方（干粉）	煤化工行业污染物排放标准出台前，加热炉烟气、酸性气回收装置尾气以及 VOCs 等暂按《石油炼制工业污染物排放标准》（GB 31570）或《石油化学工业污染物排放标准》（GB 31571）特别排放限值相关要求进行控制；固体废物综合利用、处置率达到100%	污染物排放符合排污许可相关要求

行业	产品或工序	管控措施					
		产业准入	淘汰退出	节能		环保	
				新建、改扩建项目	现有已建成项目	新建、改扩建项目	现有已建成项目
建材	水泥熟料	1. 不再审批水泥熟料新增产能项目；确有必要建设的，须按照不低于1.5∶1的比例在区内实施产能减量置换。 2. 新建、改扩建水泥熟料生产线要采用新型干法生产工艺，单线建设须达到日产4000吨级水泥熟料规模（利用电石渣生产水泥熟料和特种水泥生产除外）；要配置纯低温余热发电	限期淘汰干法中空窑（生产铝酸盐水泥等特种水泥除外），水泥机立窑，立波尔窑、湿法窑	1. 项目节能审查须按照自治区和所在盟市“双重标杆”（即项目单位增加值能耗既要达到所在盟市标杆值，也要达到自治区平均标杆值），通过削减能耗存量、原料用能核减等方式，化解对自治区和所在盟市能耗强度的影响；须通过削减能耗存量、原料用能核减、可再生能源利用等方式，全额落实能耗指标。 2. 水泥熟料单位产品综合能耗须达到或低于100千克标准煤/吨	水泥熟料单位产品综合能耗须达到或低于117千克标准煤/吨	符合《水泥工业大气污染物排放标准》（GB 4915）特别排放限值要求；符合《水泥行业清洁生产评价指标体系》Ⅱ级基准值；氮氧化物（以二氧化氮计）产生量≤2.4千克/吨，氟化物（以总氟计）产生量≤0.008千克/吨；固体废物综合利用、处置率达到100%	污染物排放符合排污许可相关要求；符合《水泥行业清洁生产评价指标体系》Ⅲ级基准值

行业	产品或工序	管控措施					
		产业准入	淘汰退出	节能		环保	
				新建、改扩建项目	现有已建成项目	新建、改扩建项目	现有已建成项目
建材	平板玻璃	不再审批平板玻璃新增产能项目；确有必要建设的，须按照不低于1∶1的比例在区内实施产能置换	限期淘汰平拉工艺平板玻璃生产线（含格法）	1. 项目节能审查须按照自治区和所在盟市“双重标杆”（即项目单位增加值能耗既要达到所在盟市标杆值，也要达到自治区平均标杆值），通过削减能耗存量、原料用能核减等方式，化解对自治区和所在盟市能耗强度的影响；须通过削减能耗存量、原料用能核减、可再生能源利用等方式，全额落实能耗指标。 2. 平板玻璃单位产品综合能耗须达到或低于8千克标准煤/重量箱	平板玻璃单位产品综合能耗须达到或低于12千克标准煤/重量箱（产能＞800吨/天）、13.5千克标准煤/重量箱（500≤产能≤800吨/天）	符合《平板玻璃工业大气污染物排放标准》（GB 26453）新建企业大气污染物排放限值；符合《平板玻璃行业清洁生产评价指标体系》Ⅱ级基准值；氮氧化物产生量≤0.25千克/重量箱；固体废物综合利用、处置率达到100%	污染物排放符合排污许可相关要求；符合《平板玻璃行业清洁生产评价指标体系》Ⅲ级基准值

行业	产品或工序	管控措施					
		产业准入	淘汰退出	节能		环保	
				新建、改扩建项目	现有已建成项目	新建、改扩建项目	现有已建成项目
建材	建筑卫生陶瓷	1. 不得新建、改扩建150万平方米/年及以下的建筑陶瓷（不包括建筑琉璃制品）生产线。 2. 不得新建、改扩建60万件/年（不含）以下的隧道窑卫生陶瓷生产线	1. 限期淘汰100万平方米/年（不含）以下的建筑陶瓷砖生产线。 2. 限期淘汰20万件/年（不含）以下卫生陶瓷生产线	1. 项目节能审查须按照自治区和所在盟市“双重标杆”（即项目单位增加值能耗既要达到所在盟市标杆值，也要达到自治区平均标杆值），通过削减能耗存量、原料用能核减等方式，化解对自治区和所在盟市能耗强度的影响；须通过削减能耗存量、原料用能核减、可再生能源利用等方式，全额落实能耗指标。 2. 陶瓷砖单位产品综合能耗须达到或低于4千克标准煤/平方米（吸水率≤0.5%）、3.7千克标准煤/平方米（0.5%<吸水率≤10%）、3.5千克标准煤/平方米（吸水率>10%）。 3. 卫生陶瓷单位产品综合能耗须达到或低于300千克标准煤/吨	1. 陶瓷砖单位产品综合能耗须达到或低于7千克标准煤/平方米（吸水率≤0.5%）、4.6千克标准煤/平方米（0.5%<吸水率≤10%）、4.5千克标准煤/平方米（吸水率>10%）。 2. 卫生陶瓷单位产品综合能耗须达到或低于630千克标准煤/吨	大气污染物排放指标符合《陶瓷工业污染物排放标准》（GB 25464）及其修改单新建企业大气污染物排放要求；水污染物排放项目符合《陶瓷工业污染物排放标准》（GB 25464）特别排放限值；符合《陶瓷行业清洁生产评价指标体系（试行）》评价基准值；固体废物综合利用、处置率达到100%	污染物排放符合排污许可相关要求；符合《陶瓷行业清洁生产评价指标体系（试行）》评价基准值

行业	产品或工序	管控措施					
		产业准入	淘汰退出	节能		环保	
				新建、改扩建项目	现有已建成项目	新建、改扩建项目	现有已建成项目
钢铁	炼铁、炼钢	1. 不再审批炼铁、炼钢新增产能项目。确有必要建设的，须按照不低于1.25∶1的比例在区内实施产能减量置换；对完成实质性兼并重组后取得的合规产能用于项目建设的，区内产能减量置换比例不低于1.1∶1；符合国家规定相应情形的，可实施产能等量置换（2021年3月9日前已进入产能置换公示阶段的，按国家规定执行）。 2. 新建、改扩建钢铁项目高炉有效容积须达到1200立方米及以上，转炉公称容量须达到120吨及以上（普钢板带材生产线，自有产能、兼并重组置换升级的须达到100	1. 2023年底前全面淘汰有效容积1200立方米以下炼钢用生铁高炉、公称容量100吨以下炼钢转炉、公称容量100吨（合金钢50吨）以下电弧炉。符合条件的，可按不低于1.25∶1的比例在区内实施产能减量置换；对完成实质性兼并重组后取得的合规产能用于项目建设的，区内产能减量置换比例不低于1.1∶1；符合国家规定相应情形的，可实施产能等量置换。国家《产业结构调整指导目录（2019年本）》淘汰类和2020年连续停产1年以上的炼铁、炼钢产能（装	1. 项目节能审查须按照自治区和所在盟市“双重标杆”（即项目单位增加值能耗既要达到所在盟市标杆值，也要达到自治区平均标杆值），通过削减能耗存量、原料用能核减等方式，化解对自治区和所在盟市能耗强度的影响；须通过削减能耗存量、原料用能核减、可再生能源利用等方式，全额落实能耗指标。 2. 炼铁单位产品综合能耗须达到或低于361千克标准煤/吨。炼钢单位产品综合能耗须达到或低于-30千克标准煤/吨（转炉工序）、61千克标准煤/吨（电弧炉冶炼）	炼铁单位产品综合能耗须达到或低于435千克标准煤/吨。炼钢单位产品综合能耗：转炉工序须达到或低于-10千克标准煤/吨，电弧炉冶炼须达到或低于72千克标准煤/吨（公称容量≥50吨）、86千克标准煤/吨（30吨＜公称容量＜50吨）	项目应符合《关于推进实施钢铁行业超低排放的意见》（环大气〔2019〕35号）相关要求；符合《钢铁工业水污染物排放标准》（GB 13456）及其修改单特别排放限值要求；烧结、球团符合《钢铁行业（烧结、球团）清洁生产评价指标体系》Ⅱ级基准值，氮氧化物（以二氧化氮计）排放量≤0.28千克/吨；高炉炼铁符合《钢铁行业（高炉炼铁）清洁生产评价指标体系》Ⅱ级基准值，氮氧化物（以二氧化氮计）排放量≤0.3千克/吨；炼钢符合《钢铁行业（炼钢）清洁生产评价指标体系》Ⅱ级基准值，颗粒物排放量≤0.11千克/吨；钢延压加工符合《钢铁行业（钢延压加工）清洁生产评价指标体系》Ⅱ级基准值，氮氧化物单位排放量≤0.15千克/吨；固体废物综合利用、处置率达到100%	污染物排放符合排污许可相关要求；符合《钢铁行业（烧结、球团）清洁生产评价指标体系》、《钢铁行业（高炉炼铁）清洁生产评价指标体系》、《钢铁行业（炼钢）清洁生产评价指标体系》、《钢铁行业（钢延压加工）清洁生产评价指标体系》等指标体系Ⅲ级基准值

行业	产品或工序	管控措施					
		产业准入	淘汰退出	节能		环保	
				新建、改扩建项目	现有已建成项目	新建、改扩建项目	现有已建成项目
钢铁	炼铁、炼钢	吨及以上）、70吨及以上（普钢管、棒线材生产线），电炉公称容量须达到100吨及以上（普钢板带材生产线）、70吨及以上（普钢管、棒线材生产线），烧结机须达到180平方米及以上。不得新建独立炼铁、炼钢、热轧企业。 3. 原则上不再新（扩）建单纯炼铁、炼钢项目，须有相应的下游产业与之配套	置）不得进行产能置换。 2. 限期淘汰400立方米及以下炼钢用生铁高炉，200立方米及以下铸造用生铁高炉（其中配套“短流程”铸造工艺的铸造用生铁高炉为100立方米及以下），30吨及以下炼钢转炉，30吨及以下炼钢电弧炉，钢铁生产用环形烧结机、90平方米以下烧结机、8平方米以下球团竖炉				

行业	产品或工序	管控措施					
		产业准入	淘汰退出	节能		环保	
				新建、改扩建项目	现有已建成项目	新建、改扩建项目	现有已建成项目
钢铁	铁合金	1. 不再审批铁合金新增产能项目；确有必要建设的，须按照不低于1.25：1的比例在区内实施产能减量置换（作为多晶硅配套原料、可再生能源电力使用比例达到60%以上的工业硅除外）。 2. 硅铁、工业硅矿热炉应采用矮烟罩半封闭型，锰硅合金、高碳锰铁、高碳铬铁矿热炉应采用全封闭型，镍铁矿热炉采用矮烟罩半封闭或全封闭型，矿热炉容量须高于30000千伏安，同步配套余热和煤气综合利用设施	1. 2022年底前全面淘汰退出25000千伏安及以下铁合金矿热炉（特种铁合金除外）。符合条件的可按1.25：1的比例在区内实施产能减量置换。国家《产业结构调整指导目录（2019年本）》淘汰类和2020年连续停产1年以上的铁合金产能（装置）不得进行产能置换。 2. 限期淘汰6300千伏安及以下铁合金矿热电炉，3000千伏安以下铁合金半封闭直流电炉、铁合金精炼电炉（钨铁、钒铁等特殊品种的电炉除外）	1. 项目节能审查须按照自治区和所在盟市“双重标杆”（即项目单位增加值能耗既要达到所在盟市标杆值，也要达到自治区平均标杆值），通过削减能耗存量、原料用能核减等方式，化解对自治区和所在盟市能耗强度的影响；须通过削减能耗存量、原料用能核减、可再生能源利用等方式，全额落实能耗指标。 2. 硅铁单位产品综合能耗须达到或低于1770千克标准煤/吨；锰硅合金单位产品综合能耗须达到或低于860千克标准煤/吨；高碳铬铁单位产品综合能耗须达到或低于710千克标准煤/吨；工业硅单位产品综合能耗须达到或低于2500千克标准煤/吨	硅铁单位产品综合能耗须达到或低于1900千克标准煤/吨；锰硅合金单位产品综合能耗须达到或低于950千克标准煤/吨；高碳铬铁单位产品综合能耗须达到或低于800千克标准煤/吨；工业硅单位产品综合能耗须达到或低于3500千克标准煤/吨	符合《铁合金工业污染物排放标准》（GB 28666）特别排放限值；符合《钢铁行业（铁合金）清洁生产评价指标体系》II级基准值；（硅铁/电炉高碳锰铁/锰硅合金/电硅热法中碳锰铁/电硅热法低碳锰铁/高碳铬铁/电硅热法低碳铬铁/微碳铬铁）单位产品颗粒物排放量≤3.5/0.15/0.15/1.2/1.8/0.1/1.8/2.0千克/吨；固体废物综合利用、处置率达到100%	污染物排放符合排污许可相关要求；符合《钢铁行业（铁合金）清洁生产评价指标体系》III级基准值

行业	产品或工序	管控措施					
		产业准入	淘汰退出	节能		环保	
				新建、改扩建项目	现有已建成项目	新建、改扩建项目	现有已建成项目
有色	电解铝	1. 不再审批电解铝新增产能项目；确有必要建设的，须按照不低于1：1的比例在区内实施产能等量或减量置换（国家批复同意的高铝粉煤灰提取氧化铝配套电解铝除外）。 2. 新建、改扩建电解铝项目须采用500千安及以上大型预焙电解槽工艺。 3. 原则上不再新（扩）建单纯电解铝项目，须有相应的下游产业与之配套	限期淘汰铝自焙电解槽及160kA以下预焙槽	1. 项目节能审查须按照自治区和所在盟市“双重标杆”（即项目单位增加值能耗既要达到所在盟市标杆值，也要达到自治区平均标杆值），通过削减能耗存量、原料用能核减等方式，化解对自治区和所在盟市能耗强度的影响；须通过削减能耗存量、原料用能核减、可再生能源利用等方式，全额落实能耗指标。 2. 电解铝铝液交流电耗须达到或低于13000千瓦时/吨	电解铝铝液交流电耗须达到或低于13350千瓦时/吨	符合《铝工业污染物排放标准》（GB 25465）及其修改单特别排放限值要求；符合《清洁生产标准　电解铝业》（HJ/T 187—2006）二级指标要求；全氟产生量≤18千克/吨；固体废物综合利用、处置率达到100%	污染物排放符合排污许可相关要求；符合《清洁生产标准 电解铝业》（HJ/T 187—2006）三级指标要求

行业	产品或工序	管控措施					
		产业准入	淘汰退出	节能		环保	
				新建、改扩建项目	现有已建成项目	新建、改扩建项目	现有已建成项目
有色	氧化铝	1. 不再审批氧化铝新增产能项目；确有必要建设的，须按照不低于1∶1的比例在区内实施产能置换（高铝粉煤灰提取氧化铝除外）。 2. 新建、改扩建氧化铝项目须根据铝土矿资源情况选择拜耳法、串联法等效率高、能耗低、水耗低、环保达标、资源综合利用效果好、安全可靠的先进生产工艺及装备		1. 项目节能审查须按照自治区和所在盟市“双重标杆”（即项目单位增加值能耗既要达到所在盟市标杆值，也要达到自治区平均标杆值），通过削减能耗存量、原料用能核减等方式，化解对自治区和所在盟市能耗强度的影响；须通过削减能耗存量、原料用能核减、可再生能源利用等方式，全额落实能耗指标。 2. 拜耳法氧化铝单位产品工艺能耗须达到或低于370千克标准煤/吨，单位产品综合能耗须达到或低于400千克标准煤/吨	氧化铝（拜耳法）单位产品工艺能耗须达到或低于470千克标准煤/吨，单位产品综合能耗须达到或低于500千克标准煤/吨	符合《铝工业污染物排放标准》（GB 25465）及其修改单特别排放限值要求；符合《清洁生产标准 氧化铝业》（HJ 473−2009）二级指标要求；单位产品二氧化硫产生量≤0.8千克/吨，赤泥回水利用率100%；固体废物综合利用、处置率达到100%	污染物排放符合排污许可相关要求；符合《清洁生产标准 氧化铝业》（HJ 473−2009）三级指标要求

行业	产品或工序	管控措施					
		产业准入	淘汰退出	节能		环保	
				新建、改扩建项目	现有已建成项目	新建、改扩建项目	现有已建成项目
有色	铜冶炼	1. 新（扩）建粗铜冶炼项目单系列规模须达到10万吨/年及以上（再生铜及氧化矿直接浸出项目除外）。 2. 新建、改扩建利用铜精矿的铜冶炼项目须采用生产效率高、工艺先进、能耗低、环保达标、资源综合利用效果好、安全可靠的闪速熔炼和富氧强化熔池熔炼等先进工艺。 3. 原则上不再新（扩）建单纯铜冶炼项目，须有相应的下游产业与之配套	限期淘汰鼓风炉、电炉、反射炉炼铜工艺及设备	1. 项目节能审查须按照自治区和所在盟市“双重标杆”（即项目单位增加值能耗既要达到所在盟市标杆值，也要达到自治区平均标杆值），通过削减能耗存量、原料用能核减等方式，化解对自治区和所在盟市能耗强度的影响；须通过削减能耗存量、原料用能核减、可再生能源利用等方式，全额落实能耗指标。 2. 铜冶炼工艺（铜精矿-阴极铜）单位产品综合能耗须达到或低于260千克标准煤/吨；粗铜工艺（铜精矿-粗铜）单位产品综合能耗须达到或低于140千克标准煤/吨；阳极铜工艺（铜精矿-阳极铜）单位	铜冶炼工艺（铜精矿-阴极铜）单位产品综合能耗须达到或低于380千克标准煤/吨；粗铜工艺（铜精矿-粗铜）单位产品综合能耗须达到或低于260千克标准煤/吨；阳极铜工艺（铜精矿-阳极铜）单位产品综合能耗须达到或低于290千克标准煤/吨；电解工序（阳极铜-阴极铜）单位产品综合能耗须达到或低于110千克标准煤/吨	符合《铜、镍、钴工业污染物排放标准》（GB 25467）及其修改单特别排放限值要求；符合《清洁生产标准 铜冶炼业》（HJ 558—2010）二级指标要求；单位产品二氧化硫产生量（制酸后）≤16千克/吨，单位产品铅产生量（闪速熔炼/熔池熔炼）≤80/190克/吨，单位产品砷产生量≤1100克/吨；固体废物综合利用、处置率达到100%	污染物排放符合排污许可相关要求；符合《清洁生产标准 铜冶炼业》（HJ 558—2010）三级指标要求

行业	产品或工序	管控措施					
		产业准入	淘汰退出	节能		环保	
				新建、改扩建项目	现有已建成项目	新建、改扩建项目	现有已建成项目
有色	铜冶炼			品综合能耗须达到或低于180千克标准煤/吨；电解工序（阳极铜-阴极铜）单位产品综合能耗须达到或低于85千克标准煤/吨			
	铅冶炼	1. 新（扩）建铅冶炼项目单系列规模须达到5万吨/年及以上（不新增产能的技改和环保改造项目除外）。 2. 新建、改扩建铅冶炼项目，粗铅冶炼须采用先进的富氧熔池熔炼-液态高铅渣直接还原或富氧闪速熔炼等炼铅工艺，以及其他生产效率高、能耗低、环保达标、资源综合利用效果好、安全可靠的先进炼铅工艺，并须配套烟气综合处理设施	限期淘汰采用烧结锅、烧结盘、简易高炉等落后方式炼铅工艺及设备，未配套制酸及尾气吸收系统的烧结机炼铅工艺，烧结-鼓风炉炼铅工艺	1. 项目节能审查须按照自治区和所在盟市“双重标杆”（即项目单位增加值能耗既要达到所在盟市标杆值，也要达到自治区平均标杆值），通过削减能耗存量、原料用能核减等方式，化解对自治区和所在盟市能耗强度的影响；须通过削减能耗存量、原料用能核减、可再生能源利用等方式，全额落实能耗指标。 2. 粗铅工艺单位产品综合能耗须达到或低于230千克标准	粗铅工艺单位产品综合能耗须达到或低于300千克标准煤/吨；铅电解精炼工序单位产品综合能耗须达到或低于120千克标准煤/吨；铅冶炼工艺单位产品综合能耗须达到或低于420千克标准煤/吨	符合《铅、锌工业污染物排放标准》（GB 25466）及其修改单特别排放限值要求；符合《清洁生产标准　粗铅冶炼业》（HJ 512—2009）二级指标要求；单位产品二氧化硫产生量（制酸尾气）≤4千克/吨，单位产品颗粒物产生量≤3.0千克/吨；固体废物综合利用、处置率达到100%	污染物排放符合排污许可相关要求；符合《清洁生产标准　粗铅冶炼业》（HJ 512—2009）三级指标要求

行业	产品或工序	管控措施					
		产业准入	淘汰退出	节能		环保	
				新建、改扩建项目	现有已建成项目	新建、改扩建项目	现有已建成项目
有色	铅冶炼			煤/吨；铅电解精炼工序单位产品综合能耗须达到或低于100千克标准煤/吨；铅冶炼工艺单位产品综合能耗须达到或低于330千克标准煤/吨			
	锌冶炼	1. 新（扩）建锌冶炼项目单系列规模须达到10万吨/年及以上（直接浸出除外）。 2. 新建、改扩建锌冶炼项目：硫化锌精矿焙烧工艺单台流态化焙烧炉炉床面积须达到100平方米及以上，并须配套完整的锌冶炼生产系统及烟气综合处理设施；锌湿法冶炼工艺须配套浸出渣无害化处理系统及硫渣处理设施	限期淘汰采用马弗炉、马槽炉、横罐、小竖罐等进行焙烧、简易冷凝设施进行收尘等落后方式炼锌或生产氧化锌工艺装备	1. 项目节能审查须按照自治区和所在盟市“双重标杆”（即项目单位增加值能耗既要达到所在盟市标杆值，也要达到自治区平均标杆值），通过削减能耗存量、原料用能核减等方式，化解对自治区和所在盟市能耗强度的影响；须通过削减能耗存量、原料用能核减、可再生能源利用等方式，全额落实能耗指标。	火法炼锌工艺粗锌（精矿-粗锌）单位产品综合能耗须达到或低于1620千克标准煤/吨，锌（精矿-精馏锌）单位产品综合能耗须达到或低于2020千克标准煤/吨； 湿法炼锌工艺电锌锌锭（精矿-电锌锌锭）单位产品综合能耗须达到或低于1280千克标准煤/吨（有浸出渣火法处理工艺）、950千克	符合《铅、锌工业污染物排放标准》（GB 25466）及其修改单特别排放限值要求；符合《锌冶炼业清洁生产评价指标体系》Ⅱ级基准值；单位产品特征污染物（砷/镉/汞/铅）产生量（废气）≤120/180/2/600克/吨；固体废物综合利用、处置率达到100%	污染物排放符合排污许可相关要求；符合《锌冶炼业清洁生产评价指标体系》Ⅲ级基准值

行业	产品或工序	管控措施					
		产业准入	淘汰退出	节能		环保	
				新建、改扩建项目	现有已建成项目	新建、改扩建项目	现有已建成项目
有色	锌冶炼		限期淘汰采用马弗炉、马槽炉、横罐、小竖罐等进行焙烧、简易冷凝设施进行收尘等落后方式炼锌或生产氧化锌工艺装备	2. 火法炼锌工艺粗锌（精矿-粗锌）单位产品综合能耗须达到或低于1450千克标准煤/吨，锌（精矿-精馏锌）单位产品综合能耗须达到或低于1800千克标准煤/吨；湿法炼锌工艺电锌锌锭（精矿-电锌锌锭）单位产品综合能耗须达到或低于1100千克标准煤/吨（有浸出渣火法处理工艺）、800千克标准煤/吨（无浸出渣火法处理工艺），电锌锌锭（氧化锌精矿-电锌锌锭）单位产品综合能耗须达到或低于800千克标准煤/吨	标准煤/吨（无浸出渣火法处理工艺），电锌锌锭（氧化锌精矿-电锌锌锭）单位产品综合能耗须达到或低于950千克标准煤/吨	符合《铅、锌工业污染物排放标准》（GB 25466）及其修改单特别排放限值要求；符合《锌冶炼业清洁生产评价指标体系》Ⅱ级基准值；单位产品特征污染物（砷/镉/汞/铅）产生量（废气）≤120/180/2/600克/吨；固体废物综合利用、处置率达到100%	污染物排放符合排污许可相关要求；符合《锌冶炼业清洁生产评价指标体系》Ⅲ级基准值

行业	产品或工序	管控措施					
		产业准入	淘汰退出	节能		环保	
				新建、改扩建项目	现有已建成项目	新建、改扩建项目	现有已建成项目
煤电	燃煤发电（包括燃煤自备电厂）	1. 不得新建未纳入国家火电建设规划的煤电项目（背压机组除外）。严禁在国家政策允许的领域以外新（扩）建燃煤自备电厂，禁止将燃煤自备电厂放在工业项目中备案或以各种名义在国家规划外核准。 2. 新建燃煤发电项目原则上采用60万千瓦及以上超超临界机组。3. 新建循环流化床低热值煤发电机组原则上采用30万千瓦及以上超临界空冷机组	对符合以下条件之一的燃煤发电机组（含燃煤自备机组）实施淘汰关停： 1. 在保证可靠供电前提下，不具备供热改造条件的机组：单机5万千瓦及以下的纯凝煤电机组；大电网覆盖范围内，单机10万千瓦级及以下的纯凝煤电机组；大电网覆盖范围内，单机20万千瓦级及以下设计寿命期满的纯凝煤电机组。 2. 设计寿命期满，且不具备延寿条件的单机30万千瓦级纯凝煤电机组。 3. 不具备改造条件或改造后供电煤耗无法达标的煤电机组，不具备改造	1. 常规燃煤发电：超超临界1000MW机组供电煤耗须达到273克标准煤/千瓦时，600MW机组须达到276克标准煤/千瓦时；超临界600MW机组供电煤耗须达到288克标准煤/千瓦时，300MW机组须达到290克标准煤/千瓦时；使用褐煤的超（超）临界空冷机组，供电煤耗可在上述标准基础上增加3克标准煤/千瓦时。 2. 循环流化床低热值煤发电：60万千瓦级机组供电煤耗不高于320克标准煤/千瓦时，30万千瓦级机组供电煤耗不高于327克标准煤/千瓦时	1. 常规燃煤发电：超超临界1000MW机组供电煤耗须低于285克标准煤/千瓦时，600MW机组须低于293克标准煤/千瓦时；超临界600MW机组供电煤耗须低于300克标准煤/千瓦时，300MW机组须低于308克标准煤/千瓦时；亚临界600MW机组供电煤耗须低于314克标准煤/千瓦时，300MW机组须低于323克标准煤/千瓦时；超高压200MW及以下机组供电煤耗须低于352克标准煤/千瓦时。空冷机组供电煤耗可在上述基础上增加12克标准煤/千瓦时，褐煤机组可增加3克标准煤/千瓦时。	项目应符合《全面实施燃煤电厂超低排放和节能改造工作方案》相关要求；符合《电力（燃煤发电企业）行业清洁生产评价指标体系》Ⅱ级基准值；单位发电量烟尘排放量≤0.09克/千瓦时，单位发电量二氧化硫排放量≤0.22克/千瓦时，单位发电量氮氧化物排放量≤0.43克/千瓦时；固体废物综合利用、处置率达到100%	污染物排放符合排污许可相关要求；符合《电力（燃煤发电企业）行业清洁生产评价指标体系》Ⅲ级基准值

行业	产品或工序	管控措施					
		产业准入	淘汰退出	节能		环保	
				新建、改扩建项目	现有已建成项目	新建、改扩建项目	现有已建成项目
煤电	燃煤发电（包括燃煤自备电厂）		条件或改造后污染物排放、水耗不符合国家环保要求的煤电机组。 4. 有关法律、法规及标准等要求应予关停或国家有关部门明确要求关停的机组		2. 循环流化床低热值煤发电：60万千瓦级机组供电煤耗不高于306克标准煤/千瓦时（湿冷）、325克标准煤/千瓦时（空冷），30万千瓦级机组供电煤耗不高于318克标准煤/千瓦时（湿冷）、338克标准煤/千瓦时（空冷）		

内蒙古自治区工业和信息化厅关于进一步严格高耗能高污染项目布局的通知

（内工信办字〔2021〕87号）

为落实中央巡视整改和《自治区发展改革委、工信厅、能源局印发〈关于确保完成“十四五”能耗双控目标任务若干保障措施〉的通知》（内发改环资字（209）号）文件要求，进一步严格部分高耗能高污染行业项目布局，现就有关事项通知如下：

一、严格项目审核审批，新上重化工项目必须入园，对布局在园区外的现有重化工企业，严禁在原址审批新增产能项目。

二、包头山南地区不再新建高排放、高耗能项目，逐步淘汰低端产能、落后产能和高污染企业。

三、严禁乌海及周边地区新增高耗能、高污染产能，海渤湾工业园区、蒙西高新技术工业园区不得新建重化工项目，阿拉善高新技术产业开发区巴音敖包工业园区不得新上焦化项目。

四、不再审批铁合金、电石、电石法聚氯乙烯（PVC）、水泥（熟料）、超高功率以下石墨电极、普通平板玻璃等新增产能项目。

内蒙古自治区工业和信息化厅

2021年3月26日

内蒙古自治区工业和信息化厅关于进一步严格高耗能高污染项目布局的通知